Entwicklungshilfe

Motive
Möglichkeiten und Grenzen
Problemfelder

von

Universitätsprofessor
Dr. h.c. Werner Lachmann
Ph. D. (Rutgers)

2., erweiterte und aktualisierte Auflage

Oldenbourg Verlag München

Bibliografische Information der Deutschen Nationalbibliothek

Die Deutsche Nationalbibliothek verzeichnet diese Publikation in der Deutschen Nationalbibliografie; detaillierte bibliografische Daten sind im Internet über <http://dnb.d-nb.de> abrufbar.

© 2010 Oldenbourg Wissenschaftsverlag GmbH
Rosenheimer Straße 145, D-81671 München
Telefon: (089) 45051-0
oldenbourg.de

Lektorat: Rainer Berger
Herstellung: Anna Grosser
Coverentwurf: Kochan & Partner, München
Titelbild: iStockphoto
Gedruckt auf säure- und chlorfreiem Papier
Gesamtherstellung: Grafik + Druck GmbH, München

ISBN 978-3-486-58442-4

Vorwort

Ein Lehrbuch zur Entwicklungshilfe zu schreiben ist ein schwieriges Unterfangen. Notwendigkeit, Art und Ergebnisse der bisherigen Entwicklungshilfebemühungen sind umstritten. Die Begründer der Entwicklungshilfe waren noch davon überzeugt, dass ausländische Ressourcen die heimischen Ersparnisse der Entwicklungsländer erhöhen und damit zu einer stärkeren Kapitalbildung führen würde. Von dieser erwarteten sie eine ansteigende Arbeitsproduktivität und materielle Wohlfahrt. Doch bereits seit den frühen 70er Jahren werden diese Überlegungen kritisch hinterfragt. Denn anstatt Investitionen zu tätigen oder zu motivieren kann Auslandshilfe dazu genutzt werden, die Konsumausgaben in Form unnötiger Importe zu erhöhen. In den 80er Jahren wurde deutlich, dass Hilfe auf Kreditbasis zum Verschuldungsproblem führte. Verstärkt wurde nun auch kritisiert, dass der Ressourcenzufluss korrupte und ineffiziente Regierungen an der Macht hielte. Entwicklungshilfe mache Staaten erst zu von Hilfe abhängigen Entwicklungsländern.

Die Entwicklungszusammenarbeit befindet sich daher gegenwärtig in einer kritischen Phase. Die Bevölkerung der Geber-, aber auch die der Empfängerländer stehen der Entwicklungshilfe zunehmend argwöhnisch gegenüber. Das ursprüngliche Ziel, mit der sogenannten Auslandshilfe den Entwicklungsprozess in Entwicklungsländern zu forcieren, ist augenscheinlich in den meisten Fällen verfehlt worden. Noch immer müssen mehrere hundert Millionen Menschen am Rande des Existenzminimums um ihr Überleben kämpfen.

Zur Überwindung dieser Notlage werden unterschiedliche Wege und Maßnahmen diskutiert. Einerseits wird eine Erhöhung des Entwicklungshilfevolumens gefordert, andererseits eine Verbesserung der Effizienz der Maßnahmen. Es ist jedoch fraglich, ob eine einfache Steigerung der finanziellen Mittel zur Überwindung der Massenarmut in der Dritten Welt ausreicht. Oft fordern Entwicklungshilfeorganisationen nur „more of the same!". Auch stellt sich die Frage, wie Effektivität und Effizienz der Entwicklungszusammenarbeit gesteigert werden kann, die in der Vergangenheit bereits häufige Richtungswechsel erfuhr.

Diese kritische Haltung gegenüber der Entwicklungspolitik lässt sich durch eine hübsche afrikanische Anekdote persiflieren. Ein afrikanischer Bauer, dessen Hühner – eines nach dem anderen – an einer rätselhaften Krankheit starben, wandte sich Rat suchend an einen einheimischen Medizinmann. Du musst beten, wurde ihm beschieden. Der Bauer betete – weitere Hühner starben. Der Medizinmann wurde erneut konsultiert, erwog die Sachlage gründlich und riet dann, das Wohlbefinden der Hühner durch das Abspielen guter Musik zu steigern. Auch dieses half den Hühnern nicht. Der Bauer klagte dem Medizinmann erneut sein Leid, der nunmehr empfahl, den Hühnerstall mit leuchtenden und fröhlichen Farben zu bemalen. Nach wenigen Tagen verschied auch das letzte Huhn. Als der Bauer dem Medizinmann diese traurige Botschaft hinterbrachte, rief jener aus: Welch ein Jammer! Ich hätte noch so viele gute Ratschläge gehabt!

Warum hat die von 1950 bis heute gezahlte öffentliche Entwicklungshilfe in Höhe von circa zwei Billionen Dollar so wenig Entwicklung bewirkt? Wie kann der weiter zunehmenden katastrophalen wirtschaftlichen Lage in Afrika südlich der Sahara begegnet werden? Wie können Entwicklungshilfeleistungen effizient gestaltet oder sollten sie besser abgeschafft werden? Diese Fragen und Probleme sind Gegenstand der folgenden Kapitel.

In Kapitel 1 gilt es zunächst die verschiedenen Begriffe der Entwicklungshilfe, Auslandshilfe etc. voneinander abzugrenzen und zu erklären. Die im Mittelpunkt stehende öffentliche Entwicklungshilfe wird definiert als realer Ressourcentransfer eines Geberstaates zur Förderung der wirtschaftlichen Entwicklung der Entwicklungsländer, der zu günstigeren als den herrschenden Marktbedingungen gegeben wird und ein Zuschusselement von mindestens 25 % beinhaltet. Sodann stellt sich die Frage nach den Motiven für die Vergabe von Entwicklungshilfe, die sowohl im ökonomischen, politischen als auch ethischen Bereich gesucht werden müssen. Es folgt ein kurzer Überblick über die Empfänger, Geber und die Struktur der Entwicklungshilfe.

In Kapitel 2 wenden wir uns den Maßnahmen der Entwicklungszusammenarbeit zu, die an den Güterströmen zwischen den Ländern ansetzen und auf eine Verbesserung der Handelsposition der Entwicklungsländer abzielen. Es gilt die Möglichkeiten und Grenzen der Handelshilfe zu eruieren und auch auf Maßnahmen zur Förderung des Handels einzugehen.

Die öffentliche Entwicklungshilfe mit ihren Zielen, Instrumenten und speziellen Bereichen, z.B. der NMH, wird in Kapitel 3 dargestellt. Dabei wird exemplarisch die deutsche öffentliche Entwicklungshilfe im Mittelpunkt stehen.

Kapitel 4 behandelt die Probleme der Ausgestaltung der öffentlichen Entwicklungshilfe. Nach der Diskussion einiger grundlegender Fragen, die das Organisationsfeld, die Arten der Hilfe, das Problem der Lieferbindung und der Koordination betreffen, werden die Phasen der Entwicklungshilfeplanung dargestellt. Da den soziokulturellen Faktoren der Entwicklung in der Entwicklungszusammenarbeit bisher zu wenig Beachtung geschenkt wurde, muss in diesem Zusammenhang ihre Bedeutung herausgearbeitet werden. Schließlich werden wir die Formen der Finanzierung der multilateralen Entwicklungshilfe diskutieren. Dabei behandeln wir die Forderung eines Marshall-Planes für die Dritte Welt sowie die Probleme von Korruption, die durch Entwicklungshilfe ermöglicht wird.

Kapitel 5 stellt die einzelnen Träger der Entwicklungshilfe vor. Nach den „Bretton-Woods"-Institutionen und der Entwicklungshilfe der UN und der OECD werden die unterschiedlichen Träger der deutschen Entwicklungshilfe kurz vorgestellt.

Um den knappen Faktor Kapital optimal einsetzen zu können, müssen für die Auswahl unter verschiedenen Entwicklungshilfeprojekten Entscheidungskriterien entwickelt werden. Kapitel 6 widmet sich folglich der gesamtwirtschaftlichen Projektevaluierung, wobei auch Kosten-Nutzen-Ansätze Beachtung finden.

Entwicklungshilfe wird nicht nur von öffentlichen Stellen vergeben. Gerade die Knappheit der öffentlichen Mittel hat das Augenmerk auf den Entwicklungsbeitrag privater Akteure gelenkt. In Kapitel 7 werden daher die Möglichkeiten und Grenzen ausländischer Direktinvestitionen, der Beitrag der sogenannten nicht-staatlichen Organisationen und privater Bankkredite untersucht.

In Kapitel 8 behandeln wir einige Makroaspekte der Entwicklungshilfe. Nach der Behandlung der Verschuldungsproblematik und der Forderung eines Schuldenerlasses werden die makroökonomischen Auswirkungen und die Möglichkeit von Geberkonditionen zur Strukturanpassung sowie die Notwendigkeit des Umweltschutzes erörtert.

Abschließend werden wir uns in Kapitel 9 möglichst differenziert mit der Kritik an der Wirksamkeit der Entwicklungshilfe auseinandersetzen. Dazu ist auch ein Blick auf die Interessenlagen der Akteure im Entwicklungshilfebereich aus der Sicht der Neuen Politischen Ökonomie aufschlussreich, der Licht auf das Versagen der staatlichen Entwicklungshilfe wirft. Es gilt darüber hinaus zu fragen, inwieweit den Entwicklungsländern nicht eher durch erweiterte Exportmöglichkeiten und einen erleichterten Zugang zu den Märkten der IL geholfen werden könnte denn durch das Gewähren von „Almosen". Einen Beitrag, die Kommunikation auf internationaler Ebene zu verbessern, kann ein verbesserter Politikdialog leisten. Wir werden auf seine Bedeutung für die sozioökonomischen Rahmenbedingungen in Entwicklungsländern eingehen. Schließlich müssen die ordnungspolitischen Probleme der öffentlichen Entwicklungshilfe, auf die wir im Verlauf der Darlegungen immer wieder gestoßen sind, behandelt werden. Abschließend werden wir uns der Frage stellen, ob die Entwicklungshilfe nicht einen neuen Stellenwert in den globalen Wirtschaftsbeziehungen einnehmen sollte. Die Entwicklungshilfe kann auch als Maßnahme im Rahmen einer Weltsozialpolitik bei verstärkter marktwirtschaftlicher Integration aufgefasst werden.

Danken möchte ich meinen studentischen Hilfskräften Christian Bauer, Ulrike Dangelmaier und Elena Lau, die mir Formatierungsaufgaben abnahmen, bei der Literaturbeschaffung behilflich waren sowie Korrektur lasen. Insbesondere meiner Familie muss ich den größten Dank zollen, die unter verständlicherweise ständig steigendem Protest dem Vater und Ehemann erlaubten, manche Stunden an diesem Buch zu arbeiten, so dass ich ihnen dieses Buch wiederum widme.

Nürnberg/Roth-Bernlohe, im Juli 2010

Inhalt

Abkürzungsverzeichnis

AA	Auswärtiges Amt
Abb.	Abbildung
AfDB	African Development Bank (Afrikanische Entwicklungsbank)
AfDF	African Development Fund (Afrikanischer Entwicklungsfonds)
AGdD	Arbeitsgemeinschaft der Entwicklungsdienste e.V.
AGE	Arbeitsgemeinschaft Entwicklungsländer
AGEH	Arbeitsgemeinschaft für Entwicklungshilfe e.V.
AGOA	African Growth And Opportunity Act
AKP	Gruppe der afrikanischen, karibischen und pazifischen Staaten
APS	Allgemeines Präferenzsystem
ASA	Arbeits- und Studienaufenthalten
AsDB	Asian Development Bank (Asiatische Entwicklungsbank)
AsDF	Asian Development Fund (Asiatischer Entwicklungsfonds)
ATPA	Andean Trade Preference Act
AvH	Alexander von Humboldt Stiftung
BDI	Bundesverband der deutschen Industrie
BGR	Bundesanstalt für Geowissenschaften und Rohstoffe
BIP	Bruttoinlandsprodukt
BMWi	Bundesministerium für Wirtschaft (und Technologie)
BMZ	Bundesministerium für wirtschaftliche Zusammenarbeit und Entwicklung
BSP	Bruttosozialprodukt
BWI	Bretton-Woods-Institutionen
CARICOM	Karibische Gemeinschaft (Caribbean Community)
CBERA	Caribbean Basin Economic Recovery Act
CDB	Karibische Entwicklungsbank
CDG	Carl-Duisberg-Gesellschaft e.V.
CFI	Christliche Fachkräfte International e.V.
cif	cost, insurance, freight (Kosten, Versicherung und Fracht inbegriffen)
CIM	Centrum für internationale Migration und Entwicklung

CPA	Country Programmable Aid
DAAD	Deutscher Akademischer Austauschdienst
DAC	Development Assistance Committee (Ausschuss für Entwicklungshilfe)
DCF	Development Cooperation Forum
DED	Deutscher Entwicklungsdienst
DEG	Deutsche Investitions- und Entwicklungsgesellschaft
DFG	Deutsche Forschungsgemeinschaf
DIE	Deutsches Institut für Entwicklungspolitik
DIHT	Deutscher Industrie- und Handelstag
DSE	Deutsche Stiftung für internationale Entwicklung
DtA	Deutsche Ausgleichsbank
DÜI	Deutsches Übersee-Institut
EBA	Everythings but Arms
EBRD	European Bank for Reconstruction and Development (Europäische Bank für Wiederaufbau und Entwicklung = EBWE)
ECHO	European Community Humanitarian Office (Amt für humanitäre Soforthilfe der EU-Kommission)
ECOSOC	Economic and Social Council (Wirtschafts- und Sozialrat) der UN
EEF	Europäischer Entwicklungsfonds
EFP	Europäisches Freiwilligenprogramm
EG	Europäische Gemeinschaften
EH	Entwicklungshilfe
EIB	Europäische Entwicklungsbank
EL	Entwicklungsland, Entwicklungsländer
ENP	Europäische Nachbarschaftspolitik
ENPI	Europäische Nachbarschafts- und Partnerschaftsinstrument
EP	Entwicklungspolitik
ERP	European Recovery Program (Europäisches Wiederaufbauprogramm)
ESAF	Enhanced Structural Adjustment Facilities
ESAP	Enlarged Structural Adjustment Programme (Erweitertes Strukturanpassungsprogramm)
EU	Europäische Union
EZ	Entwicklungszusammenarbeit
EZI	Instrument für Entwicklungszusammenarbeit
FAC	Internationale Nahrungsmittelhilfe-Übereinkunft (Food Aid Convention)
FAO	Food and Agriculture Organization (Ernährungs- und Landwirtschaftsorganisation)

Fb	Forschungsbericht
FDI	Foreign Direct Investment
FFW	Food for Work
FES	Friedrich-Ebert-Stiftung
FNS	Friedrich-Naumann-Stiftung
fob	free on board (frei an Bord)
FSO	Fund for Special Operations
FZ	Finanzielle Zusammenarbeit
GATT	General Agreement on Tariffs and Trade, Allgemeines Zoll- und Handelsabkommen
GSP	Generalized System of Preferences
GTZ	Deutsche Gesellschaft für Technische Zusammenarbeit
HBS	Heinrich-Böll-Stiftung
HDI	Human Development Index
HDR	Human Development Report
HIC	High-income Countries (and Territories)
HIPC	Heavily Indebted Poor Countries
HSS	Hanns-Seidel-Stiftung
IBD	Integrierter Beratungsdienst für die Privatwirtschaft in Partnerländern
IBRD	International Bank for Reconstruction and Development (InternationaleBank für Wiederaufbau und Entwicklung)
ICSID	International Center for the Settlement of Investment Disputes (Internationales Zentrum für die Beilegung von Investitionsstreitigkeiten)
IDA	International Development Association (Internationale Entwicklungsorganisation)
IDB	Interamerican Development Bank (Interamerikanische Entwicklungsbank)
IDB	Industrial Development Board
IF	Integrierte Fachkräfte
IFAD	International Fund for Agricultural Development
IFC	International Finance Corporation (Internationale Finanz-Corporation)
IL	Industrieland, Industrieländer
ILO	International Labour Office (Internationale Arbeitsorganisation)
IMF	International Monetary Fund (Internationaler Währungsfonds = IWF)
InWEnt	Internationale Weiterbildung und Entwicklung gGmbH
IPA	Instrument for Pre-Accession Assistance (Instrument für Heranführungshilfe)
ITC	International Trade Center (Internationales Handelszentrum)
KAS	Konrad-Adenauer-Stiftung

KfW	Kreditanstalt für Wiederaufbau
KKP	Kaufkraftparität
KMU	Kleine und mittlere Unternehmen
KNA	Kosten-Nutzen-Analyse
LDC	Entwicklungsländer nach UNDP (Less Developed Countries)
LIC	Low-income Countries (nach Weltbankdefinition)
LLDC	Ärmste Entwicklungsländer (Least Developed Countries)
LMIC	Lower middle-income Countries (and Territories)
MDG	Millennium Development Goals (Millenniumsentwicklungsziele)
MDR	Multilateral Debt Reduction
MIGA	Multilateral Investment Guarantee Agency
MOE	Länder Mittel- und Osteuropas
MQR	Kriterium der maximalen Reinvestitionsquote
NEC	Newly Exporting Countries
NGO	Non Governmental Organization (Nicht-Regierungs-Organisation = NRO)
NIEO	New International Economic Order (Neue Weltwirtschaftsordnung = NWWO)
NMH	Nahrungsmittelhilfe
NPÖ	Neue Politische Ökonomie
NTF	Nigeria Trust Fund
NUS	Neue Unabhängige Staaten (Nachfolgestaaten der ehemaligen Sowjetunion)
OA	Official Aid (Öffentliche Leistungen)
OAPEC	Organization of Arabic Petroleum Exporting Countries (Organisation arabischer erdölexportierender Länder)
ODA	Official Development Aid (öffentliche Entwicklungshilfe)
ODF	Official Development Finance (öffentliche Mittel zur Entwicklungsfinanzierung)
OECD	Organization for Economic Cooperation and Development (Organisation für wirtschaftliche Zusammenarbeit und Entwicklung)
OOF	Other Official Flows (sonstige öffentliche Leistungen)
OAPEC	Organization of Arab Petroleum Exporting Countries (Organisation arabischer erdölexportierender Länder)
OPEC	Organization of Petroleum Exporting Countries (Organisation erdölexportierender Länder)
PFK	Projektfortschrittskontrolle
PFP	Policy Framework Paper

PHARE	Poland and Hungary Action for Restructuring of the Economy
PKE	Pro-Kopf-Einkommen
PPP	Public Private Partnership
PPÜ	Projektplanungsübersicht
PRGF	Poverty Reduction and Growth Facility (Armutsreduzierungs- und Wachstumsfazilität)
PRSP	Poverty Reduction Strategy Paper (Armutsbekämpfungsstrategie)
PTB	Physikalisch-Technische Bundesanstalt
PQLI	Physical Quality of Life Index
PZ	Personelle Zusammenarbeit
RLS	Rosa-Luxemburg-Stiftung
SAP	Structural Adjustment Programme (Strukturanpassungsprogramm)
SDF	Special Development Fund
SDR	Soziale Diskontrate
SES	Senior Expert Service
SGP	Maximierung der sozialen Grenzproduktivität
STABEX	System der Exporterlösstabilisierung
SZ	Soziale Zusammenarbeit
SZR	Sonderziehungsrechte (Special Drawing Rights: SDR – im Buch nicht verwendet)
Tab.	Tabelle
TACIS	Technical Assistance to the Commonwealth of Independent States
TI	Transparency International
TNK	Transnationale Konzerne
TNU	Transnationale Unternehmen
TPO	Trade Promotion Organisation
UMIC	Upper Middle-income Countries (and Territories)
UN	United Nations (Vereinte Nationen)
UNCTAD	United Nations Conference on Trade and Development (Konferenz der UN für Handel und Entwicklung)
UNDP	United Nations Development Programme (Entwicklungsprogramm der UN)
UNEP	United Nations Environmental Programm (Umweltprogramm der UN)
UNESCO	United Nations Educational, Scientific and Cultural Organization
UNFPA	United Nations Population Fund (Bevölkerungsfond der UN)
UNHCR	United Nations High Commission for Refugees (Hoher Flüchtlingskommissar der UN)

UNICEF	United Nations Children's Fund (Kinderhilfswerk der UN)
UNIDO	United Nations Industrial Development Organization (Organisation der UN für industrielle Entwicklung)
UNTA	United Nations Technical Assistance (Technische Hilfe der UN)
UNV	United Nations Volunteers (Freiwilligendienst der UN)
UMIC	Upper middle-income Countries (and Territories)
USAID	United States Agency für International Development (Agentur der USA für Internationale Entwicklung)
VENRO	Verband Entwicklungspolitik Deutscher Nichtregierungsorganisationen e.V.
WBRO	World Bank Research Observer
WEB	Weltentwicklungsbericht
WfA	Wachstumsinitiative für Arme
WFP	World Food Programme (Welternährungsprogramm)
WHO	World Health Organization (Weltgesundheitsorganisation)
WIR	World Investment Report
WTO	World Trade Organization (Welthandelsorganisation)
ZAV	Zentralstelle für Arbeitsvermittlung der Bundesanstalt für Arbeit
ZDH	Zentralverband des Deutschen Handwerks
ZOPP	Zielorientierte Projektplanung

Verzeichnis verwendeter Fachzeitschriften und Lexika

AER	American Economic Review
AuPol	Aussenpolitik
AWBCDE	Annual World Bank Conference on Development Economics
BPEA	Brooking Papers on Economic Activity
BNL	Banca Nazionale del Lavoro, Quarterly Review
CanJDSt	Canadian Journal of Development Studies
CEP	Contemporary Economic Policy
D&C	Development and Change
DPR	Development Policy Review
Ecra	Econometrica
EDCC	Economic Development and Cultural Change
EER	European Economic Review
EJ	Economic Journal
EuJDevR	European Journal of Development Research
E + Z	Entwicklung und Zusammenarbeit
F&E	Finanzierung und Entwicklung
HDevE	Handbook of Development Economics
HdWW	Handwörterbuch der Wirtschaftswissenschaften
HIZ	Handbuch für Internationale Zusammenarbeit
IER	International Economic Review
IntAF	Internationales Asienforum
I.O.	International Organization
JDevE	Journal of Development Economics
JDevSt	Journal of Development Studies
JE	Journal für Entwicklungspolitik
JEcD	Journal of Economic Development
JEcInt	Journal of Economic Integration

JES	Journal of Economic Surveys
JIntE	Journal of International Economics
JMonE	Journal of Monetary Economics
JPE	Journal of Political Economics
JPolM	Journal of Policy Modeling
KonP	Konjunkturpolitik
Orientierungen	Orientierungen für Wirtschafts- und Gesellschaftspolitik
ÖZPol	Österreichische Zeitschrift für Politikwissenschaft
PolSt	Political Studies
PuZ	Aus Politik und Zeitgeschichte, Beilage des Parlaments
QJE	Quarterly Journal of Economics
SEJ	Southern Economic Journal
TWQ	Third World Quarterly
WBER	World Bank Economic Review
WD	World Development
WE	World Economy
WWA	Weltwirtschaftliches Archiv
YR	Yale Review
ZfWp	Zeitschrift für Wirtschaftspolitik
ZWS	Zeitschrift für Wirtschafts- und Sozialwissenschaften

1 Warum Entwicklungshilfe – Begründung und Systematik

Entwicklungshilfe (EH) ist zu einem Milliardengeschäft geworden; jährlich werden zurzeit zwischen 80 und 110 Mrd. US$ hierfür aufgewendet. Die EU hat im Jahre 2007 insgesamt ca. 73 Mrd. US$ an EH vergeben. Alleine von 1997 bis 2006 betrug die von der Bundesrepublik geleistete EH 113 Mrd. US$. Schätzungsweise 300.000 bis 500.000 Personen sind weltweit im Bereich der EZ tätig. Die fünf großen internationalen Entwicklungsbanken beschäftigen ungefähr 12.000 Mitarbeiter mit einem Personal- und Verwaltungskostenaufwand von ca. 2 Mrd. US$ (Sangmeister).

Wie kann ein internationaler Ressourcentransfer zur wirtschaftlichen Entwicklung der Entwicklungsländer (EL) beitragen? Jede Industrialisierung, ohne die eine wirtschaftliche Entwicklung nicht vorstellbar ist, geht mit einer Kapitalakkumulation einher, die wiederum einen realen Konsumverzicht notwendig macht, der in einer geschlossenen Volkswirtschaft von den Bürgern des Landes geleistet werden muss. Der Realkonsumverzicht ist stets mit einer Erhöhung der realen Ersparnisse verbunden, wodurch Ressourcen für die Kapitalakkumulation freigesetzt werden. Diese notwendige Realersparnis kann wiederum freiwillig durch höhere Ersparnisse der Wirtschaftssubjekte des Landes erfolgen oder durch den Staat erzwungen werden.[1]

Der Gesellschaft stehen verschiedene Möglichkeiten offen, Realressourcen für den Wachstumsprozess zur Verfügung zu stellen. Zunächst ist generell zu prüfen, ob in EL Vollbeschäftigung herrscht oder nicht ausgelastete Ressourcen (Arbeitslosigkeit!) vorhanden sind. Eine verbesserte Auslastung vorhandener Ressourcen führt zu einem höheren Volkseinkommen und ermöglicht eine verbesserte Kapitalakkumulation, ohne dass die bisherige Konsummenge real eingeschränkt werden müsste. Realkonsumverzicht wird in diesem Fall durch den Verzicht auf das zusätzlich erwirtschaftete Realeinkommen geleistet, das aus der höheren

---

[1] Der Staat kann entweder direkte Zwangsmaßnahmen ergreifen oder sein Ziel über indirekte Anreize zu erreichen suchen. Zu den indirekten Maßnahmen gehören Steueranreize, welche die Ersparnisse erhöhen bzw. Investitionen fördern, oder auch staatliche Budgetüberschüsse. Eine unfreiwillige Art des Konsumverzichts, das sogenannte Zwangssparen, kann auch durch eine Inflation herbeigeführt werden. Diese wirkt wie eine Steuer auf monetäres Vermögen (Finanzaktiva). Über vermehrte Geldschöpfung lassen sich dann kurzfristig Realausgaben finanzieren. Statt über eine direkte Steuererhöhung erreicht der Staat damit eine indirekte Finanzierung seiner Staatsausgaben, die zu Ersparnissen im gesamtwirtschaftlichen Sinne führt, wenn hierdurch bspw. Infrastrukturmaßnahmen finanziert werden. Steigen infolge erhöhter Preise die Unternehmensgewinne, so können daraus ebenfalls zusätzliche Ersparnisse, z.B. in Form einer Zunahme der Selbstfinanzierung von Investitionen, getätigt werden.

Wertschöpfung infolge der besseren Ausnutzung knapper Ressourcen erwächst. Bei Vollbe-schäftigung hingegen ist eine höhere Realkapitalakkumulation nur über eine Reduzierung des Konsums möglich.

Im Allgemeinen werden die Möglichkeiten, im Inland Ressourcen für die Entwicklung zu generieren, in den Staaten der Dritten Welt als gering eingeschätzt. Für den Entwicklungs-prozess ist aber eine reichliche Ausstattung mit Kapitalgütern notwendig. Da EL diese meist nicht selbst herstellen können, müssen sie importiert werden. Oft reichen die dazu vorhande-nen Exporteinnahmen und Devisenreserven nicht aus. Deshalb wird das Ausland in die Pflicht genommen, Realkonsumverzicht zu Gunsten der Dritten Welt zu leisten. Die Bürger anderer Staaten stellen hierbei ihre ersparten Ressourcen dem EL über Kredite oder Trans-fers direkt oder indirekt zur Verfügung. Derartige internationale Ressourcentransfers sollen die Entwicklung in EL beschleunigen. Sie werden dabei als eine notwendige, nicht aber hinreichende, Bedingung für einen erfolgreichen Entwicklungsprozess angesehen.

Es stellt sich die Frage, welche Motive hinter der Bereitschaft der Industrieländer (IL) ste-hen, EH in Milliardenhöhe zur Verfügung zu stellen und warum die Ergebnisse bei Weitem hinter den Erwartungen zurückgeblieben sind, obgleich im Bereich der praktischen EZ ein beträchtlicher Zugewinn an Professionalität zu verzeichnen ist. Nach einer Definition und Abgrenzung der öffentlichen EH werden wir uns daher mit den Motiven der EH beschäfti-gen. Daran anschließen wird sich ein erster allgemeiner Überblick über die Entwicklungshil-feleistungen der IL.

1.1   Definition und Abgrenzung der öffentlichen Entwicklungshilfe

Der Begriff „**Entwicklungshilfe**" ist weder eindeutig abgegrenzt noch einheitlich definiert und wird meist synonym mit anderen Begriffen wie „Entwicklungshilfepolitik", „Entwick-lungszusammenarbeit", „Auslandshilfe" oder „Politik der wirtschaftlichen Zusammenarbeit" verwendet. Man versteht darunter recht verschiedene Sachverhalte, die alle Gegenstand der wirtschaftswissenschaftlichen Analyse der EH sind. Einerseits werden alle direkten finanzi-ellen Ressourcentransfers, die im Rahmen der Vergabe öffentlicher Mittel durch staatliche und internationale Institutionen den EL zukommen (Finanzhilfe), andererseits Hilfeleistun-gen nicht-staatlicher Organisationen sowie private Direktinvestitionen (private EH) als EH bezeichnet. Auch indirekte Hilfetransfers durch Maßnahmen der Außenhandelspolitik fallen bisweilen unter den Begriff der EH, wenn durch sie eine Steigerung der Exporterlöse der EL ermöglicht wird (Handelshilfe).

Internationale Ressourcentransfers im Rahmen der EH grenzen sich vom internationalen Waren- und Kapitalverkehr dadurch ab, dass sie zu günstigeren Konditionen als den interna-tionalen Marktbedingungen erfolgen. Vereinzelt wird der Begriff der EH von der Auslands-hilfe dadurch unterschieden, dass die bereitgestellten Ressourcen für Zwecke des wirtschaftlichen Wachstums und der Wirtschaftsentwicklung eingesetzt werden müssen. Demnach zählen Militärhilfen zur Auslandshilfe, nicht aber zur EH.

Schwierigkeiten einer genauen Abgrenzung ergeben sich dabei allerdings beim Blick auf die ökonomische Wirksamkeit der Hilfeleistungen. Denn inwieweit EH die wirtschaftliche Entwicklung eines Landes vorantreibt, hängt letzten Endes immer von den Prioritäten und Absichten des EL ab. So können Mittel der EH, selbst wenn sie an Entwicklungshilfeprojekte gebunden sind, indirekt zur Militärhilfe werden, indem das EL eigene budgetäre Mittel anstatt für Maßnahmen der Wirtschaftsförderung für Militärausgaben verwendet. Im Fall einer umgekehrten Budgetsubstitution, bei der Mittel, die für Militärausgaben verwendet worden wären, durch eine Militärhilfe frei werden und von der Regierung für Entwicklungsprojekte eingesetzt werden, kann eine Militärhilfe hingegen entwicklungspolitisch indirekt auch positive Folgen haben.

Der Begriff EH wird von einigen Autoren nicht nur kritisiert, da er irreführend sein kann, sondern auch, weil er stark wertbeladen ist. Wer Hilfe empfängt, ist „hilfsbedürftig" und abhängig vom Hilfegeber, der sich dem Helfenden gegenüber als überlegen ansehen kann.[2] Der Begriff ruft Emotionen hervor, die eine wissenschaftliche Behandlung erschweren.[3]

Auch das Konzept der EH hat in den letzten Jahren eine Wandlung erfahren. Die EH der IL an die Länder der Dritten Welt ist eine politische Innovation des 20. Jahrhunderts und heutzutage eine internationale Institution. Sie hat sich in den letzten 50 Jahren so weit etabliert, dass sie sogar als Teil des internationalen Rechts verstanden werden kann (Thériel). Seit Ende des Zweiten Weltkrieges haben die IL ca. 3000 Mrd. US$ an EH ausgegeben, so dass EH sich aus den internationalen Beziehungen der Staaten heute nicht mehr wegdenken lässt.

Seit den ersten Überlegungen zur EH Ende der 40er-Jahre lässt sich eine stetige Wandlung des Konzeptes der EH beobachten. Heutzutage spricht man in verstärktem Maße von Entwicklungszusammenarbeit (EZ). Die Wandlungen des Konzeptes und der Durchführung der EH lassen sich aus der ideologischen Auseinandersetzung zwischen Rechts und Links deutlich machen. Konservative Befürworter möchten die Qualität der EH verbessern, linke Vertreter fordern quantitativ mehr EH. Vertreter des linken Flügels wollen dadurch eine gleichmäßigere Verteilung der Weltwohlfahrt erreichen; Vertreter des rechten Spektrums legen Wert auf die Eigenanstrengungen der EL, die durch EH korrumpiert und vernachlässigt werden.

Die Auseinandersetzung lässt sich auch an der Diskussion des Begriffes EH feststellen. Vertreter des linken Spektrums hatten das Ziel, EH restriktiv zu definieren, um ein Aufblähen statistischer Zahlen und eine Überbetonung der Großzügigkeit der IL zu reduzieren. Vertre-

---

[2]   Interessant ist die englische Bezeichnung „development aid". Es wird nicht das Wort „help" benutzt, das stärker zielorientiert wäre und die Wirksamkeit betont. Auch wird nicht der Begriff „assistance" verwendet, der nur eine untergeordnete Mitwirkung bezeichnen würde. „Aid" ist im Sinne von Beistand und Unterstützung zu verstehen, erwartet also vom Empfänger der Hilfe einen Anteil zur Überwindung der zu überwindenden Situation. Der Begriff „rescue" würde hingegen implizieren, dass EL nicht in der Lage wären, sich ohne die Hilfe der IL zu entwickeln.

[3]   Vgl. hierzu auch die Ausführungen in: KALTEFLEITER, S. 5ff.

ter des rechten Spektrums dagegen suchten eine breite Definition, in der möglichst viele Bereiche der Hilfe der Geberstaaten eingefangen werden.

Bis Anfang der 60er-Jahre wurden in der Hilfestatistik alle Arten finanzieller Zuflüsse (einschließlich privater Investitionen) als EH gezählt. Das linke Spektrum setzte eine Einschränkung des Entwicklungshilfebegriffs durch, so dass nur solche Transfers als EH zählen, die der Förderung der wirtschaftlichen Entwicklung dienen. Ausgaben für militärische Kooperationen sind in ODA („Official Development Assistance" bzw. Öffentliche EH) nicht mehr enthalten. Auch die seit 1990 in höherem Maße erfolgte Unterstützung Russlands und Osteuropas zählen demzufolge nicht zur EH. Linke Vertreter haben ein Minimum von Konzessionalität von 25 % durchgesetzt. Dadurch sind Kredite multilateraler Institutionen eigentlich als EH ausgeschlossen, wenn diese Kredite zu marktüblichen Konditionen gegeben werden.

Die politische Rechte hat stetig versucht, die Definition von ODA zu erweitern. Immerhin wird der gesamte Kredit des Geberlandes als EH gezählt und nicht nur das Zuschusselement, auf das wir unten zu sprechen kommen. Rechte Regierungen haben erreicht, administrative Kosten, die Ausgaben für Flüchtlinge im ersten Jahr und die finanzielle Unterstützung von Studenten der EL in den IL als EH zu deklarieren. Argumentiert wurde damit, dass diese Ausgaben positive Auswirkungen auf die EL haben. Konservative Vertreter sehen die EH mehr als Sozialpolitik, linke mehr als ein Anrecht (charity versus entitlement).

Der Beginn der EH hat seine Wurzeln im linken Spektrum. Schon früh (1910) gab es private Hilfe; die Gründung des Wohlfahrtsstaates, des UN-Systems und die Etablierung des Marshall-Planes haben zur Entwicklung der ODA beigetragen. Schon 1910 haben ca. 300 NGOs Entwicklungshilfeprojekte in den Bereichen Bildung, Gesundheit und Landwirtschaft durchgeführt. Daher könnte die EH als Erweiterung des Prinzip des Wohlfahrtsstaats auf Weltebene bezeichnet werden. In dem Zusammenhang wird das Versagen des Marktes betont und Nichtmarkt-Prinzipien der Einkommensverteilung durch Sozialpolitik institutionalisiert, die dann weltweit ausgedehnt wurde. Die Weltbank wurde damit zu einer Institution, die oft als Marktkolonialismus gebrandmarkt wurde, obwohl sie ursprünglich entwickelt wurde, um keynesianische Gedanken auf die globale Ebene zu heben.

Die ursprünglich linke Idee der EH wurde rasch vom rechten Spektrum instrumentalisiert – insbesondere im Kampf gegen den Kommunismus. Die USA-EH war nur für EL der freien Welt vorgesehen (nicht-kommunistische Staaten). Bis 1955 sind 90 % der weltweiten EH von 3 Ländern aufgebracht worden, nämlich USA, UK und Frankreich. Für die USA war die EH ein Mittel der Weltpolitik, für Großbritannien und Frankreich ein Substitut für die koloniale Dominierung der EL.[4]

Im Jahre 1960 wurde die IDA (International Development Association), 1961 das **DAC (Development Assistance Commitee)** und 1965 das UNDP (United Nations Development Programme) gegründet. DAC und IDA sind Institutionen, die von den IL dominiert werden.

---

[4] Nach der kubanischen Revolution im Jahre 1959 haben sich die Leistungen der US-EH an die lateinamerikanischen EL enorm erhöht.

Selbst Fragen der praktizierten EH wurden im „Club der Geber" (DAC) diskutiert, ohne die Länder der Dritten Welt zu beteiligen. Das DAC der OECD legt auch heute noch die Konditionen für die Anerkennung von Transferleistungen an EL als EH fest.

Betrachtet man das Volumen der weltweiten Finanzhilfe, so zeigt sich, dass die Länder der OECD auch den weitaus größten Anteil stellen. Jährlich geben die Mitglieder der OECD mehr als 100 Mrd. € für EH aus. Das sind mehr als 90 % der aus öffentlichen Mittel finanzierten EH weltweit.[5] Aufgrund der überragenden Bedeutung der OECD im Rahmen der EH und der Zuverlässigkeit des Datenmaterials werden wir im Rahmen dieses Buches dem Begriff „**öffentliche EH**" die Definition des Entwicklungshilfeausschusses der OECD zugrunde legen[6]: Der Begriff „Entwicklungshilfe" hingegen ist in einem weiteren Sinne zu verstehen und umfasst neben der öffentlichen EH auch den Teil der Finanzhilfe, der definitionsgemäß nicht zur öffentlichen EH gehört sowie die Handelshilfe.

Als „**Official Development Assistance**" werden vom DAC nur solche Leistungen anerkannt, die vornehmlich der Förderung der wirtschaftlichen Entwicklung und der Hebung des Lebensstandards (soziale Entwicklung) in EL dienen und zu finanziellen Sonderkonditionen erbracht werden, wobei der DAC ein Zuschusselement (grant element) von mindestens 25 % bestimmt hat. Zusätzlich müssen die Mittel von öffentlichen Stellen gegeben werden. Die staatlichen Entwicklungshilfeleistungen der IL werden nach einheitlichen Kriterien erfasst und dem DAC gemeldet.

Zur ODA gehören nur die Mittel der staatlichen EZ, die EL zufließen, welche in der DAC-Liste I aufgeführt sind. Öffentliche Hilfen an Übergangsländer gemäß Teil II der DAC-Liste werden als „**Official Aid**" (OA bzw. „öffentliche Leistungen") bezeichnet und der öffentlichen EH mutatis mutandis bis 2005 zugerechnet. ODA und OA können als Zuschüsse[7] oder als Kredite und sonstige Kapitalleistungen zu vergünstigten Bedingungen gewährt werden. Daneben führen die Statistiken des DAC weitere Kategorien von Finanzhilfen an: „**Other Official Flows**" (OOF bzw. „sonstige öffentliche Leistungen") sind Transaktionen des öffentlichen Sektors mit EL, die nicht den Kriterien der ODA entsprechen, weil sie entweder nicht primär der Entwicklungsförderung dienen oder ein Zuschusselement von weniger als 25 % aufweisen. „**Official Development Finance**" (ODF bzw. „öffentliche Mittel zur Entwicklungsfinanzierung") ist eine Messgröße für Mittelzuflüsse in EL, welche die bilaterale ODA, Zuschüsse und Entwicklungskredite der multilateralen Finanzinstitute zu vergünstigten und marktüblichen Bedingungen und sonstige öffentliche Leistungen für Entwicklungszwecke mit einem Zuschusselement von weniger als 25 % (einschließlich Refinanzierungsdarlehen) umfasst.[8]

---

[5] Vgl. OECD, DAC-Bericht 2009, Paris, 2009.

[6] Aus demselben Grund beziehen sich die in diesem Buch genannten internationalen Daten – wenn nicht ausdrücklich anders erwähnt – auf die öffentliche EH der DAC-Länder.

[7] Als Zuschüsse gelten Transfers in Form von Barmitteln, Gütern oder Dienstleistungen, für die keine Rückzahlung gefordert wird.

[8] Definitionen siehe OECD, DAC-Berichte, z.B. DAC 2009, S. 245.

Die Definition der ODA ist seit 1972 nicht geändert worden. Jedoch hat es einige **Neuinterpretationen** innerhalb dieses Konzeptes gegeben. Seit 1979 werden nun auch die Verwaltungskosten der EZ zur ODA gerechnet.[9] Seit 1984 gilt dies ebenso für die Ausbildungskosten von Studenten aus EL, die von Entwicklungshilfeinstitutionen getragen werden, und seit 1991 auch für Leistungen an Flüchtlinge aus Ländern, die EH erhalten. Auch Aufgaben für entwicklungspolitische Bewusstseinsbildung und entwicklungsländerspezifische Forschung (Erforschung von Tropenkrankheiten oder die Entwicklung von Anbaufrüchten für die Bedingungen von EL) können als ODA angerechnet werden, wenn sie als öffentlichen Ausgaben des Geberlandes erfolgen.[10]

Bspw. hat Kanada für 1993 zum ersten Mal Zahlungen an Flüchtlinge in Höhe von 184 Mio. US$ als ODA ausgegeben, was einen Anteil von 8 % der kanadischen öffentlichen Hilfe ausmachte.[11] Die Einberechnung der Flüchtlingshilfe widerspricht jedoch der ODA-Definition, da sie nicht „entwicklungsorientiert" ist. Es ist auch nicht einsichtig, warum der gesamte Kredit als EH zählt und nicht nur das Zuschusselement. Fraglich ist ebenso, ob die multilaterale Hilfe der Weltbank als ODA zählen kann, da das Zuschusselement die 25 % Marke nicht immer übersteigt.

Aufgrund der Forderungen von UNCTAD I (Genf 1964) wurde nach einem Beschluss der UN auf internationaler Ebene das Ziel vereinbart, eine Erhöhung der ODA auf einen Anteil von **0,7 % des BIP** des Geberlandes anzustreben. Eine genaue Ermittlung dieses Prozentsatzes ist jedoch angesichts der unklaren Definition der ODA, welche Interpretationsspielräume offen lässt, kaum möglich. So ergab sich Ende der 80er Jahre bei einer Berechnung der EH Australiens nach den neuen Regeln eine Erhöhung der ODA um schätzungsweise 12 % im Vergleich zu einer Anwendung der Regeln, wie sie 15 Jahre vorher bestanden.[12] Die ODA-Leistungen werden netto berechnet. Rückflüsse, d.h. Tilgungen der EL von Darlehen, werden von der ODA abgezogen. In den ODA-Statistiken sind mit Leistungen immer Nettoleistungen gemeint.

Zu den Zuschüssen (grants) werden alle Leistungen gerechnet, die nicht Darlehen sind, nämlich:

- technische Zusammenarbeit
- finanzielle Zusammenarbeit, soweit es keine Darlehen betrifft
- Beiträge an internationale Organisationen, soweit sie Entwicklungsländer fördern
- Schuldenerlasse
- ODA-anrechenbare Leistungen, die im Geberland anfallen.

Darlehen beinhalten immer Rückflüsse, die von der ODA abgezogen werden. Darlehen, die eine Laufzeit von weniger als einem Jahr haben, werden nicht als ODA angerechnet.

---

[9]   Eine Erhöhung der Gehälter deutscher Berater oder Beamter des Ministeriums führt damit zu einer Erhöhung der ODA.

[10]   BMZ: Medienhandbuch Entwicklungspolitik 2006/2007, S. 427.

[11]   Vgl. OECD, DAC-Report 1994, Paris, S. 118 f.

[12]   Vgl. OECD, DAC-Report 1997, Paris, S. 114.

Eine genaue Ermittlung unterliegt darüber hinaus den Einflüssen der berechnenden Methoden der Volkswirtschaftlichen Gesamtrechnung. Bei der Neuen Volkswirtschaftlichen Gesamtrechnung (New System of National Accounts) werden seit 1994 auch Schätzungen für den Wert der häuslichen Arbeit bei der Lebensmittelherstellung für den Eigenbedarf hinzugerechnet, so dass der ODA-Anteil aufgrund der Erhöhung des BNE (geringfügig) gesunken ist.

Die Ermittlung des ODA-Anteils ist auch aus weiteren Gründen problematisch. Zum einen werden im Bereich der EZ oft überhöhte Preise gefordert, da insbesondere in der bilateralen EZ im Rahmen der gebundenen Hilfe der internationale Wettbewerb reduziert ist. Höhere Preise führen jedoch zu einem höheren ODA-Anteil und überzeichnen somit die Entwicklungshilfebemühungen der Geber. Weiterhin sind die regionalen Schwerpunkte einiger Geberstaaten kritisch zu hinterfragen. Die Hilfe an die US-amerikanischen Inseln im Pazifik gelten ebenso als ODA wie die englischen Unterstützungen für die Falklandinseln oder das ehemals britische Hongkong. Auch Ausgaben der Franzosen für ihre Überseebesitzungen (DOM und TOM)[13] werden der ODA zugeschlagen.

Probleme treten ferner auch durch Schuldenerlasse auf. Schuldenerlasse von ODA-Krediten können nicht neu als ODA verrechnet werden.[14] Hingegen gelten Schulden, die nicht ODA-Hilfen waren und erlassen werden, bspw. dann als ODA, wenn sie im Rahmen einer Überprüfung die ODA-Bedingungen erfüllen. Dahingegen wird der Schuldenerlass für ursprüngliche Militärkredite seit 1993 als OOF gemeldet. Wird einem EL die Rückzahlung von Exportkrediten erlassen, so werden diese seit 1989 zur ODA hinzugerechnet.

Die Länderlisten werden neuerdings alle drei Jahre modifiziert. 1996 wurden bspw. Singapur und die Bahamas von Teil I in Teil II der Liste transferiert, 1997 galt ähnliches für Bermuda, Taiwan, die Falklandinseln, Hongkong sowie Israel. 1991 war Portugal und 1994 Griechenland aus der Liste der ODA-Empfängerstaaten gestrichen worden. Da die OA-Leistungen generell nicht auf das 0,7 %-Ziel angerechnet werden, ergeben sich bei einem Vergleich der ODA (und der ODA-Anteile am BSP) über mehrere Jahre Sprünge, die nicht auf einer absoluten Veränderung der ODA basieren. Seit dem Jahre 2006 werden die OA-Leistungen nicht mehr an den DAC gemeldet.

Nach dieser Definition und Abgrenzung der EH wenden wir uns nun der Frage zu, aus welchen Gründen souveräne Staaten den Bürgern anderer Länder zu Hilfe kommen. Warum betonen bestimmte Gruppierungen in IL die Notwendigkeit von Entwicklungshilfeleistungen für EL und verschaffen ihnen somit eine internationale Lobby, obwohl Ziel der EH doch zunächst nicht die eigene Bevölkerung, sondern die Bevölkerung des EL ist?

---

[13] DOM = Departement d'Outre Mer; TOM: = Territoire d'Outre Mer.

[14] Statistisch wirkt sich diese Regelung für Geber dadurch vorteilhaft aus, dass Rückzahlungen nicht stattfinden und dementsprechend die ODA-Nettoleistungen nicht reduziert werden.

1.2   Motive für die Vergabe von Entwicklungshilfe

Warum leisten Staaten und ihre Bürger anderen Staaten und deren Bürgern EH? Neben dem eher theoretischen Argument der **Erhöhung der Weltwohlfahrt** werden vordergründig v.a. moralische und humanitäre Gründe genannt. So werden den EL in Katastrophenfällen aus humanitären Gründen bspw. Lebensmittel- und Medikamentenlieferungen politisch problemlos zur Verfügung gestellt. Im Allgemeinen muss man jedoch davon ausgehen, dass Geberstaaten auf dem Wege der EZ vor allem **Eigeninteressen** ökonomischer, politischer und geostrategischer Art verfolgen und gar Gegenleistungen erwarten. Es gibt keine historische Evidenz, die zeigt, dass über einen längeren Zeitraum Gebernationen helfen, ohne von ihnen eine korrespondierende Gegenleistung zu erwarten, sei sie politisch, ökonomisch, militärisch oder Hilfe gegen Drogenanbau oder Terrorismus. Empfängerländer hingegen fordern und erwarten EH als Kompensation für den zu Zeiten des Kolonialismus erlittenen Schaden. Sie argumentieren, dass sie in ihrer wirtschaftlichen Entwicklung behindert wurden und daher ein Recht auf Hilfeleistung hätten. Die Eliten der EL fordern EH oft aus politischem Eigeninteresse, da sie dadurch Mittel erhalten, um ihre Macht abzusichern.[15] Neuerdings soll EH auch die Demokratisierung in EL absichern (Dunning). Schließlich werden **ethische Gründe** für EH angeführt, die eine Verpflichtung zur Hilfe der in Armut lebenden Menschen sehen.

1.2.1   Erhöhung der Weltwohlfahrt

Die Außenwirtschaftstheorie lehrt, dass ein auf marktwirtschaftlichen Anreizen begründeter Ressourcentransfer Wachstum und Wohlfahrt sowohl des empfangenden als auch des gebenden Landes erhöht. Bei marktwirtschaftlichen Rahmenbedingungen, zu denen ein funktionierendes Preissystem gehört, wird jede knappe Ressource über nationale Grenzen hinweg den Weg zum besten Wirt suchen. Ist die erwartete **Grenzproduktivität des Kapitals** im Ausland höher als im Inland, so ist ein internationaler Ressourcentransfer ökonomisch sinnvoll.[16] Das empfangene Land wird einen höheren Produktionsbeitrag erhalten als die Zinsleistungen und Rückzahlungen ausmachen, die aufgrund dieses Transfers notwendig sind. Dazu ist aber keine staatliche EH nötig! Warum wird dennoch EH gegeben und wie lässt sich hierdurch die Weltwohlfahrt erhöhen?

Versteht man EH als einen wirtschaftspolitischen Eingriff der internationalen Staatengemeinschaft in die Weltwirtschaft, so kann man in Anlehnung an wohlfahrtstheoretische Analysen auf nationaler Ebene EH mit möglichen **Externalitäten** begründen. Externalitäten verursachen Ineffizienzen, die durch staatliche Eingriffe u.U. abgebaut bzw. verhindert werden können. Zur Beseitigung negativer externer Effekte gewähren IL EH daher aus allokativen und distributiven Gründen.[17]

---

[15]   Vergleiche hierzu Kap. 9.3.

[16]   Die Grenzproduktivitäten des Kapitals müssen mit den entsprechenden Risiken gewichtet werden.

[17]   So auch KALTEFLEITER (1995) und SCHEUBE (1992).

Allokative Begründungen greifen zurück auf die Theorie öffentlicher Güter. Bei den durch die IL finanzierten Gütern mag es sich um Clubgüter oder um Güter mit Externalitäten handeln, welche die EL nicht in der – aus Sicht der Weltwohlfahrt – optimalen Menge zur Verfügung stellen. Ein Beispiel sind die Kompensationszahlungen für den Erhalt der tropischen Regenwälder. Allerdings ergeben sich bei der allokativen Begründung für die EH Probleme mit ihrer eigentlichen Zielsetzung und Definition. Nicht die Überwindung der Armut in der Dritten Welt, sondern die Bereitstellung globaler öffentlicher Güter steht im Mittelpunkt. Es müsste geprüft werden, inwieweit bei zunehmendem Einkommen eine steigende Nachfrage nach solchen öffentlichen Gütern erfolgt, so dass ein Nettostrom von Transfers der IL an EL vertretbar ist.

Pareto-optimale EH kann auch **distributiv** motiviert sein. EH soll den Lebensstandard der Bürger der Dritten Welt erhöhen. Über die Theorie der Externalitäten ist dieses nur gerechtfertigt, wenn es potenzielle Rückwirkungen zwischen den Gebern und Empfängern der EH gibt. Das Hochman-Rodgers-Modell erlaubt die Analyse solcher distributiv bedingten Externalitäten.[18] Bei der distributiven Begründung der EH wird unterstellt, dass der Lebensstandard des Empfängers Auswirkungen auf den Nutzen des Spenders hat. Ein Hauptmotiv für die von Bürgern der IL geleistete EH wird in ihrem Bedürfnis gesehen, den hilfebedürftigen Armen der Dritten Welt zu helfen. Mitfreude bzw. Mitleid des Gebers spielen in diesem Zusammenhang eine wichtige Rolle. Er erhöht durch EH seinen eigenen Nutzen, da der altruistische Akt des Spendens sowie die Verbesserung der wirtschaftlichen Lage der Armen bei ihm ein Glücksgefühl verursacht, i.e. der Geber internalisiert positive Externalitäten. Der Nutzengewinn der Mitfreude am höheren Konsum der Armen übersteigt dabei den Nutzenverlust, der durch den eigenen Konsumverzicht entstand. Da die Anzahl der Altruisten hoch sein kann, besteht die Gefahr des **Trittbrettfahrerverhaltens**. Würde sich die EH nur aus freiwilligen privaten Leistungen zusammensetzen, so könnte es zu einer Unterversorgung mit Entwicklungshilfeleistungen kommen. Regierungen sind also gefordert, durch staatliche EH das Problem des Trittbrettfahrerverhaltens zu reduzieren.

Problematisch ist das Argument, dass durch eine Umverteilung von reich zu arm die Weltwohlfahrt erhöht wird. Der Grenznutzen bei hohem Einkommen ist bekanntlich niedriger als der Grenznutzen bei geringem Einkommen. Ein reicher Bürger, der EH leistet, wird einen geringeren Nutzenverzicht haben als der Nutzen ausmacht, den ein armer Bürger durch eine Transfersumme des Reichen erhält. Dieses Argument ist nur dann stichhaltig, wenn ein interpersonaler Nutzenvergleich möglich wäre. Da in der ökonomischen Theorie nicht vom kardinalen Nutzen, sondern vom ordinalen Nutzen ausgegangen wird, kann dieses Argument – wissenschaftstheoretisch gesehen – nicht als Beleg für eine Erhöhung der Weltwohlfahrt angesehen werden.

---

[18] Vgl. HOCHMAN/RODGERS (1969) und PAQUÉ (1986).

1.2.2   Ökonomische Interessen der Geber

Die Regierungen der IL werben bei ihren Bürgern oft um Verständnis für EH mit dem Hinweis, dass sie in vieler Hinsicht dem eigenen Land ökonomisch nutze. So wird angeführt, dass aufgrund der partnerschaftlichen Zusammenarbeit **Beschaffungsmärkte** für wichtige Rohstoffe gesichert werden könnten, welche die Produktion im Inland aufrechterhalten. Zudem stellen EL wichtige **Absatzmärkte** dar und die EH schaffe eine zusätzliche Nachfrage nach Exporten der heimischen Industrie. Dadurch können wiederum Arbeitsplätze im Inland gesichert werden. Insbesondere durch gebundene EH, bei der das Empfängerland verpflichtet ist, Güter und Dienste im Geberland zu beziehen, werden die Exportwirtschaft des Geberlandes gefördert, seine Beschäftigungsprobleme reduziert und langfristige Handelsbeziehungen aufgebaut (siehe Kap. 3.3). Wird durch EH in einem EL die Technik eines IL exportiert, so kann auch mit Folgeaufträgen gerechnet werden, teilweise durch Reparaturen bzw. weitere Exporte, die durch die EH technisch geöffnet wurden (bestimmte technologische Betriebssysteme).

Die inländische Exportwirtschaft erfährt darüber hinaus auf lange Sicht eine Förderung, wenn die EH effizient verwendet wird und zu steigenden Wachstumsraten in EL führt. Denn unter der Voraussetzung, dass Importe positiv mit dem Volkseinkommen korrelieren, wird bei hohen Raten des Wirtschaftswachstums die Nachfrage nach Exporten der IL steigen. Je höher die Einkommenselastizität der Importnachfrage der EL, desto eher ist mit einer Steigerung der Importe aus den IL zu rechnen. Zwar werden die EL in zunehmendem Maße konkurrenzfähig, so dass die IL in gewissen Branchen mit einem Verlust an Produktion und Beschäftigung rechnen müssen. Jedoch ließe sich dieser Verlust durch den Export hochwertiger technischer Erzeugnisse kompensieren.

Das Motiv des ökonomischen Eigeninteresses lässt sich exemplarisch am Beispiel der deutschen Entwicklungspolitik belegen. So heißt es in den Grundlinien der Entwicklungspolitik der Bundesregierung: „Die Entwicklungspolitik der Bundesregierung unterliegt ebenso wie die anderen Politikbereiche dem grundgesetzlichen Auftrag, dem deutschen Volk zu nützen und Schaden von ihm abzuwenden. Entwicklungspolitik ist deshalb auf Interessensausgleich ausgerichtet. In der staatlichen EZ respektiert die Bundesregierung die Interessen ihrer Partner und ihre Eigenständigkeit bei der Bestimmung ihres Entwicklungsweges, erwartet aber ebenso das Respektieren ihrer eigenen entwicklungspolitischen, wirtschaftlichen und außenpolitischen Ziele und Interessen."[19] Im Folgenden werden die Richtlinien konkreter: „In allen entwicklungspolitisch geeigneten Fällen achtet die Bundesregierung auf die **Beschäftigungswirksamkeit** in der Bundesrepublik Deutschland. Sie bleibt dabei den Grundsätzen des internationalen Wettbewerbs verpflichtet und ist bereit, sich an internationalen Absprachen zu dessen Sicherung zu beteiligen."[20]

In der letzten Zeit hat sich in der Öffentlichkeit ein weiteres Argument für die Notwendigkeit der Vergabe von EH durchgesetzt. Können die EL ihre wirtschaftliche Lage nicht verbes-

---

[19]   Grundlinien der Entwicklungspolitik der Bundesregierung vom 19.03.1986, Bonn, 1986, Punkt 34.

[20]   Ebd., Punkt 75; vgl. auch LACHMANN (1988).

sern, so droht den IL ein wachsender Zustrom von **Wirtschaftsflüchtlingen**. Daher wird EH auch gegeben, um die eigene Bevölkerung vor Migrationswellen aus der Dritten Welt zu schützen. Wenn sich die wirtschaftliche Entwicklung in EL verbessert, sinkt der Anreiz zur Migration. EH wäre dann keine Frage der Ethik – sondern der Klugheit.

1.2.3   Politische Interessen der Geber

Geberländer versuchen durch die EH auch auf die Außenpolitik der Nehmerstaaten Einfluss auszuüben (z.B. auf das Wahlverhalten bei UN-Abstimmungen). So haben bspw. die USA ihre Auslandshilfe von Anfang an als Außenpolitik verstanden. Schon der Marshall-Plan zielte darauf ab, über den Wiederaufbau der vom Krieg zerstörten Gesellschaften in Westeuropa die Ausweitung des Kommunismus in Europa einzudämmen. Seit Mitte der 50er Jahre diente die EH der USA dazu, befreundete EL politisch, ökonomisch und militärisch zu unterstützen. Dies galt insbesondere für solche Länder in vorteilhafter geopolitisch-strategischer Lage. Staaten, die sich bewusst gegen die Politik der USA stellten (bspw. Nicaragua, Vietnam und Nordkorea), erhielten keine EH. Der amerikanische Präsident Nixon soll in diesem Zusammenhang gesagt haben: „Remember that the main purpose of American aid is not to help other nations but to help ourselves".[21] Der Schwerpunkt der US-amerikanischen Hilfe lag in den 50er und 60er Jahren zuerst in Südasien, um dann nach Südostasien, Lateinamerika, in den Mittleren Osten und schließlich wieder nach Südostasien zu wechseln. In den späten 70er Jahren wurde die politische Aufmerksamkeit auf Afrika und den Persischen Golf gelenkt; in den 80ern auf die Karibik und Zentralamerika. Neue geostrategische Überlegungen sind auf die Energiesicherung (Öl, Gas) ausgerichtet.

Die USA haben EH eingesetzt, um dem kommunistischen Einfluss zu begegnen. Bis 1990 war EH hoch korreliert mit den militärischen Ausgaben des damaligen Warschauer Paktes, insbesondere während der 1970er und 1980er Jahre. Nach dem Ende des Kalten Krieges wurden die EH-Budgets gesenkt, da eine wichtige Motivation für EH entfiel.[22] Koziemko/Werker (2006) haben gezeigt, dass EL, die als nichtständige Mitglieder des UN-Sicherheitsrats gewählt wurden, während ihrer zweijährigen Mitgliedschaft höhere EH seitens der USA und der UN bekamen. Die geleistete EH stieg enorm an, wenn ein EL in den Sicherheitsrat gewählt wurde, blieb während der zweijährigen Periode hoch und fiel auf den früheren Stand zurück, sobald das EL nicht mehr Mitglied im Sicherheitsrat war. Auch seitens der UN erhielten diese Staaten, insbesondere über UNICEF, höhere EH, da diese Staaten ihre Stimme für jene einsetzten, die ihnen wiederum halfen, höhere EH zu erhalten. So schreiben Koziemko/Werker (S. 924):

"On average, the typical developing country serving on the council can anticipate an additional $16 million from the United States and $1 million from the United Nations. During important years, these numbers rise to $45 million from the United States and $8 million from the United Nations. Finally, the U.N. finding may actually be further

---

[21]   Zitiert nach OPESKIN (1996), S. 21.

[22]   Vgl. hierzu BOSCHINI/OLOFSGARD (2007).

evidence of U.S. influence: UNICEF, an organization over which the United States
have historically had great control, seems to be driving the increase in U.N. aid"

Die Drohung globalen Terrors hat das Verhältnis der USA zu den EL erneut strategisch verändert. Während des Kalten Krieges gab es einen Wettbewerb mit der Sowjetunion, der dazu
führte, dass die USA Partner suchte. So wurden auch unseriöse Regime unterstützt. Heutzutage brauchen die USA verlässliche Partner, gesucht sind daher demokratische Regime. Das
Problem während des Kalten Krieges war eine gut durchorganisierte Sowjetunion. Die Bedrohung kommt jetzt von schwachen Staaten und nicht von Staaten, die erobern wollen.
Daher müssen die EL ökonomisch entwickelt und demokratisiert werden, um die Sicherheit
der USA nicht zu gefährden. Die USA unterstützen nun EL aus geostrategischen Gründen,
wobei die USA nunmehr Partnerschaft als Abhängigkeit anstreben.[23] Seit dem Zerfall der
Sowjetunion hat die Drohung, EH bei „Verletzung der Menschenrechte" einzustellen, mehr
Gewicht erhalten (Dunning).

In den letzten Jahren spielen neue strategische Überlegungen bei der Vergabe von EH eine
Rolle. So kritisieren die Amerikaner, dass die Europäer in ihrer Entwicklungspolitik nationale Sicherheitsaspekte vernachlässigen. Empirisch wird festgestellt, dass EH verstärkt wird,
wenn es Gefahren für die nationale Sicherheit gab. Seit dem Fall der Berliner Mauer ist die
EH zurückgegangen; nach Terrordrohungen stieg sie wieder an.

Auch die EH anderer westlicher Staaten, insbesondere Großbritanniens und Frankreichs,
weist politische Elemente auf. Beide Länder unterstützen sehr stark ihre ehemaligen Kolonien. Andererseits spielen in Ländern wie Schweden und Norwegen politische Motive eine
geringe Rolle. Jedoch ist die schwedische EH für den hohen Anteil an gebundener Hilfe
bekannt, wodurch sich indirekt der Stellenwert ökonomischer Interessen zeigt. Selbst nach
dem Ende des Kalten Krieges und dem Zerfall der Sowjetunion blieben politische Motive für
die Vergabe der EH bestimmend. Der Krieg am Persischen Golf führte zu einem Anstieg der
internationalen EH an Regime wie Ägypten und die Türkei, die dem Westen freundlich ge-
sonnen waren.

In der wissenschaftlichen Diskussion konkurrierten zwei Ansätze miteinander, die die Höhe
der EH erklären wollen: die Annahme des „**donor interest**" und des „**recipient need**".[24] Bei
Analysen des donor interest wird die Höhe der EH von den politischen, strategischen und
ökonomischen Interessen der Geber abhängig gemacht. In Modellen des recipient need erfolgt die Vergabe der Entwicklungshilfeleistungen anhand entwicklungspolitischer Indikatoren wie des PQLI (Physical Quality of Life Index), des HDI (Human Development Index)
oder der Höhe des PKE.[25] Im Allgemeinen ist die bilaterale EH eher auf die Interessen der
Geber ausgerichtet während die multilaterale mehr auf die Notwendigkeiten der Empfängerstaaten achtet (Grilli/Riess).

---

[23]   Vgl. hierzu NATSIOS (2006).

[24]   Vgl. bspw. MCKINLAY/LITTLE (1979).

[25]   Siehe auch LACHMANN (2004a), S. 23–55.

Die gleichzeitige Ausrichtung der EZ auf die Überwindung der Armut in der Dritten Welt und auf die Verfolgung eigener ökonomischer und politischer Interessen führt nicht selten zu **Zielkonflikten**. Bspw. versuchten die Niederlande einerseits die Demokratisierung ihrer ehemaligen Kolonie Indonesien zu fördern und die Wahrung der Menschenrechte durchzusetzen; andererseits war Indonesien ein strategisch wichtiges Land, so dass teilweise trotz Menschenrechtsverletzungen EH gegeben wurde. Das weniger bedeutende Surinam erhielt hingegen nach erheblichen Verletzungen der Menschenrechte keine EH mehr. Zielkonflikte führen nicht nur zu Inkonsistenzen der EZ, sondern auch zur Ineffizienz der EH (Baehr).

1.2.4   Ethische Argumente für die Entwicklungshilfe

Oft wird argumentiert, reiche Länder seien **moralisch verpflichtet**, den armen Ländern zu helfen. Wie kann dies begründet werden? Verteilungspolitisch hilft der **utilitaristische Ansatz**: Der Betrag, den ein Reicher abgibt, hat für ihn einen geringeren Grenznutzen als für den Armen, der ihn erhält. Durch eine Reallokation finanzieller Mittel kann damit der gesamte Weltnutzen erhöht werden. Allerdings ergibt sich bei dieser Argumentation ein Problem, denn diese Aussage gilt nur für eine Umverteilung zwischen Personen. Typischerweise wird die (staatliche) EH jedoch von reichen Staaten an arme Länder gegeben, wobei nicht gesichert ist, dass die Hilfe der reichen Bürger der reichen Länder den armen Bürgern der armen Länder zugute kommt. Kritiker bezeichnen EH oft als einen Transfer der armen Bürger der reichen Länder an die reichen Bürger der armen Länder. Außerdem muss auf die Unmöglichkeit interpersonaler Nutzenvergleiche hingewiesen werden.

Die Vergabe von EH kann auch mit Hilfe der **Rawlsschen Theorie** argumentativ unterstützt werden. Rawls unterstreicht die Wichtigkeit des Zieles der Gerechtigkeit und fordert daher, wirtschaftliche Maßnahmen auf die Verbesserung der Lage der am schlechtesten gestellten Mitglieder einer Gesellschaft auszurichten.[26] Jede Hilfe und jede staatliche Intervention muss den Ärmsten helfen. Er unterstellt eine „Weltgesellschaft" und sieht wohlhabende Nationen dazu verpflichtet die wirtschaftliche und soziale Lage der Ärmsten der Weltbevölkerung verbessern zu helfen. Es gibt keine moralische Berechtigung dafür, dass ein Teil der Weltbevölkerung ständig vom Hungertod bedroht ist. Dies darf den wohlhabenden Industriegesellschaften nicht gleichgültig sein. Zu fragen wäre jedoch, wie Hilfe zu beurteilen ist, wenn sie bei den Armen nicht ankommt.

Der ethische Ansatz Rawls beruht auf der **„Kontrakttheorie der Gerechtigkeit"**. Rawls modifiziert den utilitaristischen Ansatz, der auf die klassischen Utilitaristen Bentham und Mill zurückgeht, da er nicht auf eine Erhöhung von Lust und eine Abnahme von Schmerz abstellt, sondern auf die Förderung der Interessen der Benachteiligten. Rawls betont die ethische Verpflichtung als einen gegenseitig nutzbringenden Vertrag. Sein Gerechtigkeitsansatz verlangt eine Gleichheit von Möglichkeiten sowie eine gleiche Verteilung von Einkommen und Vermögen. Ungleichheiten werden nur dann toleriert, wenn sie langfristig im Inte-

---

[26]   Vgl. RAWLS (1975), KESSELRING (2006) sowie COGNEAU/NAUDET (2007).

resse der ärmeren Mitglieder der Gesellschaft sind.[27] Erst wenn ein Mindestniveau des Lebensstandards für alle erreicht ist, erlaubt Rawls eine Verteilung des zusätzlichen Einkommens durch den Preismechanismus, wobei Ungleichheiten dann von ihm in Kauf genommen werden. Der „post-welfarist"-Ansatz (Cogneua/Naudet) berücksichtig bei der Vergabe von EH sowohl die Ausgangslage als auch die Eigenanstrengungen. EH kann hierbei als eine Kompensation für eine katastrophale Ausgangslage gesehen werden.

In der ethischen Diskussion wird EH oft mit Hinweis auf eine Anwartschaft bzw. Berechtigung (**„entitlements"**) armer Bürger auf die Erfüllung ihrer Grundbedürfnisse begründet. Demnach haben die Bürger der Dritten Welt einen Anspruch auf ihren Teil der Ressourcen dieser Erde, die allen gehören. Die ungleiche Verteilung der natürlichen Ressourcen muss überwunden werden. Insbesondere Sen vertritt diesen Ansatz und steht damit in der utilitaristischen Tradition. Er betont die potenziellen Fähigkeiten der Bürger, die es zu fördern gilt. Auch Sen bezieht sich auf eine gerechte Gesellschaft und fordert ein akzeptables Niveau der Erfüllung von Grundbedürfnissen, auf das der Einzelne ein Anrecht hat.[28]

Das Anrecht der EL auf EH wird auch mit dem Hinweis auf die in der Vergangenheit erlittenen Ungerechtigkeiten begründet. Die EH sei eine **Kompensation** für die Ausbeutung während des Kolonialismus. Zusätzlich wird darauf hingewiesen, dass Kredite zu Sonderkonditionen eine Kompensation für Kapitalflucht und Importbarrieren darstellten. Kürzlich wurde die Kritik laut, dass der Schaden, den die Dritte Welt durch den Protektionismus der IL erfährt, doppelt so hoch sei wie die erhaltene EH. So stellt auch die Weltbank in einem Jahresbericht fest: „Selbst die niedrigsten Schätzungen der Gewinne, die den EL aus einer Liberalisierung des Handels in IL entstehen würden, nennen einen Betrag, der zumindest den etwa 50 Mrd. US$ entspricht, die die IL jährlich als öffentliche EH an die EL transferieren".[29] Statt den EL den Zugang zu ihren Märkten zu öffnen, gewähren die IL ihnen günstige Kredite. Wissenschaftlich lässt sich nicht eindeutig belegen, dass der westliche Einfluss in allen EL zu einer Retardierung des Entwicklungsprozesses geführt hat und dass die wirtschaftlichen Beziehungen zwischen Nord und Süd stets ausbeuterischer Art waren. In manchen Staaten Afrikas geht die Infrastruktur noch auf die Kolonialzeit zurück. Auch haben die Kolonien den europäischen Staaten oft mehr Ressourcen gekostet als sie ihnen erbrachten.[30]

Die ethische Diskussion kreist oft um die Frage, ob Regierungen eine **Verpflichtung gegenüber Ausländern** haben. Darf eine Regierung den Inländern Ressourcen vorenthalten und sie Ausländern zur Verfügung stellen? Sind ethische Argumente auf Staaten übertragbar? Vereinzelt wird darauf hingewiesen, dass die heutige Welt stärker zusammenwächst und die internationale Interdependenz eine moralische Basis für Sozialmaßnahmen im Weltmaßstab liefert. Vor diesem Hintergrund werden dann die Forderungen der Geberländer verständlich

---

[27]   So kann es sein, dass eine größere Ungleichheit zu höheren Wachstumsraten führt, dieses Wachstum im Gegenzug die absolute Wohlfahrt der Armen erhöht.

[28]   Sen hat sich in einem hohen Maße auch mit dem Problem des Hungers und der Freiheit beschäftigt. Freiheit von Hunger ist ein ethisches Recht. Vgl. auch SEN (1993, 1998, 2002).

[29]   WELTBANK, Jahresbericht 1992, Washington, D.C., 1992, S. 46.

[30]   Näheres siehe W. LACHMANN, Entwicklungspolitik Bd. 1, Kap. 3, S. 57-64.

einen Einfluss auf die Verwendung der EH nehmen zu wollen. Da das gebende Land seinen Bürgern gegenüber dazu verpflichtet ist, knappe öffentliche Mittel effektiv einzusetzen, müsste es die Legitimation zur Beeinflussung der Institutionen der EL und der Mittelverwendung im EL haben. Im Rahmen des Politikdialoges müsste sichergestellt werden, dass EH ihr Ziel erreicht, d.h. die unmittelbare Not der Armen lindert und die Voraussetzungen für ein langfristiges Wachstum schafft.

Schließlich kann man argumentieren: Wenn eine Verpflichtung zur Hilfe besteht, dann ergibt sich daraus aber auch eine Berechtigung zur Überwachung der dafür aufgewendeten Ressourcen. Eine Verwendungskontrolle durch die Geber ist auch aus dem Grunde effizienzsteigernd, da insbesondere günstige Kredite zu einer Kapitalverschwendung und zu einer Verzerrung der Zins- und Lohnrelationen[31] führen können. Im Ergebnis entspricht dann die Kapitalintensität nicht der tatsächlichen Ressourcenausstattung.[32] Oft übernehmen die Geber nicht nur die Kontrolle der Mittelverwendung, sondern führen ihre Maßnahmen selbst durch. Da auch hier Ineffizienzen auftreten, wird die Forderung gestellt, für die Durchführung der Vorhaben sollten die EL, für die Überwachung die Geber verantwortlich sein.

Für die Notwendigkeit der Armutsbekämpfung werden auch **religiöse Motive** angeführt (Sautter). Dazu wird als Urbild christlicher Hilfsbereitschaft das Gleichnis vom „barmherzigen Samariter" herangezogen. EH versteht sich im Christentum als Gebot der Ausweitung der Nächstenliebe vom Nächsten zur Weltgemeinschaft. Völker, die zur Hilfeleistung fähig sind, sind aufgefordert, den in Armut lebenden Menschen anderer Völker zu helfen (Nell-Breuning). Auch andere Religionen betonen eine universale ethische Verantwortung. Der katholische Theologe Küng spricht von einem „Weltethos", das sich mit der wachsenden Interdependenz nationaler Gesellschaften entwickeln mag.[33]

Westliche Gesellschaften, die teils durch das Christentum und teils durch den Humanismus der Aufklärung geprägt sind, sehen die Armutsbekämpfung als eine allgemeine menschliche Aufgabe an. Wer in der Lage ist zu geben, sollte auch die Bereitschaft haben Opfer zu bringen, um menschliche Not zu lindern. Moralisches Handeln beinhaltet immer ein Abwägen von Vor- und Nachteilen. Führt das Opfer nur zu geringen Einschränkungen des Gebers, die Hilfeleistungen aber zu großen Auswirkungen hinsichtlich der Verminderung menschlichen Leids, besteht eine moralische Verpflichtung zur Hilfe auf Grundlage der **Humanität**. Andere argumentieren jedoch, es bestehe keine moralische Verpflichtung zur EH, vielmehr sei sie eine Sache des Mitleids, der Barmherzigkeit und des Wohlwollens. Grundsätzlich gilt: je anonymer die wirtschaftlichen Beziehungen, desto geringer ist die moralische Verpflichtung zur gegenseitigen Hilfe. Moralische Forderungen zur Hilfe in Not benötigen eine „face-to-face"-Beziehung.

Bei ethischen Forderungen nach einer globalen Umverteilung wird auf die **distributive Gerechtigkeit** von Aristoteles zurückgegriffen: Wer Gutes tun oder Böses verhindern kann, sei

---

[31]   Vgl. LACHMANN (2004a).

[32]   Vgl. RUTTAN (1989) und STREETEN (1983).

[33]   Vgl. KÜNG (1990) sowie HESSE (1988).

dazu moralisch verpflichtet. Gelegentlich wird die Metapher verwendet, die Menschheit bestehe aus einem großen Dorf und demzufolge habe jeder eine Verantwortung für jeden. Dagegen wird eingewendet, dass eine solche Weltstadt nur von einem Tyrannen beherrscht werden könne, ein „Orwellscher Geist" notwendig sei und Lautsprecher den ganzen Tag den Hinweis auf die Bruderschaft aller Menschen hinausplärren müssten. Man sei nur dem Nächsten gegenüber verantwortlich, nicht der ganzen Welt. Dagegen wird wiederum eingewendet, dass die amerikanische Freiheitserklärung proklamiert „All men (!) are created equal and are endowed with certain unalienable rights." Diese spricht sich also für eine universale Verpflichtung für eine größere Gleichheit der Ressourcenverteilung der Erde aus (Opeskin, S. 39).

Es können aber auch moralische Argumente gegen die EH angeführt werden. EH wird als moralisch schlecht bezeichnet, wenn dadurch Menschen in der Dritten Welt korrumpiert werden und die Befähigung zur Selbsthilfe vermindert. So schreibt Opeskin: „Aid stifles the initiative, creativity and enterprise of the poor, and is a patronizing insult to their unique and unrecognized abilities. [...] The foreign aid undertaken by voluntary agencies such as Oxfam and Save the Children Fund is worthwhile because they rarely do significant harm and sometimes they do great good." Er zitiert dabei Hancock, der behauptet: „Human misery would be eased if foreign aid were stopped."[34]

Die Ergebnisse der moralisch-ethischen Diskussion sind ambivalent und lassen viele Fragen offen, z.B. besteht eine moralische Verpflichtung zum Transfer an die Armen, wie ließe sie sich dann quantitativ bestimmen? Es wird aber auch deutlich, dass verstärkt ethische Aspekte bei der Begründung der EZ herangezogen werden müssen. Die Notwendigkeit einer ethischen Betrachtung der EZ begründet z.B. Crocker folgendermaßen:[35] Nur ethisch motivierte Praktiker in der EZ können ihre Entscheidungen auf eine ethische Basis stellen und somit moralischen Dilemmata nach Maßgabe ethischer Prinzipien größtenteils entgehen. Die stete Veränderung der Entwicklungstheorien deute ebenfalls darauf hin, dass eine ordnungsethische Fundierung der Theorien bislang fehlt. Damit sei die Notwendigkeit einer ethischen Diskussion der EZ gegeben, welche auch die Beziehung zwischen Theorie und Praxis der EZ einschließt. Bei der tatsächlichen Vergabe von staatlicher EH spielen moralische Aspekte jedoch kaum eine größere Rolle.

1.2.5   Bestimmungsgründe faktischer Entwicklungshilfe

Wir müssen uns nun der Frage zuwenden, welche Faktoren in der praktischen EZ Art und Menge der EH bestimmen. Aus der **Theorie öffentlicher Güter** müsste folgen, dass kleine IL eine Trittbrettfahrerposition einnehmen. Ein Blick auf die Daten zeigt, dass aber gerade kleine Länder hohe Entwicklungsbeiträge leisten. Unter Verwendung von Angebots- und

---

[34]   OPESKIN (1996) S. 24; vgl. auch die Kritik von HANCOCK (1989).

[35]   Vgl. hierzu CROCKER (1991) und die ausführlichen Beispiele dort. Der Entscheider steht oft in einem Dilemma zwischen Effizienz und sozialen Vorstellungen (S. 461ff.).

Nachfragekurven entwickelt Mosley (1985) ein Modell zur Erklärung der EH als ein öffentliches Gut, das über einen Marktmechanismus angeboten wird.

Die Ermittlung der **Nachfragefunktion** nach EH leidet dabei unter folgenden Problemen: Erstens sind die Wähler nicht über das Niveau der notwendigen EH, den dafür zu zahlenden Preis und die Qualität des Gutes informiert. Zweitens basiert die Nachfrage der Wähler nach EH auf altruistischen Unterstellungen, so dass es keiner negativen Nachfragekurve in Bezug auf den Preis (Steuern) erfordert. Eine Umfrage ergab, dass 42 % der Briten aus moralischen Gründen Hilfe leisten, 4 % vermuteten, dass damit die britische Handelsposition verbessert wird und 3 % meinten, damit die politischen Beziehungen zu EL zu verbessern. Die meisten Briten waren der Meinung, dass Großbritannien zu arm ist, um EH zu leisten. Drittens mögen auch die Regierungen keine vollständigen Informationen über den Output der EH haben. Diese Bemerkungen führen zu der Schlussfolgerung, dass die Nachfragefunktion nicht preiselastisch ist. Vielmehr wird sie von der Höhe des Einkommens in IL und der Qualität der geleisteten EH bestimmt.

Die **Angebotskurve** der EH hängt vom Budget des Vorjahres ab, das allerdings marginale Korrekturen hinnehmen muss. In der EH werden bekanntlich Zusagen Jahre im Voraus gegeben, so dass dadurch der Abfluss der EH schon im Vorhinein determiniert wird. Marginale Korrekturen werden bestimmt durch das Finanzministerium, das bei einer Rezession Geld sparen will, durch den politischen Druck anderer Gebernationen, welche die EH nicht alleine tragen wollen und durch den Druck von der Nachfrageseite (Wähler), die EH zu erhöhen. Die von den Geberstaaten bereitgestellten Entwicklungshilfeleistungen sind daher abhängig von den Ausgaben des letzten Jahres, der (konjunkturabhängigen) Haltung des Finanzministerium, der Politik der großen internationalen Geber und der Haltung und Präferenzen für EH der heimischen Wähler.[36]

Diese Ergebnisse wurden zum Teil **empirisch** überprüft: So stellte Mosley (1985) fest, dass die USA und Schweden ihre EH unabhängig von der Entwicklung anderer Geber festlegen. Die USA haben gegen den Trend der OECD-Staaten die EH reduziert, während Schweden sich unabhängig von Trends der OECD-Staaten als sehr großzügig gezeigt hat. Grilli/Riess (1992) haben die Bestimmungsgründe der EH der EU-Staaten untersucht. Sie kamen zu dem Ergebnis, dass die bilaterale Hilfe an den Interessen der Geberstaaten ausgerichtet war (donor interest). Dabei konnte die Höhe der EH durch das Niveau der Handelsbeziehungen (Exporte) zwischen Geber- und Nehmerstaaten erklärt werden. Die Bedürfnisse der EL, die durch die Höhe der Verschuldung und den HDI quantifiziert wurden, haben keinen hohen Erklärungsgehalt. Dahingegen war die multilaterale Hilfe der EU verstärkt an den Notwendigkeiten im EL ausgerichtet (recipient need). In der Regel bestätigen empirische Analysen für die großen bilateralen Geber (USA, UK, Deutschland, Frankreich und Japan) die These

---

[36] Eine Regierung, die beobachtet, dass Angebot und Nachfrage der EH nicht übereinstimmen, hat die Optionen, als „market follower" ihr Budget anzupassen; als „market leader" die Öffentlichkeit von einer höheren EH zu überzeugen (die Anbieter diktieren damit den Konsumenten das Ausmaß der EH) oder bei gleichem Volumen die Qualität der EH und ihre regionale und sektorale Aufteilung zu ändern.

des donor interest im Gegensatz zu der des recipient need. Für kleinere Länder muss dies nicht der Fall sein.[37]

Die Gewährung von EH kann in zwei Entscheidungen unterteilt werden, nämlich danach **wer** EH erhält und **wie viel**. Dabei lässt sich feststellen, dass die Entscheidung, einem bestimmten EL EH zu gewähren, abhängig ist von den Bedürfnissen dieses Landes.[38] Die Höhe der EH ist abhängig von den bilateralen Beziehungen, wobei sich die alte Weisheit bewahrheitet, dass jemand einem anderen in der Regel nur hilft, wenn er eine Gegenleistung erhält. Die Nachfrage nach EH durch Politiker und Bürger des Geberlandes ist demzufolge abhängig von den möglichen Auswirkungen der EH auf das Empfängerland. Durch diesen Ansatz lässt sich auch erklären, warum kleine Länder höhere Pro-Kopf-Hilfen erhalten als größere und warum manche EL das Zwanzig- bis Hundertfache an Pro-Kopf-EL erhalten als größere sehr arme EL („small-country-effect").[39] Zum Abschluss der Überlegungen zur faktischen Entwicklungshilfe wollen wir noch einige Informationen der „Großwetterlage" der EH geben. Durch EH sollte anfänglich die wirtschaftliche Lage in der Dritten Welt verbessert werden. Dieses Ziel sollte durch Großprojekte erreicht werden; den Armen wurde dadurch nicht geholfen, so dass in den 1970er-Jahren die EH hinterfragt wurde. In diesem Jahrzehnt entbrannte eine heftige Diskussion über die Weltwirtschaftsordnung. EL forderten die Gründung einer neuen Weltwirtschaftsordnung (NWWO; NIEO = New International Economic Order).[40] Die Diskussion über eine NWWO brachte kaum Ergebnisse. Jedoch wurde die EH methodisch reevaluiert. Man stellte fest, dass von der EH nur Eliten profitierten. Somit wurde eine neue Strategie entwickelt, die Grundbedürfnisstrategie (basic-needs-strategy). Insbesondere Hollis Chenery und Paul Streeten, beide mit der Weltbank liiert, haben sich für diese intellektuelle Revolution eingesetzt.[41] Immerhin hat in der Folgezeit die Weltbank einen größeren Anteil ihrer Ressourcen für die rurale Entwicklung und Landwirtschaft eingesetzt. Trotz der ehrenwerten Ziele hat sich die Grundbedürfnisstrategie ebenfalls als ein Flop erwiesen. Begründet wird dies damit, dass die EL kein Interesse an dieser Strategie zeigten und der Meinung waren, dass die IL nur von der Gründung einer NWWO ablenken wollten (Thériel).

Die 1980er-Jahre wurden durch die „neoliberale Revolution" geprägt. Durch die Rezession zu Beginn der 1980er-Jahre kam es zu einer Verstärkung des Protektionismus und ebenfalls zu einer „monetaristischen Gegenrevolution", die die Geldwertstabilität wiederum stärker betonte. In dieser Zeit kam es zur Überschuldung vieler EL.

Wegen des Verschuldungsproblems wurde in Maßnahmen der EH die Notwendigkeit struktureller Anpassungen eingegliedert. Politikreformen beinhalteten eine Reduzierung der öf-

---

[37]   Vgl. dazu auch GOUNDER (1994). Er konnte im Gegensatz dazu die bilaterale EH des großen bilateralen Gebers Australiens sowohl durch den recipient need-Ansatz als auch durch das donor interest-Modell erklären.

[38]   Vgl. auch DUDLEY/MONTMARQUETTE (1976).

[39]   Siehe weiterführend auch LAHIRI/RAIMONDOS-MOLLER (1997). Die Autoren zeigen in einer theoretischen Analyse, dass die Höhe der EH einen Einfluss auf die Handelspolitik der EL haben kann.

[40]   Vgl. BHAGWATI (1977).

[41]   Erste Ansätze schon in CHENERY (1974); siehe inbesondere STREETEN (1981).

fentlichen Ausgaben, die Liberalisierung des Handels, eine Abwertung der Währung, eine Reduzierung staatlicher Kredite und Förderungen der freien Wirtschaft – alle diese Forderungen wurden an die EH gekoppelt. Im Hintergrund stand der Gedanke, dass Entwicklung ohne eine Verbesserung der makroökonomischen Fundamentaldaten nicht möglich ist. Anpassungsprozesse und Entwicklungsprozesse wurden in diesem Jahrzehnt integriert.

Das Ergebnis dieser Politik war eine Verschlechterung der Lebenssituation in vielen EL. Linke Politiker brandmarkten die sozialen Konsequenzen der strukturellen Anpassungen, da die Opfer struktureller Anpassung Kinder und Frauen waren. So wurden die Folgen der Anpassungspolitik für die Armut analysiert. Somit entstand die Forderung, unterstützt von NGOs, die Armutsbekämpfung, eine verbesserte Umwelt, die Frauenförderung und Menschenrechte in den Vordergrund zu stellen.

Seit den 1990er-Jahren hat sich das Pendel in Richtung menschliche Entwicklung bewegt. Zwar herrscht immer noch eine neoliberale Ideologie, weiterhin wird die Notwendig von marktwirtschaftlichen Reformen betont, aber auf der entwicklungspolitischen Agenda stehen auch die politischen und sozialen Voraussetzungen solcher Reformen. EL, die marktfreundliche Entwicklungsstrategien beginnen, erhalten vornehmlich EH. Die neuen Prioritäten der EH liegen somit in der Armutsbekämpfung, der Sozialentwicklung und der Rettung der Umwelt. Die OECD will bis zum Jahre 2015 die Anzahl der Menschen, die unterhalb der Armutsgrenze leben, halbieren.[42]

Durch die Budgetreduzierung in IL macht die EH eine Krise durch. Zwar hoffte man durch das Ende des Kalten Krieges auf eine „Friedensdividende"[43], trotz aller Rhetorik zur Reduzierung der Armut haben die ärmsten 48 EL relativ weniger EH bekommen. In dem Zusammenhang wird auch die Handelspolitik der IL kritisiert, da der Protektionismus den EL jährlich mehr als 100 Mrd. US$ kostet. Auch Ansätze des „the west knows best" wird kritisiert. So wird vorgetragen, dass die politischen Bedingungen für EH auf Fundamente der IL aufgebaut sind (politische Konditionalität). EH dient nur als Sicherheitspolitik der reichen Länder. Konservative Politiker kritisieren, dass EL mit schlechter Wirtschaftspolitik höhere Hilfe erhalten als solche mit guter Politik, was nicht akzeptierbar sei. Deshalb geben sie EH nur aus humanitären Gründen; das linke Spektrum stellt dagegen ethische Verpflichtungen der reichen Staaten in den Vordergrund, den armen EL zu helfen. Es sei im Interesse der Industrienationen, wenn das Welteinkommen gleichmäßiger verteilt wäre.[44] EH wird von ihnen als eine Ausweitung der Verantwortlichkeit des Wohlfahrtsstaates auf globaler Ebene gesehen. Für das linke Spektrum ist EH notwendig, um ein Minimum an globaler Gerechtigkeit zu erreichen, während das rechte Spektrum kritisiert, dass die EL den Preis- und Wett-

---

[42]   Dieses Ziel ist ein Teil der Millennium-Entwicklungsziele (Millennium Development Goals = MDG), vgl. dazu Kap. 3.1.

[43]   Unter der Friedensdividende ist der Ertrag zu sehen, der durch die Verringerung der Rüstungsausgaben nun für andere Zwecke zur Verfügung stehen sollte.

[44]   Vgl. hierzu den Bericht der Nord-Süd-Kommission (Brandt-Bericht): Das Überleben sichern. Gemeinsame Interessen der Industrie- und Entwicklungsländer, Köln, 1980 sowie die Reaktionen darauf in: Friedrich-Ebert-Stiftung (Hg.), Unfähig zum Überleben? Reaktionen auf den Brandt-Report, Frankfurt et al., 1983 (Ullstein).

bewerbsmechanismus nicht akzeptierten, freien Handel zulassen müssten und die ökonomischen Eingriffe des Staates in den Wirtschaftsablauf reduzieren sollten.

1.3   Systematik der Entwicklungshilfeleistungen

Entwicklungshilfeleistungen sind spezifische Dienstleistungen der IL für EL zu vergünstigten Konditionen. Sie werden in den einzelnen Ländern und Organisationen unterschiedlich systematisiert.[45] Dabei liegen jeder Systematik besondere Eigenschaften der entwicklungspolitischen Maßnahmen zugrunde. Die **Eigenschaften** der Entwicklungshilfemaßnahmen und damit die **Kriterien,** nach denen sie systematisiert werden können, sind zahlreich:

- So verfolgen Entwicklungshilfemaßnahmen unterschiedliche **Ziele**, die sich im Wesentlichen auf die drei Oberziele Armutsbekämpfung, Handelsförderung und Wirtschaftsförderung (unterteilt in Humankapitalförderung, Infrastrukturförderung usw.) reduzieren lassen.
- Sie sind entweder auf einzelne **Sektoren** gerichtet (Landwirtschaft, Gesundheit, Kommunikation, Bildung usw.) oder betreffen die gesamte Volkswirtschaft und kommen jeweils unterschiedlichen **Empfänger(-gruppen)** in verschiedenen **Regionen** zugute (einzelne Länder, Afrika südlich der Sahara, Lateinamerika, Südostasien, Mittelmeerländer usw.).
- Die **Finanzierung** der Projekte und Programme erfolgt über Zuschüsse oder konzessionierte Kredite unterschiedlicher Fristigkeit.
- Schließlich unterscheiden sich die Entwicklungshilfeleistungen danach, welcher **Geber** sie durchführt (öffentliche EH, private Leistungen) und welche **Aufgabenbereiche** die jeweiligen Organisationen übernehmen. So liegen bspw. die Hauptaufgaben der staatlichen Organisationen der IL in Beratung, Vermittlung und Kontrolle der einzelnen Maßnahmen der EZ. Die Durchführung der Vorhaben erfolgt oft über Private aus EL oder IL und wird meist von den Gebern kontrolliert.

In der Bundesrepublik Deutschland unterteilt sich die bilaterale EZ im Wesentlichen in folgende Hauptformen:

- **Finanzielle Zusammenarbeit** (FZ): Konzessionierte Kredite und in kleinerem Umfang auch Zuschüsse zielen darauf ab, das Produktionskapital in EL besser nutzbar zu machen.
- **Technische Zusammenarbeit** (TZ): Durch Beratung, Know-how-Vermittlung oder -Mobilisierung soll die Leistungsfähigkeit von Menschen und Organisationen in EL erhöht werden.

---

[45]   Zu den verschiedenen Strukturierungen der Entwicklungshilfemaßnahmen vgl. CLAUS (1989). In vielen Ländern findet sich die deutsche Systematik in TZ, PZ und FZ nicht. Einen Überblick über die EH wichtiger IL findet sich in HOLTHUS/KEBSCHULL (1985). Band 1 stellt die EH der USA sowie der Staaten Großbritannien, Japan, Deutschland und Italien dar, Band 2 betrifft die EH Frankreichs.

- **Personelle Zusammenarbeit** (PZ): Sie schafft die Voraussetzungen für den Einsatz deutscher Fachkräfte und fördert einheimische Fachkräfte mit dem Ziel der Entfaltung menschlicher Ressourcen in den EL.[46]

Während die FZ auf eine bessere Nutzung des Produktionsfaktors Kapital ausgerichtet ist und einen hohen finanziellen Aufwand beinhaltet, dienen die anderen beiden entwicklungspolitischen Maßnahmen im Wesentlichen der Humankapitalförderung in EL und erfolgen eher unentgeltlich.[47] Der Trennung nach Aufgabengebieten entspricht in Deutschland auch eine institutionelle Aufteilung.

Im Rahmen der internationalen FZ bzw. Finanzhilfe wird abhängig von der Fristigkeit zwischen (langfristiger) Kapitalhilfe[48] und (kurzfristiger) Liquiditätshilfe unterschieden. Auch hier spiegelt sich diese Strukturierungsmöglichkeit institutionell wieder. So ist es Aufgabe der Weltbank mit Hilfe von Kapitalhilfe langfristige Entwicklungsprozesse zu fördern, während der IMF mit Liquiditätshilfen kurzfristige Zahlungsbilanzdefizite der EL überbrücken hilft. In der Bundesrepublik Deutschland hat diese Unterscheidung hingegen keine Bedeutung, da sämtliche Maßnahmen der FZ, TZ und PZ überwiegend langfristig orientiert sind.

Weitere Möglichkeiten der Strukturierung sind die Unterscheidungen nach bilateraler und multilateraler Hilfe, Projekt- und Programmhilfe sowie Leistungen mit und ohne Lieferverpflichtungen. Auf diese Bereiche werden wir in Kap. 4 zurückkommen. Im Folgenden wollen wir uns einen Überblick über die faktische EH, ihre Empfänger, Geber und Struktur verschaffen.

1.4   Überblick über die faktische Entwicklungshilfe

In den Jahren 1960 bis 2005 stieg die ODA der OECD-Länder von 4,7 Mrd. US$ auf 107,1 Mrd. US$ an (siehe Tab. 1.1), ohne dass sich in den meisten EL die wirtschaftliche und soziale Lage verbessert hätte. Tab. 1.1 zeigt die Entwicklung der ODA-Leistungen der OECD insgesamt und einiger ausgewählter Länder von 1960 bis 2005:

---

[46] Das BMZ benutzt den Begriff PZ nicht mehr. Die früher hierunter zusammengefassten Maßnahmen werden unterteilt in berufliche Fortbildung, Wissenschafts- und Hochschulkooperationen – Fördermaßnahmen für rückkehrende Fachkräfte sowie Entsendung, Vermittlung und Einsatz von Fachkräften. Vgl. hierzu auch BMZ, Medienhandbuch. Entwicklungspolitik 2008/2009, Bonn/Berlin, Oktober 2008, S. 71–81. Aus Gründen der Übersichtlichkeit wird der Begriff hier beibehalten.

[47] Deshalb findet man auch folgende Unterteilung der Maßnahmen: TZ im weiteren Sinne unterteilt die TZ im engeren Sinne und die PZ. Bei dieser Unterteilung wird zwar der Zusammenhang von PZ und TZ offensichtlich, aber es ist ebenso wie bei der Unterteilung in FZ, TZ und PZ nicht erkennbar, warum PZ und TZ getrennt werden.

[48] Nach den Vergaberichtlinien des DAC ist eine Mindestlaufzeit von einem Jahr notwendig, um eine Kapitalhilfe als langfristig zu bezeichnen.

Tab. 1.1 *Entwicklung der ODA-Nettoleistungen der DAC-Länder an EL und multilaterale Stellen 1960–2005*[49]

	1965	1970	1975	1980	1985	1990	1995	2000	2005
Großbritannien	472	482	904	1.854	1.530	2.638	3.202	4.501	10.772
Australien	119	212	552	667	749	955	1.194	987	1.680
Frankreich	752	735	1.493	2.889	3.134	7.163	8.443	4.105	10.026
USA	4.023	3.153	4.161	7.138	9.403	11.394	7.367	9.955	27.935
Deutschland	456	599	1.689	3.567	2.942	6.320	7.524	5.030	10.082
Schweden	38	117	566	962	840	2.007	1.704	1.799	3.362
Japan	244	458	1.148	3.353	3.797	9.069	14.489	13.508	13.147
Schweiz	12	30	104	253	303	750	1.084	890	1.772
DAC insgesamt	6.489	6.713	13.254	26.195	28.756	52.961	58.926	53.734	107.099

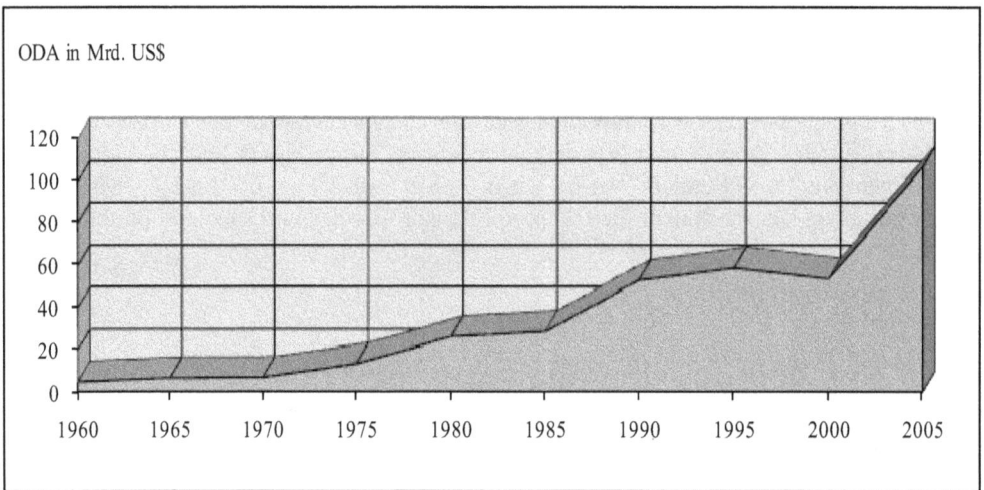

Abb. 1.1 *Entwicklung der ODA-Nettoleistungen der DAC-Länder an EL und multilaterale Institutionen 1960–2005*

Die obigen Zahlen belegen einen starken Anstieg der ODA seit den Anfängen der EZ. Seit 1995 war in den meisten Ländern jedoch sowohl absolut als auch relativ betrachtet eine abnehmende Tendenz der Entwicklungshilfeleistungen zu verzeichnen. Dieser Trend verschärfte sich Mitte 1997 als Folge der Asienkrise. Von 2004 auf 2005 gab es einen enormen Anstieg der ODA-Leistungen der DAC-Länder. Im Jahre 2004 wurden 0,25 % des BNE in Höhe von 79,432 Mrd. US$ als EH bezahlt, wovon die EU-Mitgliedsländer 42,866 Mrd. US$ bestritten. Ein Jahr später lag der Anteil der ODA am BNE der DAC-Länder bei 0,33 %, was zu einem Anstieg der ODA auf 107,099 Mrd. US$ führte. Die EU-Mitglieder erhöhten ihren Anteil am BNE auf 0,44 % (es waren 0,35 % im Vorjahr) auf 55,704 Mrd. US$. Seitdem stagniert die ODA auf diesem hohen Niveau mit sinkender Ten-

---

[49] Quelle: verschiedene DAC-Berichte

denz. Im Jahre 2006 wurden 104,37 Mrd. US$, im Jahre 2007 noch 103,491 Mrd. US$ als ODA geleistet.[50]

1.4.1   Empfänger der Entwicklungshilfe

Hauptempfänger der öffentlichen EH sind Länder mit niedrigem Einkommen, insbesondere in Afrika südlich der Sahara und im Nahen Osten sowie in Nordafrika. Gemessen am Durchschnitt der bilateralen ODA 2005/06 ergab sich folgende regionale Verteilung der EH: Afrika (südlich der Sahara) erhielt 28,01 Mrd. US$, was ca. 30,9 % der Gesamt-ODA der DAC-Staaten ausmacht. Süd- und Zentralasien bekam 8,411 Mrd. US$ EH, was knapp 9,3% der Gesamt-ODA bedeutet. Der Rest Asiens und Ozeanien erhielten 11,178 Mrd. US$ EH, was einem Anteil von 12,3 % der Gesamt-ODA der DAC-Staaten entspricht. Der Nahe Osten und Nordafrika erhielten 19,826 Mrd. US$ EH (21,9 % der Gesamt-ODA). Die EH für Lateinamerika und die Karibik belief sich 6,472 Mrd. US$, d.h. 7,1 % der Gesamt-ODA der DAC-Staaten.

Tab.1.2   Nettobetrag der insgesamt von EL empfangenen ODA-Leistungen[51]

Regionen	Empfangene ODA-Leistungen in % der gesamten ODA			Anteil an der Weltgesamt-bevölkerung in %	ODA in Mrd. US$ reale jährl.
	1995/96		2005/06	2006	2005/06
Subsahara-Afrika	33,1	30,6	30,9	14,8	28,01
Süd- und Zentralasien	15,1	17,7	9,3	30,4	8,411
Rest Asiens & Ozeanien	22,0	20,5	12,3	35,4	11,178
Naher Osten & Nordafrika	13,0	10,5	21,9	5,9	19,826
Lateinamerika & Karibik	12,5	12,9	7,1	10,5	6,472
Europa	4,3	7,8	3,5	3	3,213
Unspezifizierte Empf.			15		13,540
Gesamtsumme	100,0	100,0	100,0	100,0	90,650

Die Einnahmen aus der öffentlichen EH sind innerhalb der Regionen unterschiedlich verteilt, wobei tendenziell ärmeren Staaten höhere Zuwendungen zuteil werden. Bevölkerungsreiche arme Länder wie Indien, Bangladesch oder China erhielten, Pro-Kopf betrachtet, hingegen

---

[50]   Vgl. DAC-Report 2009, S. 152.

[51]   Quelle: OECD, DAC-Bericht 2007, Paris, 2008 S. 71 und Tabelle 25, S. A64.

relativ wenig Hilfe. Auch in Länder mit hohem Einkommen, wie z.B. Israel (das bis 1997 zu den EL zählte), flossen Entwicklungshilfemittel. Israels EH in Höhe von 2,212 Mrd. US$ (1996) übertraf die ärmerer Länder bei Weitem.

Interessant ist ein Blick auf die Hauptempfänger der ODA. An erster Stelle stand 2005/2006 der Irak mit 15,182 Mrd. US$ EH, das entspricht 17,4% der Welt-EH. An zweiter Stelle steht Nigeria mit 8,7 Mrd. US$, gefolgt von China mit 2,5 Mrd. US$. Indonesien folgt mit ca. 2,4 Mrd. US$, dann Afghanistan mit 2,3 Mrd. US$, Indien mit 1,7 Mrd. US$ und der Sudan mit 1,5 Mrd. US$. Aus dieser Liste wird deutlich, dass EH oft aus politischen Gründen gegeben wird.

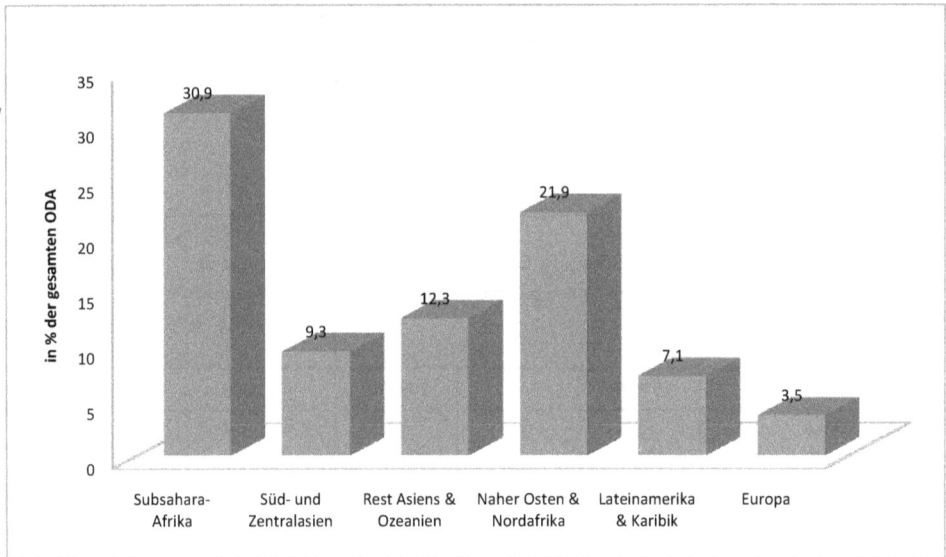

Abb. 1.2   Regionale Verteilung der ODA 2005/2006

Für Australien ist Indonesien das Land, das im Jahre 2005 die höchste EH erhielt (248 Mio. US$), wobei Australien sehr stark im asiatisch-pazifischen Raum aktiv ist. Belgien hingegen fördert als Nummer 1 der EH die Demokratische Republik Kongo mit 192 Mio. US$, was ca. 10% der belgischen EH entspricht. Für Frankreich und Deutschland ist Nigeria der ODA-Empfänger Nummer 1 mit 1,7 Mrd. US$ (Frankreich) und 1,5 Mrd. US$ (Deutschland). An zweiter Stelle folgt jeweils der Irak.[52] Für Japan steht der Irak an erster Stelle mit ca. 2,2 Mrd. US$ vor China mit 1,5 Mrd. US$.[53] Für viele Geber-

---

[52] Im Jahre 2007 war der Irak mit 1,242 Mrd. US$ der Empfänger Nr. 1, gefolgt von Nigeria (943 Mio US$) und Kamerun (504 Mio US$).

[53] Für Japan ergab sich 2007 die folgende Reihenfolge: China (1,248 Mrd. US$), Nigeria (1,074 Mrd. US$), Indonesien (1,308 Mrd. US$), Irak (845 Mio US$) und Philippinen (738 Mio. US$).

staaten ist der Irak der Empfänger Nummer 1, die USA leisteten 8 Mrd. US$ an den Irak, an zweiter Stelle steht Afghanistan mit knapp 1,4 Mrd. US$.

Tab. 1.3   Empfangene ODA-Nettoleistungen, einzelne Länderbeispiele 1996, unterteilt nach dem Grad des HDI[54]

Länder	BNE 2006 (in Mrd. US$)	Bevölkerung 2006 (in Mio.)	ODA-Nettoleistungen 2005		
			in Mio. US$	in % des BNE	Pro-Kopf (in US$)
Low Human Development					
Äthiopien	1,1	72,71	1.937,3	17,3	27,2
Burundi	0,8	7,83	365	45,6	48,4
Eritrea	0,1	4,54	355,2	36,6	80,7
Guinea-Bissau	0,3	1,63	79,1	26,3	49,9
Malawi	6,1	13,16	575,3	27,8	44,7
Mosambik	6,9	20,14	1.285,9	19,4	65
Nigeria			6.437,3	6,5	48,9
Ruanda	2,5	9,24	576,0	26,7	63,7
Sambia	9,9	11,86	945	13,0	81
Senegal	8,9	11,93	689,3	8,4	59,1
Sierra Leone	1,4	5,64	343,4	28,8	621
Tansania	12,6	39,48	1505,1	12,4	39,3
Medium Human Development					
Ägypten	108,0	75,4	925,9	1,0	12,5
Bangladesch	65,4	144,35	132,5	2,2	9,3
China	2.695	1.312	1.756,9	0,1	1,3
Dominica	0,3	0,07	15,2	5,3	210,7
Grenada	0,5	0,11	44,9	9,5	421,3
Guyana	0,9	0,75	136,8	17,4	182,1
Honduras	8,9	7,35	680,8	8,2	94,5
Indien	901,0	1.110	1.724,1	0,2	1,6
Kap Verde	1,1	0,52	160,6	16,3	316,9
Mauretanien	2,8	3,15	190,4	10,3	62,0
Namibia	6,3	2,05	123,4	2,0	60,7
Nicaragua	5,3	5,25	740,1	15,1	134,9
Pakistan	126,1	159	1.666,5	1,5	10,7
High Human Development					
Seychellen	0,7	0,09	18,8	2,7	222,6
Tonga	0,2	0,10	31,8	14,8	310,3

---

[54] Quelle: UNDP, Bericht über die menschliche Entwicklung 2007/2008, Bonn, 2008, Tab. 18, S. 344ff. sowie DAC-Report 2007, Tab. 25, S. 190ff.

Eine Aufschlüsselung der ODA nach Einkommensgruppen der Empfänger in Tab. 1.4 zeigt: Die Länder der unteren Einkommensgruppe erhielten mit 32,1 % den größten Anteil an der ODA, gefolgt von den am wenigsten entwickelten Ländern (17,3 %) und den Ländern der mittleren Einkommensgruppe (17 %).

Tab. 1.4   Aufschlüsselung der ODA-Nettoleistungen (in % der gesamten ODA) nach Einkommensgruppen 2005-2006[55]

	ODA-Leistungen (in % der gesamten ODA) an				
	LLDC	**sonstige LIC**	**LMIC**	**UMIC**	**unspezifiziert**
DAC insgesamt	17,1	17,1	32,2	2,0	16,4

1.4.2   Geber der Entwicklungshilfe

Im Jahre 1965 gab die westliche Welt (OECD) insgesamt eine ODA von 6,489 Mrd. US$, dies entsprach 0,47 % ihres BSP. 2006 belief sich die ODA der DAC-Länder auf 104,421 Mrd. US$ bzw. 0,31 % des BNE. Hauptgeberländer sind Japan, USA, Deutschland und Frankreich. Betrachtet man jedoch die ODA als prozentualen Anteil des BNE, so zeigt sich ein ganz anderes Bild. Die USA schnitten z.B. sehr schlecht ab, ihr Anteil von 0,18 % am BNE war der zweitgeringste aller 22 DAC-Mitglieder und auch Japan lag mit 0,25 % noch unter dem Durchschnitt.[56] Im internationalen Vergleich erwiesen sich hingegen die nordischen Staaten als großzügigste Geber. Dänemark vergab 2006 EH in Höhe von 2,236 Mrd. US$, was 0,8 % des BNE entsprach; Norwegen kam mit 2,954 Mrd. US$ auf 0,89 %, Schweden mit 3,955 Mrd. US$ auf 1,02 % und die Niederlande mit 5,452 Mrd. US$ auf 0,81 % des BNE.[57]

Auch Nicht-DAC-Länder leisten EH. So belief sich die ODA der Nicht-DAC-Geber 2006 auf 5,172 Mrd. US$, wovon 4,484 Mrd. US$ bilateral vergeben wurden. Dazu gehören auch die Länder der OPEC (Organisation erdölexportierender Länder) und der OAPEC (Organisation arabisch-erdölexportierender Länder). Im Jahr 1990 beliefen sich die Leistungen der OPEC noch auf insgesamt 6,889 Mrd. US$, wobei der größte Teil, nämlich 6,859 Mrd. US$, von den in der OAPEC organisierten arabischen Ländern gestellt wurde. Dies entsprach einem Anteil von 1,8 % des BSP der OAPEC. Hauptgeberland war über lange Jahre Saudi-Arabien. 1990 lag sein Anteil bei 4,556 Mrd. US$, das entspricht 3,42% des BSP. Saudi-Arabiens Hilfeleistungen sanken in den 90er Jahren jedoch beträchtlich (1995 sogar auf nur 192 Mio. US$). Im Jahre 2006 beliefen sie sich wieder auf 2,095 Mrd. US$ und 2005 waren es 1 Mrd. US$. Auch in den anderen arabischen Ländern zeigt sich eine stark abnehmende

---

[55]   Quelle: OECD, DAC-Bericht 2007, Paris, 2008, S. 71.

[56]   Das Land mit der geringsten relativen EH ist Griechenland mit 424 Mio. US$, was 0,17 % des griechischen BNE entspricht. Italien gab mit 3,641 Mrd. US$ 0,2 % des italienischen BNE und Portugal mit 396 Mio. US$ 0,21 % des portugiesischen BNE. Mit 23,532 Mrd. US$ sind die USA der größte absolute Geber, gefolgt von dem Vereinigten Königreich (12,459 Mrd. US$) und dem drittgrößten Geber Japan (11,187 Mrd. US$).

[57]   Vgl. DAC-Report 2007, Tab. 1, S. 134.

Tendenz. Andere Nicht-DAC-Geber sind Island mit 41 Mio. US$, was 0,27 % des BNE entspricht. Polen gab 2006 297 Mio. US$ (0,09 % des BNE). Auch die Türkei gab Entwicklungshilfe in Höhe von 714 Mio. US$ (0,18 % des BNE). Seit 2004 gibt auch Taiwan EH, im Jahre 2006 betrug die taiwanesische ODA 513 Mio. US$ (0,14 % des BNE). Israel gab 2006 90 Mio. US$ (0,06 % des BNE) und Thailand begann 2006 EH zu geben (74 Mio. US$, was 0,04 % des BNE entspricht).[58]

1.4.3   Struktur der Entwicklungshilfe

Wie schon anfänglich bemerkt erhalten die EL nicht nur EH aus öffentlichen Quellen. Gerade private Geber tragen in hohem Maße zum Ressourcenfluss in die Länder der Dritten Welt bei. Im Jahre 2006 betrug der gesamte finanzielle Nettoressourcenzufluss der DAC-Länder an die EL 304,074 Mrd. US$[59] (Vgl. Tab. 1.5). Die öffentliche EH machte ca. ein Drittel davon aus (34 %).

Ein Teilbereich daraus, die bilaterale Hilfe, nahm allein einen Anteil von 26 % der Gesamttransfers ein, wobei der größten Anteil davon wiederum auf die TZ entfiel, die 7,3 % der Gesamthilfe ausmachte. 9 % des gesamten Ressourcentransfers (27,5 Mrd. US$) wurden im Rahmen der multilateralen EH vergeben.

In den letzten Jahren sind die privaten Zuflüsse an EL absolut und prozentual gewaltig angestiegen. Nach starken Sprüngen in den 80er Jahren erfuhren sie Anfang der 90er Jahre einen enormen Anstieg. Während sich das Volumen der privaten Hilfe 1991 auf 25,519 Mrd. US$ (27 %) belief, stieg es bis 2006 auf 209,427 Mrd. US$ (68,9 %) an. Den größten Anteil am Nettogesamtbetrag stellten die Direktinvestitionen mit 42,7 % (Brutto 94,779 Mrd. US$), gefolgt von den bilateralen Wertpapierinvestitionen mit 19,9 % (60,5 Mrd. US$). Die Nicht-Regierungs-Organisationen (NGOs) trugen 4,8 % (14,646 Mrd. US$) zum gesamten Ressourcentransfer bei. (Siehe Tab. 1.5.)

2005/2006 wurden 32,4 % der Hilfezusagen der DAC-Länder für die gemeinnützige und administrative Infrastruktur verwendet, auf das Bildungswesen entfielen 8,7 % und auf das Gesundheitswesen und die Bevölkerungspolitik 4,7 %. 11 % wurde verwendet für die wirtschaftliche Infrastruktur, 1,9 % für die Produktion, 3,3 % für die Landwirtschaft, 6,1 % für die Industrie, 2,9 % für Programmhilfen, 6 % für Schuldenerleichterung und 1 % für den Verwaltungsaufwand.[60]

---

[58] Vgl. DAC-Report 2007, Tab. 33, S. 221.

[59] Von 2006 auf 2007 stieg der Gesamtzufluss auf 440,912 Mrd. US$ an, wobei der Anstieg der privaten Zuflüsse (von 194,761 Mrd. US$ auf 325,350 Mrd. US$) maßgeblich war. Vgl. DAC-Report 2009, S. 152.

[60] Vgl. DAC-Report 2007, Tab. 27, S. A37f.

Tab. 1.5   Finanzieller Nettoressourcenfluss der DAC-Länder an EL und multilaterale Stellen nach Leistungsarten 2002-2006[61]

Ressourcenfluss	in Mrd. US$			Anteil in % der Ge-samtzuflüsse		
	2002	2004	2006	2002	2004	2006
A. Öffentliche Entwicklungshilfe	58,297	79,423	104,421	80	50	34
1. Bilaterale Zuschüsse, *davon:*	39,818	57,246	79,45	55	36	26
Technische Zusammenarbeit	15,452	18,672	22,252	21	12	7
Nahrungsmittelhilfe	1,086	1,169	0,956	1	1	0
Sofort- und Katastrophenhilfe	2,779	5,193	6,751	4	3	2
Schuldenerlass	4,538	7,134	18,6	6	4	6
Verwaltungskosten	3,046	4,032	4,250	4	3	1
2. Bilaterale Kredite	939	-2,942	-2,490	1	-2	-1
3. Beiträge an multilaterale Institutionen *davon:*	17,54	25,127	27,461	24	16	9
UN-Stellen	4,739	5,129	5,239	7	3	2
EG-Kommission	5,695	8,906	9,931	8	6	3
IDA	3,279	5,690	6,787	5	4	2
Regionale Entwicklungsbanken	1,813	2,274	2,466	2	1	1
B. Sonstige öffentliche Leistungen	-45	-5,601	-9,774	-0	-3	-3
1. Bilaterale	2,401	-5,349	-9,598	3	-3	-3
2. Multilaterale	-2,446	-252	-177	-3	-0	-0
C. Private Leistungen zu Marktbedingungen	5,621	75,262	194,779	8	47	64
1. Direktinvestitionen	35,655	76,901	129,291	49	48	43
2. Bilaterale Wertpapierinvestitionen	-26,902	-3,544	60,507	-37	-2	20
3. Multilaterale Wertpapierinvestitionen	-3,146	-4,657	2,798	-4	-3	1
4. Exportkredite	14	6,561	2,183	0	4	1
D. Zuschüsse von NGOs	8,768	11,320	14,648	12	7	5
Gesamte Nettoleistungen	**72,640**	**160,412**	**304,074**	**100**	**100**	**100**

[61]   Quelle: DAC Report 2007, S. 138f.

2 Möglichkeiten und Grenzen der Handelshilfe

Unter **Handelshilfe** verstehen wir alle Maßnahmen der EH, die auf eine **Verbesserung der Exportposition** der EL abzielen und unmittelbar an den Handelsströmen ansetzen. Dabei können diese Maßnahmen einerseits auf die Möglichkeit und Grenzen der Teilnahme der EL am weltweiten Handel gerichtet sein und andererseits auf ihre Exportfähigkeit. Zu den ordnungspolitischen Maßnahmen der Handelshilfe gehören neben internationalen Waren- und Rohstoffabkommen und der Indexierung von Rohstoffpreisen auch Zollpräferenzen. Typische prozesspolitische Maßnahmen in der Vergangenheit umfassten z.B. das Betriebliche Kooperations- (BK) und das ausgelaufene PROTRADE-Programm der Bundesregierung sowie Akquisitionshilfen (Messeförderungen etc.).

Einige Formen dieser Handelshilfe, die insbesondere in der Mitte der 2. Hälfte des letzten Jahrhunderts von den EL gefordert wurden, sollen hier nicht besprochen werden, da sie sich als wenig hilfreich erwiesen haben.[62] Im Folgenden wollen wir uns im Rahmen der Handelshilfe hauptsächlich mit dem ordnungspolitischen Instrument der Präferenzzölle beschäftigen. Nach einer Betrachtung der effektiven Zollbelastung der EL widmen wir uns daher der Wirkungsweise allgemeiner Zollpräferenzen und stellen insbesondere das System der EU sowie der USA dar. Schließlich wird die gegenwärtige Handelspolitik der IL als solche kritisch beleuchtet und Maßnahmen der Handelsförderung erwogen.

---

[62] Vgl. zu diesen Forderungen LACHMANN (1994), S. 81–121. Im Rahmen internationaler Waren- und Rohstoffabkommen sollen Ausgleichslager (buffer stocks) stärkere Preisschwankungen vermeiden helfen, langfristige Kauf- und Liefervereinbarungen zwischen Erzeuger- und Verbraucherländern sollen zu einer Verstetigung der Umsatzmengen der EL beitragen und Exportquoten sollen das Gesamtangebot am Weltmarkt beeinflussen.

Hierbei wurde kritisch vermerkt, dass eine Exporterlösstabilisierung entwicklungshemmend wirken kann. So kann EH in Form von Waren- und Rohstoffabkommen, insbesondere bei einer ausgeprägten Primärsektororientierung, zu einer Zementierung der Produktions- bzw. Exportstruktur des jeweiligen EL führen. Anreize zur Diversifizierung und Verlängerung der Wertschöpfungskette im eigenen Land bleiben aus, Verfehlungen der Wirtschaftspolitik werden gar honoriert. Zudem bekämpft eine Politik der Preisstabilisierung nicht die eigentlichen Ursachen der ungünstigen Handelsposition der EL, sondern stellt nur eine Korrektur der Ergebnisse des Marktprozesses dar. Dadurch werden Marktsignale verfälscht, Investitionen demotiviert und dynamische Unternehmer bestraft.

Zur Abwehr langfristiger Erlösminderungen im Rohstoffbereich bzw. zur Verbesserung der terms of trade für EL wurde eine Indexierung der Rohstoffpreise an die Preise industrieller Güter vorgeschlagen. Auch hier sind ordnungspolitische Bedenken angebracht, da der Preismechanismus seine Funktion, zur optimalen Faktorallokation beizutragen, nicht mehr voll erfüllen kann.

2.1   Zoll- und Transportkostenbelastung der Entwicklungsländer

Die Handelspolitik der IL gegenüber den EL wurde lange Zeit von Zöllen dominiert. Nach langen Verhandlungen konnte man in den letzten Jahrzehnten jedoch infolge der GATT-Handelsrunden ein deutliches Absinken der Höhe der Zollsätze in den IL beobachten. Die Reduzierung der Zollsätze kann an folgender Tabelle abgelesen werden:

Tab. 2.1   Zollsatzsenkungen in den bisherigen GATT-Verhandlungen[63]

Runde	Verhandlungsort	Zeitraum	Durchschnittliche Zollsatzsenkung (in%)	Anzahl der Teilnehmer-staaten
1.	Genf	1947	19	23
2.	Annecy	1949	2	13
3.	Torqoay	1950/51	3	38
4.	Genf	1955/56	2	26
5.	Dillon	1961/62	7	26
6.	Kennedy	1964–67	35	62
7.	Tokio	1973–76	34	102
8.	Uruguay	1986–1993	40	117

Betrachtet man in diesem Zusammenhang jedoch lediglich die Entwicklung der nominellen Zollsätze, so kann dies zu Fehlinterpretationen führen, da diese über die wirkliche Belastung der Wertschöpfung der exportierenden Staaten nichts aussagen. Um festzustellen, inwieweit die Wertschöpfung eines Landes die Zollbarrieren des Importlandes überspringen muss, müssen Nominalzollsatz, binnenländische und ausländische Wertschöpfung miteinander in Beziehung gesetzt werden. Es ist nötig, zwischen dem **nominellen** und **effektiven Zoll-schutz** zu unterscheiden.[64]

Ein Beispiel möge den Unterschied zwischen beiden Zollbelastungen verdeutlichen: Nehmen wir an, die Einfuhr von Stoffen aus Indien nach Europa unterliegt keinem Einfuhrzoll und der Preis liegt bei 100 € pro Stoffballen. Die Unternehmer des EL, die ihre Wertschöpfungs-kette verlängern wollen, gehen nun dazu über, den Stoff weiterzuverarbeiten, z.B. zu Kin-derbekleidung minderer Qualität, so dass der Wert der Ware auf 200 € steigt. Nun erhebe

---

[63]   Quelle: HAUSER/SCHANZ (1995), S. 42. Vgl. auch SENTI (2001), S. 14ff. Die letzte GATT-Handelsrunde (Uruguay-Runde) führte zu einer „neuen Welthandelsordnung" mit der Gründung der WTO als neue Welthan-delsorganisation in Genf, der Nachfolge-Organisation des GATT. Die 8. Handelsrunde wurde am 15.12.1993 abgeschlossen, am 15.4.1994 in Marrakesch unterzeichnet und trat zum 1.1.1995 in Kraft. Die WTO fungiert als Dachorganisation für GATT, GATS und TRIPS. Die 9. Handelsrunde begann 2001 in Doha. Sie soll die Be-lange der EL stärker berücksichtigen („Doha-Entwicklungsrunde"). Jedoch stocken die Verhandlungen, ob-gleich die Doha-Entwicklungsrunde eigentlich 2006 abgeschlossen hätte sein sollen.

[64]   Auch bei Exportsubventionen muss, soweit es die Anreizwirkung betrifft, zwischen der nominellen und der effektiven Subventionsrate unterschieden werden. Vgl. hierzu die bahnbrechende Analyse BALASSA (1982).

Europa einen nominellen Zollsatz von 20 % auf den Import von Kleidung, so dass für indische Händler ein Zoll in Höhe von 40 € anfällt. Europäische Anbieter von Kinderbekleidung können nun den Preis ihrer Ware auf 240 € festsetzen, ohne von den indischen Importeuren unterboten werden zu können. Der effektive Zollschutz europäischer Anbieter kommt in dem Prozentsatz zum Ausdruck, um den die inländische Wertschöpfung höher sein kann als bei liberalem Handel (Zollfreiheit):

$$\frac{(240 € - 100 €) - (200 € - 100 €)}{(200 € - 100 €)} = \frac{140 - 100}{100} = 40 \%$$

Durch Verwendung einer Maßzahl für die effektive Zollbelastung wird deutlich, dass die inländische Wertschöpfung in diesem Fall doppelt so stark geschützt ist als dies aus dem nominellen Zollsatz von 20 % deutlich wird: die Produktionskosten deutscher Anbieter können bis zu 40 % über denjenigen indischer Produzenten liegen, ohne dass sie ihre Konkurrenzfähigkeit verlieren.

Berücksichtigt man nun weiterhin, dass in der Regel auch der Import von unverarbeiteten Rohstoffen und Halbfertigfabrikaten einer Zollbelastung unterliegt, so zeigt sich, dass der effektive Zollschutz inländischer Produkte bzw. die Zollbarriere für ausländische Ware zwar niedriger ist, aber immer noch über dem nominellen Zollschutz liegt. Unterstellt man beispielsweise, dass der Import der unbearbeiteten Stoffe aus Indien mit einem Zollsatz von 10 % belastet ist, so dass für inländische Kleiderproduzenten ein Zoll von 10 € anfällt, so verringert sich der Wertschöpfungsspielraum der inländischen Anbieter von 140 € auf 130 € (240 €–110 €). Der effektive Zollschutz beträgt nun:

$$\frac{130 - 100}{100} = 30 \%$$

Während für Indien beim Import von Stoffen ein Zoll von 10 € anfällt, steigt die Zollbelastung beim Import von Kleidung auf 40 €, d.h. dem Wertzuwachs von 100 € steht eine zusätzliche Zollbelastung von 30 € gegenüber, dies entspricht der errechneten effektiven Protektionsrate von 30 %.

In der Regel liegen die Effektivzölle über den Nominalzöllen, so dass EL beim Export in ein IL stets höhere Zollbarrieren überwinden müssen als dies im Nominalzoll zum Ausdruck kommt.[65] Dabei gilt: je niedriger der Anteil der Wertschöpfung an einem Produkt ist, desto stärker wirkt die effektive Zollbelastung, die ein Mehrfaches der nominellen Zollbelastung betragen kann. In der Regel weisen qualitativ minderwertige Produkte, einfache Konsumgüter oder auch Zwischenprodukte einen niedrigen Wertschöpfungsanteil auf, während qualitativ hochwertige Produkte, wie z.B. Investitionsgüter, einen hohen Anteil nationaler Wertschöpfung aufweisen. Da die EL aber gerade bei einfachen Gütern im Allgemeinen komparative Vorteile aufweisen, schützt die **Struktur der Effektivzölle** damit die IL vor der Konkurrenz der EL und verfestigt die komplementäre Arbeitsteilung zwischen IL und EL.

---

[65] B. BALASSA kam zu diesem Ergebnis in einer breit angelegten empirischen Studie: BALASSA (1965).

Um darüber hinaus die eigenen Industrieprodukte zu schützen, verhängen IL oftmals keine oder niedrige Zölle für den Import notwendiger Rohstoffe, während mit dem Grad der Verarbeitung von Produkten auch die Höhe der Nominalzollsätze steigt. Diese **eskalierende Nominalzollstruktur** stellt ein weiteres Erschwernis für Exporteure aus EL dar, denn sie gewährleistet den inländischen Produzenten einerseits günstige Preise für Rohstoffe und Zwischenprodukte und andererseits Schutz des binnenländischen Produktionsprozesses.

Eine weitere Belastung der EL im Außenhandel ergibt sich aus der **Struktur der internationalen Frachtraten**, die ebenso Tendenzen einer Effektivzollbelastung aufweist. EL haben für ihre industriellen Exporte in der Regel höhere Frachtraten zu bezahlen als IL für ihre Exportgüter. Dies liegt zum einen an dem geringen Exportvolumen der EL, das zur Nutzung kleinerer und damit vergleichsweise kostenintensiverer Schiffe zwingt. Zum anderen erschweren geringe Hafenkapazitäten kostengünstige Frachtraten. Finger und Yeats kamen in den 70er Jahren in einer Studie zu dem Ergebnis, dass die Transportkostenbelastung nominell und effektiv gemessen ebenso hoch sei wie eine Zollbelastung.[66] Auch in einer Studie von Gersovitz wird hervorgehoben, dass Transportkosten in Afrika von großer Bedeutung sind und gerade unterentwickelte Regionen wegen ihrer unzureichenden Infrastruktur hohe Transportkosten aufweisen, die ihre Handelsposition beeinträchtigen.[67]

Aufgrund der benachteiligten Position der EL im Welthandel und der hohen effektiven Zollbelastung forderten die EL in den 60er Jahren verstärkt Zollpräferenzen, um ihre Industrialisierungs- und Exportbemühungen zu stärken.

2.2   Handelshilfe durch Zollpräferenzen

Zollpräferenzen zählen aufgrund ihres (Export-)Subventionscharakters zu den ordnungspolitischen Formen der Handelshilfe. Das präferenzempfangende Land erhält hierbei die Erlaubnis, bestimmte Güter zu reduzierten Zöllen in das präferenzgewährende Land einzuführen. Im Grenzfall kann vollständige Zollbefreiung für einzelne Güter gewährt werden. Diese Präferenzen gehen weitgehend zu Lasten nicht präferierter Länder. Aufgrund ihres diskriminierenden Charakters verstoßen Zollpräferenzen gegen das im GATT verankerte Prinzip der **Meistbegünstigung ("most-favored nation")**. Danach muss jede handelspolitische Vergünstigung, die einem Land gewährt wird, automatisch allen Kontraktstaaten zukommen. Auch das Prinzip der **Reziprozität** beim Abbau von Handelshemmnissen, nach dem sich Zollsenkungen in ungefähr gleichem Maße für alle Beteiligten auswirken müssten, wird durch Präferenzzölle durchbrochen.

---

[66] Als Vergleich wurde die Höhe der Zollsätze in den USA nach der Kennedy-Runde 1964-1967 herangezogen. Vgl. FINGER/YEATS (1976), S. 175f.

[67] Deshalb ist die Wahl der Preisstrategie für diese Region entscheidend. Dieser Sachverhalt wird hauptsächlich in der Untersuchung von Gersovitz analysiert. Vgl. dazu GERSOVITZ (1992), S. 230f.

Die EL hatten zunächst versucht, sich im Rahmen der GATT-Verhandlungen mit ihren Vorstellungen hinsichtlich der Gewährung von Vorzugszöllen durchzusetzen. Als dies misslang, benutzten sie die UNCTAD, um handelspolitische Verbesserungen zu erreichen. Dabei stützten sie sich vor allem auf das Argument, dass in einer fairen Welthandelsordnung „Gleiche gleich und Ungleiche ungleich" behandelt werden müssten. Da EL einen Entwicklungsrückstand aufweisen, benötigen sie besondere Exporthilfen und eine zolltarifliche Bevorzugung.[68] EL sollten daher von den Prinzipien der Meistbegünstigung und der Reziprozität ausgespart werden. Darüber hinaus erwartete man sich von Handelspräferenzen eine Stimulation der Exportindustrie, verstärkte Produktdiversifizierung und höhere Exporterlöse. Vor allem bei den von EL überwiegend exportierten Gütern niedriger Fabrikationsstufen erhoffte man sich auf diese Weise eine Verbesserung der internationalen Wettbewerbsfähigkeit. Devisenarmen EL sollten die Vorzugszölle dringend benötigte Devisen verschaffen.[69]

Die IL taktierten hinhaltend auf die Forderungen der UNCTAD und gingen relativ spät auf die Forderungen der EL ein, ohne nennenswerte Zugeständnisse zu machen. IL wie Australien, Japan, die USA und Mitgliedsländer der EU gewähren den EL seit Anfang der 70er Jahre z.T. regional begrenzte und in ihrem Ausmaß variierende Präferenzsysteme. Regional begrenzte Präferenzsysteme sind z.B. die Vereinbarungen der EG mit den AKP-Staaten (Länder in Afrika, der Karibik und des Pazifik) im Rahmen der Lomé-Abkommen oder die Initiative für das Karibische Becken der USA. Das **Allgemeine Präferenzsystem (APS)**, in das alle OECD-Staaten mit eigenen Präferenzsystemen eingeordnet sind, steht allen EL offen, die bestimmte Kriterien erfüllen. Die Unvereinbarkeit des APS mit den Grundprinzipien des GATT, dem Prinzip der Meistbegünstigung und der Reziprozität, überbrückten die IL mit Hilfe einer zeitlich begrenzten GATT-Ausnahmeregelung, die schließlich in eine endgültige Ausnahmeregelung umgewandelt wurde.

Das APS ist eine der wenigen Anregungen der UNCTAD, die von den OECD-Ländern aufgegriffen und verwirklicht wurde. Dies gibt zu denken, da zu vermuten ist, dass die IL nur dort zu schnellen Zugeständnissen bereit sind, wo es sie wenig kostet, d.h. wo sich ihr heimischer Schutzwall nicht erheblich reduziert. Außerdem ist zu bedenken, dass Präferenzsysteme nicht selten als Instrument dienen, um politischen Einfluss auf bestimmte EL(-Gruppen) zu gewinnen oder zu erhalten. Bei der kritischen Analyse werden wir feststellen, dass die APS-Regelungen mit Haken und Ösen versetzt sind, so dass das Entgegenkommen der IL letztlich relativ gering blieb. Es ist damit nicht überraschend, dass die Wirkung der Zollpräferenzen hinter den Erwartungen zurückblieb. Wie wirken aber nun allgemeine Zollpräferenzen?

---

[68] Schon F. List hat auf die Notwendigkeit von Hilfsmaßnahmen beim Aufbau von neuen Industriezweigen hingewiesen. Er forderte für Deutschland einen temporären Zollschutz, der Erziehungszoll genannt wurde, und für „infant industries" vorgesehen war. Eine Unterstützung wäre auch in Form einer Subventionierung neuer Branchen in EL möglich. Jedoch fehlen den EL die finanziellen Mittel, um ihre Exportsektoren damit international wettbewerbsfähig zu machen. Der Verzicht auf Zollschutz bzw. die Gewährung von Zollpräferenzen wirkt auf Drittländer in ähnlicher Weise wie ein Erziehungszoll in EL auf exportierende Branchen in Industriestaaten.

[69] Vgl. BROWN (1988), S. 335f.

2.2.1   Wirkungsweise allgemeiner Zollpräferenzen

Im Rahmen der **Zolltheorie** werden die Auswirkungen von Zollpräferenzen in einer partiellen Analyse mit Hilfe von Angebots- und Nachfragekurven analysiert. Im folgenden Schaubild (siehe Abb. 2.1) werden in einem IL normale Angebots- und Nachfragekurven für ein Gut X unterstellt. Bei Autarkie ergibt sich der Preis P_A aus dem Schnittpunkt der Angebots- und Nachfragekurve im Punkt H. Produziert wird bei Autarkie die Menge OD.

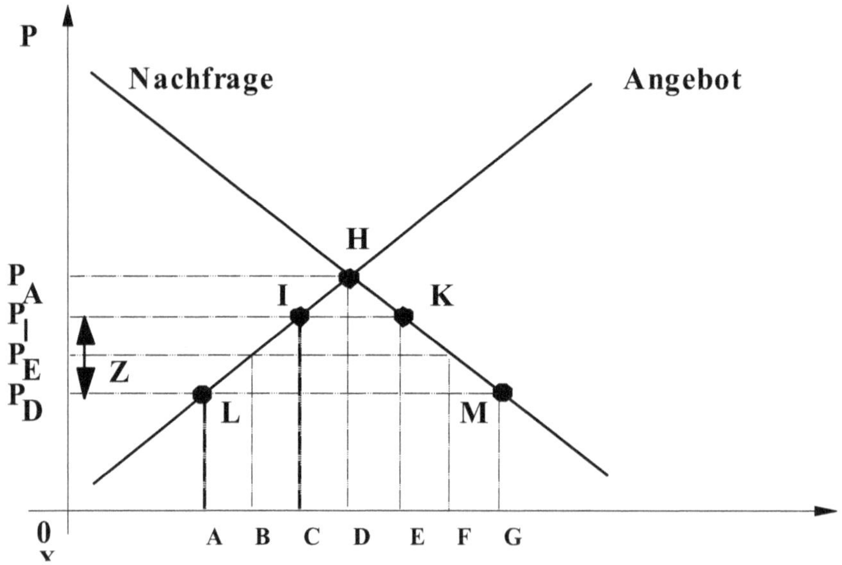

Abb. 2.1   Wirkungsweise von Zollpräferenzen

Öffnet sich nun das IL gegenüber dem Ausland, so seien ein Drittland und ein EL die konkurrierenden Anbieter. Das Drittland habe komparative Vorteile und sei in der Lage, zum Preise P_D das Gut (vollkommen preiselastisch) anzubieten. Die Öffnung des IL führt zu einem Freihandelspreis von P_D. Die einheimische Produktion wurde um AD gesenkt, der inländische Verbrauch um DG erhöht. Das Inland produziert nun nur noch die Menge OA am Punkte L der Angebotskurve. Verbraucht wird im IL die Menge OG am Punkt M der Nachfragekurve. Die Menge AG wird aus dem Drittland importiert.

Da das IL unter dem politischen Druck seiner Bürger steht, die eigene Industrie zu schützen, erhebt es einen für alle Handelspartner einheitlichen Zoll Z, der auf die ausländischen Importe aufgeschlagen wird. Dadurch steigt das Preisniveau auf P_I wobei der alleinige ausländische Anbieter weiterhin das Drittland bleibt, das die Zolldifferenz trägt und elastisch zum Preis P_I unbegrenzte Mengen anbietet. Die inländische Produktion erhöht sich nun um AC und der inländische Verbrauch geht um EG zurück. Im Inland wird nun auf dem Punkt I der Angebotskurve produziert und am Punkt K der Nachfragekurve nachgefragt. Das Inland produziert die Menge OC und konsumiert die Menge OE. Das Drittland liefert nur noch die Menge CE.

Im Rahmen von Verhandlungen zur Förderung der Länder der Dritten Welt wird nun dem EL eine 50 %ige Zollsenkung zugestanden. Das EL gelangt dadurch in die Lage das Dritt-land unterbieten zu können, und bietet zum Preis P_E elastisch jede nachgefragte Menge an. Die einheimische Produktion sinkt daraufhin um BC und der Verbrauch steigt um EF. Im Inland werden die Mengen OB produziert und OF nachgefragt.[70]

Untersucht man nun die Auswirkungen dieser Maßnahme anhand des vereinfachten Partial-modells, so erhält man folgende Ergebnisse[71]: die Einführung der Zollpräferenz bringt eine

1. **Handelsumlenkung** (trade diversion) in Höhe von CE, denn infolge der Verschiebung der Preisrelation zwischen konkurrierenden Erzeugnissen aus dem begünstigten EL und dem nicht-begünstigten Drittland wurde das Drittland als Exporteur durch das EL ersetzt. Neben diesem Wechsel der Exportländer kommt es weiterhin zu einer
2. **Handelsschaffung** (trade creation) in Höhe von BC, da es gegenüber der allgemeinen Protektionspolitik bei gesunkenen Importpreisen zu zusätzlichen Güterimporten aus dem EL kommt. Gleichzeitig wird in dieser Höhe die Produktion im IL verdrängt. Es handelt sich hier also um einen angebotsbedingten Zuwachs zum Außenhandel. Außerdem kommt es zur
3. **Handelsvermehrung** (trade expansion) in Höhe von EF. Um diese Menge steigt wegen des Nachfragezuwachses im IL, das durch die Preissenkung initiiert wurde, das Export-volumen des EL. Darüber hinaus ist aus dynamischer Sicht zu erwarten, dass exportorien-tierte Direktinvestitionen in EL angeregt werden, die langfristige Wachstumseffekte zur Folge haben sollten.[72]

Diese Ergebnisse zeigen, dass jede Zollpräferenz eine Diskriminierung von Drittländern, die als Konkurrenten vom Markt verdrängt werden, sowie eine Verminderung der effektiven Protektion der Produzenten aus IL beinhaltet. Somit wird der Forderung von EL entsprochen, ihnen durch Präferenzzölle gerade auf dem Gebiet der industriellen Güterexporte gegenüber IL eine günstigere Wettbewerbsposition zu gewähren.

2.2.2 Kritische Würdigung von allgemeinen Zollpräferenzen

Aus ordnungspolitischen Gründen sind Zollpräferenzen vielen anderen prozesspolitischen Maßnahmen der EH vorzuziehen. Denn allgemeine Präferenzsysteme sind als wirtschaftspo-

---

[70] Auf die einzelnen Effekte der Einführung eines Zolls wird hier nicht eingegangen. Auf die Lehrbücher zur Außenwirtschaftstheorie sei verwiesen. Vgl. auch LACHMANN (2004b), S. 415–481.

[71] Die theoretische Analyse unterstellt lineare Angebots- und Nachfragekurven, sowie ein vollkommen elastisches Angebot des Drittlandes und des EL, wodurch einheitliche Produktionsfunktionen unterstellt werden. Diese Annahmen sind selbstverständlich unrealistisch. Die Analyse gibt nur Auskunft über Reaktionen in dem gege-benen theoretischen Rahmen.

[72] Für einen theoretischen Überblick, in dem auch die dynamischen Aspekte behandelt werden, wird auf PANAGARIYA (2000) verwiesen.

litisches Mittel der Handelsförderung im Gegensatz zu den Verzerrungen einer selektiven Hilfe ordnungskonform. Es gibt jedoch auch einige gewichtige Einwände.[73]

Zunächst ist festzustellen, dass eine Diskriminierung von EL durch Zollpräferenzen nur bei verhältnismäßig homogenen Produktionsstrukturen der EL vermieden werden könnte.[74] Zollpräferenzen helfen nämlich nur den EL, die eigentlich bereits in der Lage sind, Exportmärkte zu erobern, also den NIC (Newly Industrialized Countries) und solchen EL, die komparative Kostenvorteile zu nutzen wissen. Verfügen EL jedoch nicht über exportfähige Produkte, so sind sie vom Genuss einer Handelshilfe in Form von Zollpräferenzen ausgeschlossen.

Da die begünstigten Länder Produkte über dem Weltmarktpreis anbieten können, was einer Subvention bzw. einem Realtransfer von den Konsumenten in IL hin zu den Exporteuren in EL gleichkommt, wird möglicherweise eine international wenig effiziente und wettbewerbsfähige Industrie gefördert. Dabei gründet sich der Wettbewerbsvorteil des EL lediglich auf die verdeckte Subventionierung und entbehrt somit einer ökonomischen Rechtfertigung.

Zollpräferenzen stellen dann eine sinnvolle Handelshilfe dar, wenn EL dadurch in die Lage versetzt werden, ihre Exportproduktion auszubauen, zu diversifizieren und international wettbewerbsfähig zu werden. Oft werden aber negative Anreize dort gesetzt, wo erfolgreichen EL, die zu Konkurrenten der IL heranreifen, Präferenzen wieder entzogen werden. Diese Rücknahme kommt gewissermaßen einer Bestrafung ihrer Entwicklungsbemühungen gleich.

Nutzlos sind Zollpräferenzen dann, wenn die Wirtschaftspolitik der EL sich nicht ihrer Aufgabe annimmt, exporthemmende Strukturen zu beseitigen; dazu gehören überhöhte und verzerrte Wechselkurse, Devisenbewirtschaftungssysteme, protektionistische Importsubstitutionsstrategien und bürokratische Hindernisse bei der Einfuhr notwendiger Importe. Auch IL müssen restriktive Handelsmaßnahmen aufheben. Eine isolierte Einräumung von Zollpräferenzen kann kaum zu Exportsteigerungen führen, wenn nicht gleichzeitig die in letzter Zeit an Bedeutung zunehmenden nicht-tarifären Handelshemmnisse sowie freiwillige Exportbeschränkungen beseitigt werden.

Oftmals wird darauf verwiesen, dass die Zölle im Allgemeinen schon so niedrig seien, dass Zollsenkungen kaum Auswirkungen auf den Handel haben können. In diesem Zusammenhang muss jedoch daran erinnert werden, dass es nicht auf die nominellen, sondern auf die effektiven Zölle ankommt. Schon geringfügige nominelle Zolländerungen könnten dazu beitragen, die Eskalation der Zollsätze der IL abzubauen.

---

[73] Vgl. die kritischen Bemerkungen in LANGHAMMER/SAPIR (1987) und AGARWAL/DIPPL/ LANGHAMMER (1985). Einen Überblick gibt auch BROWN (1988). In einem Drei-Länder Allgemeinen Gleichgewichtsmodell untersucht WOOTON (1986) die Möglichkeiten von APS. Vgl. auch POMFRET (1986); PANAGARIYA (2003); CAGLAR/REINHARDT (2005); LIMÃO/OLARREAGA (2006).

[74] Die Präferenzabkommen können analytisch behandelt werden als Analyse von diskriminierenden Zollsenkungen. Schon in den 1960er-Jahren wurden sie durchgeführt, z.B. von VINER, MEADE und Harry JOHNSON. Vgl. auch Rachel McCULLOCH und José PINERA: Trade as Aid: The Political Economy of Tariff Preferences for Developing Countries, AER 67:5 (Dezember 1977), S. 959–967.

Ein weiteres Problem ergibt sich dadurch, dass sich mehr oder weniger hilfsbedürftige Exporteure Zollpräferenzen dadurch erschleichen, dass der letzte Teil der Wertschöpfung in einem EL erfolgt bzw. im Extremfall die Ware nur noch über Häfen in EL läuft. Das häufig benutzte Instrument der Ursprungslandregelungen hat sich dabei in vieler Weise als inadäquat erwiesen, da eine Festlegung auf bestimmte Prozentsätze inländischer Wertschöpfung willkürlich erfolgt, eine Kooperationsarbeit mehrerer Länder kaum berücksichtigt werden kann und letztlich ein erheblicher bürokratischer Aufwand damit verbunden ist.

Heftig kritisiert wird auch die **Handhabung des APS-Instrumentariums**. So sind die von den einzelnen IL gewährten Präferenzen sehr unterschiedlich. Die EU verfügt neben den allgemeinen Präferenzen der EL auch über Sonderpräferenzen für die AKP-Staaten und die Mittelmeerländer (Europäische Nachbarschaftspolitik = ENP) mit dem Ziel einer regionalen Partnerschaft (Barcelona-Prozess). Bedenklich ist darüber hinaus die Philosophie des EU-Präferenzsystems, dass erfolgreiche Exporteure in ihren Handelsbemühungen beschränkt werden müssen, damit die zurückgebliebenen EL ebenfalls einen Teil des Importkuchens erhalten können. Beim EU-System handelt es sich zudem um einen komplizierten Apparat, der für die Bürokraten in den EL kaum zu durchschauen ist. So bietet die EU nicht nur Seminare und Handbücher für den Umgang mit dem APS an, sondern gar Ja-Nein-Entscheidungsbäume für Exporteure in EL, um ihnen einen Weg durch das Dickicht des Regelwerkes zu ermöglichen (Langhammer, 1983, S. 4).

Trotz der Tatsache, dass theoretisch alle EL von einem Präferenzsystem erfasst sind, bleibt deren praktische Auswirkung vor allem wegen der einschränkenden Bedingungen der Präferenzen begrenzt. Viele IL schützen ihre Märkte gerade in sog. sensiblen Bereichen gegenüber Importen aus EL. So gibt es im Bereich der Agrarexporte und bei Textilien – für die meisten EL die einfachsten Exportgüter – zunehmend Reglementierungen und Diskriminierungen von Seiten vieler IL – und dies trotz der Uruguay-Vereinbarung, eine größere Liberalisierung in diesen Bereichen anzustreben.

Grundsätzlich ist beim Schutz der einheimischen Industrie zwischen dem Erziehungszoll für junge Industrien (**infant industries**) und dem Zollschutz für veraltete, absterbende Industrien (**senile industries**) zu unterscheiden. In vielen IL führt eine mangelnde Anpassungsfähigkeit der Volkswirtschaft an sich verändernde komparative Vorteile häufig unter politischem Druck zu ökonomisch nicht vertretbaren protektionistischen Maßnahmen. So werden in den Branchen, in denen international komparative Nachteile erwartet werden, Schutzzölle auf konkurrierende Importgüter erhoben bzw. von Präferenzsystemen ausgespart, um Einkommensrückgänge und Arbeitslosigkeit abzuwehren. Notwendige Strukturanpassungen unterbleiben somit, ohne dass der Niedergang dieser Branchen jedoch aufgehalten werden kann, im Gegenteil, die Anpassungs- und Wettbewerbsfähigkeit der Wirtschaft wird weiter vermindert. Da die von Präferenzsystemen ausgeschlossenen Bereiche wie z.B. Textil, Stahl und Agrarprodukte jedoch nicht nur den Krisenbereichen der IL, sondern auch den Hauptexportbereichen der EL entsprechen, müssen die Auswirkungen der Systeme gering bleiben und die Ernsthaftigkeit der Bemühungen der IL, den EL Exportmöglichkeiten zu eröffnen, in Frage gezogen werden. Derartige Schutzzölle der IL senken, ebenso wie Kontingente, Importsteuern, Qualitätsvorschriften und andere nicht-tarifäre Handelshemmnisse, die Exportmöglichkeiten der EL.

Ein Blick auf die Empirie unterstützt zusätzlich die Bedenken hinsichtlich der Effektivität von Zollpräferenzen: So ging bspw. der Anteil der AKP-Staaten am Gesamtimport der EG aus EL nach dem Abschluss der Abkommen von Lomé deutlich zurück.[75] Auch beim amerikanischen Präferenzsystem wurde nur eine geringe Handelsschaffung festgestellt. Hinweise gab es für eine Handelsumlenkung. Einem großen Teil der Importe aus der Dritten Welt wurden Präferenzen vorenthalten, teilweise durch administrative Regelungen, wie die der Ursprungslandregelung. Insbesondere ärmere EL haben kaum von den Präferenzen profitiert. Bürokratische Regeln, Quoten, Schwellenwerte, Butoirs[76] und Ursprungslandregelungen wirkten sich im APS als Handelsbarrieren diskriminierend aus. Am erfolgreichsten waren dahingegen jene Staaten, die kaum oder keine Präferenzen erhielten, wie z.B. Taiwan, das keinen Präferenzzugang zur EG hin genoss.

Generell ist bei derartigen Präferenzsystemen zu bedenken, dass sie im Endeffekt auf ein „Nullsummenspiel" hinauslaufen, d.h. die Bevorzugung eines Landes bzw. einer Ländergruppe geht automatisch zu Lasten anderer. Man muss beim APS also letztlich eher von einer Diskriminierung als von einer Hilfe für die Exporte der EL sprechen. Während es den NIC und den NEC zu Exporten verhalf, war der entwicklungspolitische Effekt für die ärmeren EL – da sie kaum Exportprodukte anzubieten haben – gering. Daher wird gefordert, dass das APS allgemein, nicht diskriminierend und nicht reziprozitiv sein soll. In Wirklichkeit sind die Präferenzen aber nicht allgemein, diskriminierend und reziprozitiv, da sie regional und hinsichtlich ihrer Höhe variieren, da sie einzelne Länder (-gruppen) bevor- bzw. benachteiligen und weil die Konzessionen nur den Ländern gegeben werden, die sich im Sinne der präferenzgewährenden Staaten verhalten.

Aus außenhandels- und ordnungspolitischer Sicht ist die Zunahme von Präferenzabkommen kritisch zu beurteilen. Die WTO zählt zurzeit ca. 200 solcher Abkommen; 149 der 150 WTO-Mitglieder sind Partner solcher Integrations- und Präferenzräume.[77] Senti weist darauf hin, dass 50–70 % des Außenhandels bei manchen Staaten auf präferenzielle Handelsräume entfallen. Damit kommen die bisherigen Grundprinzipien der Welthandelsordnung ins Wanken; die Meistbegünstigung wird zur Ausnahme statt zur Regel! Die Welthandelsordnung gerät in Gefahr auseinander zu brechen. Man spricht von neuer Regionalisierung (**new regionalism**).

Die Präferenzregelungen der IL sind meistens nicht WTO-konform, da sie mit Auflagen gegeben werden und diskriminierend gehandhabt werden. Oft werden Handelspräferenzen mit Bevorzugungen für die IL gewährt und bei Einhaltung der Menschenrechte, Beachtung von Arbeitsrecht und Umweltbestimmungen und für die Mithilfe bei der Bekämpfung der

---

[75] Vgl. WELTBANK, Weltentwicklungsbericht 1987, Washington, D.C., 1987, S. 179. Es muss jedoch darauf hingewiesen werden, dass es angesichts zahlreicher Einflüsse und Wechselwirkungen kaum möglich ist, von einem direkten Kausalzusammenhang auszugehen. Der Anreizeffekt für AKP-Staaten ist gering, da die Antragskosten höher sind als die erwarteten Nutzen. Siehe MANCHIN (2006).

[76] Butoirs stellen eine Limitierung des Ausfuhrvolumens einzelner Exporteure dar.

[77] SENTI (2007) sowie UNCTAD: Trade and Development Report 2007, New York und Genf, 2007. Nur die Mongolei hat keine Abkommen dieser Art abgeschlossen.

Drogenproduktion gewährt.[78] Präferenzabkommen müssten, um WTO-konform zu sein, eigentlich allen Ländern, die die Voraussetzungen erfüllen, offenstehen.

Präferenzsysteme führen die EL in eine Abhängigkeit. Oft verführt es diese Länder dazu, keine stärkeren Liberalisierungen vorzunehmen, so dass es zu einem größeren Wohlfahrts-verlust sowohl für die EL als auch für die IL (IL verzichten auf Zollsenkungen, die positive Wohlfahrtseffekte haben) kommt.

2.2.3 Allgemeines Zollpräferenzsystem der Europäischen Union

Die Präferenzen, die die EU den EL gewährt, sind vielschichtig und verwoben. Bhagwati sprach in diesem Zusammenhang von einem „Spaghetti-Topf".[79] Daran hat sich bis heute wenig geändert. Präferenzen gegenüber den EL bietet die EU den Mittelmeerstaaten, mit denen sie schon seit 1960 bilaterale Vereinbarungen hatten. Ziel war die Bildung einer EU-Mittelmeerländer umfassenden Freihandelszone bis zum Jahre 2010 (Ergebnisse der Barce-lona-Konferenz von 1995). Aufbauend auf dieser Konferenz wurde am 13. Juli 2008 in Paris die Mittelmeer- Union gegründet, die ihre Arbeit im März 2010 aufnahm.

Dazu hat die EU mit 71 Staaten Afrikas, der Karibik und des Pazifik Konzessionen (Han-delspräferenzen) unter den Lomé-Vereinbarungen abgeschlossen. Der Beginn dieser EU-AKP-Zusammenarbeit geht bis zum Vertrag von Rom (1957) zurück. Dort einigte man sich darauf, den ehemaligen Kolonien der europäischen Staaten bei ihrer Entwicklung zu helfen. So wurde in Yaounde 1963–69 und dann von 1969–75 zwischen der EG und den AKP-Staaten eine Vereinbarung getroffen, die auch EH vorsah. Der europäische Entwicklungs-fond (EDF) wurde gegründet, wobei Nutznießer hauptsächlich die französischsprachigen Länder Afrikas waren. Mit dem Beitritt Großbritanniens in die EG 1973 wurden die Lomé-Vereinbarungen getroffen.[80] Die Anzahl der AKP-Staaten stieg von 46 auf 49; der Exportan-teil an EU-Importen sank (trotz oder wegen?) der Präferenzen von 6,1 % auf 2,9 %. Nach dem Auslaufen von Lomé IV wurde im Jahre 2000 die Cotonou-Vereinbarung abgeschlos-sen. Innerhalb eines Zeitraums von 20 Jahren soll die wirtschaftliche Entwicklung in den AKP-Staaten gefördert werden, wobei insbesondere eine Armutsbekämpfung vorgesehen ist. So gesehen handelt es sich hierbei um eine Freihandelszone mit den AKP-Staaten.[81] Die Lomé-Vereinbarungen waren kaum erfolgreich. Die Vereinbarungen waren Fehlanreize; Produkte, in denen die EL komparative Vorteile hatten, wurden bei den Präferenzen ausge-

---

[78] So erhielt Pakistan Präferenzen von der EU, die Indien nicht gewährt wurden. Indien hat dagegen geklagt und in zweiter Instanz (appelate body) wurde die Entscheidung der ersten Instanz (panel report) bestätigt, dass das Prä-ferenzabkommen mit Pakistan gegen die WTO verstößt. Vgl. SENTI (2007), S. 334.

[79] Auf die verworrenen Präferenzbeziehungen hat Bhagwati schon 1998 hingewiesen. Die Beziehungen der EU zu Estland, Türkei, Mittelmeerstaaten usw. lassen sich wie ein „Spaghetti-Topf" darstellen. Vgl. hierzu BHAGWATI (1998).

[80] Lomé I (1975–1980), Lomé II (1980–1985), Lomé III (1985–1990), Lomé IV (1990–2000). Für die Inhalte dieser Vereinbarungen wird verwiesen auf LACHMANN (1994), Kap. 2.

[81] Vgl. hierzu McQUEEN (2002), MANCHIN (2006) und PANAGARIYA (2002).

klammert. Für Zucker, Bananen und Rindfleisch gab es getrennte Protokolle; andere landwirtschaftliche Produkte waren kaum integriert.

Die erste UN-Konferenz über Handel und Entwicklung (UNCTAD) forderte 1964 eine Präferenz gegenüber den EL. Die Argumentation lautete: Gleiche müssen gleich und Ungleiche ungleich behandelt werden. Da die EL noch nicht wettbewerbsfähig seien, benötigten sie Präferenzen, ohne dafür selbst wiederum ihre Märkte zu öffnen. Dies hätte dem GATT widersprochen, so wurde im GATT 1971 vorerst für eine 10-jährige Periode, die 1979 ohne Zeitlimit ausgedehnt wurde, eine Ermächtigung (**enabling clause**) geschaffen, die es erlaubte, einseitige Zollvergünstigungen bestimmten EL zu gewähren. Diese Handelspräferenzen sollten nicht diskriminierend, nicht reziprok und autonom gestaltet werden. Zwischen EL dürfte nicht diskriminiert werden – mit der Ausnahme gegenüber den ärmsten EL (Least Developed Countries).

Aufgrund dieser Ermächtigung räumte die EG am 1.7.1971 den EL Zollpräferenzen ein und erleichterte ihnen somit vor allem für industrielle Halb- und Fertigwaren den Marktzugang. Damit übernahm sie für die Einführung von allgemeinen Zollpräferenzsystemen eine Vorreiterrolle. 1976 folgten dann die USA, die zunächst Vorbehalte gegen ein Aufweichen des GATT-Nichtdiskriminierungsgebots hatten, mit einem eigenen Präferenzsystem. Andere Staaten schlossen sich an.

Das APS der EU dient als ein entwicklungspolitisches Instrument der Gemeinschaft und gewährt – in der Theorie – Zollvergünstigungen nach den genannten Grundsätzen der Autonomie, Nichtreziprozität und Nichtdiskriminierung. Generell gilt für die Exporteure der präferierten EL – unter bestimmten Auflagen – eine volle oder teilweise Zollfreiheit für industriell be- und verarbeitete Halbfertig- und Fertigwaren sowie einige Agrarprodukte. Ziel ist es über den erleichterten Zugang zum Industriegütermarkt der EU eine Steigerung der Exporterlöse zu erreichen, die einen entscheidenden Beitrag zur raschen Industrialisierung und Entwicklung der Länder leisten sollen. Das System enthält zahlreiche Einzelregelungen für Länder, Ländergruppen, Produkte und Produktgruppen und wurde im Laufe der Zeit immer stärker differenziert, um der unterschiedlichen Entwicklung in den verschiedenen Ländern Rechnung zu tragen.

Alle EL (einschließlich China) konnten das APS in Anspruch nehmen. Von den 10300 Produkten (Importe) hatten 2100 keinen Zoll; von den restlichen 8200 unterlagen ca. 7000 den Präferenzen. Jedoch wurden nur 3300 Produkte als nichtsensibel und 3700 Produkte als sensibel eingestuft. Freien Zugang zum EU-Markt gibt es nur für nichtsensible Produkte. Die meisten landwirtschaftlichen Produkte sind als sensibel gekennzeichnet; nicht-sensible Produkte stammen hauptsächlich aus dem nicht-landwirtschaftlichen Bereich. Nicht-landwirtschaftliche, sensible Produkte stammen aus den Bereichen Textilien, Kleidung, Teppiche und Schuhe. In solchen Produktgruppen, in denen die EL komparative Vorteile haben, gab es geringere Präferenzen, anfänglich auch nur Kontingente. Die Präferenzen sind abhängig vom Grad der Entwicklung der Länder.

Während das APS anfänglich zwar alle EL umfasste, de facto aber nur eine politisch abgegrenzte Gruppe, die „Gruppe der 77", in den Genuss der Präferenzen kam, erweiterte sich der Kreis der präferierten Länder insbesondere Anfang der 90er Jahre.[82] Nach der Einführung von Präferenzen für einige Länder in Ost- und Mitteleuropa, Staaten des Baltikums und NUS-Staaten, gewährt die EU seit Dezember 1990 auch ausgewählten lateinamerikanischen EL Sonderpräferenzen, um diese insbesondere im Kampf gegen Drogenanbau und -handel zu unterstützen. Anfang 1992 wurden schließlich auch einige mittelamerikanische EL in das System aufgenommen.

Im Dezember 2004 führte die EU erstens eine Vereinfachung des Systems durch. Zu diesem Zweck wurde die durch Zollkontingente und -plafonds mengenmäßig begrenzte Zollfreiheit umgewandelt in ein System von vier präferenziellen Zollsätzen ohne Mengenbeschränkung – je nach Sensibilität des Produkts variieren sie zwischen 15 % und 100 %. Zweitens sollen Präferenzen in zunehmendem Maße nur noch den weniger fortgeschrittenen EL zugute kommen, daher werden wettbewerbsfähige EL graduell vom APS ausgeschlossen. Dies geschah 1997 bspw. in den Fällen Hongkong, Republik Korea und Singapur. Drittens soll die Wirkung des neuen Systems im Vergleich zu den vorherigen Systemen Neutralität aufweisen und viertens sollen die begünstigten Länder durch zusätzliche Anreize dahingehend ermutigt werden, eine fortschrittlichere Sozial- und Umweltpolitik zu betreiben.

In dem neuen APS von 1995 für Agrarprodukte kommt darüber hinaus das Ziel zum Ausdruck, die Bandbreite der bevorzugt behandelten Produkte zu erweitern; dies ist als Antwort auf die in dieser Hinsicht in den vergangenen Jahren wiederholt gestellten Forderungen der EL zu verstehen. Dabei werden den von der UN definierten Least Developed Countries (LLDC) größere Zugeständnisse in Form völliger Zollfreiheit gemacht. Ferner lässt das neue System auch weiterhin die Möglichkeit offen, unter bestimmten Bedingungen Länder von dem Genuss von Zollpräferenzen auszuschließen, dazu zählen z.B. diskriminierende Handelspraktiken, Sklaverei, Export von durch Gefängnisarbeit hergestellter Ware, unzureichende Kontrollen von Drogenhandel und Geldwäscherei. So entzog der Rat 1997 wegen Zwangsarbeit Myanmar (Birma) den Anspruch auf das APS.

Nachdem im Juni 2000 das über 20 Jahre laufende Cotonou-Abkommen mit 78 AKP-Staaten unterzeichnet war, verkündete am 20. September 2000 die EU ein neues Präferenzsystem für die 49 ärmsten EL mit dem Namen „Everything But Arms" (EBA). Diesen ärmsten EL sollte auf alle Produkte Zollfreiheit gewährt werden, später wurde es jedoch geändert in „grundsätzlich alle Produkte". Sensible Produkte waren davon jedoch ausgenommen.[83]

Alle 49 ärmsten EL werden im EBA-Programm erfasst. Diese Länder erhalten 876 Produkte zollfrei; nur 43 sind sensible Produkte wie Reis, Zucker und Bananen, die nur langsam liberalisiert werden. Seit dem Jahre 2006 gilt die Zollfreiheit für Bananen, für Zucker und Reis

---

82 Die Gruppe der 77 hatte sich 1964 als Interessenvertretung der EL innerhalb der UNCTAD formiert und seit Jahren auf einseitige Konzessionen von Seiten der IL gedrängt. Aus dem APS ausgeschlossen waren aus politischen Gründen Länder wie z.B. Taiwan und Israel.

83 Vgl. PAGE/HEWITT (2002).

war diese für 2009 vorgesehen. Allerdings behält sich die EU das Recht vor, bei massiven Marktstörungen Präferenzen zurückzunehmen.

Die gesamten Agrarexporte der EL in die EU betrugen im Jahre 2001 2,5 Mrd. US$, wobei sie 25 % der Gesamtexporte der EL in die EU ausmachen. Die geförderten Produkte liegen meist zwischen 10 und 100 Mio. US$. Die Vor-EBA-Zölle bei den sensiblen Produkten lagen zwischen 75 % und 103 %, so dass in diesem Bereich EBA wirken könnte. Bei nicht-sensiblen Produkten lag der Zoll bei 2,3 %, so dass die EL dadurch kaum profitieren. EBA wird nur geringe Auswirkungen auf die EL haben, da sie nur 4 % der gesamten Agrarexporte in die EU ausmachen.[84]

Trotz einiger Erfolge blieb das APS erheblich hinter den Erwartungen zurück. Auch die AKP-Präferenzen haben enttäuscht. Demzufolge strebt die EU regionale, ökonomische Partnervereinbarungen an (REPA = Regional Economic Partnership Agreements) – in ihnen soll der bilaterale Handel völlig liberalisiert werden, um die Zusammenarbeit mit den EL WTO-sicher zu machen. Die EU hat mit EBA keine großen Konzessionen gemacht. Notwendig für die Entwicklung der EL wären technische und finanzielle Unterstützungen, um die Angebotshemmnisse in EL abzubauen. Dazu müsste die protektionistische Handelspolitik auf beiden Seiten abgebaut werden.

Forscht man nach den Ursachen der geringen Wirksamkeit des APS, so stößt man vor allem auf die folgenden Bereiche, die sich in der Vergangenheit als **Hemmfaktoren** erwiesen haben (Langhammer, 1983, S. 14ff.):

- **Länder- und produktspezifische Quoten und Kontingente**
  Das Präferenzsystem der EU erfasst gerade solche Produkte nicht, oder setzt ihrer Ausfuhr strenge Grenzen, in denen die EL konkurrenzfähig sein könnten. Zudem wurden in der Vergangenheit die Quoten der tatsächlichen Entwicklung der Entwicklungsländerexporte immer nur um einige Jahre verzögert angepasst und sind außerdem rasch ausgeschöpft. Ein weiterer Faktor, der Unsicherheiten und Ungerechtigkeiten Tür und Tor öffnet, war die bürokratische Zuteilung im Windhundverfahren oder in Form der Vorwegverteilung an eingeführte Exporteure nach Vergangenheitsdaten.
- **Strenge Ursprungslandregelungen**
  Hierdurch soll verhindert werden, dass angebotsstarke EL Endstufen des Produktionsprozesses in Länder ausgliedern, deren Quoten aufgrund eines geringeren Angebotsvolumens nicht vollständig ausgeschöpft sind. Sie behindern jedoch die internationale Arbeitsteilung und damit die optimale Allokation von Ressourcen, indem komparative Kostenvorteile nicht ausgenutzt werden können. Die Ursprungslandregelungen sind mit verschiedenen Partnern unterschiedlich definiert. Zugleich findet hierdurch eine Diskriminierung der kleineren und weniger entwickelten Länder statt.
- **Unzureichende Präferenzen**
  Die Höhe der Präferenzen spielt für die Antragstellungen eine Rolle. Es existiert eine Minimumpräferenz, unter der die EL keine Anträge auf APS stellen. Die Kosten der Antragstellung sind dann höher als ihr erwarteter Vorteil. Die EU gewährt sich entwickelnden

---

[84]   Vgl. YU/JENSEN (2005) sowie HINKLE/SCHIFF (2004).

Ländern geringere Präferenzen, gelingt es einem EL durch gute Wirtschaftspolitik Exporterfolge zu erreichen, dann wird es durch die EU deswegen bestraft und bekommt geringere Präferenzen.

- **Fehlende Reziprozität**

Präferenzen, die keine reziproke Öffnung der Märkte der EL beinhalten, können sich dadurch schädigend auf die EL auswirken. Protektionistische Maßnahmen haben stets Ländern geschadet – auch APS-Ländern. Länder, die keine Präferenzen erhielten, senkten ihre Zölle, damit ihre Industrien keinen Wettbewerbsnachteil durch hohe Importzölle erhielten und ihre Wettbewerbsfähigkeit gefährdeten.

- **Unsicherheit der Präferenzvergabe**

Die Zusatzvereinbarungen bringen eine große Unsicherheit für die EL mit sich. Jederzeit können die Präferenzen entzogen werden, wenn das Land bestimmte Vorgaben nicht einhält, z.B. Bekämpfung von Drogen und Kinderarbeit, Arbeitnehmerschutz, Demokratisierung usw.

- **Nicht-tarifäre Handelshemmnisse**

Die EG machte gerade in sensiblen Bereichen den zollfreien Marktzugang vom handelspolitischen Wohlverhalten einzelner EL abhängig. Nur wer mit der EG ein bilaterales Selbstbeschränkungsabkommen abschließt, kommt in den Genuss von Zollpräferenzen. Dies betraf insb. Produkte des Welttextil- und Multifaserabkommens. Die Differenzierungspolitik, die im gewerblichen Sektor 1986 und im Textilsektor 1987-1988 eingeführt wurde, war eine zusätzliche Maßnahme im Rahmen von APS. Diese besagt, dass gleichen Waren aus verschiedenen Ländern nicht die gleichen Präferenzen eingeräumt werden, obwohl die betroffenen Länder in der Liste der förderungswürdigen Länder stehen. Dieses bedeutet eine Abkehr vom Grundsatz der Nichtdiskriminierung! Die Teilnehmer am APS sind der Willkür der Politik ausgesetzt, wodurch entwicklungspolitisch wünschenswerte Präferenzen nicht mehr im Vordergrund stehen.

Zusammenfassend lässt sich festhalten: Quoten, Mengenbeschränkungen, Ursprungslandsregelungen etc. haben den Erfolg des APS der EU geschmälert, so dass keine gravierende Änderung in der Welthandelsstruktur erreicht werden konnte. Eine Handelszunahme durch das APS ergab sich nur für eine kleine Anzahl Staaten und nur in geringem Umfang. Die größten Erfolge konnten die NIC verzeichnen. Durch zahlreiche Studien konnte gezeigt werden, dass das APS handelsschaffend war, dass die Zollsenkungen einen Ressourceneffekt von Gebern zu geförderten Ländern hatten, die Auswirkungen für die Drittländeranbieter aber gering waren. Wo auf Seiten der IL die Ernsthaftigkeit der Marktöffnungspolitik fehlt und wo auf Seiten der EL exportfähige Produkte und Außenhandelsstrukturen fehlen, kann das APS trotz fortschreitender Verbesserungen auch in Zukunft nur in geringem Maße zur Integration der EL in die Weltwirtschaft beitragen.

Die Gründungen von REPAs, wie sie die EU im Abkommen von Cotonou vorsieht, werden negativ beurteilt. Eine empirische Untersuchung für die CARICOM-Staaten zeigt, dass die Wohlfahrtseffekte gering sind. Eine generelle Liberalisierung ist die dominierende Strategie zur Entwicklung der EL. Kritisiert werden insbesondere die Fußangeln, die durch die EU in diesen Verträgen den EL angelegt werden. Der Wettbewerb mit seinen dynamischen Ergebnissen wird bei REPAs geringer sein als bei der generellen Handelsliberalisierung (Greenway/Milner).

Der EU-Rat verabschiedete 2005 neue Regelungen für APS, die für den Zeitraum vom 1.1.2006 bis 31.12.2008 galten. Das neue Regime reduzierte die Präferenzen auf drei Vereinbarungen:

- Alle Länder sind für die generellen Vereinbarungen berechtigt.
- Ein Anreizprogramm für nachhaltige Entwicklung und gute Regierungskunst (GSP+ = APS+) gibt zusätzliche Vorteile den EL, die internationale Standards in Richtung nachhaltige Entwicklung und „good governance" vereinbaren.
- Das dritte Sonderarrangement für arme EL ist die behandelte EBA-Initiative, die diesen EL zoll- und quotenfreien Zugang zum EU-Markt gewährt.[85]

GSP+-Vereinbarungen gelten als Nachfolgeregelungen für die Arrangements, die die Drogenbekämpfung zum Inhalt hatten.[86] Die Vereinbarungen erlauben eine Rücknahme der Präferenzen, wenn das bevorzugte Land die Vereinbarungen verletzt. Auch im Fall eines hohen Imports, der den EU-Markt in Schwierigkeiten bringt, werden der EU Schutzmaßnahmen erlaubt. Die EBA-Vereinbarung soll einer UNCTAD-Studie[87] zufolge den EL einen Wohlfahrtsgewinn von ca. 400 Mio. US$ bringen.

2.2.4   Generalized System of Preferences der USA

Das US-amerikanische Präferenzzollsystem (**Generalized System of Preferences = GSP**) wurde im Jahre 1976 zunächst im Rahmen eines Zehn-Jahres-Planes verabschiedet und dann wiederholt erneuert. Diese Erneuerungen erfolgen in einem 2-jährigen Rhythmus; die letzte Erneuerung wurde vom Kongress bis zum 31. Dezember 2010 festgelegt.[88] Das GSP hat zum Ziel, die Industrialisierung der EL durch verbesserte Exportmöglichkeiten zu fördern. Das System kommt jedoch nicht allen EL zugute, da einzelne Staaten aus politischen Gründen ausgeschlossen werden können. Das amerikanische System unterscheidet bei den Zollpräferenzen nach dem PKE der EL. Außerdem unterlagen nicht alle Importe dem GSP, die USA schlossen Textilien, Kleidung, Schuhe, bestimmte elektronische Produkte, einige Stahlprodukte, Uhren und Glaswaren aus diesem System aus, obgleich die ersten vier genannten Produkte für einige EL von großer Bedeutung sind.[89] Ursprungslandregelungen erfordern 35 % der Wertschöpfung eines Gutes im Exportland. Die zollfreien Importe unter dem GSP-Programm beliefen sich im Jahre 2007 auf 30,8 Mrd. US$, wobei Angola der Hauptnutznießer war, gefolgt von Indien, Thailand und Brasilien.

---

[85] Vgl. WTO: Trade Policy Review 2007 der Europäischen Union.

[86] GSP+-Länder sind: Bolivien, Kolumbien, Costa Rica, Ecuador, Georgien, Guatemala, Honduras, Sri Lanka, Moldawien, Mongolei, Nicaragua, Panama, Peru, El Salvador und Venezuela.

[87] BORA, CERNAT und TURRINI: Duty and Quota-Free Access for LDCs: Further Evidence from CGE Modelling, in: Policy Issues in International Trade and Commodities, Study Series No. 13, UNCTAD, New York/Genf, 2002.

[88] Vgl. WTO: Trade Policy Review 2008, United States, S. 20 und http://www.ustr.gov/trade-topics/trade-development/preference-programs/generalized-system-preference-gsp.

[89] Hierbei handelt es sich um 1510 import-sensible Zolllinien.

Der Präsident der Vereinigten Staaten hat zusätzlich das Recht, einzelnen Staaten den GSP-Status zu verweigern, wenn international anerkannte Rechte von Arbeitern verletzt werden. Beispiele hierfür sind die Unterdrückung von Gewerkschaften oder inakzeptable Arbeitskonditionen. Auch intellektuelle Eigentumsrechte dürfen nicht verletzt werden. So verlor Thailand teilweise seinen GSP-Status, weil der Schutz von intellektuellen Eigentumsrechten nicht ausreichend war. Im Juli 1995 wurden den Malediven der GSP-Status aberkannt, weil das Land die Rechte der Arbeiter nicht beachtete, ähnliches galt für Pakistan. Weitere Einschränkungen ergeben sich für solche Staaten, die aufgrund ihrer Wettbewerbsfähigkeit amerikanische Firmen bedrängen.

Heimische Interessen werden durch wettbewerbsbedingte **Präferenzlimits**, sog. „**competitive need limits**" berücksichtigt. Demnach werden Zollpräferenzen produktweise nur den Staaten gewährt, deren Exportvolumen eine bestimmte Grenze nicht überschreitet, die jährlich neu angepasst wird. Im Jahr 2007 lag diese Grenze bei 130 Mio. US$. Ebenso fällt ein EL aus dem Präferenzsystem für jene Produkte heraus, für die es mehr als 50 % der US-Importe eines bestimmten Produktes stellt. Staaten mit einem höheren PKE unterlagen einem reduzierten wettbewerbsbedingten Präferenzlimit.[90] Der amerikanische Präsident hat die Möglichkeit, eine Ausnahmegenehmigung (Waiver) zu erteilen, so dass diese Produkte weiterhin zollfrei importiert werden können.

Die amerikanische Schutzregelung wirkte auf einige EL in einem hohen Maße exporthemmend, so z.B. auf die Türkei, Brasilien, Indonesien und Thailand. Einige Staaten fielen aus dem Zollpräferenzsystem der Amerikaner heraus, wie z.B. im Jahr 1989 die vier kleinen Tiger (Hongkong, Korea, Singapur und Taiwan). Im Jahre 2006 erhielten Liberia und Osttimor GSP-Status, der der Ukraine im Februar 2006 wieder gewährt wurde.[91] Rumänien und Bulgarien ist dieser GSP-Status durch den Beitritt zur EU aberkannt worden. Die Beschränkung der Vergabe von Zollpräferenzen traf Staaten mit geringerem Importvolumen in die USA stärker als solche mit höheren Volumen.

Eine Analyse von Devault (1996) ergab, dass die Nutznießer wettbewerbsbedingter Präferenzlimits nicht die weiterhin präferierten EL waren, sondern amerikanische Unternehmen, welche mit den von Präferenzen ausgeschlossenen EL konkurrierten. Die Begrenzung betraf dabei nur einen kleinen Teil der Importe der Nutznießerstaaten: ihre Importe sanken um ca. 1 %. Wegen der starken Konzentration der Beschränkungen auf wenige Staaten hat sich diese Regelung für erfolgreiche Exporteure jedoch stark bemerkbar gemacht. Für die zehn führenden von der Beschränkung betroffenen Exportländer ergab sich eine jährliche Abnahme der Exporte von durchschnittlich 25 Mio. US$.

Kritisch sollte nochmals betont werden, dass die aus diesen wettbewerbsbedingten Präferenzlimits entstehende Diskriminierung dem eigentlichen Ziel von Zollpräferenzen widerspricht.

---

[90] Importe werden in einer achtziffrigen Klassifikation nach dem Harmonized Tariff Schedule (HTS) unterteilt. 1994 wiesen die USA Präferenzimporte in Höhe von 18,4 Mrd. US$ aus 150 EL auf. Vgl. hierzu auch DEVAULT (1996).

[91] Vgl. WTO: Trade Policy Review, 2008, United States, S. 20

Die administrative Durchführung der Zollpräferenzen hat daher nicht den erwarteten Erfolg gebracht. Dies liegt an der Diskriminierung solcher Staaten, die in bestimmten Produkten exportfähig werden. IL stellen sich de facto nicht dem internationalen Wettbewerb in den Bereichen, in welchen sie keine komparativen Vorteile haben. Trotz der großen Beachtung, die das GSP erhielt, haben die EL dadurch wenig gewonnen. Die großen Zollsenkungen beispielsweise der Tokio-Runde brachte den EL höhere Exportzunahmen als das GSP jemals in der Lage war zu generieren. Es wäre wohl günstiger, die Präferenzregelungen auslaufen zu lassen und die EL als volle Partner in den Welthandel zu integrieren sowie höhere Zollsenkungen für solche Produkte zu gewähren, die sie vornehmlich exportieren.

Auch die USA haben GSP durch andere nicht-reziproke unilaterale Präferenzen etabliert. Zu nennen wäre AGOA (African Growth and Opportunity Act), CBERA (Caribbean Basin Economic Recovery Act) und ATPA (Andean Trade Preference Act). Unter AGOA gewähren die USA zollfreie Einfuhren von GSP-Produkten und 1835 zusätzlichen Tariflinien von berechtigten Staaten Afrikas südlich der Sahara. Im Jahre 2006 wurden unter AGOA 36,1 Mrd. US$ importiert, wobei die Importe aus Nigeria 72 % und die aus Angola 13 % ausmachten. 95 % der AGOA-Importe bestanden aus Ölprodukten. Der Bekleidungssektor unter AGOA erreichte Importe im Wert von 1,3 Mrd. US$ im Jahre 2006.

Im Dezember 2006 unterzeichnete der damalige amerikanische Präsident George W. Bush den „Africa Investment Incentive Act". Kleidung aus ärmeren EL hat zusätzlich AGOA-Präferenzen. Dieser Akt erweitert zollfreie Einfuhren von Textilien aus AGOA-Staaten, wenn die Vorprodukte ebenfalls aus AGOA-Nutznießern stammten.

CBERA ermöglicht Staaten aus Mittelamerika zollfreie Einfuhren von Textilien und Bekleidung. Im Jahre 2006 wurden unter diesem Programm Waren im Wert von 9,9 Mrd. US$ importiert.

ATPA fördert Exporte aus Bolivien, Kolumbien, Ecuador und Peru. Unter ATPA wurden im Jahre 2006 13,5 Mrd. US$ importiert, wobei Ecuador der größte Importeur war, gefolgt von Kolumbien. Ölprodukte machten 68 % der Importe unter ATPA aus.

Auch die USA haben in verstärktem Maße Freihandelszonen mit EL gebildet und sich im Bereich der Regionalisierung von multilateralen Vereinbarungen abgewendet.

Es stellt sich die Frage, wer Gewinner dieser Präferenzzölle ist. Eine interessante Studie arbeitete heraus, dass die Präferenzen gewährenden Länder einen größeren Vorteil von Zollpräferenzen haben als die Exporteure der EL.[92] Die theoretische Analyse hat gezeigt, dass gewährte Zollpräferenzen zu Preiserhöhungen in den präferierten Exportländern und zu Preissenkungen in den Importländern führen. Der Bekleidungsbereich in den USA hat wegen der starken Konzentration eine hohe Marktmacht; die Konsumentenrente kann durch niedrigere Preiserhöhungen von den IL abgeschöpft werden. Bei vollständiger Konkurrenz müsste die Zolldifferenz für den präferierten Exporteur einen Gewinnaufschlag bedeuten. In der genannten Studie ist der Preis nur um ein Drittel gestiegen, so dass die Zollrente nur zu einem Drittel an die Exporteure und zu zwei Dritteln an die Konsumenten der IL ging.

---

[92]   Vgl. OLARREAGA/ÖZDEN (2005).

AGOA ist insoweit ein Fortschritt, als dass hier auch Bekleidung einbezogen wurde und auf Ursprungsregeln (Rule Of Origin) verzichtet wurde. Sieben Länder, vornehmlich englischsprachige Staaten in geografischer Nähe, haben hauptsächlich von AGOA profitiert. Die gewährten Zollpräferenzen wurden also von den Geberstaaten genutzt und haben die Wohlfahrt ihrer Bevölkerung erhöht. Dies würde einen Hinweis darauf bedeuten, dass allgemeine Zollsenkungen multilateraler Art einen höheren Beitrag zur Steigerung der Wohlfahrt leisten als Präferenzen mit Restriktionen (Ursprungslandregelung).

2.3 Kritik an der gegenwärtigen Handelspolitik der Industriestaaten

In Kapitel 2.2.2 wurde schon auf die zunehmende Protektion der IL gegenüber den Importen aus EL hingewiesen. Dabei wurde beobachtet, dass zunehmend **nicht-tarifäre Handelshemmnisse** aufgebaut werden. Da Zollmaßnahmen kaum noch für die Protektion der einheimischen Wirtschaft genutzt werden können, haben IL sich auf „Anti-Dumping-Maßnahmen" eingestellt, um damit unliebsame Exporteure fernzuhalten. Gerade Schwellenländern, die konkurrenzfähig sind und sich ob des Aufbaues ihrer Industrien stark verschuldet haben, wird eine Penetrierung der Märkte der IL erschwert. IL, die für ihre Exporte die Freihandelsphilosophie vertreten, müssen sie auch gegenüber Importen der EL anwenden. In den sensiblen Bereichen des Agrar- und Textilmarktes, neuerdings auch im Bereich des Stahls, bieten die Politiken der IL kein Vorbild für eine auf ökonomischen Grundsätzen des freien Handels basierende internationale Außenwirtschaftspolitik.

Protektionistische Maßnahmen werden in der Regel nicht zu Anpassungszwecken, sondern aus Gründen der Strukturerhaltung in den IL ergriffen. Die notwendigen strukturellen Änderungen werden jedoch nur hinausgezögert und das Problem verschärft sich im Zeitablauf: schwache, existenzgefährdete Strukturen werden zementiert. Da leistungsfähigere ausländische Konkurrenten nach mehr Effizienz streben, erhöht sich dadurch der Anpassungsdruck auf die geschützten inländischen Unternehmen, die gleichzeitig versäumen, die zur Aufrechterhaltung ihrer Wettbewerbsfähigkeit notwendigen Investitionen zu tätigen (Donges). Hinzu kommt, dass Unternehmen der Exportbranchen in IL aus Angst vor ausländischen Retorsionsmaßnahmen notwendige Investitionen ebenfalls zurückstellen. Außerdem sehen diese Unternehmen sich nun auch neuen Konkurrenten auf den Weltmärkten gegenüber, nämlich den bisher im Inland tätigen und nun zurückgewiesenen ausländischen Produzenten.

Ein weiteres Problem für die Volkswirtschaften der IL stellen die in geschützten Wirtschaftszweigen gebundenen Ressourcen dar. Durch die Bindung in künstlich am Leben erhaltenen Branchen werden diese Ressourcen zukunftsträchtigen und wettbewerbsfähigen heimischen Wirtschaftszweigen vorenthalten. Durch diese Fehlallokation knapper Ressourcen wird einerseits das gesamtwirtschaftliche Wachstum gebremst, während andererseits das Problem der drohenden Arbeitslosigkeit nicht gelöst, sondern verschärft wird. Spannungen am Arbeitsmarkt führen jedoch zu noch größerem Druck auf die Politiker, die Wirtschaft zu schützen, ein Teufelskreislauf beginnt. Schließlich schränken Protektionsmaßnahmen der IL auch die Wachstumschancen der EL ein, so dass insgesamt die Wohlfahrt aller Nationen abnimmt.

Diskriminierende Handelspraktiken sind demnach nicht geeignet, die von vielen geforderte und versprochene Vollbeschäftigungsgarantie in IL zu gewährleisten. Stattdessen bewirken sie durch den Rückgang der Wettbewerbsfähigkeit eine Bedrohung von Arbeitsplätzen sowohl in IL als auch in den EL, also das Gegenteil ihres gesetzten Zieles. Verschärfend kommt hinzu, dass durch die ausbleibenden Investitionen neue Arbeitsplätze nur in unzureichendem Maße geschaffen werden. Die Folge einer solchen verfehlten Wirtschaftspolitik sind jedoch oft verstärkte Forderungen nach Protektion der heimischen Wirtschaft in den IL, wodurch der gesamte Prozess erneut in Gang gesetzt wird.

Notwendig ist eine angebotsorientierte Wirtschaftspolitik, die die Anpassungsfähigkeit und -bereitschaft der Unternehmen erhöht und damit die Wettbewerbsfähigkeit der inländischen Anbieter vergrößert. Protektionistische Eingriffe in die Marktprozesse führen zu Wohlstandsverlusten in EL und IL und erschweren die wirtschaftliche Entwicklung in der Dritten Welt.[93]

2.4   Maßnahmen der Handelsförderung

Nachdem die Maßnahmen zur Erleichterung der Importe aus EL behandelt wurden, richten wir unseren Blick auf Möglichkeiten zur **Förderung der Exportfähigkeit** der EL. Viele EL zeichnen sich nach wie vor durch eine schlechte Exportleistung aus. Da die Exportwirtschaft einen wichtigen Beitrag zur wirtschaftlichen Entwicklung leisten kann und Länder mit hohen Exporterfolgen oftmals den Sprung aus dem Stadium der Unterentwicklung geschafft haben, bieten Entwicklungshilfeinstitutionen oft in Zusammenarbeit mit der Privatwirtschaft handelsfördernde Dienstleistungen an. Man erhofft sich durch die Förderung einzelner Unternehmen eine Stärkung der Privatwirtschaft, erhöhte Devisen- und Steuereinahmen für das EL, Multiplikatorwirkungen hinsichtlich der lokalen und nationalen wirtschaftlichen Entwicklung und eine verstärkte Einbindung der Volkswirtschaft in die Weltwirtschaft.

In der Ministererklärung der WTO von Hongkong von 2005 wurde vereinbart, dass den EL Hilfen zum Handel gegeben werden sollen. Die EU versprach ab dem Jahre 2010 jährlich 2 Mrd. €. Im Jahre 2006 wurde eine Arbeitsgruppe gebildet, die Vorschläge herausarbeiten sollte, um das Konzept „Aid for Trade" operationalisierbar zu machen. Handel zur Hilfe „Aid for Trade" soll armen EL helfen, eine ökonomische Infrastruktur aufzubauen, um exportfähige Produkte zu produzieren, da der Handel als eine Wachstumslokomotive angesehen wird. Den Handel fördernde Institutionen, Wirtschaftspolitiken und Infrastrukturen müssen aufgebaut werden, um bei zunehmender Globalisierung zu bestehen. Auch sollen Privatinvestitionen attrahiert werden.

---

[93] Vgl. LACHMANN (2004b), Kap. 10.2, S. 436ff.

Das Problem der mangelnden Exportfähigkeit liegt zunächst in der Wirtschaftspolitik der EL begründet (Wiemann). So leidet der Exportsektor in vielen EL unter Devisenbewirtschaftungssystemen, staatlich diktierten Niedrigpreisen, der Vernachlässigung der Exportwirtschaft zugunsten einer extensiven Importsubstitutionspolitik u.v.m. Hinzu kommen unklare Zuständigkeiten innerhalb der Verwaltung. So sind in den EL oft mehrere Ministerien für die Handelsförderung zuständig. Exportförderungsorganisationen, Handels-, Landwirtschafts-, Industrie- und Planungsministerien usw. streiten sich um die Zuständigkeit oder verlieren bei dem Versuch der Abstimmung an Effizienz. Probleme der Korruption, lange und zeitaufwendige Entscheidungswege, undurchschaubare und komplizierte Verwaltungsvorschriften sowie Willkür und mangelnde Kooperationsbereitschaft der Beamten sind nach wie vor ernstzunehmende Probleme in EL.

Darüber hinaus sind auch einzelwirtschaftlich bedingte Probleme für die schlechte Exportfähigkeit verantwortlich zu machen. So erreichen viele EL keine internationale Wettbewerbsfähigkeit; ihre Güter und Dienstleistungen sind am Weltmarkt hinsichtlich Qualität, Design, Service etc. nicht konkurrenzfähig. Oft sind die Informationen über die Märkte, Nachfrager, Anbieter, Preise etc. nicht ausreichend oder fehlen ganz. Die Beschaffung von Roh- und Hilfsstoffen ist ein ebenso großes Problem wie die Suche nach geeigneten Zulieferern. Sind Exportgüter vorhanden, so fehlt das Verständnis für die Produktgestaltung und das nötige Marketing, um sie auch absetzen zu können. Zum Teil scheitert der Export aber auch an der fehlenden Finanzierung der Phase zwischen Produktion und Verkauf. Besonders schwerwiegend ist das Personalproblem, sowohl was die Führungskräfte (brain drain), als auch das technische und kaufmännische Personal anbelangt (Kitterer, S. 47–50). Die auf Regierungsebene auftauchenden Probleme der Verwaltung finden sich ebenso auf Betriebsebene wieder. Hinzu kommen eine allgemeine Unsicherheit im Umgang mit den Behörden sowie eine Unwissenheit über Möglichkeiten der Förderung seitens der eigenen Regierung, aber auch seitens bi- und multilateraler Entwicklungshilfeinstitutionen. Prozesspolitische Maßnahmen können demzufolge an mehreren Schwachstellen ansetzen. Dazu gehört die Entwicklung von Exportgütern, der Bereich der Information, Produktion und Finanzierung, des Vertriebes und Managements sowie der Politik.[94]

Auf **internationaler Ebene** wurde die Aufgabe der Handelsförderung 1964 dem **International Trade Center (ITC)** übertragen; sein Sitz ist in Genf. Das ITC übernimmt im Auftrag der WTO und UNCTAD die technische Zusammenarbeit mit den EL und Schwellenländern, insbesondere mit ihren Unternehmen. Ziel ist es, ihr volles Exportpotenzial zu entwickeln und ihre Importaktivitäten zu verbessern, um auf diesem Wege eine nachhaltige Entwicklung zu erreichen. Dabei konzentrieren sich die Aktivitäten des ITC auf sechs Bereiche:

- Produkt- und Marktentwicklung (z.B. Marketing, Messeteilnahmen, Verpackung) mit dem Ziel, international wettbewerbsfähige diversifizierte Produkte zu entwickeln und vermarkten;

---

[94] Vgl. LACHMANN (1989) und KÖNIG/PETERS/ULLRICH (1987).

- Entwicklung handelsunterstützender Dienstleistungen (z.B. Aufbau nationaler Handelsinstitutionen im Ausland, Erstellung juristischer Leitfäden für den Außenhandel) zur Erleichterung des Im- und Exports;
- Handelsinformation (z.B. Training, Seminare, Nachrichtendienste), um eine solide Basis für Unternehmensentscheidungen zu schaffen;
- Entwicklung der Humanressourcen (z.B. Ausbildungsprogramme) mit dem Ziel, die Effizienz des Personals zu erhöhen;
- internationales Management der Beschaffung und Vorratshaltung (z.B. Beratung bezüglich Importreglementierungen, Wartung) für den effizienteren Einsatz der knappen Devisen bei Importen;
- Bedarfsanalyse und Programmentwicklung für Handelsförderung (z.B. Konzeptionierung regionaler Handelsförderungsprogramme) zur besseren Umsetzung der Handelspolitik in handelsfördernde Maßnahmen.

Die technischen Kooperationsangebote des ITC werden auf die jeweilige Situation der Unternehmen direkt zugeschnitten, wobei sowohl staatliche, als auch halbstaatliche Unternehmen, joint ventures und einzelne Privatfirmen unterstützt werden. Das ITC ist die wichtigste Organisation zur Förderung des Handels. Auf der WTP-Ministerkonferenz in Hongkong wurde im Jahre 2005 vereinbart, Handelshilfen zu geben (Aid for Trade = A4T).

„A4T should be considered a vehicle for enabling developing countries, particularly least developed countries (LDCs), to integrate better into the mulilateral rules-based trading system and to use trade more effectively in promoting the overarching objectives of poverty reduction in the context of sustainable development."[95] Das ITC versucht insbesondere Mikrounternehmen und KMUs exportfähig zu machen, um die Früchte der Globalisierung durch stärkere Wettbewerbsfähigkeit gegenüber ausländischen Märkten zu erhöhen.

Auch die UN-Ziele (Millennium Development Goals = MDG) sollen vom ITC berücksichtigt werden. Für das ITC relevant sind Ziel 1 (Poverty Reduction), Ziel 3 (Women's Empowerment), Ziel 7 (Environmental Sustainability) und Ziel 8 (Global Partnership for Development). Durch Exporte sollen Armut bekämpft und die Rolle der Frau verbessert werden. Dabei arbeitet das ITC mit den Mutterorganisationen UNCTAD und WTO zusammen.

Im Jahre 2007 standen dem ITC 60,9 Mio. US\$ zur Verfügung, wobei 32,7 % aus Sonderspenden bilateraler Geber rührten. Im Jahre 2003 standen dem ITC erst 45,8 Mio. US\$ zur Verfügung, wobei das außerordentliche Budget 23 Mio. US\$ betrug. Von den 28,9 Mio. des regulären Budgets im Jahre 2007 wurden 39 % für Afrika und 24 % für Asien und Pazifik ausgegeben.

Auf **EU-Ebene** wurde die Handelsförderung bspw. im Rahmen der Lomé-Abkommen institutionalisiert. Lomé III (Artikel 95-100) und Lomé IV (Artikel 135-138) enthalten Grundsätze zur Förderung des Handels zwischen den AKP-Staaten und der Gemeinschaft und der Exportfähigkeit mit dem Ziel der Integration in den Welthandel.[96] Den AKP-Staaten stehen

---

[95] ITC Annual Report 2007, S. 6.

[96] Vgl. BMZ, Entwicklungspolitik, Materialien Nr. 82, Bonn, o.J.

auf Wunsch ähnliche Dienstleistungen zur Verfügung, wie sie auch das ITC anbietet. Auf der WTO-Ministerkonferenz in Hongkong hat sich die EU im Jahre 2005 verpflichtet, ab dem Jahre 2010 jährlich 2 Mrd. US$ für „Aid for Trade" zur Verfügung zu stellen. Die Hälfte des Geldes stammt von der EU-Kommission, die von den Mitgliedsstaaten um den gleichen Betrag ergänzt wird. Ziel ist es, die Infrastruktur in den EL zu verbessern, so dass die technischen Rahmenbedingungen für den Export gegeben sind. Die Hilfe der IL wurde für die ärmsten EL häufig in Zollzugeständnissen gegeben. Diese EH konnten die EL nicht nutzen, da sie nicht exportfähig waren. Um die Firmen der EL wettbewerbsfähig zu machen, muss die Infrastruktur verbessert werden, zusätzlich benötigen sie Informationen über Absatzmöglichkeiten ihrer Produkte, eine Zwischenfinanzierung, Hilfen beim Aufbau der Qualitätskontrollen für ihre Produkte usw. So wurden von der EU den EL Hilfen gegeben, ihre Produkte auf Exportmessen vorzustellen.

Auch die **Bundesrepublik Deutschland** bot den EL Maßnahmen der Handelsförderung an.[97] Da es sich meist um Leistungen im Bereich der TZ handelt, fallen sie im Wesentlichen in den Kompetenzbereich der GTZ. Das **BK-Programm** der GTZ diente der Anbahnung betrieblicher Kooperation zwischen mittelständischen Unternehmen in Deutschland und KMU in den EL. 1988/89 wurde es zum „Integrierten Beratungsdienst für die (Privat-) Wirtschaft in Partnerländern" (**IBD**) erweitert.[98] Neben der Kooperationsberatung hat der IBD die Aufgabe, durch fachlich spezialisierte Beratung in allen Betriebsbereichen zur Verbesserung der Leistungs- und Wettbewerbsfähigkeit von KMU beizutragen. Ziel des **Programms zur Förderung betrieblicher Ausbildung** ist es, das Ausbildungsangebot zu verbessern. Es beinhaltet die klassische Lehrlingsausbildung ebenso wie betriebliche Kurz- und Stufenausbildungen durch deutsche und einheimische Unternehmen und Ausbildungsstätten.

Ein weiteres Instrument zur Handels- und Messeförderung auf Unternehmensebene war das Programm **PROTRADE**. Es verfolgte einen Sektoransatz und war branchenorientiert. Ziel war es, die Produktions- und Vermarktungsfähigkeit von Unternehmen in den Partnerländern zu verbessern. PROTRADE senkte mit Hilfe seiner Maßnahmen die hohen Eingangsbarrieren des Auslandsmarktes. So vermittelte eine Messeteilnahme einen Eindruck von der notwendigen Qualität, gab Brancheninformationen und ermöglichte langfristige Handelsverbindungen. Branchenexperten halfen oft schon Jahre vor der Messebeteiligung bei der Vorbereitung. Die produktionsbegleitende Beratung beinhaltete die Produktauswahl beim Hersteller, eine produktanpassende Betriebsberatung hinsichtlich Betriebs- und Produktionsablauf, Design- und Produktionsentwicklung, technische Beratung, Verpackung sowie Betriebsrationalisierung. Es wurden Schulungen angeboten, Qualitätskontrollen durchgeführt und Marketingmaßnahmen eruiert. Die Messebeteiligung im In- und Ausland wurde schließlich be-

---

[97] Vgl. „Orientierungsrahmen zur Förderung der privatwirtschaftlichen Entwicklung", Neufassung April 1992, in: BMZ, Sektor- und Sektorübergreifende Konzepte II, Bonn, März 1993, S. 86–92. Diese Art der Handelsförderung ist in der letzten Zeit eingeschränkt worden. Im letzten Journalistenhandbuch und im 12. Entwicklungspolitischen Bericht des BMZ sind im Index die Begriffe „Handelsförderung" und „Aid for Trade" nicht enthalten. Diese wichtigen Hilfsangebote haben an politischem Stellenwert verloren.

[98] Projekte des IBD werden i.d.R. von der GTZ durchgeführt; in Fällen bzw. Ländern, in denen der Aspekt der Förderung von Investitionen bzw. investiver betrieblicher Kooperationen im Vordergrund steht, ist die DEG Durchführungsorganisation des BMZ.

treut und auch finanziell durch Zuschüsse unterstützt. Eine langfristige Betreuung sollte dabei den Erfolg der Handelsförderung sichern und zur nötigen Vertrauensbildung zwischen den betreuten Firmen und ihren Kunden beitragen.

Seit 1983 besteht der **Senior-Experten-Service (SES)**, ein ehrenamtlicher Dienst der deutschen Wirtschaft für internationale Zusammenarbeit. Die gemeinnützige Organisation SES wird durch die SES-Stiftung der Deutschen Wirtschaft für internationale Zusammenarbeit getragen, deren Stifter die Bundesvereinigung der Arbeitgeberverbände (BDA), der Bundesverband der deutschen Industrie (BDI), der Deutscher Industrie- und Handelskammertag (DIHK) und seit 1992 der Zentralverband des Deutschen Handwerks (ZDH) sind. Pensionierte Fachkräfte stellen ihre berufliche Erfahrung schwerpunktmäßig im technischen und wirtschaftlichen Bereich den KMU der Partnerländer zur Verfügung, wobei die Einsätze bis zu sechs Monaten dauern können. Die durchschnittliche Einsatzdauer lag bei zwei Monaten. Dadurch soll zudem die berufliche Aus- und Fortbildung und Qualifizierung von Fach- und Führungskräften vornehmlich im Ausland gefördert werden. Grundsätzlich sollte der Auftraggeber im Partnerland die Kosten des Einsatzes übernehmen; ist er dazu nicht in der Lage, kann ein Teil der Einsatzkosten auch aus Mitteln des BMZ finanziert werden.

Über 6800 Senior-Experten sind beim SES registriert (2007). Von 1983 bis 2004 hat der SES über 14000 Einsätze in 150 Ländern durchgeführt, wobei mehr als die Hälfte aus Mitteln des BMZ bezuschusst wurde.[99] 1435 Einsätze wurden bisher durchgeführt, wobei 890 in EL und 427 in MOE- und NUS-Ländern durchgeführt wurden. Die Teilfinanzierung aus dem BMZ-Haushalt betrug 2004 5,79 Mio. €.

Weitere Aktivitäten der Bundesregierung sind: Garantien des Bundes für Kapitalanlagen im Ausland, Investitionsförderverträge, steuerliche Förderungsmaßnahmen u.v.m. Daneben stehen zahlreiche Maßnahmen privater Organisationen und nicht zuletzt die Angebote anderer IL. Doch inwieweit haben sich die Instrumente der Handelsförderung in der Vergangenheit bewährt und wie sind sie zu bewerten?

Grundsätzlich ist eine Ausweitung des privaten Sektors zu begrüßen, da privatwirtschaftliches Engagement einen entscheidenden Beitrag zum wirtschaftlichen und technischen Fortschritt der EL leisten kann und eine wesentlich größere Effizienz als staatswirtschaftliche Tätigkeit aufweist. Durch Handelsförderung können direkt und indirekt Arbeitsplätze geschaffen werden und sie leistet einen Beitrag zur Erwirtschaftung von Devisen. Auch knapp werdende öffentliche Mittel und die hohe Qualifikation der Privatwirtschaft sprechen für die Stärkung ihres Engagements. Produktqualität und -design, Liefertreue, rasche Anpassungen an Modetrends, Werbung etc. sind entscheidende Faktoren des Exporterfolgs und damit als Ansatzpunkte von Fördermaßnahmen besonders geeignet. Für Exporteure in EL sind zudem die Kenntnis von Vorschriften und Verordnungen (z.B. im Umweltbereich), aber auch von Fördermaßnahmen bi- und multilateraler Entwicklungshilfeinstitutionen entscheidend.

Auch wenn eine Quantifizierung kaum möglich ist, so kann doch festgestellt werden, dass die Ergebnisse in der Realität hinter den Erwartungen zurückblieben. Trotz der Handelsför-

---

[99]   Vgl. BMZ: Medienhandbuch Entwicklungspolitik 2006/2007, S. 92f.

derung im Rahmen von Lomé ist der Anteil der Exporte der AKP-Staaten an allen Importen der EU gesunken. Die Tätigkeit des ITC konnte zwar Handelsmöglichkeiten eröffnen und setzt durch ihren firmenorientierten Ansatz direkt an den Schwachstellen an. Meist werden aber nur solche Firmen gefördert, die schon exportfähig sind. Bei der Auswahl der Firmen müssten zudem mögliche Verkettungseffekte mit anderen Bereichen der Wirtschaft stärkere Beachtung finden.

Ähnliches gilt ebenso für das BK-Programm und PROTRADE. Die Beratung hat sich als erfolgreich erwiesen, wo sie nicht notwendig und als erfolglos, wo sie dringend notwendig war; die Förderung kommt überwiegend bereits exportfähigen Firmen zugute. Auch sind die Interessen der Förderinstitutionen nicht zwangsläufig mit den Zielen der Unternehmen identisch. Das Eigeninteresse der privaten Unternehmen im Rahmen von Joint-Ventures sorgt zwar für einen effizienten Einsatz der verwendeten Mittel, wahrt jedoch nicht unbedingt die Interessen des Partnerlandes, da Profitorientierung – nicht die Bedürfnisse des Landes – im Vordergrund stehen. So werden nicht unbedingt zukunftsträchtige Branchen gefördert, wenn ein deutsches Unternehmen lediglich Lohnkostenvorteile nutzen möchte und in einem Bereich mit geringen backward und forward linkages tätig ist. Auch die soziale Situation der Menschen am Arbeitsplatz (z.B. der Umgang mit giftigen Substanzen bei der Produktion) muss sich nicht unbedingt bessern; diese ist abhängig von der Betriebspolitik des Unternehmens. Zudem besteht die Gefahr des Mitnahmeeffektes. So können Fördermittel z.T. auch dann in Anspruch genommen werden, wenn sie nicht benötigt werden, d.h. wenn das deutsche Unternehmen sein ausländisches Engagement auch ohne fremde Hilfe aufbauen könnte.[100] PROTRADE könnte bspw. durch die Zusammenarbeit mit deutschen Fachverbänden an Effizienz gewinnen.

Generell wird in Bezug auf die Handelsförderung oft kritisch hervorgehoben, dass sie mit einem zu großen bürokratischen Aufwand verbunden ist oder die unternehmerische Entscheidungsfreiheit beschneidet. Haben Handelsförderungsmaßnahmen einen zu kurzen Zeithorizont, so werden sie kaum Erfolge aufweisen, da Unternehmen langfristige Kosten- und Nutzenkalküle vornehmen und an langfristigen Handelsbeziehungen interessiert sind. Ein Problem stellt trotz aller Bemühungen auf diesem Gebiet schließlich die Unkenntnis hinsichtlich der Möglichkeiten von Förderung dar (Kitterer, S. 153–156).

Ordnungspolitisch bedenklich ist eine Handelsförderung insbesondere dann, wenn sie Projekte bzw. Unternehmen künstlich am Leben erhält, den Unternehmen jegliches Risiko abnimmt und damit Unternehmensentscheidungen auf falsche Grundlagen stellt, wenn sie die langfristige, wirtschaftliche, selbständige Überlebensfähigkeit nicht unterstützt, sondern schwächt und durch Subventionen gar schädigend in den Wettbewerb bzw. die Märkte eingreift. Jegliche Form von Hilfe müsste derart gestaltet sein, dass die Unternehmen ihren Unterstützungsbedarf marktgerecht decken können (Kitterer, S. 62–71). Handelsförderung kann also als sinnvolle Komponente entwicklungspolitischer Fördermaßnahmen beurteilt werden, ist in der Praxis aber noch verbesserungsbedürftig. Außerdem kann sie nicht als Kompensation für eine verfehlte Wirtschaftspolitik dienen (Wiemann). Manche EL haben zu

---

[100] Prinzipiell gelten für das Engagement kleiner und mittlerer Unternehmen ähnliche Argumente wie bei der Aktivität von transnationalen Konzernen in EL; siehe LACHMANN (1994) S. 184–189.

Maßnahmen der Handelsförderung gegriffen, um makroökonomische Reformen zu umgehen. Die Förderung des Handels kann das EL jedoch nicht von notwendigen Reformen der Wirtschaftspolitik befreien.

3   Öffentliche Entwicklungshilfe

Im Folgenden werden wir den Bereich der öffentlichen EH umfassend beschreiben. So ist es zunächst wichtig, sich die Ziele der Träger öffentlicher EH vor Augen zu führen, um in Kapitel 9 ein Urteil über die Wirksamkeit des entwicklungspolitischen Engagements fällen zu können. Hierzu ist es notwendig auch auf die „Millennium Development Goals (MDG)", die im Jahre 2000 von den Staats- und Regierungschefs von 189 Ländern beschlossen wurden, einzugehen. Ein Blick auf den theoretischen Hintergrund soll erklären, durch welchen Mechanismus eine finanzielle Unterstützung Entwicklung in den Ländern der Dritten Welt vorantreiben soll. Dabei wird es nötig sein, die öffentliche EH durch die Bestimmung des Entwicklungshilfeelements gegenüber internationalen Finanztransaktionen abzugrenzen. Es folgt eine Darstellung der deutschen öffentlichen EH und ihrer Instrumente. Aufgrund ihrer Bedeutung in der öffentlichen Diskussion werden wir schließlich Entwicklungspartnerschaften in der Wirtschaft erörtern.

3.1   Darstellung der öffentlichen Entwicklungshilfe

Die Finanz- bzw. Kapitalhilfe setzt im Gegensatz zur Handelshilfe direkt an Finanzströmen an. Sie soll das Ausmaß der Nettokapitalimporte in EL vergrößern und durch die Überwindung von Sach- (und Humankapital-)Engpässen die wirtschaftliche Entwicklung beschleunigen. Die Finanzhilfe stellt den größten Teil der EH dar und wird je nach Geber und Höhe des Hilfeelements in weitere Kategorien unterteilt. Als öffentliche EH bzw. **Official Development Aid** (ODA) gelten nach der amtlichen Definition des DAC nur diejenigen direkten oder indirekten Übertragungen der IL an EL, die

- von der öffentlichen Hand stammen,
- die Förderung des wirtschaftlichen Fortschritts und der Wohlfahrt sowie der sozialen Entwicklung der EL zum Ziel haben,
- im Vergleich zu kommerziellen Transaktionen mindestens ein Zuschusselement (grant element) von 25 % aufweisen,
- an EL gemäß der DAC-Länderliste, deren Staatsangehörigen oder an internationale Organisationen zugunsten jener EL vergeben werden.

Nur, wenn alle vier Bedingungen erfüllt sind, können Leistungen als ODA angerechnet werden. Studienplatzkosten und Aufwendungen für Bürger aus ODA-empfandenden EL, Ausgaben für entwicklungsländerspezifische Forschung (Tropenkrankheiten), Aufwendungen für entwicklungspolitische Bewusstseinsbildung sowie allgemeine Verwaltungskosten der Geber sind als ODA anrechenbar.

Diese offizielle Definition schließt somit private Investitionen und Kredite zu Marktkonditionen als EH aus. Gleiches gilt für Militärhilfe, Exportkredite, währungspolitisch bedingte Ankäufe von Wertpapieren internationaler Entwicklungsbanken oder die Platzierung von Anleihen der EL auf den Kapitalmärkten der IL. Diese Anleihen werden allerdings mit der ODA zu den „Nettotransfers" an EL zusammengefasst.

Träger der staatlichen Finanzhilfe und der öffentlichen EH sind staatliche Organisationen. Die Finanzierung erfolgt üblicherweise über das Haushaltsbudget des Geberstaates. Die tatsächliche Durchführung der Maßnahmen erfolgt meist nicht vom Träger der Hilfe selbst, oft werden hierzu private Gesellschaften oder Organisationen, bspw. Consultants, eingeschaltet. Private EH wird hingegen im Wesentlichen durch NGOs getätigt. Sie erreicht meist andere Bevölkerungsgruppen als die staatliche Hilfe – darauf werden wir jedoch in Kap. 7 zurückkommen.

3.1.1   Ziele der öffentlichen Entwicklungshilfe

Die ersten Jahrzehnte der öffentlichen EH waren dominiert von dem primären Ziel des „**Wirtschaftswachstums**" der EL. Im Laufe der Zeit sind jedoch Schwerpunktverlagerungen zu erkennen, die sich aufgrund der engen Verzahnung von entwicklungspolitischen Zielen, Entwicklungsstrategien und entwicklungstheoretischen Erkenntnissen ergaben.[101] Wachstum als Ziel und zugleich Motor der Entwicklung folgte aufgrund entwicklungstheoretischer Überlegungen; Entwicklungsstrategien waren daher auf die Industrialisierung und Modernisierung der Volkswirtschaften der EL gerichtet. Es war zwar bekannt, dass über die Förderung des wirtschaftlichen Wachstums vorerst die Einkommensverteilung ungleicher werden kann, man glaubte aber, dass mittel- bis langfristig die Armen am höheren Einkommen partizipieren würden.

In der Realität blieb der erwartete **trickle-down-effect** aus, die Masse der Bevölkerung konnte nicht bessergestellt werden und die starke Orientierung auf das Ziel Wirtschaftswachstum erwies sich als zu eng. Entwicklungstheoretiker wiesen darauf hin, dass jede wachstumsorientierte Maßnahme verteilungspolitische Konsequenzen habe und umgekehrt. Daher lautete die neue Zielrichtung „**Wachstum und Umverteilung**", wobei man glaubte, mit einer Maßnahme beide Ziele erreichen zu können. Die Entwicklungspolitik der 70er Jahre war denn auch geprägt von der Suche nach Strategien, die direkt bei den Armen ansetzten. Dazu gehörte bspw. die Strategie der Grundbedürfnisorientierung in den späten 70er und frühen 80er Jahren.

Als größte und bedeutendste entwicklungspolitische Institution hat die Weltbank seit jeher eine programmatische Vorreiterrolle in der wissenschaftlichen Diskussion inne. Daher spiegeln sich alle Veränderungen in der Theorie und Praxis der Entwicklungspolitik in ihrer

---

[101] Für eine ausführliche Darstellung der Entwicklungsstrategien siehe LACHMANN (2004a), Kap. 9, S. 247-275.

Tätigkeit wieder. So ist es nicht überraschend, wenn eine erneute Schwerpunktverlagerung in einer Veröffentlichung der Weltbank konstatiert wird. Die Weltbank schreibt in ihrem wegweisenden Weltentwicklungsbericht 1990 mit dem Titel „Die Armut": „Keine Aufgabe sollte für die politischen Entscheidungsträger der Welt eine höhere Priorität haben als die Verringerung der weltweiten Armut. [...] Die Eindämmung der Zahl der Armen in Afrika und deren Verringerung in anderen Teilen der Welt um fast 400 Millionen (verglichen mit 1985) wäre ein beträchtlicher Erfolg. Es ist ein ehrgeiziges Ziel – aber eins, das zum Ende des Jahrhunderts erreicht werden kann."[102] Hiermit ernannte sie die **„Armutsbekämpfung"**[103] zum obersten Ziel ihrer Bemühungen.

Als angemessene Entwicklungsstrategie hatte sich in den letzten Jahren eine Strategie mit zwei gleichgewichtigen Elementen als erfolgreich erwiesen. Diese Doppelstrategie sollte nach Ansicht der Bank die 90er Jahre prägen: „Das erste Element ist die Förderung der produktiven Nutzung eines Aktivums, mit dem die Armen am reichlichsten ausgestattet sind, nämlich ihrer Arbeitskraft. Es verlangt nach Maßnahmen, welche die Marktanreize, die sozialen und politischen Institutionen, die Infrastruktur und die Technik auf dieses Ziel hin ausrichten. Das zweite Element dieser Strategie ist die Bereitstellung grundlegender sozialer Leistungen für die Armen. Die Grundversorgung in den Bereichen Gesundheit, Familienplanung, Ernährung und Grundschulbildung sind besonders wichtig."[104]

Beide Elemente verstärken sich gegenseitig und können – wie in der Vergangenheit zu beobachten war – zu schnellen und nachhaltigen Fortschritten in der Armutsbekämpfung führen, wenn sie tatsächlich umgesetzt werden. Da die Weltbank und auch andere Entwicklungshilfeorganisationen nach dem Ende des Kalten Krieges dazu übergegangen sind, EH stärker an die eigenen Anstrengungen der EL zu binden (Konditionalität), sollten diejenigen Länder Hauptempfänger der EH sein, die sich dieser Strategie verpflichtet haben, da hier die Auslandshilfe am ehesten Erfolge erwarten lässt. EH kann nach Meinung der Weltbank nur dort wirklich wirken, wo sie durch eine solide Entwicklungsstrategie ergänzt wird. Ist dies nicht der Fall, so dürfen die Menschen jedoch dennoch nicht vergessen werden. Es bedarf also einer angemessenen Reaktion der Geber auf die jeweiligen gesellschaftlichen Verhältnisse.

Generell befindet sich der weltwirtschaftliche Rahmen und auch der Umfang und die Komplexität der Entwicklungsaufgaben seit langem in einem starken Veränderungsprozess, auf den die Geber flexibel reagieren müssen. So erläuterte der damalige Präsident der Weltbank, Lewis Preston, anlässlich der Jahresversammlungen der Bretton Woods-Institutionen im

---

[102] WELTBANK, Weltentwicklungsbericht 1990, Washington, D.C., 1990, S. 7.

[103] In dieser Arbeit wird unter die Ziele „Umverteilung" und „Armutsbekämpfung" die Überwindung von Hunger, mangelnder Erziehung, fehlendem Grundbesitz sowie akuten Gefährdungen durch Krankheiten u.v.m. subsumiert, denn: „Probleme dieser Art bilden den Kern der Armut.", WELTBANK, Weltentwicklungsbericht 1990 – Die Armut, a.a.O., S. 29. Die Probleme, auf deren Überwindung die Ziele „gerechte Verteilung" und „Armutsbekämpfung" gerichtet sind, gleichen einander. Beide Ziele versucht man mit sozialpolitischen Maßnahmen zu erreichen. Deshalb werden die beiden Ziele „Umverteilung" und „Armutsbekämpfung" im Folgenden **synonym** verwendet.

[104] WELTBANK, Weltentwicklungsbericht 1990, a.a.O., S. 3.

Oktober 1994 die folgenden sechs Leitprinzipien der Tätigkeit der Weltbank: ein selektiveres Vorgehen in ihren Aktivitäten (d.h., dass unter den internationalen Organisationen eine vernünftigere Aufgabenteilung erforderlich ist); eine intensivere Zusammenarbeit mit allen Partnern; die besondere Beachtung der Bedürfnisse der Mitgliedsländer; eine stärkere Ergebnisorientierung bzw. Erfolgskontrolle; höhere Wirtschaftlichkeit und ein starkes Bekenntnis zu finanzieller Solidarität.[105]

Aufgrund des unbefriedigenden Erfolges der bislang verfolgten Entwicklungsstrategien und eines erwachenden Bewusstseins für das Problem der Umweltschädigung durch eine Strategie der Entwicklung um jeden Preis bekam die Suche nach neuen Ansätzen neuen Schwung. **„Sustainable Development"** oder nachhaltige Entwicklung lautete das neue Schlagwort. Durch Nachhaltigkeit der wirtschaftlichen Entwicklung sollte gewährleistet werden, den Bedarf heutiger Generationen zu decken, ohne den Bedarf künftiger Generationen zu gefährden. Diese Strategie kommt vor allem in der Zielsetzung des DAC zum Ausdruck. Der DAC sieht sein Ziel als Ausschuss für EH der OECD darin, „den Gesamtbetrag der Leistungen an die EL zu steigern und den Nutzeffekt der geleisteten Hilfe zu erhöhen."[106] EH soll den Ländern und Gesellschaften bei der Stärkung ihrer wirtschaftlichen, menschlichen, sozialen und institutionellen Kapazitäten helfen, um so das Ziel einer sich selbst tragenden Entwicklung zu erreichen.[107]

Der DAC bemüht sich um effektives Management der EH. Das Management der Geber soll in Bereichen der Strategie, der Durchführung der EH und der Evaluierung und Überprüfung verbessert werden. So wird im Bereich der Strategie angestrebt, dass eine klare Zielausrichtung der EH erforderlich ist, wobei die langfristigen EH-Ziele nicht durch kurzfristige Stresssituationen in Gefahr geraten dürfen. EH muss so ausgerichtet sein, dass die Auswirkungen auf EL analysiert werden. Die EH muss auch der Öffentlichkeit dargestellt werden, wobei auf eine Kohärenz wirtschaftspolitischer Maßnahmen Wert gelegt werden soll. Im Bereich des „Organisational Management" müssen effektive Hierarchien festgelegt werden (Development Leadership), in der bilateralen Hilfe müssen die politischen Zuständigkeiten geklärt werden und die Kohärenz der verschiedenen Ministerien, die für bestimmte Aspekte der EH zuständig sind, verbessert werden. In dem Zusammenhang wird eine stärkere Dezentralisierung der Verantwortung angestrebt, wobei eine wirksame Einbindung und Entscheidungsbefugnis bei den Feldverantwortlichen liegen soll. Die **Effektivität der EH** soll gesteigert werden durch eine Erhöhung der EH pro Kopf der Beschäftigten in der EH sowie eine Kon-

---

[105]   Vgl. WELTBANK, Jahresbericht 1997, Washington, D.C., 1997, auszugsweise wiederabgedruckt in: HIZ, Dez. 1997, III A 11 20, S. 1 und WELTBANK, Jahresbericht 1995, Washington, D.C., 1995, S. 10.

[106]   OECD, DAC-Bericht 1996, Paris, 1997, S. ii. Mitglieder des DAC sind Australien, Kanada, Belgien, Österreich, Dänemark, Finnland, Frankreich, Deutschland, Griechenland, Irland, Italien, Japan, Luxemburg, Niederlande, Neuseeland, Norwegen, Portugal, Spanien, Schweden, Schweiz, Vereinigtes Königreich, Vereinigte Staaten und die Kommission der EU.

[107]   Vgl. OECD, DAC-Report 1996, a.a.O., S. 29.

zentration der EH auf weniger Länder und weniger Sektoren. Notwendig ist eine hochquali-fizierte und hochmotivierte EH mit Verbesserung der Evaluierung der EH.[108]

Die Entwicklungspolitik der 90er Jahre und der ersten Dekade des 3. Jahrtausends unter-scheidet sich erheblich von der vorangegangener Jahrzehnte.[109] Man erkannte in zunehmen-dem Maße die Bedeutung der Wirtschaftsordnung und -politik für den Entwicklungsprozess und plädierte für eine marktwirtschaftliche Orientierung. Überbürokratisierung, Vetternwirt-schaft, Korruption, Militärregime, hohe Rüstungsbudgets, fehlende Rechtssicherheit und -staatlichkeit, die Unterdrückung von Meinungsfreiheit und Privatinitiative, ineffiziente und unrentable Staatsbetriebe usw. wurden als entwicklungshemmende interne Faktoren er-kannt.[110]

Ab Mitte der 80er Jahre versuchten Weltbank und IMF daher im Rahmen von „**strukturel-len Anpassungsprogrammen**" (SAP) die Finanzsituation der EL zu verbessern und ihre Schulden abzubauen. Da diese Reformmaßnahmen eher kurzfristiger Natur und auch nur auf einen begrenzten Ausschnitt der Staatstätigkeit beschränkt waren, blieb ihr Beitrag zur struk-turellen Reform der wirtschaftlichen und politischen Systeme bescheiden. Die starke Vernet-zung aller Bereiche staatlichen Handelns erforderte stärker politisch orientierte Reformansät-ze.

Bei der Weltbank, die sich satzungsgemäß nicht in die Politik ihrer Mitgliedsstaaten einmi-schen darf, kam schließlich der Begriff **„good governance"** auf, der die EL vorsichtig in Richtung Marktwirtschaft stoßen sollte. Die Regierungen sollten sich fortan stärker eigen-verantwortlich für die Entwicklung ihrer Länder fühlen. Als die vier wichtigsten Felder für Reformaktivitäten nannte die Weltbank: Reform der öffentlichen Haushalte, Verantwortlich-keit der Staatsbediensteten gegenüber der Öffentlichkeit, Rechtssicherheit, die wirtschaftli-ches Handeln kalkulierbar macht, und Transparenz von Entscheidungen sowie Zugänglich-keit von Informationen als Grundlage für gesellschaftliches Handeln.

Auch die Vereinten Nationen haben sich ab den 60er-Jahren verstärkt entwicklungspolitisch profiliert. Auf Initiative von Präsident Kennedy auf der Generalversammlung der UN im Dezember 1961 wurde die **Erste Entwicklungsdekade** (1961–1970) ausgerufen, die das wirtschaftliche Wachstum der EL durch eine Modernisierung ihrer Wirtschaftsstrukturen ankurbeln wollte. Die **Zweite Entwicklungsdekade** (1971–1980) ist die Dekade der Grund-bedürfnisstrategie, in welcher der Kampf gegen die Armut vorangetrieben werden sollte. Hierbei wurden von der UNO eine „Erklärung über die Errichtung einer neuen Weltwirt-schaftsordnung" sowie die „UN-Charta über die wirtschaftlichen Rechte und Pflichten der Staaten" im Jahre 1974 verabschiedet, die dependenztheoretische Politikansätze zur Grund-lage hatten.

---

[108] Die OECD bemüht sich darum, weitere Länder als Geberländer zu gewinnen. Bei dem Ministerratstreffen 2007 wurden Chile, Estland, Israel, Russland und Slowenien eingeladen, um über eine Mitgliedschaft im DAC zu verhandeln; ein erweitertes Engagement mit möglicher Mitgliedschaft wurde ebenfalls Brasilien, China, Indien, Indonesien und Südafrika angetragen.

[109] Die folgenden Ausführungen stützen sich auf THIEL (1996).

[110] Vgl. LACHMANN (2004a), Kap. 3 und 6.

Da sich die weltwirtschaftlichen Rahmenbedingungen gegen Ende der 70er-Jahre ver-
schlechterten, ist in der **Dritten Entwicklungsdekade** (1981–1990) versucht worden, der
allgemeinen Wirtschaftskrise in EL zu begegnen. Man spricht von einem „verlorenen Jahrzehnt" der EH, da diese Dekade mit der hohen Verschuldung der EL endete. Antwort waren
die genannten Strukturanpassungsprogramme, die wegen fehlender konsequenter Implementierung erfolglos blieben (Easterly, 2006, Kap. 4).

Die UN verabschiedete am 21.12.1990 die „Internationale Entwicklungsstrategie für die
Vierte Entwicklungsdekade", worin neben wirtschaftlichen und sozialen Zielen erstmals
auch politische Zielsetzungen formuliert wurden. Dazu gehören: stärkere Mitwirkung aller
Menschen am wirtschaftlichen und politischen Leben, der Schutz kultureller Identitäten, die
Achtung der Menschenrechte und ein System der Rechtspflege, das allen Bürgern Schutz
gewährt. Der politische Leitbegriff der Vierten Entwicklungsdekade war der Begriff einer
„nachhaltigen Entwicklung", der aus dem **Brundtland-Bericht**[111] übernommen wurde.[112]

Eine internationale Konferenz mit Vertretern des DAC, IMF, UNDP und der Weltbank er-
klärte schließlich kurz danach „participatory development, including democratisation,
respect of human rights and good governance" zu den leitenden Prinzipien der künftigen EZ
und bezeichnete sie als „basic conditions for broad-based sustainable economic and social
development"[113]. Die Weltbank veröffentlichte ihre neuen Leitlinien 1992 in dem Papier
„Governance and Development", die OECD 1993 in den „DAC Orientations on Participatory
Development and Good Governance".[114]

Die **Fünfte Entwicklungsdekade** (2001–2010) ist durch die Terroranschläge in den USA
(11. September 2001) geprägt. Sicherheitspolitische Komponenten stehen im Vordergrund.
Die globale menschliche Sicherheit ist durch den Terrorismus gefährdet, obgleich keine
direkte Verbindung von Armut und Terrorismus nachgewiesen werden kann. Eine Lösung
des Armutsproblems wird die Attraktivität des Terrorismus bremsen. Die neue Entwicklungsdekade steht auch im Zeichen stärkerer Globalisierung, wobei insbesondere die Expansion Chinas und Indiens an Bedeutung gewinnt, so dass es Kräfteverschiebungen von der
alten Triade (USA, Europa, Japan) in Richtung Asien geben wird.[115]

Nach dem Zerfall der Sowjetunion und dem Ende des Ost-West-Konflikts ergaben sich neue
Spielräume der internationalen Ordnung, wodurch auch die Entwicklungshilfebemühungen
betroffen waren. Insbesondere sind seit den 1990er-Jahren in hohem Maße Weltkonferenzen
der UN durchgeführt worden. Alleine im Jahre 1990 fanden vier Weltkonferenzen statt,
wobei in Paris eine Weltkonferenz über die am wenigsten entwickelten Länder abgehalten

---

[111] Zum Brundtland- Bericht wird auf Kapitel 8.4, S. 242 verwiesen.

[112] Jedoch bezog sich der Nachhaltigkeitsbegriff nicht nur auf den ökologischen Bereich.

[113] Zitiert nach THIEL (1996), S. 27.

[114] 1992 erschien ebenfalls der sog. Wapenhans Report, eine sehr selbstkritische Studie der Weltbank, die die
Beachtung der genannten Prinzipien zum Thema hat: IBRD, Effective Implementation: Key to Development
Impact, Report of the World Bank's Portfolio Task Management Force, Washington, D.C., 1992.

[115] Vgl. DAC-Development Co-operation Report 2009, Kap. 1: Globalisation: A Shifting Context for Development
Policy.

wurde. Da der in den 80er-Jahren gültige „**Washington-Consensus**" mit den Stabilisierungs-
und Strukturanpassungsprogrammen soziale Probleme aufwies, begann in den 90er-Jahren
der Versuch, „Anpassungsprogramme mit menschlichem Antlitz" durchzuführen. Seit 1990
gibt das UNDP einen Human Development Report (Bericht über die menschliche Entwicklung) heraus, der als Ergänzung zum Weltentwicklungsbericht (World Development Report)
der Weltbank verstanden werden muss. 1995 erfolgte der Weltsozialgipfel in Kopenhagen,
dessen 10-Punkte-Erklärung zur sozialen Entwicklung die Grundlage für die fünf Jahre später verabschiedeten MDGs bildet. Die dichte Abfolge der Weltgipfel mit ihren Beschlüssen
gab entwicklungspolitischen Problemen einen beträchtlichen politischen Rang. Dadurch war
es möglich, in wichtigen entwicklungspolitischen Fragen ein hohes Maß an Übereinstimmung zu erzielen, die demzufolge die Verabschiedung der „Millennium Declaration" ermöglichte.[116] 1996 verabschiedete das DAC die Resolution „Shaping the 21st Century: the
Contribution of Development Cooperation", die Ziele vorangegangener Weltkonferenzen
aufgriff und sich für eine globale Entwicklungspartnerschaft einsetzte. So genannte „International Development Goals" sollten von jedem Einzelland verfolgt werden, wobei die IL den
EL dabei Unterstützung zusagten.

Im September 2000 fand dann der Millenniumsgipfel statt, auf dem die „Millennium
Declaration" verabschiedet wurde. Von den acht Kapiteln sind es die Kapitel drei und vier,
die die „International Development Goals" der OECD/DAC-Resolution von 1996 wieder
aufgriffen. Kapitel drei beschäftigte sich mit der Entwicklung und Armutsbekämpfung und
Kapitel vier mit dem Schutz der gemeinsamen Umwelt. Die MDGs wurden in acht Ziele
unterteilt, die wiederum aus Unterzielen bestehen, wobei zu den Unterzielen unterschiedliche
Indikatoren vereinbart wurden. Der Kürze halber sollen nur die acht Ziele genannt werden:

- Einkommensarmut und Hunger bekämpfen
  Hierbei soll bis zum Jahre 2015 die Anzahl der Menschen halbiert werden, deren Ein-
  kommen weniger als 1 US$ pro Tag beträgt. Als zweites Unterziel wird genannt, im glei-
  chen Zeitraum den Anteil der Menschen zu halbieren, die Hunger leiden.
- Verwirklichung der allgemeinen Primarschulbildung
  Bis zum Jahre 2015 soll sichergestellt werden, dass alle Kinder weltweit vollständig eine
  Primarschule abschließen können.
- Förderung der Gleichstellung der Geschlechter und Stärkung der Rolle der Frauen
  Das Geschlechtergefälle soll möglichst bis 2005 im Primar- und Sekundarschulbereich
  und bis zum Jahre 2015 auf allen Bildungsebenen beseitigt werden.
- Senkung der Kindersterblichkeit
  Zwischen 1990 und 2015 soll die Sterblichkeitsrate von Kindern unter 5 Jahren um zwei
  Drittel gesenkt werden.

---

[116] Vgl. hierzu LOEWE (2005). In vier Jahren folgten fünf Megakonferenzen (die „Big Five" genannt): Erdgipfel
(auch Weltumweltgipfel genannt) 1992 in Rio de Janeiro, Menschenrechtskonferenz 1993 in Wien, Bevölke-
rungskonferenz 1994 in Kairo und die Weltfrauenkonferenz 1995 in Peking sowie der Weltsozialgipfel 1995 in
Kopenhagen. Schon der Weltumweltgipfel in Rio (1992) verabschiedete eine Agenda 21, die als globales Aktionsprogramm für Entwicklung und Umwelt maßgeblich für die Diskussion einer nachhaltigen Entwicklung
wurde und damit mit dem Weltsozialgipfel (1995) einen Meilenstein in der Geschichte internationaler Konferenzen bildete.

- Verbesserung der Gesundheit von Müttern
  Zwischen 1990 und 2015 soll die Müttersterblichkeitsrate um drei Viertel gesenkt werden.
- Bekämpfung von HIV/Aids, Malaria und anderen Krankheiten
  Bis 2015 soll die Ausbreitung von HIV/Aids zum Stillstand gebracht werden. Dasselbe soll auch für die Ausbreitung von Malaria und Tuberkulose gelten.
- Sicherung der ökologischen Nachhaltigkeit
  Der Verlust von Umweltressourcen soll umgekehrt werden. Außerdem soll der Anteil der Menschen, die keinen Zugang zu sauberem Trinkwasser haben, bis 2015 halbiert werden. Als weiteres Unterziel wurde festgelegt, die Lebensbedingungen von mindestens 100 Mio. Slum-Bewohnern bis zum Jahre 2020 zu verbessern.
- Aufbau einer globalen Entwicklungspartnerschaft
  Hier gibt es mehrere Unterziele. EL verpflichten sich zu guter Regierungsführung und zur Armutsbekämpfung. Zoll- und quotenfreier Marktzugang für Exporte der am wenigsten entwickelten EL sowie Schuldenerleichterungen für hochverschuldete EL (HIPC) soll gewährleistet werden. Dabei ist den besonderen Bedürfnissen von Binnen- und kleinen Inselländern Rechnung zu tragen. In den EL sollen Strategien für menschenwürdige und produktive Arbeit für junge Menschen erarbeitet und durchgesetzt sowie die Zusammenarbeit mit Pharmaunternehmen gefördert werden, um unentbehrliche Arzneimittel den EL verfügbar zu machen. Auch die Zusammenarbeit mit dem Privatsektor soll gefördert werden, so dass insbesondere Informations- und Kommunikationstechnologien besser genutzt werden können.

Diese MDGs wurden 2002 auf der „International Conference on Financing for Development" in Monterrey (Mexiko) und auf dem „World Summit on Sustainable Development" in Johannesburg (2002) bestätigt, wobei dort die MDGs um zwei Unterziele zur nachhaltigen Entwicklung ergänzt wurden.

Im September 2005 fand das Millennium+5 bzw. World Summit in New York statt, in welchem die MDGs wiederum bestätigt wurden. Allerdings führte der Irak-Krieg zu unterschiedlichen Zielvorstellungen von EL und den USA. EL litten unter Armut, Hunger und dem Schuldenproblem, die USA sorgten sich um den internationalen Terrorismus und die Verbreitung von Massenvernichtungswaffen. Demzufolge wurden auf dem Millennium+5-Gipfel zusätzlich Fragen des Friedens und der kollektiven Sicherheit sowie der Menschenrechte und der Demokratie behandelt. Über die Umsetzung der MDGs wurde kaum verhandelt.

Die MDGs sind nicht nur globale, sondern auch national geltende Ziele, die von jedem EL bis 2015 erreicht werden sollen. In wechselseitiger Partnerschaft wird die Verantwortung der EL für gute Regierungsführung, Einhaltung der Menschenrechte, Partizipation und Rechtssicherheit sowie entwicklungsfreundliche Rahmenbedingungen für die Wirtschaft unterstrichen.

Welche Bedeutung hat die „Millennium Declaration"? Sie hat einen neuen Entwicklungskonsensus hergestellt. Die Bretton Woods-Institutionen (IWF und Weltbank) und UNDP haben einen neuen Entwicklungskonsens (Post-Washington-Konsensus) entwickelt, der durch die MDGs beschrieben wird. Die schon länger zu beobachtende Tendenz, statt Wachstumsfokussierung die menschliche Entwicklung zu betonen und von einem umfassenderen Armutsbegriff auszugehen, wurde hiermit bestätigt. Es gilt zwar weiterhin die marktwirtschaftliche Wettbewerbsordnung als Ziel, aber Voraussetzungen sind Armutsbekämpfung und Chancengleichheit, die nur über gezielte Interventionen des Staats erreicht werden können.

Zu nennen wäre die stärkere Ergebnisorientierung der EH und das Kohärenzgebot sowie die Betonung der globalen Entwicklungspartnerschaft. Im Verlauf der internationalen Konferenzen ist auch die Bedeutung der Zivilgesellschaft als Akteur im Entwicklungsprozess gestärkt worden. Viele NGOs wurden ab den 1990er-Jahren zu internationalen Konferenzen (öfter lediglich als Beobachter) eingeladen.

Die MDGs können in Verbindung gebracht werden mit den „Capabilities" von Amartya Sen, der bekanntlich die Economic Capabilties, Human Capabilites, Political, Social and Protective Capabilites unterstrich. Kritisch ist anzumerken, dass der Entwicklungsbegriff verengt wurde, dass man meint, durch eine Erhöhung der ODA Entwicklung zu erreichen, dass eine Inputoptimierung vorgenommen wird und dass verstärkt berechnet wird wie hoch ODA zu sein hat, um die MDGs bis 2015 zu erreichen. Die Qualität der EH, die auch schwierig zu messen ist, wird zu stark vernachlässigt. Die Multikausalitäten müssten stärker berücksichtigt werden. Außerdem besteht die Gefahr, dass unrealistische Erwartungen geweckt werden, da kaum damit zu rechnen ist, dass die Ziele bis zum Jahre 2015 wirklich erreicht werden können. Erfreulich ist die Betonung der Ergebnisorientierung und Terminsetzung, so dass ein internationaler Druck entsteht, die MDGs auch zu erreichen.

Zur Überwachung des Entwicklungsprozesses werden seit dem Millennium+5-Gipfel 2005 folgende Instrumente eingeführt:

- jährlicher Bericht des UNO-Generalsekretärs über die Umsetzung der MDGs
- Einsetzung einer Organisationseinheit, um bei den Akteuren der EH das Bewusstsein für die MDGs zu schaffen (Millennium Campaign)
- Einsetzung einer Arbeitsgruppe, die den EL bei der Umsetzung der MDGs hilft (Millennium Project).

Die einzelnen Länder erstellen einzelne MDG-Berichte, wobei das Bewusstsein geschärft wird, dass die staatliche Politik die MDG auch politisch erreichen will und Lösungen zur Überwindung der Diskrepanzen erarbeitet werden.

Eine Erhöhung der ODA würde die Armut in EL jedoch kaum reduzieren. Auch die Verbesserung der Effektivität (Ziel der Weltbank) wird nicht leicht möglich sein, solange Staaten mit schlechter Wirtschaftspolitik EH erhalten. Internationale Geber unterstützen oft kritische Frontstaaten, um den Terrorismus zu bekämpfen, wobei wiederum nicht auf gute Wirtschaftspolitik geachtet wird.

Zur Armutsbekämpfung müssen neue Technologien für die Bereiche Bildung, Gesundheit, Informationsverarbeitung und öffentliches Management entwickelt werden. Die Forschung in diesen Bereichen sollte durch die EH finanziert werden. Wenn beispielsweise der Pharmaindustrie Mittel zur Verfügung gestellt werden, um Medikamente gegen tropische Krankheiten zu entwickeln, dann können diese Mittel über die Weltbank allen Ländern zur Verfügung gestellt werden, was ärmeren EL und ihrer Bevölkerung stärker hilft als eigene Landesprojekte.[117]

Im März 2005 wurde die **„Paris Declaration on Aid Effectiveness"** verabschiedet. Hierdurch soll die Hilfe effektiver gemacht werden, um die MDGs zu erreichen. Die Pariser Erklärung definiert fünf Dimensionen der EH, nämlich „Ownership, Alignment, Harmonization, Managing for Results und Mutual Accountability". Hierzu wurden zwölf Indikatoren entwickelt, die bis zum Jahre 2010 von den Akteuren der EH erreicht werden sollen (Vatterodt). Beim „Alignment" sollen die Entwicklungsbemühungen der einzelnen Partner gebündelt werden, wobei eine stärkere Harmonisierung angestrebt wird. Viele Geberländer gingen dazu über durch sog. **„Positivmaßnahmen"** den EL zu helfen, den zur Bedingung gemachten Zustand zu erreichen.

3.1.2   Theoretischer Hintergrund, Zwei-Lücken-Modell

Die Notwendigkeit von EH in Form von Finanz- oder Kapitalhilfe wurde anfänglich mit einem einfachen Modellentwurf dargelegt.[118] Das Modell entspricht den Planungsmodellen der 1960er-Jahre und beginnt mit der makroökonomischen Identität: Die gesamtwirtschaftliche Nachfrage (Konsum, Investition und Außenbeitrag) entspricht dem Angebot (Volkseinkommen):

$$Y = (C + I) + (X - M),$$

Y	Volkseinkommen
C	aggregierter Konsum
I	aggregierte Investitionen
X	Exporte
M	Importe

Addiert man auf beiden Seiten der Gleichung M, so erhält man auf der linken Seite die Ressourcen, die in der Ökonomie genutzt werden, und auf der rechten Seite die dazugehörige Nachfrage:

$$Y + M = C + I + X.$$

Subtrahieren wir von beiden Seiten der Gleichung den Konsum (C), definieren die Ersparnisse (S) als Differenz zwischen Einkommen und Konsum (Y – C) und formen die Gleichung etwas um, so erhalten wir das bekannte Zwei-Lücken-Modell (Two-Gaps-Model).

$$(M - X) = (I - S).$$

---

[117] Vgl. hierzu LANGHAMMER (2004).

[118] Vgl. dazu den wohl bekanntesten Aufsatz von CHENERY/STROUT (1966) sowie McKINNON (1964). Kitiken finden sich in FEI/RANIS (1968) sowie in BRUTON (1969).

Die linke Seite lässt sich als Devisenlücke und die rechte Seite als heimische Ersparnislücke erklären: Eine Volkswirtschaft benötigt Devisen, um die für Produktion und Konsum notwendigen Rohstoffe, Halbfertigwaren, Energie sowie Konsumgüter zu importieren. Die **Devisenlücke** entsteht dadurch, dass die Exporte nicht ausreichen, die für die heimische Produktion bzw. geplante Investition notwendigen Importe zu finanzieren. Dadurch wird das Wachstum eines Landes gehemmt. Auch die **Ersparnislücke** ist als Entwicklungshemmnis zu deuten. Sie entsteht dadurch, dass die einheimischen Ersparnisse nicht ausreichen, um die notwendigen Investitionen durchzuführen.

Die Devisenlücke lässt sich schließen, indem unwesentliche Importe gesenkt und Exporte gefördert werden. Die Ersparnislücke lässt sich ausgleichen, indem der Staat Anreize zum Sparen setzt oder/und die Notwendigkeit für Investitionen gesenkt wird. Dies kann durch eine Erhöhung der Effizienz der durchgeführten Investitionen, d.h. durch eine Reduzierung des Kapitalkoeffizienten geschehen. Da ein Ausgleich der beiden Lücken in EL aus eigener Kraft unwahrscheinlich ist, ergibt sich die Notwendigkeit ausländischer Kapitalimporte, die zu der Forderung an reiche IL führte, Finanzhilfe zu leisten.

Definieren wir **(M-X)** als ausländische Ersparnisse **(F)** erhalten wir

$$I = S + F$$

Heimische Investitionen müssen, reicht die heimische Ersparnis nicht aus, durch Ersparnisse des Auslandes (EH) finanziert werden.

3.1.3   Bestimmung des Entwicklungshilfeelements

Das **Zuschusselement** eines Kredites gibt an, in welcher Höhe die Entwicklungshilfeinstitution auf Gegenleistungen verzichtet, auf die kommerziell orientierte Gläubiger bestehen würden. Das Zuschusselement errechnet sich als Differenz zwischen dem ursprünglichen Darlehensbetrag und dem abgezinsten Gegenwartswert des Schuldendienstes, ausgedrückt als Prozentsatz des ursprünglichen Darlehensbetrages.[119] Das Zuschusselement dient einerseits dazu, das **Ausmaß der Konzessionalität** von Entwicklungshilfegeldern zu vergleichen, die zu unterschiedlichen Laufzeiten und Konditionen vergeben werden. Andererseits wird es als **Definitionsmerkmal** für die ODA verwendet. Der DAC hat als Konditionsempfehlung ein Zuschusselement von 86 % vorgeschlagen.

Vom Prinzip her sollte der rechnerische Abzinsungssatz sorgfältig so bestimmt werden, dass er die realen Kapitalkosten widerspiegelt. In der Praxis wird üblicherweise für sämtliche Währungen und Laufzeiten ein Abzinsungssatz von 10 % unterstellt. Diese Übereinkunft liegt allen vom DAC veröffentlichten Tabellen über das Zuschusselement zugrunde. Jede Anwendung eines einheitlichen festen Abzinsungssatzes hat jedoch Nachteile, da sie weder

---

[119] Das Beispiel und die Erklärungen sind entnommen aus: WELTBANK, Weltentwicklungsbericht 1985, Washington, D.C., 1985, S. 91. Die Berechnungen basieren auf der Annahme sofortiger Darlehensauszahlung und gleich hoher jährlicher Tilgungsraten.

Schwankungen der Marktzinsen noch große Zinsdifferenzen zwischen den verschiedenen Währungen berücksichtigt.

Tab. 3.1   Darlehenskonditionen der Kapitalhilfe

Zinssatz	Laufzeit	tilgungsfreie Jahre	Zuschusselement (Abzinsungssatz 10 %)
0	30	5	77 %
6	20	0	23 %
6	10	0	15 %
6	10	5	21 %
Zinssatz	**Laufzeit**	**tilgungsfreie Jahre**	**Zuschusselement (Abzinsungssatz 15 %)**
6	10	5	40 %

Besser wäre es daher als Abzinsungssatz den Zinssatz zu verwenden, zu dem kommerzielle Mittel gleicher Laufzeit an den internationalen Märkten zum jeweiligen Zeitpunkt und in der jeweiligen Währung des betreffenden Landes aufgenommen werden können. Das Zuschusselement würde in diesem Fall als Differenz zwischen den Leistungen zu Marktbedingungen und den Konditionen der gegebenen EH berechnet werden. Leider stehen in der Regel kommerzielle Mittel mit solch langen Laufzeiten nicht zur Verfügung. Durch Zuschläge zum Abzinsungssatz könnte dies jedoch berücksichtigt werden. Ist der Abzinsungssatz je nach Währung und im Zeitablauf unterschiedlich, so fällt das Zuschusselement der öffentlichen Darlehen von Ländern mit niedrigeren Zinsen kleiner aus, während sich bei den Ländern mit hohen Zinssätzen sowie in Zeiten eines internationalen hohen Zinsniveaus ein größeres Zuschusselement ergibt.

Mathematisch lässt sich das Zuschusselement wie folgt berechnen:

$$g = \frac{L - \sum_{i=1}^{T}\left(\dfrac{A_i}{(1+\frac{q}{100})^i}\right)}{L} \times 100$$

g   Zuschusselement
q   als Prozentsatz ausgedrückte Diskontierungsrate
T   Kreditlaufzeit in Jahren
L   Nominalwert des Kredits
A_i Annuität (Tilgungs- und Zinszahlung zum Ende des Jahres i).

Multipliziert man das Zuschusselement (g) mit dem Nominalwert des Kredites (L), so erhält man das **Zuschussäquivalent** (grant equivalent), i.e. den Zuschuss als absolute Größe.

Im Falle eines Zuschusses, d.h. eines nicht-rückzahlbaren Transfers, beläuft sich das Zuschusselement auf 100 %. Ein Kredit zu den sog. **IDA-Konditionen**, d.h. zu Weltbankkonditionen für sehr arme Länder (0,75 % Zinsen, 50 Jahre Laufzeit, 10 Freijahre), weist ein Zuschusselement von 82,73 % auf. Ein Kredit zu den **Standardkonditionen** (2 % Zinsen, 30 Jahre Laufzeit, 10 Freijahre) hat ein Zuschusselement von 65,29 %. Bei Krediten zu **Schwellenländerkonditionen** (4,5 % Zinsen, 20 Jahre Laufzeit, 5 Freijahre) ergibt sich ein Zuschusselement von 35,46 %.

Aus der obigen Gleichung ist zu ersehen, dass das Zuschusselement umso größer ist, je geringer der Zinssatz und je länger die Laufzeit oder die tilgungsfreien Perioden des Darlehens sind. Unterschiedliche Kombinationen von Zinssatz, Laufzeit und Freijahren können zum selben Zuschussniveau führen. Das Zuschusselement ist andererseits umso niedriger, je größer der Zeitraum der Kreditauszahlung ist. Der Berechnung des Zuschusselements liegt die Fiktion der sofortigen Auszahlung der Kredite zugrunde, was bei den meisten projektgebundenen Krediten nicht der Fall ist. Daher wird das Zuschusselement in der Praxis häufig überschätzt.

Tab. 3.2 Finanzielle Bedingungen der ODA-Zusagen der DAC-Länder im Durchschnitt der Jahre 2005–2006[120]

	Zuschusselement der			Anteil der Zuschüsse an der	
	gesamten ODA, Richtsatz: 86%	ODA an die LLDC[a]	Bilateralen ODA an die LLDC	bilateralen ODA	gesamten ODA
Australien	100,0	100,0	100,0	99,2	99,4
Österreich	100,0	100,0	100,0	100,0	100,0
Belgien	99,5	99,9	99,9	97,0	98,1
Kanada	100,0	100,0	100,0	100,0	100,0
Dänemark	100,0	100,0	100,0	98,8	99,2
Finnland	100,0	100,0	100,0	97,7	98,6
Frankreich	94,8	99,2	98,6	81,2	86,9
Deutschland	97,4	100,0	100,0	71,8	82,4
Irland	100,0	100,0	100,0	100,0	100,0
Italien	97,1	94,5	84,4	59,0	87,9
Japan	88,4	98,9	98,0	41,5	54,1
Luxemburg	100,0	100,0	100,0	100,0	100,0
Niederlande	100,0	100,0	100,0	100,0	100,0
Neuseeland	100,0	100,0	100,0	100,0	100,0
Norwegen	100,0	99,4	99,1	98,4	86,3
Portugal	97,3	95,1	95,1	90,2	94,5
Spanien	95,0	98,8	98,0	77,4	87,9
Schweden	100,0	100,0	100,0	99,6	99,7
Schweiz	100,0	100,0	100,0	97,5	98,2
Verein. Königreich	100,0	100,0	-	93,2	95,7
USA	100,0	100,0	100,0	99,9	99,9
DAC insgesamt	97,5	99,5	99,3	86,2	89,4

[a] *einschließlich des rechnerisch ermittelten Zuschusselements der Leistungen an multilaterale Stellen*

[120] Quelle: OECD, DAC-Bericht 2007, Paris, 2008, Tab. 20, S. 184.

Der DAC führt in seinen Statistiken gleichsam eine Analyse der Motive der Entwicklungshilfegeber durch, denn nicht alle öffentlichen Leistungen werden vom DAC als öffentliche
EH anerkannt; sie werden als OOF oder ODF erfasst. Dies ist der Fall, wenn:

- die Kapitalhilfe eine Laufzeit von weniger als einem Jahr aufweist,
- das Zuschusselement weniger als 25 % beträgt,
- die Hilfe nicht auf die Förderung des wirtschaftlichen Fortschritts und der Wohlfahrt der
  EL gerichtet ist.

Aus Tabelle 3.2 ist ersichtlich, dass im Durchschnitt der Jahre 2005/2006 einige Länder ihre
ODA ausschließlich in Form von Zuschüssen gewähren. Das durchschnittliche Zuschusselement aller DAC-Länder insgesamt betrug 97,5 %, das Zuschusselement der ODA an die
ärmsten Länder der Welt lag bei durchschnittlich 99,5 %.

Bei der Erfassung der ODA legt der DAC das **Nettokonzept** zugrunde: von den Bruttoaus-
zahlungen der Kredite und Zuwendungen werden die **Tilgungs**zahlungen auf ausstehende
Kredite abgezogen. Die **Zins**zahlungen werden jedoch bei der Berechnung des Nettostroms
nicht berücksichtigt, weil es sich hierbei um die Gegenleistung für den Kredit handelt. Die
EL sind bestrebt, dieses Konzept des Netto**stroms** durch das Konzept des Netto**transfers** zu
ersetzen, wobei auch die Zinsen von den Bruttozahlungen abgesetzt werden sollen.

Liegen die Kapitalrendite im Geberland und der internationale Kapitalmarktzins, zu dem sich
das Nehmerland kommerziell verschulden müsste, unterschiedlich hoch, so ergeben sich
Unterschiede zwischen dem Zuschusselement und den „**Opferkosten**". Ein Beispiel möge
diesen Zusammenhang illustrieren. Leistet ein IL einem EL einen Kredit in Höhe von
100.000 US$ mit einer Laufzeit von 10 Jahren, einem Zins von 4 % und einem internationa-
len Kreditmarktzins von 15 %, so errechnet sich ein Zuschusselement von 35 %. Falls der
Kreditgeber bei Verwendung des Kreditvolumens im Inland nur eine Rendite von 10 % hätte
erwirtschaften können, die er der Abzinsung der Rückzahlung zugrunde legt, so würde der
Opferwert auf 22 % sinken. Dieser Kredit wäre sinnvoll, da hierbei Kapital in die produkti-
vere Verwendung gelenkt wird. Der weltwirtschaftliche Gewinn läge bei 13 % bzw.
13.000 US$. Dem Kreditnehmer wäre der Kredit in Höhe von 100.000 US$ soviel wert, wie
ein nicht zurückzahlbarer Zuschuss von 35.000 US$. Der Kreditgeber zieht den Kredit vor,
da seine Opferkosten nur 22.000 US$ betragen.

Umgekehrt wäre es, wenn die Kapitalrendite in IL 15 % betragen würde und der internationale Kapitalmarktzins 10 %. Nun würde sich das Opfer der IL auf 35 % berechnen, während
der Kreditnehmer nur einen Schenkungsanteil von 22 % erfährt. In diesem Fall stellt sich das
Geberland besser, wenn es eine 22.000 US$-Schenkung statt eines 100.000 US$-Kredits
gibt, wohingegen die beiden Alternativen für das EL gleichwertig wären.

3.2   Darstellung der deutschen öffentlichen Entwicklungshilfe

Die Anfänge der deutschen EH gehen auf das Jahr 1952 zurück, als sich Deutschland an einem Beistandsprogramm der UN zur wirtschaftlichen Entwicklung einiger Länder der Dritten Welt finanziell beteiligte. 1955 wurden bereits 1 Mio. DM, 1956 3,5 Mio. DM für den wirtschaftlichen Aufbau der EL zur Verfügung gestellt und Ende der 50er Jahre folgte das Engagement des Deutschen Bundestages für eine aktive Nord-Süd-Politik. Nachdem anfänglich mehrere Ministerien (Wirtschaft, Finanzen, Landwirtschaft, Auswärtiges Amt) und das Bundespresseamt mit der Durchführung entwicklungspolitischer Maßnahmen betraut waren, wurde 1961 unter der Führung des Ministers Walter Scheel das Bundesministerium für wirtschaftliche Zusammenarbeit (BMZ) – 1993 erfolgte der Zusatz „...und Entwicklung" – gegründet. Als Koordinierungsministerium der EH konzipiert konnte es die organisatorische Zersplitterung und Kompetenzüberschneidungen jedoch kaum reduzieren. Daher erhielt es 1964 die alleinige Zuständigkeit für entwicklungspolitische Grundsatzfragen und Programme sowie die TZ. Erst mit der Übertragung der Kompetenz für die bi- und multilaterale FZ 1972 hatte sich die Entwicklungspolitik faktisch als eigenständiger Politikbereich endgültig etabliert.[121] Durch einen Organisationserlass vom 27.10.1998 ging schließlich der letzte größere, außerhalb des BMZ angesiedelte entwicklungspolitische Bereich, nämlich die Federführung für die Entwicklungspolitik der EU, vom Bundesministerium für Wirtschaft auf das BMZ über. Ebenfalls ging die Zuständigkeit für die TZ für Osteuropa und die Nachfolgestaaten der Sowjetunion vom BMWi auf das BMZ über. Da EP als globale Struktur- und Friedenspolitik verstanden wird, wurde das BMZ in den Bundessicherheitsrat aufgenommen, was bedeutet, dass bei neuen Gesetzesvorhaben eine entwicklungspolitische Regelprüfung stattfindet.[122]

Die Ziele der deutschen öffentlichen EZ werden aus den entwicklungspolitischen Grundsätzen der Bundesregierung abgeleitet, die vom BMZ veröffentlicht werden.[123] Die Ziele der deutschen Entwicklungspolitik haben sich in den letzten Jahren leicht verändert, wobei das Oberziel (Armutsbekämpfung) weiter im Vordergrund steht. In der Vergangenheit sollte die Soziallage der Menschen in EL verbessert werden, mit dem Ziel der „Hilfe zur Selbsthilfe", wobei eine leistungsfähige Wirtschaft aufgebaut werden sollte, die es den EL ermöglichen würde, sich in die Weltwirtschaft zu integrieren. Als Folge des Weltsozialgipfels (1995) und der „Millennium Declaration" wird die Armutsbekämpfung stärker in den Vordergrund ge-

---

[121] Vgl. KAISER/WAGNER, Entwicklungspolitik (1991), S. 220f.

[122] Vgl. hierzu auch: BMZ, Medienhandbuch Entwicklungspolitik 2006/2007.

[123] Vgl. BMZ, Grundlinien der Entwicklungspolitik der Bundesregierung, Bonn, 1991, S. 20ff. Siehe auch den Forschungsbericht des BMZ: Wissenschaftlicher Beirat beim Bundesminister für wirtschaftliche Zusammenarbeit, Grundsätze und Schwerpunkte der deutschen Entwicklungszusammenarbeit in den 90er Jahren, Köln, 1992; BMZ, Grundsätze der sozialen und ökologischen Marktwirtschaft in der deutschen Entwicklungspolitik, Bonn/Berlin, Juli 2007.

rückt. So wurde das „Aktionsprogramm 2015" (AP 2015)[124] von der Bundesregierung verabschiedet, wodurch Deutschland einen Beitrag zu den internationalen Entwicklungszielen (Millenniumsziele) leisten möchte.

Das Leitbild der deutschen Entwicklungspolitik wird in einer global nachhaltigen Entwicklung gesehen, die wirtschaftliche Leistungsfähigkeit, soziale Gerechtigkeit, Umweltschutz und politische Stabilität gleichzeitig anstrebt (magisches Viereck der Entwicklungspolitik). Die vier Leitmotive der deutschen Entwicklungspolitik sind demnach die folgenden:

- Bekämpfung der weltweiten Armut (im Rahmen einer internationalen Sozialpolitik[125])
- Schutz der Umwelt
- Sicherung des Friedens und Verwirklichung der Demokratie
- gerechte Gestaltung der Globalisierung und der internationalen Wirtschaftsbeziehungen

Somit soll also wirtschaftliche Leistungsfähigkeit, ökologische Tragfähigkeit, politische Stabilität und soziale Gerechtigkeit erreicht werden, wobei diese Leitmotive der deutschen EP wechselseitig verbunden sind. Insbesondere die MDGs sollen durch die EP der Bundesregierung erreicht werden.

Stärker als früher wird bei entwicklungspolitischen Projekten von den EL „gute Regierungsführung" mit dem Ziel der Verbesserung der demokratischen Verhältnisse angestrebt. Damit bietet die deutsche EZ eine Alternative zwischen den Extremen eines radikalen Marktliberalismus und einer interventionistischen Marktregulierung.

> *„Die Grundsätze der sozialen und ökologischen Marktwirtschaft geben Auskunft über die wichtigsten wirtschaftspolitischen Grundüberzeugungen der deutschen Entwicklungszusammenarbeit und verweisen auf die besonderen Erfahrungen sowie Institutionen, die Deutschland in die Kooperation mit Partnerländern einbringen kann. Sie stecken einen Rahmen für die inhaltliche Ausgestaltung der deutschen Entwicklungszusammenarbeit ab und stellen so das spezifisch deutsche Angebot an die Partnerländer dar. Mit der Orientierung an der sozialen und ökologischen Marktwirtschaft wird jedoch nicht das Ziel verfolgt, die deutsche institutionelle Ordnung auf unsere Partnerländer zu übertragen. Die soziale und ökologische Marktwirtschaft steht für Wettbewerb, wirtschaftliche und finanzpolitische Stabilität sowie sozialen Ausgleich und Teilhabegerechtigkeit."[126]*

Die folgenden Gestaltungsprinzipien sollen leitend für die deutsche EZ sein:

---

[124] Im April 2001 hat die Bundesregierung zur Umsetzung der Millennium-Entwicklungsziele eine eigene Strategie verabschiedet: das „Aktionsprogramm 2015 – der Beitrag der Bundesregierung zur weltweiten Halbierung der Armut". Weitere Informationen siehe: Weißbuch zur Entwicklungspolitik (13. Entwicklungspolitischer Bericht der Bundesregierung) (2008), S. 14.

[125] Eine internationale Sozialpolitik beinhaltet eine Verantwortung wohlhabender Staaten, für einen Ausgleich der Lebenslagen von benachteiligten Personen (z.B. durch Überwindung von Hunger oder Krankheit) in unterentwickelten Staaten zu sorgen.

[126] Vgl. BMZ, Grundsätze der sozialen und ökologischen Marktwirtschaft in der deutschen Entwicklungspolitik, Bonn/Berlin, Juli 2007, S. 2.

1. Rechtsstaatlichkeit unterstützen: Staatliches Handeln soll an rechtsstaatlichen Prinzipien ausgerichtet sein, deshalb gehören Menschenrechte, Chancengleichheit und Partizipation zu den entwicklungspolitischen Zielen.

2. Breitenwirksames Wachstum anstreben: Eine gerechte Verteilung des Wachstums muss gewährleistet sein, damit alle davon profitieren. Die Reduzierung der Armut könne nicht durch „Trickle down"-Effekte erreicht werden. Den armen und benachteiligten Bevölkerungsschichten muss Zugang zu Einkommen, Ressourcen und Dienstleistungen ermöglicht werden.

3. Den Privatsektor stärken: Was Private wirkungsvoller leisten können, sollen sie übernehmen. Jedoch darf – gemäß den Grundsätzen der deutschen EP – Privatisierung kein Selbstzweck werden. Bei öffentlichen Gütern wie Bildung, Wasser und Gesundheit muss der Staat ärmeren Bevölkerungsschichten Zugang sichern. Bei der Zusammenarbeit zwischen Unternehmen, Verbänden und Staat muss das Subsidiaritätsprinzip beachtet werden.

4. Marktwirtschaftliche Rahmenbedingungen verbessern: Wettbewerb hat sich als das effektivste Instrument herausgestellt, um wirtschaftliche Macht zu begrenzen. Daher muss die EZ Wettbewerb unterstützen, so dass Markttransparenz und freier Marktzugang ermöglicht werden. Ein freier Wettbewerb hat die Tendenz, marktwirtschaftlichen Wettbewerb aufzulösen (competition kills competition). In dem Zusammenhang wird der Aufbau einer effektiven Verwaltung und wirksamen Korruptionsbekämpfung von der deutschen EZ unterstützt.

5. Wirtschaft zukunftsfähig machen: Der Staat sollte mit Wirtschaft, Wissenschaft und Zivilgesellschaft – über einen gesellschaftlichen Dialog – die Herausforderungen der Zukunft angreifen. In dem Zusammenhang besagen die Grundsätze, dass zukunftsträchtige, aber noch nicht wettbewerbsfähige Sektoren oder sensible Produkte vorübergehend vom Druck des Weltmarktes geschützt werden müssen.

- Sozialpartnerschaft eingehen: Kapital und Arbeit müssen in einer sozialpartnerschaftlichen Beziehung stehen. Hierbei wird das Recht auf Organisationsfreiheit (Gewerkschaften) für einen geregelten Interessensausgleich und zum Erhalt des sozialen Friedens gefördert (aktive Mitbestimmung).

- Wirtschaft ökologisch ausrichten: Im Sinne einer vorsorgenden Umweltpolitik hat der Staat ökologische Anreize zu setzen, um internationale ökologische Standards einzuhalten, damit die Tragfähigkeit lokaler und globaler Ökosysteme sichergestellt werden kann.

- Chancengleichheit sichern: Die wirtschaftliche Entwicklung muss auch der Armutsminderung dienen und darf niemanden ausgrenzen. Eine solche Chancengleichheit erfordert ein „Empowerment" von bisher benachteiligten Gruppen, die besonders leistungsfähig sind und deren Potenzial im wirtschaftlichen Prozess bisher nicht genutzt wurde. In dem Zusammenhang muss auch ein besseres Schul- und Bildungssystem aufgebaut werden, damit der Teufelskreis der Armut durchbrochen werden kann.

Die Bundesregierung untergliedert die Ziele der EZ in **Unterziele**, die sich auch in sektoralen Schwerpunkten widerspiegeln. Je nach landesspezifischen Gegebenheiten differieren die Schwerpunkte in den einzelnen Ländern. Eine große Rolle spielen vor allem Maßnahmen in den Bereichen Armutsbekämpfung, Umwelt- und Ressourcenschutz sowie Bildung. Erhöhte Aufmerksamkeit fand auch die Rolle der Frau im Entwicklungsprozess und Auswirkungen von Projekten auf ihre gesellschaftliche Situation. Der sog. **„Gender-Ansatz"** in der EZ zielt darauf ab, die Gleichstellung der Frau in der Gesellschaft zu erreichen.[127]

Im Rahmen der Armutsbekämpfung hilft Deutschland bei der Entwicklung nationaler Armutsstrategien, so dass ein breitenwirksames und armutswirksames Wachstum gefördert wird. Im Aktionsprogramm 2015, das eine verbindliche Grundlage für die Gestaltung aller Ressorts in internationaler Gesellschaftspolitik bei der Umsetzung der Millenniumsziele bilden soll, wird eine stärkere Kohärenz aller Politikfelder gefordert. Die Bundesregierung strebt „eine engere Verzahnung der Außen-, Sicherheits-, Entwicklungs-, Menschenrechts-, Außenwirtschafts- und auswärtigen Kulturpolitik zu einer kohärenten Politik gegenüber den Entwicklungsländern" an. In den Erklärungen von Rom (2003) und von Paris (2005) haben sich die Geber von EH verpflichtet, die Effizienz und Qualität der EH zu verbessern. So sollen Maßnahmen koordiniert und harmonisiert werden, um eine transparente EZ zu ermöglichen. Damit soll die Produktivität der Mittel erhöht werden, wobei auch verstärkt auf die Eigenverantwortung der EL hingearbeitet wird. Eine erfolgreiche EZ ist ohne Legitimierung und Partizipation der Betroffenen zum Scheitern verurteilt.

Oberstes Prinzip der EZ ist es daher, EH als Hilfe zur Selbsthilfe, Eigenverantwortung und Partizipation zu verstehen, um die Nachhaltigkeit der Vorhaben zu gewährleisten. Eine größere Effizienz soll darüber hinaus über eine Vertiefung des Politikdialogs, die verstärkte Förderung der privaten Initiativen, die verbesserte Abstimmung mit anderen Gebern und die Intensivierung der Erfolgskontrolle erreicht werden.

Ein Leitprinzip der Millenniumserklärung ist die Partnerschaft zwischen EL und IL. Bezüglich der Analyse von Armutsursachen und der Konkretisierung der Bekämpfung der Armut und der Budgetierung sowie der Einbeziehung gesellschaftlicher Gruppen und der demokratischen Kontrolle sind noch Defizite feststellbar. Die deutsche EZ legt Wert auf die Partizipation der benachteiligten Gruppen, die Mobilisierung wesentlicher gesellschaftlicher Akteure und eine gerechtere Verteilung der vorhandenen nationalen Ressourcen für eine langfristig sich selbst tragende Entwicklung. EZ ist auch Friedenspolitik! Das Partnerschaftsprinzip erwartet, dass EL im Verbund mit anderen Gebern geplant wird. Auch im Bereich der EH gelten die Vorteile der Arbeitsteilung, so dass die deutsche EZ komplementär zu anderen Gebern wirken möchte. Um die Effizienz der EZ zu erhöhen, hat Deutschland die Anzahl der EL, die EH erhalten, von 80 auf 60 Länder reduziert, wobei Deutschland die Länder präferiert, die nationale Programme zur Reduzierung der Armut verabschiedet haben.

Durch die Millenniumserklärung sind nachprüfbare Entwicklungsziele gesetzt worden. Somit ist es möglich, Defizite und Fortschritte bei der Bekämpfung der Armut zu messen, zu analysieren und daraus für die weitere EZ Konsequenzen zu ziehen. Die noch zu behandelnden Durchführungsorganisationen werden stärker eingebunden, so dass Synergieeffekte erreicht

---

[127] Der Gender-Ansatz geht davon aus, dass es effektiver ist, sich nicht ausschließlich auf die Veränderung der Situation von Frauen zu konzentrieren (z.B. durch „Frauenprojekte"), sondern auch auf die Veränderung des Verhältnisses der Geschlechter zueinander. So werden Gender-Analysen auf Grundlage von Gender-Planungen durchgeführt.

werden können. Man spricht von einer „EZ aus einem Guss"[128]. Monitoring und Evaluierungen sollen verbessert werden. So werden im BMZ neue Ansätze der Wirkungsanalyse erarbeitet. Die bisherige EZ war stark projektorientiert. Die Wirksamkeit der Projekte, gemessen an den Projektzielen, stand im Vordergrund. Neue Ansätze der Wirkungsanalyse sollen die EZ auf die Erreichung der Millenniumsziele abstellen.

Das Zielsystem der deutschen EZ wird von der Bundesregierung nicht vollkommen unabhängig von ihren anderen Zielsystemen gesehen. Entwicklungspolitik steht vielmehr als Teil der Gesamtpolitik in komplementärer Beziehung zur Außen- und Wirtschaftspolitik. Als Friedenspolitik fördert die Entwicklungspolitik die Kräfte des Ausgleichs und widersetzt sich gewaltsamen, totalitären Kräften. Dabei achtet sie auf die Verwirklichung der Menschenrechte und unterstützt die Herausbildung rechtsstaatlicher und demokratischer Strukturen.

Die Veränderungen der weltwirtschaftlichen und -politischen Rahmenbedingungen, z.B. infolge der Beendigung des Ost-West-Konflikts, haben die Entwicklungspolitik weltweit beeinflusst und ein Umdenken erforderlich gemacht. Ziele, Strategien, Schwerpunkte, länderspezifische Verfahrensweisen etc. mussten überdacht und an den neuen Rahmenbedingungen ausgerichtet werden.

Die Entwicklungspolitik wird heute vermehrt als **globale Strukturpolitik** verstanden, die auf die unterschiedlichen Voraussetzungen in den Regionen differenziert eingeht und dabei das gemeinsame Interesse aller Menschen betont, Lebens- und Entwicklungschancen zukünftiger Generationen sicherzustellen. Durch Armut und ihre Folgen ist die Zukunft der Menschen und der Frieden in der Welt bedroht. Die Entwicklungspolitik muss sich demzufolge zahlreichen Herausforderungen stellen:

- Anstieg der Weltbevölkerung,
- Überwindung von Flüchtlings- und Wanderungsbewegungen,
- Bekämpfung fortschreitender Zerstörung natürlicher Lebensgrundlagen,
- Verhinderung neuer Bürgerkriege,
- Eindämmung der Ausbreitung von Aids,
- Kampf gegen die internationale Kriminalität.

Die Finanzierung der deutschen EH geschieht über vielerlei Kanäle. Der Großteil der deutschen ODA (mehr als 70 %) entstammt den Leistungen des BMZ. Dazu kommen Leistungen anderer Bundesministerien wie des Wirtschafts- und Wissenschaftsministeriums und des Auswärtigen Amtes (in Form humanitärer Hilfe, Ausstattungshilfe, Beiträge an UN-Organisationen und im Rahmen der kulturellen Zusammenarbeit).[129] Die Bundesländer führen zudem eigene EZ durch und erstatten Studienplatzkosten für Studenten aus EL.

---

[128] Vgl. BMZ, Medienhandbuch. Entwicklungspolitik 2006/2007, Bonn, 2006, S. 179.

[129] Im Jahre 2004 hat das BMZ 71,26 % der deutschen ODA-Leistungen aufgebracht; das Auswärtige Amt steuerte 3,84 % dazu. Aus dem EU-Haushalt sind nochmals 15,95 % anzurechnen. Die Bundesländer haben 10,89 % beigesteuert. Durch Schuldenerleichterungen wurden 11,10 % der ODA aufgebracht. Dem ist allerdings entgegenzurechnen, dass die EL im Jahre 2004 1,145 Mrd. US$ getilgt haben, die die deutsche ODA um 18,88 % senkten. Quelle: BMZ, Medienhandbuch. Entwicklungspolitik 2006/2007, Bonn, 2006, S. 436.

Die Bundesrepublik trägt darüber hinaus durch Beiträge an den EU-Haushalt zur Finanzierung der multilateralen EZ bei. Einigen EL gewährt sie indirekte Hilfe durch die Erleichterung ihres Schuldendienstes. Hinzu kommen Aufwendungen für politische Flüchtlinge in
Deutschland. Innerhalb der DAC-Mitgliedsländer nahm Deutschland 2007 mit seinen Beiträgen an multilaterale Organisationen mit 4.341 Mio. US$ den ersten Platz ein, vor Großbri-
tannien (4.247 Mio. US$), Frankreich (3.652 Mio. US$) und den USA (2.886 Mio. US$).
Dies entsprach einem Anteil von ca. 14,19 % der DAC-Gesamtleistungen an multilaterale
Organisationen. Davon flossen wiederum die beiden größten Anteile an die Europäische
Kommission (2.425 Mio. US$) und die IDA (1.097 Mio. US$).[130] Grundsätzlich versteht
sich die BRD jedoch eher als einer der großen bilateralen Geber. Die quantitative Entwicklung der deutschen ODA kann der Tab. 3.3 entnommen werden.

In der deutschen Statistik wird unterschieden zwischen bilateraler und multilateraler öffentli-
cher EZ (ODA) und sonstigen öffentlichen Leistungen (OOF), worunter Exportkredite und
Garantieübernahmen zu verstehen sind. Die bilaterale EH umfasst rund zwei Drittel der
Haushaltsmittel, die multilaterale EH rund ein Drittel.

Tab. 3.3 *Quantitative Trends der deutschen ODA 1960–2004[131]*

	Nettoauszahlungen (bis 1990 in Mio. DM, 2004 in Mio. €)					
	1960	**1970**	**1980**	**1990**	**2004**	**2007**
1. ODA	938,8	2.202,8	6.476,1	10.213,2	6.064,3	8.978,4
in % des BSP	0,31	0,33	0,44	0,42	0,28	0,37
BMZ-Haushalt (Einzelplan 23)	-	2.018,0	5.401,8	7.864,7	4.321,2	
in % des Bundeshaushalts	-	2,5	2,6	2,0	1,7	
bilateral	690,8	1.705,9	4.219,0	7.238,3	3.076,8	5.807,3
multilateral	248,0	496,6	2.257,1	2.957,0	2.987,5	3.171,0
2. Private EH	-	284,6	763,9	1222,7	1.148,2	
3.Sonstige öffentliche Leistungen	539,0	483,5	1.144,1	3.410,0	-1,051,0	

Im Jahre 2007 belief sich die deutsche bilaterale ODA auf 7,95 Mrd. US$.[132] Die sechs wich-
tigsten Partner deutscher bilateraler ODA in diesem Jahr waren Irak (1242 Mio. US$), Nige-
ria   (943 Mio. US$),   Kamerun   (504 Mio. US$),   China   (454 Mio. US$),   Indien
(242 Mio. US$) und Indonesien (240 Mio. US$).[133]

---

[130] Vgl. OECD, DAC-Report 2009, Tab. 15, S. 188.

[131] Quelle: THIEL (1996) für die Zahlen von 1960-1990 und für 2004 und 2007 vgl. BMZ
http://www.bmz.de/de/zahlen/imDetail/Deutsche_Netto-ODA_2003-2008.pdf (Stand: Mai 2010)

[132] Vgl. OECD, DAC-Bericht 2009, Tab. 14, S. 177.

[133] Vgl. OECD, DAC-Bericht 2007, S. 84.

Im internationalen Vergleich nahm Deutschland im Jahr 2007 mit einem Volumen der ODA von 12.291 Mio. US$ in der Gruppe der 22 Mitglieder des DAC hinter den USA (21.787 Mio. US$), Großbritannien (9.849 Mio. US$), Frankreich (9.884 Mio. US$) und Japan (7.679 Mio. US$) den fünften Platz ein. Die Summe der ODA aller Mitglieder lag bei

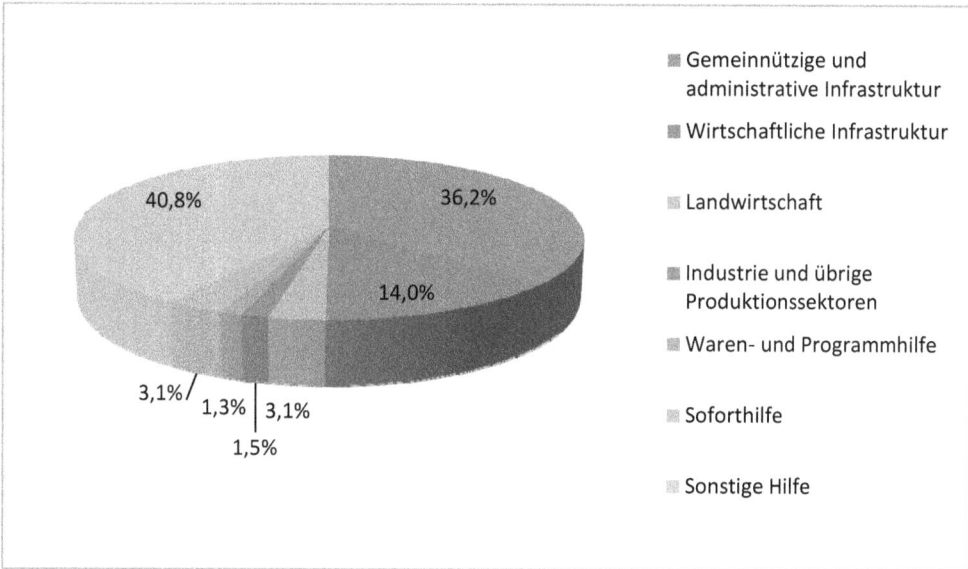

Abb. 3.1 *Hauptverwendungszwecke der deutschen ODA 2006/2007[134]*
  Anmerkung zu „Sonstige Hilfe": Der größte Anteil besteht aus Hilfe zum Schuldenerlass

103.491 Mio. US$. Setzt man die ODA in Relation zum BNE so liegt die Bundesrepublik mit einem Anteil von 0,37 % auf dem zehnten Rang (mit Spanien und der Schweiz). Spitzenreiter sind Norwegen mit 0,95 % des BNE, Schweden mit 0,93 %, Luxemburg mit 0,91 % sowie die Niederlande und Dänemark mit jeweils 0,81 %. Der Durchschnitt aller DAC-Länder lag bei 0,29 %.[135] Damit hat Deutschland weder 2007 noch in den Jahren davor das 0,7 %-Ziel der UN erreicht. Dies trifft auf die überwiegende Mehrheit der DAC-Mitgliedsländer zu. Daraus muss gefolgert werden, dass der politische Stellenwert der Entwicklungspolitik im Bundeshaushalt niedrig ist.

Die bilateralen Leistungen teilten sich 2006/2007 – wie in Tab. 3.4 ersichtlich – auf die unterschiedlichen Bereiche der EZ auf:Im Jahre 2003 waren die bilateralen Zusagen Deutschlands an EL, wie in Tabelle 3.4 ersichtlich, nach Förderbereichen untergliedert:

---

[134] Quelle: OECD, DAC-Bericht 2009, Tab. 18, S. 194f.

[135] Vgl. OECD, DAC-Bericht 2009, a.a.O., Tab. 13, S. 170.

Tab. 3.4 *Bilaterale Zusagen Deutschlands an EL (Förderbereiche)*[136]

Sektor	Mio. €
Soziale Infrastruktur und Dienste	**1914,723 (38,3 %)** davon Bildung: 869,448 (17,4 %) Gesundheitswesen: 125,741 (2,5 %) Bevölkerungspolitik: 78,362 (1,6 %) (Ab-)Wasserversorgung: 37,888 (6,8 %)
Wirtschaftliche Infrastruktur und -Dienste	**597,291 (11,9 %)** davon Transport und Lagerhaltung: 162,719 (3,3 %) Energieerzeugung & –versorgung: 180,867 (3,6 %) Finanzwesen: 161,245 (3,2 %)
Produktive Sektoren	**198,240 (4 %)** davon Land- und Forstwirtschaft: 134,013 (2,7 %) Industrie, Bodenschätze und Bauwesen: 53,404 (1,1 %) Handel und Tourismus: 10,823 (0,3 %)
Multisektoral	**580,430 (11,6 %)** davon Umweltschutz: 92,947 (1,9 %)
Warenhilfe und allgemeine Programmhilfe	**54,045 (0,9 %)** davon Nahrungsmittelhilfe: 27,677 (0,6 %)
Schuldenerleichterungen	**1214,575 (24,3 %)**
Nothilfe	**152,218 (3 %)**
Sonstiges	**295,932 (5,9 %)** davon Verwaltungskosten: 220,061 (4,4 %)

In Gegensatz zu Ländern wie den USA, Frankreich oder Großbritannien, deren regionale Schwerpunkte deutlich die ihre Interessenlage widerspiegeln, verteilte die Bundesrepublik ihre bilaterale Hilfe regional eher nach dem „Gießkannenprinzip". Der Grundsatz weltweiter Offenheit der EZ entsprach anfänglich insbesondere außenpolitischen Interessen nach weltweiter Anerkennung sowie der Verhinderung der Anerkennung der DDR.

---

[136] Quelle: BMZ, Zwölfter Bericht zur Entwicklungspolitik der Bundesregierung, Bonn, Mai 2005, S. 245

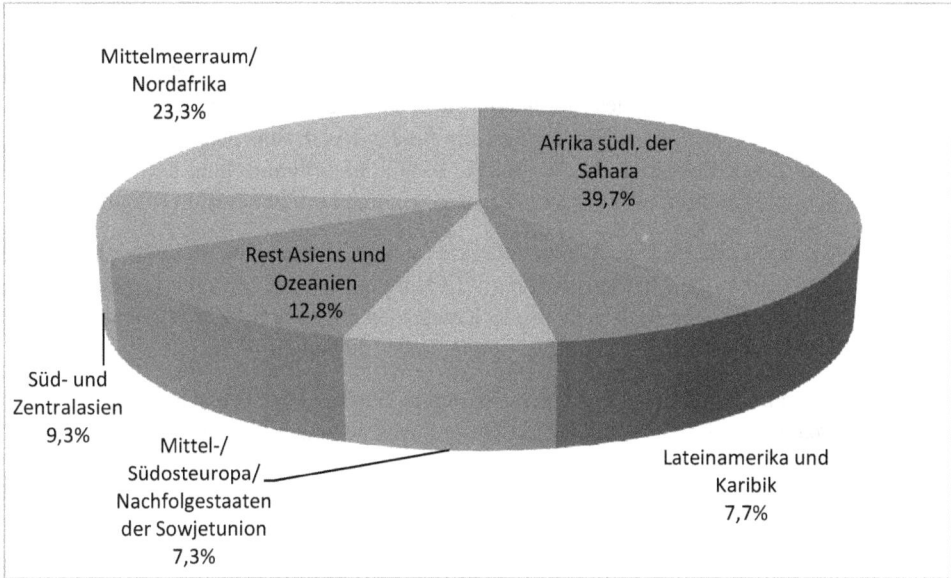

Abb. 3.2   *Regionale Verteilung der deutschen bilateralen ODA nach Förderregionen gemäß BMZ-Regionalkonzepten 2006/2007[137]*

Die regionale Verteilung der deutschen ODA (siehe Abb. 3.2) wies in den letzten zehn Jahren keine starken Verlagerungen auf. Das BMZ bemüht sich jedoch seit einigen Jahren die Zahl der Empfängerländer zu reduzieren. Auf dem Wege der stärkeren regionalen Konzentration soll die Effektivität und die Effizienz der Hilfe erhöht werden. EZ soll darüber hinaus nur noch mit solchen Partnerländern getätigt werden, deren politische und wirtschaftliche Rahmenbedingungen als für den Erfolg der Vorhaben günstig zu beurteilen sind.

3.3   Instrumente der deutschen öffentlichen Entwicklungshilfe

Die Bundesrepublik Deutschland verfügt über einen umfangreichen Apparat der EZ. Die Organisationsstruktur der deutschen EZ weist einige Charakteristika auf, die sie von anderen DAC-Gebern abheben lässt. Dazu gehört das BMZ als eigenes Entwicklungshilfeministerium, in dessen Zuständigkeitsbereich die Festlegung von Grundsätzen, die Finanzierung, Planung, Durchführung, Kontrolle und Koordinierung aller Maßnahmen, die Regierungsver-

---

[137]   Quelle: DAC 2007, Tab. 27, S. 196f.

handlungen mit Empfängerländern und die Koordination der EZ mit anderen Gebern fällt. Die Durchführung selbst ist vornehmlich zwei parastaatlichen Organisationen, der GTZ und der KfW, sowie einer Vielzahl kleinerer parastaatlicher, halbstaatlicher und privater Organisationen übertragen. Zu Beginn des Jahres 2006 waren 40 Referenten und Entwicklungsberater aus dem BMZ an deutschen Botschaften im Ausland vertreten. Darüber hinaus ist das BMZ ständig in den Direktorien der Weltbank, sowie der afrikanischen, asiatischen, interamerikanischen und karibischen Entwicklungsbank mit eigenem Personal vertreten.

Im Rahmen der bilateralen EZ wird in eine direkte (staatliche) und eine nicht-staatliche Form unterschieden, bei der die Bundesregierung Privatorganisationen Zuschüsse gewährt. Die bilaterale staatliche EZ unterteilt sich in die Kategorien Finanzielle Zusammenarbeit (FZ), Technische Zusammenarbeit (TZ) und Personelle Zusammenarbeit (PZ).

Insgesamt betrachtet befassen sich die verschiedenen Bereiche der deutschen EZ mit relativ gleichen Aufgaben, so dass jede Institution ein breites Leistungsspektrum aufweist. Deshalb wurden in jüngster Zeit Vorschläge ausgearbeitet, wie die Maßnahmen neu strukturiert werden könnten. Jüngere Reorganisationsdebatten brachten jedoch bislang keine wesentlichen Änderungen.

3.3.1   Finanzielle Zusammenarbeit

Die FZ[138] (auch Kapitalhilfe genannt) ist dem Volumen nach das bedeutendste Instrument der EZ in der Bundesrepublik Deutschland. Seit Beginn der FZ im Jahre 1960 bis zum 31.12.2007 hat die Bundesregierung den EL 57,3 Mrd. € zugesagt. Davon wurden insgesamt 48,6 Mrd. € ausgezahlt (2007: 1,1 Mrd. €). Ziel der FZ ist es, durch die Bereitstellung von Kapital das Produktionspotenzial einschließlich der wirschaftlichen und sozialen Infrastruktur in EL auszubauen oder besser nutzbar zu machen, wobei der Umwelt- und Ressourcenschutz sowie die Stärkung des Finanzsektors ebenfalls berücksichtigt werden.

Mit der FZ sollen in den EL somit soziale und wirtschaftliche Spannungen abgebaut und die ökologischen Risiken reduziert werden. Dadurch leistet die FZ einen Beitrag zur weltweiten Friedensordnung. Die Mittel werden als günstige Darlehen den EL zur Verfügung gestellt, wobei die KfW (Kreditanstalt für Wiederaufbau) als Durchführungsorganisation agiert. Den ärmsten EL (LLDC) werden seit 1978 nur nichtrückzahlbare Zuschüsse gewährt.

Durch die FZ sollen in EL Strukturen verändert werden. Daher werden Vorhaben in Politikreformen und Veränderungen auf gesamtwirtschaftlicher, sektoraler oder kommunaler Ebene integriert. In den letzten Jahren ist auf eine stärkere Politikreform Wert gelegt worden, weil nur dadurch Entwicklungsprozesse langfristig initiiert werden können.

Geeignete Vorhaben werden gemeinsam von der Bundesregierung und ihren Partnern in den EL ausgewählt. Dabei stehen entwicklungspolitische Gesichtspunkte im Vordergrund. Aufgrund der problembeladenen Lage auf dem deutschen Arbeitsmarkt achtet die Bundesregie-

---

[138] Vgl. im Folgenden BMZ, Medienhandbuch, Entwicklungspolitik 2008/2009, Bonn/Berlin, Oktober 2008, S. 62–64.

rung jedoch darauf, dass Anbieter aus der Bundesrepublik berücksichtigt werden ohne dabei die Prinzipien des internationalen Wettbewerbs zu vernachlässigen.

Die FZ wird überwiegend in Form günstiger Darlehen gewährt, dabei richten sich die Konditionen im Einzelnen nach der wirtschaftlichen Leistungskraft der EL. Seit 1990 werden die FZ-Mittel nach folgenden **Konditionen** vergeben:

- Die LLDC erhalten seit 1978 nicht-rückzahlbare Zuschüsse (Finanzierungsbeiträge),
- alle EL, die keine LLDC sind, aber bei der Weltbank aufgrund ihres niedrigen PKE (2006: bis 1.575 US$)[139] IDA-Kreditkonditionen beanspruchen können, erhalten FZ-Kredite zu den gleichen Bedingungen, nämlich 0,75 % Zinsen, 40 Jahre Laufzeit bei 10 Freijahren,
- den übrigen EL werden Kredite zu 2 % Zinsen, 30 Jahre Laufzeit bei 10 tilgungsfreien Jahren gewährt.

Die Mittel für projektbegleitende und vorbereitende Maßnahmen werden in jedem Fall unentgeltlich bereitgestellt. Der größte Teil der FZ-Mittel wird in Form von Projekthilfen vergeben (bspw. für Straßenbau, Aufbau eines Stromverteilungsnetzes, Bau einer Düngemittelfabrik). Darüber hinaus fließen FZ-Mittel in die Programmhilfe (integrierte Regionalentwicklungen, Kreditprogramme für Kleinbauern u.a.), Warenhilfe (Ersatzteillieferungen etc.) und (seit 1987) in die Strukturhilfe. Letztere dient dazu, Devisen für den Import von Waren und Dienstleistungen im Zusammenhang mit Strukturanpassungsprogrammen der Weltbank zur Verfügung zu stellen. Es gibt weltweit über 300 offizielle Finanzinstitute, die sich mit der Finanzierung von Projekten der EL befassen.

Um die Mittel der EZ durch andere Finanzquellen zu erhöhen, sind die Instrumente der Mischfinanzierung und der FZ-Verbundfinanzierung geschaffen worden. Hierbei werden die im Bundeshaushalt bereitgestellten FZ-Mittel mit Kapitalmarktmitteln der KfW gemischt.

Die **Mischfinanzierung** ist an deutsche Lieferungen und Leistungen gebunden und beinhaltet staatliche Ausfuhrbürgschaften. Die Gesamtkonditionen des Mischkredites liegen über den üblichen Entwicklungshilfekonditionen, aber deutlich unter Marktkonditionen. Mischfinanzierungen werden vorzugsweise für rentable Projekte eingesetzt, die Zinsen und Tilgungen selbst erwirtschaften. Die zusätzlichen KfW-Mittel geben der FZ erheblichen Spielraum. Im Jahre 2004 konnten zu den 1,3 Mrd. € aus dem Bundeshaushalt rund 600 Mio. € aus Eigenmitteln der KfW beigesteuert werden, so dass FZ-Zusagen in Höhe von 1,9 Mrd. € möglich waren.[140]

Die KfW vergibt ebenfalls **FZ-Förderkredite**, die sie im Auftrag des BMZ vergibt, wofür die KfW aber das Risiko übernehmen muss. FZ-Förderkredite werden für solche Projekte vergeben, die entwicklungspolitisch förderwürdig und auch betriebswirtschaftlich profitabel sind. Länder ohne Verschuldungsprobleme können diese Kredite beantragen. Damit ist es

---

[139] Insgesamt 81 ärmere EL erhalten Kredite zu IDA-Bedingungen. Zwar liegt die formale Zugangvoraussetzung bei 1575 US$. Da der IDA nicht ausreichend Mittel zur Verfügung stehen, gilt in der Realität eine Obergrenze des PKE von 965 US$ (2006).

[140] Quelle: BMZ, Medienhandbuch. Entwicklungspolitik 2006/2007, Bonn, Juni 2006, S. 62.

möglich, EL einen größeren Finanzierungsrahmen zur Verfügung zu stellen als es über kommerzielle Bankkredite möglich ist.

Im Rahmen von **Kofinanzierungen**[141] arbeitet die Bundesregierung mit anderen bilateralen und multilateralen Gebern wie der Weltbank, regionalen Entwicklungsbanken, dem Europäischen Entwicklungsfonds, dem OPEC-Fonds, den USA, Großbritannien und Frankreich zusammen. Schwerpunkt ist die Unterstützung von Reform- und Strukturanpassungsbemühungen. Für entwicklungspolitisch förderwürdige Investitionen kann die private Wirtschaft langfristiges Kapital über die DEG (Deutsche Investitions- und Entwicklungsgesellschaft) erhalten. Die DEG ist eine 100 %-ige Tochter der KfW und ergänzt mit ihrem Angebot die Produktpalette der KfW.

Um die effiziente Verwendung der FZ-Mittel zu sichern wurden in den Projektablauf zahlreiche Prüfungsschritte eingebaut. So werden Projekte im Voraus auf ihre Umweltverträglichkeit, Grundbedürfnisorientierung etc. geprüft, betriebswirtschaftliche Kriterien angelegt und Zielgruppenanalysen durchgeführt. Auch externe Gutachter werden zur Beratung herangezogen. Der Ablauf eines FZ-Projekts geschieht wie folgt:

Ablauf eines FZ-Projekts:

I. Projektvorschlag des EL:

- Ein EL legt bei der deutschen Botschaft einen Antrag vor und erklärt seine Programmidee. Die Botschaft übermittelt diesen Antrag des EL, den sie kommentiert, an das BMZ und die KfW;
- Vorprüfung der Unterlagen durch BMZ und KfW;
- Vorabstellungnahme (Kurzstellungnahme) durch KfW;
- Nach Abstimmung mit beteiligten Ressorts Auftrag an die KfW zur Projektprüfung.

II. Prüfung durch die KfW:

- Intensive Detailprüfung des geplanten Vorhabens;
- Vorlage des KfW-Prüfungsberichts an die Bundesregierung;
- Im Falle positiver Entscheidung der Bundesregierung Auftrag durch das BMZ an die KfW zu Vertragsverhandlungen.

III. Regierungsabkommen:

- Abschluss eines Regierungsabkommens (Rahmenbedingung) als völkerrechtliche Grundlage für die Gewährung von FZ und die von der KfW mit dem Empfänger hierüber abzuschließenden privatrechtlichen Verträge (Darlehens-, Garantie- und Schiedsvertrag; im Falle eines Zuschusses: Finanzierungsvertrag).

IV. Vertrag, Abwicklung und Kontrolle:

---

[141] Einige Geber haben sich zur gemeinschaftlichen Finanzierung verpflichtet (Korbfinanzierung). Dabei werden Mittel außerhalb des Etats in einen „basket" eingelegt, durch den die getätigten Maßnahmen finanziert werden.

- Internationale öffentliche Ausschreibung: Der lokale Projektträger übernimmt die Gesamtverantwortung für das EL-Projekt, wobei die Leistungen international öffentlich ausgeschrieben werden müssen;
- Abschluss der Verträge zwischen der KfW und dem lokalen Träger. Während der Projektdurchführung erhält der lokale Projektträger durch KfW-Experten eine intensive Beratung;
- Laufende Überwachung des Projektfortschritts durch die KfW und mindestens jährliche Unterrichtung der Bundesregierung;
- Auszahlung des Darlehens oder des Zuschusses nach Projektfortschritt;
- Überprüfung des fertiggestellten Projekts durch die KfW (Kontrollbericht für die Bundesregierung);
- Erfolgskontrolle durch die KfW nach angemessener Betriebszeit (Bericht für die Bundesregierung);
- Schlussprüfung: 3-5 Jahre nach der Projektinbetriebnahme führt eine unabhängige Evaluierungsabteilung der KfW oder in ihrem Auftrag externe Sachverständige eine Schlussprüfung durch. Die entwicklungspolitischen Auswirkungen und die Perspektiven des Projektes werden überprüft, wobei dessen Ergebnisse der KfW als Information für ähnliche Vorhaben in der Zukunft dienen. Die Evaluierungsberichte werden kritisch bewertet und veröffentlicht.

Die Projekte laufen nach dem **Antragsprinzip**. Hiernach tragen Nehmerländer ihre Projektwünsche vor und stellen Hilfeanträge. In der Regel hat jedoch der Geldgeber das letzte Wort; das Antragsprinzip täuscht mehr Partnerschaft vor als tatsächlich besteht. Die durchschnittliche Zeitdauer von der Anfrage des EL bis zum Beginn eines Projektes liegt bei ungefähr zwei Jahren. Dabei ergeben sich für die Bundesregierung Probleme der Geberkonkurrenz. Der Projekterfolg stellt sich oft erst nach großen Zeiträumen ein, bei Projekten im Bereich von Bildung und Gesundheit sind Zeitspannen von 20 Jahren möglich. Dennoch werden die Erfolgskontrollen bereits während der Durchführung vorgenommen.

Die Evaluierungsabteilung der KfW ist unabhängig und berichtet direkt dem KfW-Vorstand. Jedes Vorhaben wird nach mehreren Betriebsjahren überprüft, wobei geprüft wird, ob die erwarteten Wirkungen eingetreten sind und inwieweit das Projekt zur Problemlösung beigetragen hat. Ebenfalls wird untersucht, inwieweit sich die Lebensbedingungen der Menschen verbessert haben. Aufwand und Ergebnis müssen in einem angemessenen Verhältnis stehen. Auch werden unerwünschte Nebenwirkungen überprüft und es wird gefragt, ob das Vorhaben dauerhaft ohne weitere EH überlebensfähig ist. Die ex-post-Überprüfungen haben gezeigt, dass 75 % der Vorhaben als erfolgreich bezeichnet werden können. 80 % der Mittel werden dabei wirksam eingesetzt. Bei den weniger erfolgreichen Projekten wird analysiert, warum sie nicht zu dem erwünschten Ergebnis geführt haben, so dass für zukünftige Projekte hieraus Konsequenzen gezogen werden können.

3.3.2   Technische Zusammenarbeit

Ziel der TZ[142] ist es, durch Hilfe zur Selbsthilfe die Menschen und Organisationen in den EL in die Lage zu versetzten, ihre Lebensbedingungen aus eigener Kraft zu verbessern. Zu diesem Zweck werden über die TZ technische, wirtschaftliche und organisatorische Kenntnisse und Fähigkeiten vermittelt (capacity development). Im Vordergrund stehen dabei Vorhaben, die eine Grundbedürfnisorientierung aufweisen, die Zivilgesellschaft einbeziehen, ökologische Gesichtspunkte, die gesellschaftliche Stellung der Frauen oder die Förderung demokratischer Strukturen berücksichtigen. Die TZ kann die fehlende Absorptionsfähigkeit für die Kapitalhilfe senken, indem sie das Leistungsvermögen von Menschen und Organisationen in EL erhöht. Sie ist auf deutsche Lieferungen und Leistungen ausgerichtet und wird für das EL unentgeltlich erbracht. Die Bundesregierung hat seit Beginn der TZ im Jahre 1960 bis zum 31.12.2006 den EL Mittel in Höhe von 20,6 Mrd. € zugesagt. Die Deutsche Gesellschaft für Technische Zusammenarbeit (GTZ) GmbH wird mit der TZ beauftragt, wenn nicht im Einzelfall andere Dienststellen, insbesondere die Bundesanstalt für Geowissenschaften und Rohstoffe (BGR) und die Physikalisch-Technische Bundesanstalt (PTB) für die Leistungen zuständig sind.

Folgende **Leistungen** werden im Rahmen der TZ erbracht:

- Entsendung oder Finanzierung von Beratern, Ausbildern, Sachverständigen, Gutachtern und sonstigen Fachkräften;
- Lieferung oder Finanzierung von Ausrüstung und Material für die Ausstattung der geförderten Einrichtungen und der entsandten Fachkräfte;
- Gewährung von Zuschüssen zur Zahlung von Gehältern an einheimische und nicht-einheimische Fachkräfte, die das EL als integrierte Fachkraft unter Vertrag nimmt;
- Aus- und Fortbildung einheimischer Fach- und Führungskräfte im EL selbst, in anderen EL oder in der Bundesrepublik Deutschland;
- Finanzierungsbeiträge zu Projekten und Programmen leistungsfähiger Träger in den EL;
- Zunehmend werden über die TZ Leistungen im Rahmen von Gemeinschaftsprogrammen der Geber durchgeführt und begleitet.

Die TZ setzt in der Regel die Bereitschaft zu Eigenleistungen des EL voraus. Diese beinhalten insbesondere laufende Betriebskosten, Gehälter für einheimisches Personal und Folgekosten. Bei ärmeren EL übernimmt die Bundesregierung für eine Übergangszeit auch jene Leistungen. Aus **Studien- und Fachkräftefonds** können zudem Durchführbarkeitsstudien, Gutachten usw. finanziert werden. In einem einfachen bürokratischen Verfahren kann so der nicht vorhersehbare Bedarf an Beratungsleistungen etc. rasch gedeckt werden.

Um lokale Kleinstmaßnahmen schnell und wirksam durchzuführen, können deutsche Auslandsvertretungen in Ländern der Dritten Welt mit lokalen TZ-Kleinstmaßnahmen beauftragt werden. Förderungswürdig sind Maßnahmen, die nur bei sofortiger Realisierung den angestrebten Erfolg sicherstellen, einen Mittelbedarf bis zu 8000 € im Einzelfall nicht überstei-

---

[142] Vgl. im Folgenden BMZ, Medienhandbuch Entwicklungspolitik 2008/2009, Bonn/Berlin, Oktober 2008, S. 68–71.

gen, notwendige Sachgüter im EL selbst oder in einem benachbarten EL beziehen, in keinem unmittelbaren Zusammenhang mit laufenden deutschen Projekten stehen und in sich geschlossene Maßnahmen darstellen.[143]

Ablauf eines TZ-Projekts:

I. Projektidee

- Ein EL stellt einen Antrag auf Förderung eines bestimmten Vorhabens über das AA an das BMZ.
- Das BMZ überprüft das Vorhaben und trifft entwicklungspolitische Vorentscheidungen. Dabei holt es ein Angebot zum weiteren Vorgehen bei der GTZ (BGR oder PTB) ein.

II. Weiteres Vorgehen

- Die GTZ unterbreitet einen Vorschlag zur weiteren Vorgehensweise, d.h. zur:
- Prüfung des eingereichten Partnerprojekts;
- Beratung über eine feststehende Durchführungsstruktur bei der Konzipierung des Projekts;
- Beratung des Antragstellers zur Klärung von Projektkonzeption und Trägerstruktur oder
- Unterstützung der Partnerseite bei der Identifizierung und Konzipierung ihres Vorhabens. In diesem Zusammenhang spricht man von „offener Orientierungsphase".
- Aufgrund des Angebotes der GTZ erteilt das BMZ einen Auftrag zum weiteren Vorgehen, vornehmlich an die GTZ.
- Die GTZ erstellt nach Prüfung oder Beratung vor Ort ein Angebot über den deutschen Beitrag zur Durchführung des Projektes und legt dieses Ergebnis dem BMZ vor.
- Das BMZ erteilt nach Prüfung des Angebots und nach Abstimmung mit anderen Ressorts den Auftrag zur Durchführung des deutschen Entwicklungsbeitrags im Rahmen der TZ.

III. Regierungsvereinbarung

- Mit dem Partnerland wird eine Regierungsvereinbarung über die Durchführung des TZ-Vorhabens abgeschlossen, in der Projektkonzeption, die Leistungen beider Seiten und der zeitliche Ablauf festgelegt werden.
- Die für das Vorhaben der TZ allgemein geltenden Regelungen (insbesondere die allgemeinen Rechte und Pflichten der entsandten Fachkräfte und ihrer einheimischen Partner) werden in einem weiteren Rahmenabkommen vereinbart.
- In bestimmten Fällen (z.B. Finanzierungsbeiträge, TZ gegen Entgelt) schließt die GTZ auf der Grundlage der Regierungsvereinbarung mit den Empfängern privatrechtliche Verträge, in denen die Projektdurchführung im Einzelnen geregelt wird.

IV. Durchführung und Kontrolle

---

[143] Pro Land können grundsätzlich nicht mehr als 30.000 € pro Haushaltsjahr von den deutschen Vertretungen gewährt werden. Außerdem wird vorausgesetzt, dass einheimische Träger diese Maßnahmen nicht selbst finanzieren können.

- Die GTZ führt den Auftrag des BMZ selbständig und in eigener Verantwortung nach den Geboten der Wirksamkeit und der Wirtschaftlichkeit durch. Sie steuert und überwacht fachlich den mit der Partnerseite abgestimmten deutschen Beitrag des TZ-Vorhabens. Zur Durchführung bedient sie sich privater Partner, z.B. Consultant-Firmen.
- Das BMZ kontrolliert aufgrund regelmäßiger Berichte der GTZ Stand und Ergebnisse der Maßnahmen und führt gegebenenfalls eigene Evaluierungen oder Inspektionen durch. Bei Diskrepanzen hat das BMZ die Möglichkeit, Projekte zu stoppen.
- Die GTZ erstattet der Bundesregierung einen Schlussbericht über die Ergebnisse der Auftragsdurchführung der TZ.

3.3.3   Personelle Zusammenarbeit

Ziel der PZ[144] ist es, die vorhandenen Fähigkeiten und Kenntnisse der Menschen in EL zur eigenverantwortlichen Entfaltung zu bringen. Dazu werden in zunehmendem Maße Fachkräfte aus EL in der bilateralen EZ eingesetzt. Unter dem Begriff der PZ werden folgende **Maßnahmen** zusammengefasst:

- Berufliche Aus- und Fortbildung von Führungskräften aus EL, sowie Wissenschafts- und Hochschulkooperationen;
- Förderung von Existenzgründungen und Beschäftigungsmöglichkeiten (berufliche Eingliederung) von Fach- und Führungskräften der EL in ihren Heimatländern (Reintegration);
- Entsendung, Vermittlung und Einsatz von Fachkräften, möglichst aus EL, die entweder als integrierte Fachkräfte, Entwicklungshelfer oder entsandte Fachkräfte arbeiten sowie Arbeits- und Studienaufenthalte von Personen aus EL.

Bei der **beruflichen Fortbildung, Wissenschafts- und Hochschulkooperation** unterscheidet man zwischen der beruflichen Fortbildung von Fach- und Führungskräften sowie der Wissenschafts- und Hochschulkooperation.

In der beruflichen **Aus- und Fortbildung von Fach- und Führungskräften aus EL** ist es das Ziel, dem Führungspersonal eine höhere fachliche Qualifizierung zu vermitteln und insbesondere ihre Managementfähigkeiten zu erhöhen, um sie zu befähigen, eigenständige Lösungen zur Verbesserung der Lebensverhältnisse der Menschen in ihren Ländern zu erarbeiten. Fachliche Schwerpunkte liegen in den Bereichen Industrie und Handwerk, öffentliche und private Dienstleistungen, berufliches Bildungswesen, Land- und Forstwirtschaft, Gesundheitswesen sowie öffentliche Verwaltung, Ressourcen- und Umweltschutz. Dabei tritt neben die reine Wissensvermittlung die Funktion des Erfahrungsaustausches zwischen den Teilnehmern sowie ihre Begegnung mit dem demokratischen und marktwirtschaftlichen System eines modernen IL in den Vordergrund. Über eine Dauer von bis zu einem Jahr wer-

---

[144] Das BMZ benutzt den Begriff PZ nicht mehr. Die früher hierunter zusammengefassten Maßnahmen werden unterteilt in berufliche Fortbildung, Wissenschafts- und Hochschulkooperationen – Fördermaßnahmen für rückkehrende Fachkräfte sowie Entsendung, Vermittlung und Einsatz von Fachkräften. Vgl. hierzu auch BMZ, Medienhandbuch. Entwicklungspolitik 2008/2009, Bonn/Berlin, Oktober 2008, S. 71–81. Aus Gründen der Übersichtlichkeit wird der Begriff hier beibehalten.

den in praxisorientierten Programmen Kenntnisse vermittelt, die in EL nicht erworben werden können. Außer den Langzeitmaßnahmen werden viele kurzfristige Seminare im In- und Ausland angeboten, in denen fachliche Kenntnisse durch Dialoge und Erfahrungsaustausch zwischen Nord und Süd und zwischen EL selbst gefördert werden. Neben InWEnt bedient sich das BMZ auch der Zentralstelle für Arbeitsvermittlung (ZAV) der Bundesagentur für Arbeit. Auch Bundesländer beteiligen sich an dieser Förderung über Stipendien.

Die globalen Strukturprobleme lassen sich nur über akademische Führungskräfte lösen. Hierzu hat das BMZ **Wissenschafts- und Hochschulkooperationen** gefördert. Wissenschaftler der EL sollen an das globale Wissensnetz angeschlossen und ihre Qualifizierung in entwicklungsrelevanten Sektoren gefördert werden. In diesem Bereich bedient sich das BMZ des DAAD (Deutscher Akademischer Austauschdienst) der AvH (Alexander von Humboldt-Stiftung) und der DFG (Deutsche Forschungsgemeinschaft). Im Jahre 2007 wurden hierfür 29,5 Mio. € zur Verfügung gestellt.

Im Bereich **Reintegration – Fördermaßnahmen für zurückkehrende Fachkräfte** werden die in Deutschland ausgebildeten Fachkräfte aus EL bei ihrer Rückkehr in ihr Heimatland unterstützt. Dabei gilt es nicht nur das erworbene Fachwissen zu mobilisieren und ihre Existenz zu sichern, sondern auch den unternehmerischen Mittelstand zu stärken und somit zusätzliche Arbeitsplätze zu schaffen. Dafür wurden überregionale Programme entwickelt. Sie beinhalten:

- Information und Beratung zur Rückkehr und beruflichen Eingliederung im Heimatland, einschließlich Maßnahmen der Nachbetreuung;
- Unterstützung bei der Arbeitsaufnahme, z.B. durch Vermittlung von Arbeitsplätzen (Personalbörse);
- Finanzielle Rückkehr- und Eingliederungshilfen in Form von Einarbeitungszuschüssen für Berufsanfänger, Gehaltszuschüsse für zurückkehrende Fach- und Führungskräfte und Zuschüsse zur Gründung einer selbständigen Existenz und zur Ausstattung des Arbeitsplatzes.

Die Reintegration von Fachkräften soll auch über bilaterale Abkommen gesichert werden. Zum Leistungsangebot dieser überregionalen Programme gehören revolvierende Kreditfonds zur Förderung der Gründung kleiner und mittlerer Unternehmen und Finanzierungszuschüsse für die Beratung der Rückkehrer vor Ort. Von 2001 bis 2005 hat das BMZ mehr als 3000 aus Deutschland in ihre Heimatländer zurückkehrende Fachkräfte bei der Wiedereingliederung in ihren Arbeitsmarkt durch Zuschüsse unterstützt. Im Jahre 2005 wurden ca. 9 Mio. € für diese Maßnahmen zur Verfügung gestellt.

Der Bereich **Entsendung, Vermittlung und Einsatz von Fachkräften** geht nach dem Subsidiaritätsprinzip vor, d.h. deutsche Fachkräfte werden nur dann vermittelt, wenn ihre entsprechenden Kenntnisse und Fähigkeiten im EL selbst nicht vorhanden sind. Auch die zum Einsatz der lokalen oder externen Fachkenntnisse erforderlichen Finanzmittel werden extern nur dann zur Verfügung gestellt, wenn sie im EL nicht aufgebracht werden können. Es werden mehrere Kategorien von Fachkräften unterschieden:

Entsandte Fachkräfte werden von deutschen Organisationen unter Vertrag genommen und in Programmen und Projekten der TZ als fachliche Berater eingesetzt. Entsandt werden sie vornehmlich von der GTZ, aber auch von Consulting-Unternehmen, politischen Stiftungen und anderen privaten Organisationen.

Integrierte Fachkräfte (IF) treten unmittelbar in ein Arbeitsverhältnis mit öffentlichen oder privaten Einrichtungen der EL ein und erhalten ein ortsübliches Gehalt. Aus deutschen öffentlichen Mitteln erhalten sie einen Gehaltszuschuss, Beiträge für ihre soziale Sicherung, Zuschüsse für ihre Vorbereitung auf die Tätigkeit in EL und Übergangshilfen für ihre berufliche Wiedereingliederung in Deutschland. Die Vermittlung und Bezuschussung erfolgt durch das Centrum für Internationale Migration (CIM). Ende 2007 waren 761 IF in 76 EL und Ländern Mittel- und Osteuropas tätig. Die Einsatzschwerpunkte der IF waren Wirtschaftsreform und Aufbau einer Marktwirtschaft, Umweltpolitik, Schutz und nachhaltige Nutzung natürlicher Ressourcen, Zivilgesellschaft, Gesundheit, Familienplanung, öffentliche Verwaltung, Wasser- und Abwassermanagement sowie HIV/AIDS.[145]

Entwicklungshelfer sind nach dem Entwicklungshelfer-Gesetz definiert. Im Gegensatz zu den Entwicklungsexperten leisten sie ihren mindestens zweijährigen Dienst ohne Erwerbsabsicht. Sie werden von sechs anerkannten Organisationen entsandt:[146]

- Arbeitsgemeinschaft für Entwicklungshilfe e.V. (AGEH), die von katholischen Organisationen und Institutionen getragen wird. 2004 entsandte sie 210 Entwicklungshelfer;
- Der Deutsche Entwicklungsdienst (DED), der von der Bundesrepublik Deutschland und dem Arbeitskreis „Lernen und Helfen in Übersee" e.V. getragen wird (2004: 899);
- Dienste in Übersee e.V. (DIÜ), der von evangelischen Organisationen und Institutionen als Tochtergesellschaft des Evangelischen Entwicklungsdienstes getragen wird (2007: 180);
- EIRENE, Internationaler Christlicher Friedensdienst e.V. (2003: 26);
- Weltfriedensdienst e.V. (2004: 31);
- Christliche Fachkräfte International e.V. (CFI), der von der Arbeitsgemeinschaft evangelikaler Missionen in Verbindung mit der Deutschen Evangelischen Allianz eingerichtet und 1985 anerkannt wurde. (2004: 71).

Die sechs Entwicklungshelfer-Organisationen haben sich 1993 in der Arbeitsgemeinschaft der Entwicklungsdienste e.V. (AGdD) zusammengeschlossen. Außerdem arbeiten sie im Arbeitskreis „Lernen und Helfen in Übersee" zusammen, der auch eine gemeinsame Beratungs- und Anmeldestelle enthält. Die europäische Dachorganisation für Entwicklungsdienste ist das Europäische Forum für den Entwicklungsdienst. Das BMZ übernimmt einen großen Teil der Personalkosten der Entwicklungshelferorganisationen.

Zur bedarfsgerechten Ausbildung bzw. Vorbereitung geeigneter Nachwuchskräfte für die EZ besteht eine Nachwuchsförderung. So fördert die Bundesregierung Ausbildungskurse des Deutschen Instituts für Entwicklungspolitik (DIE) in Berlin; die GTZ bildet im Rahmen der

---

[145] Vgl. BMZ, Medienhandbuch. Entwicklungspolitik 2008/2009, Bonn/Berlin, Oktober 2008, S. 77.

[146] Vgl. BMZ, Zwölfter Bericht zur Entwicklungspolitik der Bundesregierung, Bonn, Mai 2005, S. 161.

TZ EZ-Trainees zu Fachkräften aus; im Rahmen von „Arbeits- und Studienaufenthalten" (ASA) werden Studenten und junge Berufstätige durch drei- bis sechsmonatige Aufenthalte in EL an entsprechende spätere Tätigkeiten der EZ herangeführt u.v.m. Im ASA-Programm von InWEnt, das auf studentischer Initiative beruht, sind seit 1960 mehr als 6000 Personen beteiligt gewesen; 2005 waren es 244 Personen. Der Postgraduierten-Ausbildungskurs des DIE in Bonn bildet in einem neunmonatigen Kurs (davon 11 Wochen in EL) jährlich ca. 20 Hochschulabsolventen aus.

3.4   Entwicklungspartnerschaften mit der Wirtschaft

Ein neues Instrument der deutschen EH stellen Maßnahmen dar, die unter dem Begriff „Entwicklungspartnerschaften mit der Wirtschaft" (PPP = Public Private Partnership) zusammengefasst werden. Hierbei handelt es sich um direkte Fördermaßnahmen für Einzelunternehmen. Diese Vorhaben sind betriebswirtschaftlich gesehen erfolgreich, beinhalten aber ein großes Risiko. Da diese Projekte ebenfalls als entwicklungspolitisch sinnvoll angesehen werden, ist es verständlich, dass sich der Staat unter bestimmten Voraussetzungen an diesen Projekten beteiligt. Dies ist immer dann der Fall, wenn das privatwirtschaftliche Engagement von Firmen aus IL wegen des hohen Risikos nicht ohne weiteres zustande käme. Dies liegt bei hohen Investitionen vor, wenn „sunk costs" anfallen. In den letzten Jahren ist von diesem Instrument der PPP zunehmend Gebrauch gemacht worden. Sowohl für das Unternehmen des IL als auch für den Partner im EL bringt dieses Vorhaben einen größeren Nutzen als bei einem rein staatlichen oder privaten Engagement. PPP bedeutet eine gemeinsame Finanzierung von Investitionen durch die private Wirtschaft und die EZ.

In diesen Projekten bringen Akteure aus Wirtschaft und Zivilgesellschaft ihr kreatives Potenzial, ihr Know-how, ihr Engagement und ihre zusätzlichen Ressourcen ein. Sie liegen also im Eigeninteresse der Unternehmen und erbringen gleichzeitig einen entwicklungspolitischen Mehrwert, den die EZ alleine in diesem hohen Maße nicht leisten könnte. Diese Maßnahmen werden gemeinsam von BMZ und den privaten Trägern geplant, finanziert und realisiert. Eine Bündelung der Ressourcen führt zu kostengünstigeren Durchführungen von Entwicklungsprojekten. PPP gibt es inzwischen in über 70 Ländern auf allen politischen Feldern.

Die 1999 eingerichteten PPP-Fazilitäten richten sich an deutsche und europäische private Unternehmen und haben das Ziel rasch, unbürokratisch und flexibel EZ-Projekte durchzuführen. Aus dieser PPP-Fazilität können Projekte gefördert werden, die auf Grund ihrer kurzfristigen Laufzeit, ihres geringen Umfangs oder ihres überregionalen Charakters sonst keine Hilfe erhalten würden. Sie werden mit der GTZ, dem DED und der DEG durchgeführt, gehören also in die bilaterale staatliche TZ und FZ. Schwerpunkte sind dabei Maßnahmen im Infrastrukturbereich oder zur Förderung erneuerbarer Energien.

Insgesamt wurden zwischen 1999 und 2005 über 2000 Entwicklungspartnerschaften mit der Wirtschaft in rund 70 Ländern und in nahezu allen entwicklungspolitischen Feldern auf den Weg gebracht, wobei das Gesamtvolumen aller Maßnahmen 10,1 Mrd. € betrug. Davon entfielen 8 Mrd. € auf die DEG. Rund 6,5 Mrd. € private und 3,6 Mrd. € öffentliche Mittel wurden hierüber mobilisiert, wobei vor allem kleine und mittlere Unternehmen (KMUs) in die deutsche EZ eingebunden wurden. PPP-Maßnahmen sollen die soziale und wirtschaftliche Entwicklung in EL gezielt fördern. Die Entwicklungspartnerschaft mit der Wirtschaft sichert eine höhere Effizienz von Entwicklungsprojekten, da beide Beteiligten ihre spezifischen Stärken einbringen können. Die beteiligten Unternehmen haben eine hohe Gestaltungsmöglichkeit und ihr Eigeninteresse führt zu einem nachhaltigen Erfolg dieser Projekte. Das BMZ hat die PPP-Maßnahmen im Jahre 2003 erweitert, so gibt es ein Süd-PPP-Programm des DED und seit 2006 die PPP-Fazilität Afrikas der GTZ, in dem Mittel für Unternehmen in Subsahara-Afrika zur Verfügung gestellt werden, um dort die Zusammenarbeit zwischen der lokalen Wirtschaft und den dortigen Behörden zu verbessern.

Als Beispiel eines PPP-Projektes kann die Einführung von Sozialstandards bei indischen Zulieferern der Firma Faber-Castell genannt werden. Durch die Einführung von Sozialstandards in indischen Zulieferbetrieben sollte in Zusammenarbeit mit der Firma Faber-Castell sowie der IG Metall dieses PPP-Projekt durchgeführt werden. Für die Produktion von Radierern, Kreiden, Farben usw. bezieht Faber-Castell aus Indien für ihre eigenen Produktionsstätten Zulieferungen. Ministerien, NGOs, Gewerkschaften sowie Unternehmen und lokale Auditoren sind durch dieses Projekt für die Bedeutung der Sozialstandards sensibilisiert worden. Die Zulieferer wurden einer Inspektion unterzogen, um Maßnahmenpläne abzuleiten. Anschließend wurde festgestellt, ob die beschlossenen Verbesserungen auch umgesetzt wurden. Nach den positiven Erfahrungen will Faber-Castell diese erfolgreiche Umsetzung auch in andere Werke der EL übertragen, wobei die IG Metall dabei vorhandene Gewerkschaftsstrukturen stärken könnte.

Die Entwicklungspartnerschaft mit der Wirtschaft hilft bei der Erreichung der folgenden entwicklungspolitischen Ziele:[147]

- Schaffung neuer Arbeitsplätze und Know-how-Transfer
- Qualitätsverbesserung der Produkte und damit eine Exportförderung und Verbesserung der Wettbewerbsfähigkeit der EL
- Einführung von Umwelt- und Sozialstandards bei Produktions- und Zulieferbetrieben der EL
- Eine Zunahme von Investitionen, die den armen Bevölkerungsgruppen zugute kommen, wie bspw. durch Infrastrukturleistungen im Bereich der Wasserver- und Wasserentsorgung
- Steigerung der Energieeffizienz und stärkerer Gebrauch erneuerbarer Energien, die vornehmlich im ländlichen Raum gefördert werden. Dies kommt nicht nur den Einzelhaushalten in EL zugute, sondern auch Gesundheitszentren, Schulen und der lokalen Wirtschaft in EL
- Aufklärung über die Behandlung von HIV/AIDS kann durch PPP verbessert werden, was insbesondere positive Auswirkungen im südlichen Afrika hätte.

---

[147] Vgl. BMZ, Zwölfter Bericht zur Entwicklungspolitik der Bundesregierung, Bonn, 2005, S. 169ff.

4 Problemfelder der öffentlichen Entwicklungshilfe

Im Jahre 2006 betrug der Nettoressourcentransfer von DAC-Ländern an EL 304,074 Mrd. US$, wovon ODA 104,421 Mrd. US$ ausmachte. 34 % des Ressourcentransfers der DAC-IL ist der ODA zuzurechnen; 64 % sind private Ressourcentransfers. Die Direktinvestitionen machten 43 % und die bilateralen Portfolioinvestitionen 20 % des Ressourcentransfers aus. NGOs transferierten 14,648 Mrd. US$ an EL, was 5 % des Ressourcenflusses der DAC-IL ausmachte. Es ist zwar eine Erhöhung der EH gegenüber 2005, als 302,8 Mrd. US$ transferiert wurden; preisbereinigt (Preise von 2005) betrug die EH im Jahre 2006 nur 296,669 Mrd. US$.[148] ODA von Nicht-DAC-Mitgliedern betrug im Jahre 2006 5,172 Mrd. US$, wobei Saudi-Arabien mit 2,095 Mrd. US$ den größten Geber darstellte.

27,461 Mrd. US$ der ODA der DAC-IL wurden an multilaterale Institutionen weitergeben, was 9 % des gesamten Ressourcenflusses bedeutet. 2,456 Mrd. US$ davon gingen an regionale Entwicklungsbanken und 7,2 Mrd. US$ an die Weltbankgruppe, wobei der größte Anteil auf die ODA entfiel (6,784 Mrd. US$).[149] Multilaterale Institutionen haben im Jahre 2006 23,847 Mrd. US$ an begünstigten Krediten zur Verfügung gestellt, wobei 5,996 Mrd. US$ auf IDA entfielen. Die privaten Kapitalströme variieren stark. Im Jahre 2002 waren von 72,640 Mrd. US$ EH 80 % ODA und nur 8 % stammten aus privaten Kapitalströmen; die restlichen 12 % stammten von NGOs. In den Jahren 1990/1991 wurden 85,469 Mrd. US$ geleistet, wobei 64 % aus ODA und 21 % aus privaten Kapitalströmen stammten.[150] Im Jahre 2007 stammten 74 % der Nettotransfers aus privaten Quellen, ODA stellte 23 % der EH i.H.v. 440,912 Mrd. US$. Nach Afrika flossen 2007 38,72 Mrd. US$ ODA.[151]

Trotz des enormen Hilfevolumens, das seit den Anfängen der EH in den 50er Jahren in EL floss, hat die Diskrepanz zwischen IL und EL zugenommen. Als Ursache wird oft eine falsch konzipierte EH gesehen. Gelegentlich wird der Vorwurf der „**verschwendeten Hilfe**" erhoben. Um die absolute Armut in EL zu überwinden, wird daher eine Effizienzsteigerung der öffentlichen EH gefordert (Pariser Erklärung).

---

[148] OECD: DAC-Report 2007, Paris 2008, Tab. 2, S. 138.

[149] idem Tab. 15, S. 174

[150] idem S. 138f.

[151] DAC-Report 2009, Tab. 2 und 25, S. 152f. und 204.

Da die privaten Kapitalströme unstetig verlaufen und zu einem hohen Anteil in die relativ großen und dynamischen Länder und Sektoren der EL fließen, profitieren die Ärmsten davon nur in geringem Maße. Daher bleibt die ODA für die meisten EL eine unabdingbare Einnahmequelle für wichtige Investitionen des wirtschaftlichen und sozialen Fortschritts und damit zur Verbesserung der Lage in EL.

In der entwicklungspolitischen Literatur werden verschiedene Problemfelder der öffentlichen EH identifiziert und mit Blick auf ihre Effizienz kritisch diskutiert. So stellt sich zunächst die Frage, ob die Hilfe über multilaterale oder bilaterale Kanäle erfolgen soll, ob in der Dritten Welt Projekte oder Programme gefördert werden sollen und ob zusätzlich Verwendungsauflagen in Form von Lieferbindungen an die Hilfe geknüpft werden dürfen. Daneben wird das Problem diskutiert, inwieweit Geber und Nehmer miteinander kooperieren und ob die Aktivitäten verschiedener Geber koordiniert werden sollten. Es stellt sich weiterhin die Frage, welchen Beitrag zur wirtschaftlichen Entwicklung der EL die Entwicklungsplanung in der Vergangenheit leisten konnte. Da soziokulturelle Faktoren in der EZ eine große Rolle spielen, werden auch sie hier behandelt. Auch das Problem der Korruption, das lange nicht zur Kenntnis genommen wurde, muss behandelt werden und der Zusammenhang zu Menschenrechten und Demokratie. Schließlich wenden wir uns verschiedenen Möglichkeiten der Finanzierung der öffentlichen multilateralen EH zu. Abschließend werden wir das Problem der Nahrungsmittelhilfe behandeln.

4.1   Bilaterale vs. multilaterale Hilfe

IL gewähren EL öffentliche EH entweder direkt oder indirekt. Im Falle einer direkten Beziehung zwischen Geber- und Empfängerland spricht man von **bilateraler Hilfe**. In ihr kommen die politischen Beziehungen der beiden Länder zum Ausdruck, wobei insbesondere die Interessen der Geberländer, aber auch die geopolitische Bedeutung des Empfängerlandes eine große Rolle spielen. Wird die Kapitalhilfe mehrerer Geberländer von internationalen Organisationen gesammelt und im Rahmen von Projekten und Programmen an die Empfänger weitergeleitet, oder verwendet diese Organisation Eigenmittel, so handelt es sich um **multilaterale Hilfe**. Dabei bestimmt sich die Vergabepolitik der multilateralen Organisationen durch die Vertreter der Mitgliedsländer in den Aufsichtsorganen. Die wichtigsten multilateralen Entwicklungshilfeorganisationen sind die Institutionen der UN (WFP, UNDP, UNHCR, UNICEF etc.) sowie die Bretton Woods-Institutionen (IMF, IBRD, IDA, IFC etc.), die regionalen Entwicklungsbanken (African Development Bank, Asian Development Bank, Caribbean Development Bank etc.) und die zuständigen Stellen multilateraler Institutionen wie z.B. der OECD und der EU.[152] Die einzelnen Zuständigkeitsbereiche sind nicht immer klar abgegrenzt.

---

[152] Obgleich die Bretton Woods-Institutionen zur UN gehören, unterscheiden sie sich doch hinsichtlich der Stimmverteilung. In den Organisationen der UN gilt „ein Land – eine Stimme", während sowohl bei der Weltbank als auch beim IMF die Stimmengewichtung nach dem Kapitaleinsatz vorgenommen wird. Vgl. hierzu auch RAFFER/SINGER (1996), S. 40ff.

Der größte Teil der Kapitalhilfe wird in Form von bilateraler Hilfe gewährt. 2006 belief sich der über bilaterale Kanäle fließende Nettotransfer weltweiter ODA auf 79,45 Mrd. US$, das entsprach einem Anteil der bilateralen Hilfe an der ODA von 76,1 %. Bis 1970 lag dieser Anteil bei rund 90 %. 1970 erreicht er 83 %, 1980 66 %, 1990 63,1 % und 2002 lag er bei 63,5 %. Der Anteil bilateraler Hilfe an der ODA scheint sich zwischen 60 % und 70 % einzupendeln.[153] Der hohe Anteil der bilateralen Hilfe an der ODA lässt sich durch den verstärkt gewährten Schuldenerlass erklären. Im Jahre 2005 wurden 24,999 Mrd. US$ und im Jahre 2006 18,6 Mrd. US$ an Schuldenerlass gewährt. Im Jahre 2006 betrug der Schuldenerlass 17,8 % der ODA (im Jahre 2005 betrug er sogar 23,3 % der ODA).

Die multilaterale Hilfe erreichte 2006 27,461 Mrd. US$ bzw. 26,3 % der weltweiten gesamten ODA. Die Beitragszahlungen der DAC-Mitglieder an die multilateralen Entwicklungsinstitutionen zeigen Verlagerungen auf. Die Beiträge an Unterorganisationen der UN und an die regionalen Entwicklungsbanken blieben einigermaßen konstant. Dahingegen stieg der Anteil der IDA und der Europäischen Kommission (siehe Tab. 4.1).

Tab. 4.1 Verteilung der multilateralen ODA nach Institutionen[154]

ODA ausgewählter multilateraler Institutionen in Mio. US$						
Institution	1970-71	1975-76	1980	1990-91	1995-96	2007
IDA	225	1.198	1.543	4.118	5.325	10.002
UNTA	48	73	35	257	401	462
UNICEF	47	114	247	586	737	984
UNDP	219	378	660	923	530	439
UNHCR	8	81	464	626	580	289
WFP	125	350	539	1134	732	233
IMF	-	-	-	647	967	521
Europäische Kommission	203	591	1.043	3021	4.992	11.546
Afrikanischer Entwicklungsfonds	-	7	96	615	580	1.313
Asiatischer Entwicklungsfonds	3	71	149	1.080	1.130	1.768
Arabische Stellen	-	288	286	114	-29	751

Nach diesem Überblick über das Volumen und die Verteilung der ODA stellt sich nun die Frage, ob die EH besser bilateral oder multilateral gegeben werden sollte. Generell lässt sich die Behauptung aufstellen, dass eine Institution in dem Bereich EH leisten sollte, in dem sie komparative Vorteile aufweist. Aus historischen Gründen mag bspw. ein IL in besonderer Weise Wissen über die Eigenarten und Bedürfnisse eines EL angereichert und sich auf die Bereitstellung bestimmter Hilfsgüter und -dienstleistungen spezialisiert haben. Zu fragen ist

---

[153] Vgl. CASSEN (1990), S. 373; DEWALD/WEDER (1996), S. 550 und OECD, DAC-Bericht 2006, Tab. 2, S. 138

[154] Quelle: OECD, DAC-Bericht 2007, Tab. 17, S. 179 und DAC-Report 2009, Tab. 17, S. 192.

insbesondere, warum es überhaupt multilaterale EH gibt. Dies wird dann der Fall sein, wenn multilaterale Institutionen Vorteile bei der Hilfegewährung aufweisen.[155]

Die Vorliebe der Geberländer für bilaterale Hilfe gründet zunächst in bestehenden nationalen Interessen.[156] So unterstützen Geberstaaten diejenigen Länder, zu denen Bindungen wirtschaftlicher, politischer, strategischer oder kultureller Art bestehen oder aufgebaut werden sollen. Bilaterale Hilfe kann darüber hinaus das Ansehen des Gebers im Nehmerland erhöhen und findet außerdem in der Öffentlichkeit des Geberlandes hohe Akzeptanz. Diese gründet sich auch auf die Tatsache, dass die bilaterale Hilfe einen vergleichsweise geringeren administrativen Aufwand benötigt. Gemäß einem Ansatz von Coase lässt sich die Existenz unterschiedlicher Entwicklungshilfeorganisationen durch die unterschiedlich hohen Transaktionskosten erklären. Eine bilaterale Hilfe ist demnach oft günstiger zu haben, da die Abwicklungskosten geringer sind (Martens).

In ökonometrischen Untersuchungen bleibt die Wirksamkeit der EH oft unbefriedigend, da sie insignifikante und manchmal negative Auswirkungen zeigt. In einer Studie von Ramm (2003) wurde festgestellt, dass eine Berücksichtigung des Unterschieds von bilateraler und multilateraler Hilfe zu einer Lösung dieses Problems führt. Die bilaterale Hilfe hat signifikante positive Auswirkungen; die multilaterale Hilfe ist signifikant negativ für den Wachstumsprozess der EL. Begründet wird dies damit, dass bei der bilateralen EH davon ausgegangen werden kann, dass das Geberland die Situation im Empfängerland auf Grund historischer Erfahrungen und langjähriger Beziehungen kennt, sich in die kulturellen Gegebenheiten besser einbringen kann und die Motivation der Hilfeleistenden höher liegt. Jedoch soll bemerkt werden, dass die multilateralen Hilfsorganisationen oft mit Hilfe der „Konditionalität" Reformen durchsetzen müssen, die negativ auf die Wirksamkeit der EH wirkt.

Ein besonderer Vorteil der bilateralen gegenüber der multilateralen Hilfe, vor allem in Hinblick auf die ökonomischen Interessen der Geberländer, besteht in der Möglichkeit der **Lieferbindung**. Diese wird insbesondere von zahlungsbilanzschwachen Geberländern gerne in Anspruch genommen, um durch eine Bindung der Hilfeleistungen an den Einkauf von Ausrüstungen, Transportleistungen und technischer Beratung im eigenen Land die Belastung der Zahlungsbilanz zu vermindern und der Arbeitslosigkeit zu begegnen. Mit dieser Form der gebundenen Hilfe geht zudem eine bessere Kontrollmöglichkeit der Verwendung der Hilfeleistungen und der eventuell entstehenden Erträge einher.

Offen bleibt die Frage, inwieweit eine Konkurrenz zwischen verschiedenen bilateralen Gebern zu einer höheren Effizienz der EH führen kann. Hat ein EL die Möglichkeit, zwischen verschiedenen Angeboten gebundener Hilfe oder zwischen gebundener und ungebundener Hilfe generell zu wählen, so bedeutet dies für das EL in jedem Fall einen Gewinn an Autonomie. Ein Effizienzgewinn ergibt sich erst dadurch, dass das EL die entwicklungspolitisch

---

[155] Vgl. dazu auch DEWALD/WEDER (1996)und RODRIK in AWBCDE (1995), S. 167-193.

[156] Siehe Kap. 1.2. Mit den Motiven der Leistung von EH im Allgemeinen und bilateraler Hilfe im speziellen beschäftigen sich einige Veröffentlichungen, CASSEN et al. (1982); SCHOOF (1985); FLEMMING (1985); WECK-HANNEMANN/SCHNEIDER, Vergabe (1989) (hier findet sich auf S. 2-4 ein kurzer Überblick über empirische Studien zum Thema); LAGAE, (1990).

„sinnvollsten" Projekte und Programme im Rahmen einer der Entwicklung förderlichen Wirtschaftspolitik auswählt.

Nach Ansicht der Empfängerländer kehren sich die genannten Vorteile der bilateralen Hilfe für die Geberländer leicht in Nachteile für die Nehmerländer um. Die Empfängerländer bevorzugen nicht nur aus diesem Grunde die multilaterale Hilfe. Während in den 1960er Jahren durch bi- und multilaterale EH meist gleichartige Projekte finanziert wurden, ist seit Mitte der 1970er Jahre eine zunehmende Akzentverschiebung zu beobachten. Die multilaterale Hilfe kommt den ärmeren Ländern in stärkerem Maße zugute als dies durch die bilaterale Hilfe gewährleistet ist. Ökonometrische Untersuchungen stützen die Hypothese, dass die Vergabe von multilateraler Hilfe sich stärker an der Bedürftigkeit eines Empfängerlandes orientiere als auf nationale Interessen gerichtete bilaterale Hilfe (Weck-Hannemann/ Schneider). Hier ist die Möglichkeit politischer Einflussnahme durch die Geber vielfältig und wird in hohem Maße wahrgenommen. Sie zeigt sich in Prüfungs- und Kontrollverfahren, bei der Mittelvergabe und Projektdurchführung oder gar im Zwang zum Einsatz nationaler Berater und Techniken aus dem Geberland. Dahingegen ist die Gefahr allzu großer Einflussnahme sowie des Entstehens regionaler oder sektoraler Verzerrungen bei multilateraler Hilfe geringer, da Bedürfnisorientierung und nicht nationale oder kommerzielle Interessen im Vordergrund stehen. Eine verschleierte Interessenpolitik über die Kapital- und Stimmenanteile der Mitglieder ist aber auch in internationalen Organisationen nicht auszuschließen, so dass humanitäre, altruistische Motive sicher nicht ausreichen, um das Agieren der Institutionen vollständig zu erklären. Besonders die Weltbank stand immer wieder im Zentrum der Kritik, die häufig von Seiten der NGO erhoben wurde.

Die Neigung der Geberländer zu gebundener bilateraler Hilfe führt in EL oft dazu, dass ständig neue Projekte in Angriff genommen werden, um möglichst viel Auslandshilfe zu erhalten. Dies führt aber meist gleichzeitig zur Stilllegung abgeschlossener oder laufender Projekte, für deren Instandhaltung und Modernisierung keine Mittel mehr zur Verfügung stehen. Eine Lieferbindung kann zudem den Nettotransfer beträchtlich vermindern: Genannt sei hier ein Beispiel aus Pakistan, wo der Transport von aus Hilfeleistungen finanzierten Ausrüstungen durch die von Entwicklungshilfeeinrichtungen bestimmten Schifffahrtslinien um 50 % bis 115 % teurer war als bei Inanspruchnahme der billigsten Transportmöglichkeit.[157] Da im Gegensatz zur bilateralen die multilaterale Hilfe aufgrund eines Beschlusses der DAC-Länder seit 1973 nur sehr selten liefergebunden erfolgt, wird der reale Wert multilateraler Leistungen durch Verteuerungseffekte nur geringfügig geschmälert (Ochel). Gebunden ist die Hilfe internationaler Organisationen aber insofern, als diese entscheiden, welche Projekte und Programme verwirklicht werden. Der Verwendungszweck ist also vorgegeben. Daher muss das Argument der UN, die multilaterale EH ermögliche in stärkerem Umfang als die bilaterale Hilfe die Mitwirkung der EL, relativiert werden.

Bei der multilateralen Hilfe entfällt das Problem negativer Systemwirkungen der bilateralen EH. Handeln nämlich die einzelnen Geberländer unkoordiniert, so können parallel laufende Projekte und Programme, Ratschläge und Techniken verschiedener Geber miteinander kon-

---

[157] Vgl. WELTBANK, Weltentwicklungsbericht 1991, Washington, D.C, 1991, S. 57.

kurrieren oder gar im Widerspruch zueinander stehen und die Effizienz aller Geberleistungen in hohem Maße schmälern.

Multilaterale Organisationen können auf einen aus sämtlichen Mitgliederländern ausgewählten Expertenstamm zurückgreifen. Sie unterhalten in vielen EL Vertretungen, so dass sie die Bedingungen und Bedürfnisse vor Ort kennen. Ihre Organisationsstruktur ist außerdem direkt auf den primären Zweck, EH zu leisten, zugeschnitten. Damit stehen ihnen qualifizierte, leistungsfähige Berater und Administratoren zur Verfügung, die die Ressourcen eines kleinen Geberlandes übertreffen. Andererseits verfügen große bilaterale Geberländer durch die langjährige Bindung und den direkten Kontakt zu den Nehmerländern meist über eine sehr gute Kenntnis der wirtschaftlichen, politischen und sozialen Strukturen und sind auch finanziell in der Lage, qualifizierte Experten zu rekrutieren. Geht es jedoch um die Finanzierung größerer Projekte, so sind oft auch größere Geberländer überfordert und es bedarf einer Ressourcenzusammenlegung mehrerer Länder.

Ein weiterer Vorteil der multilateralen Organisationen ist die Kontinuität und Kalkulierbarkeit der EH, die besonders für die ärmsten Länder, die einen hohen Anteil von Hilfeleistungen an ihrem BSP aufweisen, von Bedeutung ist. Während bilaterale Hilfeleistungen aus politischen oder wirtschaftlichen Gründen (z.B. Zahlungsbilanzschwierigkeiten) relativ schnell reduziert, gestoppt oder wieder aufgenommen werden können, da sie jährlichen Haushaltsentscheidungen unterworfen sind, sind die Zusagen der Beiträge an die Fonds multilateraler Organisationen langfristiger Natur. Darüber hinaus können auf internationaler Ebene Schwankungen der Mittelverfügbarkeit ausgeglichen werden, so dass es nicht zur Unterbrechung von Entwicklungsprogrammen oder zur Einstellung von Projekten kommen muss.

Die multilaterale Hilfe bietet den Empfängerländern aber auch eine größere Transparenz und Klarheit der Zielvorstellungen der hilfeleistenden Organisation. Haben einzelne Länder nicht nur unterschiedliche entwicklungspolitische Ziele, sondern auch unterschiedliche Strategien und Vergabekriterien, verschmelzen diese in einer internationalen Organisation zu einer nach außen geschlossen vertretenen Leitlinie. Auf der anderen Seite ist jedoch eine gewisse Schwerfälligkeit großer Organisationen bei der Anpassung ihrer Vorstellungen an veränderte Verhältnisse und neue Erkenntnisse festzustellen.

Bei der Bewertung der multilateralen Hilfe wird auf die **Theorie kollektiver Güter** Bezug genommen. Multilaterale Organisationen seien im Vergleich zu bilateralen besser in der Lage, Informationen und Externalitäten zu internalisieren. Bei der bilateralen Hilfe muss jeder Geber die benötigten Daten und Informationen selbst erheben. Werden diese dahingegen von einer Organisation gesammelt und bewertet, so können durch zunehmende Skalenerträge bei der Informationsgewinnung die Kosten der EH gesenkt werden. Ähnliche Effekte können auch beim Monitoring auftauchen. Dem muss jedoch entgegengehalten werden, dass Weltbank und IMF ihre Informationen nicht unbedingt publizieren, da es nicht in ihrem Interesse liegt, Fehlschläge einzugestehen und damit Alarm bei anderen Geberinstitutionen auszulösen.

Im Gegensatz zu bilateralen Gebern sind multilaterale Institutionen eher in der Lage, dem Empfängerland bestimmte Bedingungen, vor allem hinsichtlich der Führung seiner Wirtschaftspolitik, aufzuzwingen. Man spricht hier von der **Konditionalität** der EH. Erfahrungen der Vergangenheit haben gezeigt, dass auf Druck des IMF schwierige Reformprozesse und Umstrukturierungen in EL eingeleitet werden konnten. Dies löst in den EL, aber auch in IL immer wieder die Kritik von Lobbyisten und Interessengruppen aus, die derartigen Reformen ablehnend gegenüberstehen. Vor allem die USA bestimmen nach Auffassung der EL in einem hohen Maße die Politik internationaler Organisationen. Auch die Art der Konditionen sowie die Arbeitsweise internationaler Hilfsorganisationen unterlagen in letzter Zeit starker Kritik.[158]

EH kann positive Effekte auf die Gesamtsituation der Dritten Welt haben und damit auch den Weltfrieden absichern. Diese **Kollektivguteigenschaft** der EH schafft jedoch Raum für Trittbrettfahrer. Ökonomisch ist es daher rational, multilaterale Organisationen zu gründen, um das globale Kollektivgut EH unter internationaler Lastenteilung zur Verfügung stellen zu können. Eine globale Unterversorgung mit dem Gut EH ist dadurch leichter zu überwinden als durch bilaterale EH allein (Gelbhaar). Die Multilateralität der EH schafft darüber hinaus eine funktionale Zentralisierung der politischen Zuständigkeiten, durch die Wirtschaftlichkeitsgewinne möglich werden. Neben der Überwindung des Trittbrettfahrerdilemmas können somit auch Verbundvorteile, **economies of scope**, genutzt werden. Da der Wissenszugewinn eines „learning-by-doings" auf internationaler Ebene einem größeren Nutzerkreis zugute kommt, sind auch Skaleneffekte, **economies of scale**, möglich. Dabei gilt, je homogener die entwicklungspolitischen Präferenzen der Geber sind, desto stärker kann multilaterale EH effizienzsteigernd wirken. Die multilaterale EH kann also dem Dilemma der Unterversorgung mit globalen Kollektivgütern entgegenwirken. Es muss jedoch kritisch geprüft werden, inwieweit multilaterale EH in der Lage ist, den Präferenzen der Geberländer zu entsprechen (**Output-Effizienz**) und inwieweit die EH kostenminimal erfolgt (**Input-Effizienz**).

Geberländer profitieren von der Situation, dass sich die finanziellen, organisatorischen und personalen Lasten der EH auf mehrere Schultern verteilen und sich die politische Verantwortung für Maßnahmen nicht mehr eindeutig zuordnen lässt. So trifft die Kritik der Öffentlichkeit im Falle entwicklungspolitischer Fehlschläge eher die Institutionen als die nationalen Regierungen. Multilaterale Entwicklungshilfeorganisationen übernehmen demzufolge eine **„political dustbin-Funktion"**. Darüber hinaus ist eine Absicherung riskanter Entwicklungshilfeprojekte möglich. Nationale Regierungen werden von der Aufgabe entlastet, aufwendige und riskante Investitionen alleine zu verantworten; oft wird ihre Durchführung durch die Zusammenlegung der Ressourcen gerade erst möglich. Private Investoren profitieren in dem Maße, wie durch multilaterale EH Bedingungen geschaffen werden, die ein weiteres Engagement in den EL möglich machen. Private Investitionen können wiederum über zusätzliche Arbeitsplätze, neu geschaffenes Einkommen und Ersparnisse etc. zur wirtschaftlichen Entwicklung beitragen. Davon profitieren wiederum stimmenmaximierende Hoheitsträger in den Institutionen. Da multilaterale Organisationen nicht der demokratischen Kontrolle unterliegen, können Politiker in einem verstärkten Maße ihre Ziele durchsetzen. Auch verfügen internationale Entwicklungshilfeorganisationen in gewisser Weise über Schattenhaushalte, die nicht unmittelbar dem demokratischen Einfluss ausgesetzt sind. Da der Wähler entmach-

---

[158] So kritisierte der ehemalige Chefvolkswirt der Weltbank die Politik des IWF (STIGLITZ).

tet ist, wird in den Organisationen der wohlwollende Diktator durch den egoistischen Bürokraten ersetzt. Gegen die multilaterale Hilfe sprechen auch langwierige Entscheidungsprozesse und vor allem die hohen Verwaltungskosten der zuständigen Institutionen.

Probleme der Effizienz multilateraler EH lassen sich durch die zusätzlichen Agentenkosten
erklären. Multilaterale EH ist in einem komplexen Geflecht von **Prinzipal-Agent-
Konstellationen** eingebunden. Da der auftraggebende Prinzipal kaum in der Lage ist, die
internationalen Organisationen mit ihren operativen Abteilungen zu überwachen, werden
diese Institutionen eine Eigendynamik entwickeln, die dazu führt, dass das Management mit
der Kontrolle der Organisationen überfordert ist. Noch weniger werden die Regierungen
letztendlich Einfluss nehmen können auf diese Organisationen. Damit sind sowohl Output-
Effizienz als auch Input-Effizienz fraglich.

Angesichts dieser Argumente stellt sich nun die Frage, ob man sich im Sinne der Effizienz
für eine Ausweitung der multilateralen oder der bilateralen EH entscheiden soll. Generell
lässt sich feststellen, dass eine Ausweitung der multilateralen EH die Politisierung der EH
reduziert. Sie bietet eine größere Gewähr, dass die Vergabe der Hilfsmittel unter entwicklungspolitischen Gesichtspunkten erfolgt und negative externe Effekte, wie z.B. die Vernachlässigung der Auswirkungen von Projekten auf die Umwelt, vermieden werden. Dabei sollte
jedoch der Einfluss nationaler Interessen sowie die Mittelverwendung über die interne Revision hinaus stärker überwacht werden.

Gegen die weitere Ausweitung der multilateralen Hilfe spricht hingegen das Problem der
Kontrolle. So sind einige internationale Organisationen, wie z.B. die UNESCO, UNICEF,
FAO, Europäische Entwicklungsbank und multilaterale Entwicklungsbanken ins Schussfeld
der öffentlichen Kritik geraten, weil ihre Führung Entwicklungshilfemittel verschwendete
und gar Korruption auf Seiten der EL Vorschub leistete.[159] Im Allgemeinen ist bei der multilateralen Hilfe die Korruptionsmöglichkeit sehr hoch. Zudem wird vermutet, dass eine stärkere Verlagerung hin zur multilateralen Hilfe eine Reduzierung des Mittelaufkommens zur
Folge hätte. Es bleibt offen, inwieweit hier eine qualitative Verbesserung eine quantitative
Reduktion der Tätigkeit multilateraler Institutionen kompensieren könnte. Letztlich ist
a priori keine Aussage möglich, welche Vergabeform die Effizienz der EH besser gewährleistet.[160]

4.2   Kredite oder Zuschüsse?

Im März 2000 wurde der Meltzer-Report in den USA veröffentlicht. Dieser konservative
Report, der vom „International Financial Institution Advisory Committee" unter dem Vorsitz

---

[159] Vgl. zur Kritik auch GOLDMAN (1984).

[160] Die genannten komparativen Vorteile der multilateralen Entwicklungsinstitutionen müssen nicht zwangsläufig
auf jede Einrichtung zutreffen, siehe KLINGENBIEL (1993), S. 26 für eine Aufstellung der potenziellen, komparativen Vorteile multilateraler Organisationen.

von Professor Allan Meltzer stand, riet, EH vornehmlich als Zuschuss zu vergeben und nicht als Kredite bzw. Kredite zu Vorzugskonditionen. Die damalige Regierung Clinton lehnte diesen Vorschlag ab, da sie fürchtete, dass die EL Zuschüsse nicht effizient verwenden und die Geber zusätzlich weniger Mittel für EL bereitstellen würden. Die konservative Regierung Bush hat diese Vorschläge allerdings aufgegriffen und verstärkt EH als Zuschüsse gegeben, weil damit den Ärmsten der EL effektiv geholfen werden könnte.

In der Folge gab es eine Diskussion darüber, ob EH als Zuschüsse oder besser als Kredite gegeben werden sollte. Die ökonomische Position war einleuchtend: Die EL werden Zuschüsse ineffizient einsetzen, da solche Zuschüsse als freie Güter zu bewerten sind, die dann bis zum Grenznutzen von Null genutzt werden. Auch Kredite zu Vorzugskonditionen werden übermäßig beansprucht.

Dagegen wurde argumentiert, dass viele EL Verschuldungsprobleme haben und weitere Kredite sich negativ auf die wirtschaftliche Entwicklung auswirken. Die Gegner eines größeren Zuschussanteils wiesen darauf hin, dass höhere Zuschüsse im Parlament nicht so leicht durchzusetzen seien und gleichzeitig die zur Verfügung stehenden Mittel reduzierten, da Rückzahlungen im Prinzip wieder als EH vergeben werden könnten. Zusätzlich wurde auf die finanzielle Disziplin der EL hingewiesen, die bei einer Rückzahlung der EH zu erwarten ist. EL mit Krediten zu Vorzugskonditionen gerieten leicht in eine Schuldenfalle.

Dem Argument, dass Zuschüsse als freie Güter zählen, kann entgegengehalten werden, dass EH dann rationiert wird. Die Geber werden nämlich überprüfen, welche EL Zuschüsse erhalten und dabei über Konditionen auf die politischen und ökonomischen Entscheidungen des EL Einfluss nehmen. Zu fragen ist, ob es nicht möglicherweise zu einer effizienteren Nutzung der Transfers kommt, wenn das empfangende Land Zuschüsse anstelle von Krediten erhält. Empirische Studien weisen darauf hin, dass Zuschüsse dazu führen, dass die Regierungen ihre Konsumausgaben erhöhen – zu Lasten der Investitionsausgaben. Außerdem wurde festgestellt, dass Zuschüsse dazu führen, dass EL ihre Mühen reduzieren, ein effizientes Steuersystem aufzubauen.

Dennoch ist zu fragen, ob nicht unter bestimmten Voraussetzungen Zuschüsse die Entwicklung eines EH stärker fördern als Kredite. Bei der Analyse muss unterschieden werden, wofür das EL Transfers erhält und welchen Entwicklungsstand das EL erreicht hat. Hierbei sind, grob gesprochen, drei verschiedene Möglichkeiten zu überlegen.

EH kann verstärkt zur direkten Armutsbekämpfung eingesetzt werden. Die Ausgaben für das Gesundheitswesen, die Bildung oder Ernährungsprogramme können kaum von EL selber aufgebracht werden. Gedanken der internationalen Solidarität verpflichten die wohlhabenden IL den ärmeren EL zu helfen. Da die geringe wirtschaftliche Entwicklung es den EL nicht ermöglicht hohe Sozialausgaben zu tätigen, muss im Rahmen der EH diesen Ländern geholfen werden, wobei entweder Zuschüsse oder günstige Kredite angeboten werden sollten. Ob ein Land einen 100 %-igen Zuschuss oder nur einen 50 %-igen Zuschuss und den Rest als Kredit erhält, müsste von der wirtschaftlichen Entwicklung dieses Landes abhängig gemacht werden. Diese Art von EH würde jedoch verlangen, dass die Geber überprüfen, ob diese Mittel auch zu dem Zweck der Armutsbekämpfung eingesetzt werden!

Wenn bei der Motivation zur Vergabe der EH auch die bilateralen Beziehungen berücksichtigt werden, dann könnte im Rahmen der bilateralen EZ verstärkt das Zuschusselement eine Rolle spielen, wobei die Geberstaaten von EL oft eine Gegenleistung erwarten.

Der Ausbau bei der Infrastruktur könnte durch subventionierte Kredite geleistet werden, wobei lange Rückzahlungsperioden vereinbart werden müssten. Wie bisher könnten Kredite dieser Art über die Weltbank zur Verfügung gestellt werden. Hierbei würde es sich um Projekte handeln, die in einem hohen Maße dann multilateral getätigt werden könnten.

Der Aufbau des Industriepotenzials sollte verstärkt über Kredite zu Marktkonditionen, oder, noch besser, über ausländische Direktinvestitionen erfolgen. Im letzteren Fall hat der ausländische Investor das Risiko zu tragen; im ersten Fall muss das empfangende Land effizient mit diesen Mitteln umgehen, so dass die Investitionen langfristig Mittel erwirtschaften, um den Kredit nebst Verzinsung zurückzuzahlen – und dies auch noch in Form von ausländischen Devisen. Mit anderen Worten, bei diesen Investitionen sind die folgenden Bedingungen zu beachten[161]:

- Transformations- oder Effizienzkriterium,
- Transferkriterium,
- Liquiditätskriterium.[162]

Zuschüsse bergen die Gefahr, dass mit diesen Mitteln ineffizient umgegangen wird. Allerdings darf Effizienz nicht das alleinige ökonomische Kriterium sein. Es gibt auch Marktversagen. Alle Regierungen dieser Erde haben auf nationalem Niveau Maßnahmen ergriffen, bestimmte Güter zu subventionieren oder öffentliche Güter zur Verfügung zu stellen, teilweise aus meritorischen Gründen, wie die kostenlose Schulbildung in Deutschland.

Demzufolge muss überprüft werden, ob bei den Maßnahmen, die durch die EH gefördert werden, nicht positive Externalitäten vorliegen. Im Falle von globalen öffentlichen Gütern wäre ein Zuschuss wirksamer als ein Kredit. Im Kreditfall würde dieses globale öffentliche Gut nicht in ausreichendem Maße zur Verfügung gestellt (Odedokon).

Auch das Eigeninteresse des Geberstaates kann dazu führen, dass ein Zuschuss statt eines Kredites gegeben wird. Das IL wird vom EL ein Entgegenkommen als *quid pro quo* erwarten. Das Geberland mag bspw. eine Besserstellung der Frau, eine Demokratisierung, Bekämpfung der Korruption oder größere Privatisierungsanstrengungen erreichen wollen. Auch makroökonomische Reformen können besser durch Zuschüsse durchgesetzt werden als durch Kredite. Der Zuschuss kann dann als „politische Bestechung" angesehen werden.

Es mag sein, dass ein EL kurzfristig unter ökonomischen Schocks leidet. Sollte es nun Kredite aufnehmen müssen, würden sich langfristig seine Entwicklungsmöglichkeiten verringern, so dass ein Zuschuss für die langfristige Entwicklung vorzuziehen wäre. Immerhin muss bei der Gesamtdiskussion, ob Kredite oder Zuschüsse zu geben sind, auch beachtet werden, dass überschuldete EL nicht mehr in der Lage sind, ihre Kredite zurückzuzahlen. Um Verschul-

---

[161] Vgl. die ausführliche Diskussion der drei Kriterien in Kapitel 8.1.

[162] Vgl. hierzu auch LACHMANN (1994), Kap. 6: Das Verschuldungsproblem der Dritten Welt, S. 211ff.

dungsprobleme dieser Art zu vermeiden, wäre es dann unter bestimmten Voraussetzungen vorzuziehen, den EL Zuschüsse zu gewähren (eventuell unter bestimmten wirtschaftspolitischen Auflagen). Wenn die Geberländer daran interessiert sind, dass den Armen der EL geholfen wird, dann würde dies für Zuschüsse sprechen. Jedoch muss bei der Vergabe von Zuschüssen darauf geachtet werden, dass der Geber die Verwendung dieser Mittel überwacht und eventuell die weitere Zahlung von Zuschüssen, die in Raten ausgezahlt werden sollten, davon abhängig machen, inwieweit die vereinbarten Konditionen auch eingehalten werden.

4.3   Projekt- vs. Programmhilfe

Die Vergabe von EH in Form von öffentlicher Kapitalhilfe ist teils an Verwendungsauflagen gebunden, teils ist sie frei von Auflagen.[163] Im ersten Fall, der **Projekthilfe**, wird die Hilfsmaßnahme nur gewährt, wenn das EL ein bestimmtes Investitionsvorhaben wie z.B. den Bau einer Straße, eines Krankenhauses oder eines Staudamms durchführt. Die Maßnahmen sind zielorientiert und funktional, räumlich, wirtschaftlich und zeitlich abgrenzbar. Dahingegen hat das EL bei der **Programmhilfe** die Möglichkeit, mehr oder weniger frei über die übertragenen Mittel zu verfügen. Das Spektrum reicht hier von Hilfsmaßnahmen ohne jede Auflage, bspw. der Zahlungsbilanz-, Budget- oder Warenhilfe über die Importfinanzierung bis hin zur Programmhilfe im engeren Sinn, d.h. der Finanzierung umfassender Entwicklungsprogramme, die ähnlich den Projekten eine (allgemeine) Verwendungsverpflichtung beinhaltet. Im Gegensatz zur Projekthilfe können die Empfänger im Rahmen der vereinbarten Programme jedoch über die konkrete Mittelverwendung bestimmen. Beispiel hierfür sind sektoral und/oder regional festgelegte Entwicklungsprogramme wie z.B. die Förderung von kleinen und mittleren Unternehmen, der Aufbau landwirtschaftlicher Genossenschaften oder die Finanzierung von Infrastrukturmaßnahmen. Sie ergänzen oft die Projekttätigkeit in einem Sektor oder einer Region.

In Anbetracht der meist divergierenden Interessen von Gebern und Empfängern und der unterschiedlichen Einflussmöglichkeiten, die die beiden Formen öffentlicher Kapitalhilfe offenlassen, muss es zu einer gegensätzlichen Haltung in Bezug auf die bevorzugte Form der Gewährung von Hilfe kommen. Viele Argumente der Diskussion bi- versus multilaterale Hilfe sind übertragbar auf die Kontroverse Projekt- versus Programmhilfe. Die Geberseite bevorzugt aus verschiedenen Gründen die Projekthilfe. Sie ist das klassische und nach dem Finanzierungsvolumen wichtigste Instrument der deutschen bilateralen EZ.

Die Projekthilfe weist bereits in der Phase der Bewilligung der Mittel im Geberland den Vorteil auf, dass sie sich aufgrund der Transparenz der Mittelverwendung und Sichtbarkeit der Anstrengungen in der Öffentlichkeit der IL leichter durchsetzen lässt. Damit ist gleichzeitig eine bessere Kontrolle der Verwendung der Mittel und der voraussichtlichen Erträge und Wirkungen der Projekte verbunden. Gerade die Möglichkeit, mit Hilfe einer Kosten-

---

[163] Vgl auch HEMMER (2002), S. 945–950 und CASSEN (1990), S. 156-226 sowie OCHEL (1992), S. 204-208 und EGGERSTEDT (1998).

Nutzen-Analyse (KNA) Projekte zu evaluieren, erlaubt es, die Effektivität und Effizienz der eingesetzten Mittel zu überprüfen. Dies erhöht wiederum die Kontrollmöglichkeit und verbessert die Vertretbarkeit der Hilfsmittel vor der eigenen Bevölkerung. Die Geberländer sind aufgrund ihres ökonomischen und technischen Know-hows meist eher in der Lage, den gesamtwirtschaftlichen Nutzen eines vorgesehenen Projektes für die Entwicklung eines EL abzuschätzen und das Projekt durchzuführen. Insbesondere sind Projektaktivitäten, die zum Auf- und Ausbau der Infrastruktur beitragen, volkswirtschaftlich nicht einfach zu werten.

Über die Projekthilfe können die IL zudem Einfluss auf die Entwicklungspolitik der Nehmerländer ausüben. Durch die Auswahl der Projekte und ihrer Zielfunktion kann der Geber seine Interessen durchsetzen (z.B. Absatzmärkte schaffen und heimische Arbeitsplätze sichern) und seine Vorstellungen über den besten Entwicklungspfad (z.B. Förderung bestimmter Sektoren) verwirklichen. Darüber hinaus kann der Geber sein Prestige im EL, aber auch in der Weltöffentlichkeit durch spektakuläre Projekte nachhaltig steigern.

Die beschränkte entwicklungspolitische Wirkung isolierter Einzelprojekte stürzte die Projekthilfe jedoch in eine Krise, in der sich die Kritik häufte: Die Nehmerländer kritisieren die Projekthilfe vor allem als Einmischung in ihre inneren Angelegenheiten und argumentieren, dass sie besser in der Lage seien, die Entwicklungsprioritäten der Bevölkerung zu erkennen und die Bedürfnisse der Bevölkerung einzuschätzen. Darüber hinaus werden sie durch die Vergabepraktiken bei der Projekthilfe regelrecht dazu gezwungen, ständig neue Entwicklungsprojekte in Angriff zu nehmen, um eine möglichst hohe Auslandshilfe zu erhalten. So finanzieren die Geberländer meist nur neue Projekte, die Mittel für notwendige Reinvestitionen und Folgekosten müssen die Hilfeempfänger selbst aufbringen. Da sie gleichzeitig mit den Rückzahlungen früherer Hilfsleistungen belastet sind, kommt es nicht selten zur Aufgabe von Projekten, weil für die Weiterführung weder eigene Mittel vorhanden, noch Hilfen aus dem Ausland erhältlich sind. Die viel zitierten „weißen Elefanten" schädigen aber nicht nur das Image der Geber- und Nehmerländer und der EH als solche, sondern zuallererst die hilfsbedürftige Bevölkerung der EL. Seit einigen Jahren ist man daher aufgrund der negativen Erfahrungen dazu übergegangen, Projekte so zu konzipieren, dass der Geber einen Teil der Folgekosten übernimmt und somit der Erfolg von Projekten auch auf längere Frist gewährleistet wird. Die Überhäufung einzelner Länder mit einer Vielzahl von Projekten unterschiedlicher Geber führt auch dazu, dass der Koordinationsaufwand steigt und sich vermehrt Planungsfehler einschleichen. Kritisiert wird schließlich auch der „inselhafte" Charakter des Entwicklungsbeitrages von Einzelprojekten.

Das Geberland kann mit der Projekthilfe seine Ziele nicht erreichen, wenn **formale und materielle Verwendungsverpflichtung** des Nehmerlandes auseinanderfallen. Wo EH zur **Budgetsubstitution** verwendet, also zweckentfremdet wird, ist die Verwendungsauflage nur noch formaler, nicht mehr materieller Natur. So werden oft Verteidigungsausgaben zu Lasten von sozialen Ausgaben erhöht und diese Sozialausgaben dann wieder über Mittel der Projekthilfe finanziert. Ein EL erhält in diesem Fall EH für ein Projekt, das es mit eigenen Mitteln sowieso durchgeführt hätte. Durch die ausländische Finanzierung werden Mittel für andere Projekte frei, die das Geberland nicht gefördert hätte. Die materielle Verwendungsverpflichtung lässt sich auch durch Kontrollen und Auszahlungsvorschriften nicht sicherstellen. Der Freisetzungseffekt könnte lediglich durch einen Entwicklungsplan vermieden werden, in dem alle Mittel aller Geberländer auf bestimmte Verwendungen festgeschrieben werden. Dies wäre jedoch weder realistisch noch wünschenswert.

Durch Entwicklungshilfeleistungen können **Substitutionseffekte** makroökonomischer oder mikroökonomischer Art auftauchen. Im Makrobereich kann der Staat davon ablassen, Steuern zu generieren, so dass es durch EH zu einer Abnahme der Steuereinnahmen kommen könnte. Im mikroökonomischen Bereich können Sektorsubstitutionalitäten festgestellt werden. Feyzioglu et al.(1998) konnten in einer Makrountersuchung für 14 EL keine Fungibilität ausländischer Hilfe auf aggregiertem Niveau feststellen, d.h. EH führte zu keiner Reduzierung des Steueraufkommens. Bei einer Untersuchung von fünf Sektoren stellten sie fest, dass Entwicklungsprojekte in den Bereichen Landwirtschaft, Bildung und Energie zu einer Reduktion eigener Mittel für diesen Sektor führten. Hingegen konnte für die Sektoren Verkehr und Kommunikation eine Substitution nicht festgestellt werden.

Auch die Praxis der Geberländer, nur die im Rahmen des Projekts anfallenden Devisenkosten zu übernehmen, gereicht EL zum Nachteil. Neben den im Inland anfallenden Kosten („local costs") für Betrieb, Wartung und Instandhaltung, belasten die Projekte oft im hohen Maße die materielle und administrative Infrastruktur der Nehmerländer und absorbieren die knappen Fachkräfte. Eine übermäßige Belastung des Budgets eines EL birgt zusätzlich die Gefahr von Inflation, Überbewertung, Kapitalflucht, verschärften Preisinterventionen und schwelenden Verteilungskämpfen. Darüber hinaus ist es zweifelhaft, dass die Projekte langfristig gesehen dem EL mehr Steuereinnahmen einbringen als sie Inlandskosten verursachen. Nachdem dieses Problem angesichts häufiger Projektzusammenbrüche erkannt wurde, dehnte man die Finanzierung aus. Statt der früheren Teilfinanzierung in der Implementierungsphase werden nun in zunehmendem Maße auch spätere Projektphasen finanziell getragen.

Ein weiteres Problem ergibt sich dann, wenn das Geberland ein Projekt finanziert, das vom EL nicht geplant war. Um die Inlands- und Folgekosten tragen zu können, muss das EL finanzielle Mittel von den eigentlich favorisierten Projekten abziehen. Aus Sicht des EL kommt es somit aufgrund der Projektbindung zu einem suboptimalen Einsatz der Kapitalhilfe. Stößt das Projekt zudem auf geringe Gegenliebe im EL, so ist ein Misserfolg des Projekts vorprogrammiert.

Weiterhin ist zu kritisieren, dass die mit Projekthilfe errichteten Anlagen meist in hohem Maße devisenabhängig sind, da für Produktion und Wartung benötigte Inputs zum überwiegenden Anteil aus dem Ausland bezogen werden müssen. Dies bringt eine hohe Anfälligkeit gegenüber außenwirtschaftlichen Störungen mit sich, die sich im schlimmsten Fall in einer Verminderung der Produktion und damit der Exporterlöse niederschlagen kann.

EL sprechen sich verstärkt für Programmhilfen aus, weil sie eine größere Handlungsfreiheit und damit Souveränität und Selbstverantwortung beinhalten. Jedoch lassen sich auch gegenüber der Programmhilfe ernstzunehmende Kritikpunkte vorbringen. Programmhilfen, die an keine Verwendungsauflagen gebunden sind, können zu einer Subventionierung nichtlebensfähiger Strukturen und Sektoren führen, was letztlich eine Verschwendung knapper Ressourcen beinhaltet. Ein potenziell effizienzsteigernder Eingriff der Geber ist im Rahmen von Programmhilfen nicht mehr möglich. Ungebundene Programmhilfen können aber auch makroökonomische Strukturanpassungen unterlaufen. Werden die bewilligten Devisen als

Budget- oder Zahlungsbilanzhilfen gebraucht, so schwindet jeder Anreiz, sich selbst um den Abbau von Budget- und Außenhandelsdefiziten zu bemühen.

Darüber hinaus werden durch Programmhilfen oft staatliche Organisationen und Unternehmen begünstigt, die nun über Devisen verfügen und nach ihrem Belieben Importgüter importieren können. Dadurch wird der private Sektor, der in der Regel effizienter arbeitet, tendenziell benachteiligt und knappe Kapitalhilfe fehlalloziiert. Außerdem können Verzerrungseffekte auf den Märkten für Inputs entstehen, wenn die importierten Güter nicht zu knappheitsgerechten Inlandspreisen an die Endbenutzer weitergegeben werden. Dies mindert den Anreiz, wirtschaftlich zu handeln und nach alternativen kostengünstigen Bezugsquellen zu suchen.

Letztlich sind sowohl Projekt- als auch Programmhilfe für Geber- und Nehmerländer mit Vor- und Nachteilen verbunden. Eine Entscheidung über die Form der Hilfe muss im Einzelfall situationsbedingt erfolgen. Eventuell sind flankierende qualitätssteigernde Maßnahmen u.a. in Form komplementärer nicht-projektgebundener Hilfsaktivitäten zu ergreifen. Generell ist zu sagen, dass die entwicklungspolitische Wirksamkeit beider Hilfsformen der EH generell maßgeblich von dem Vorhandensein einer tragfähigen wirtschaftspolitischen Konzeption abhängt, ohne die jede Form von Hilfe volkswirtschaftlich und entwicklungspolitisch wirkungslos zu bleiben droht. Verfügt das EL über eine ausbaufähige Infrastruktur, eine leistungsfähige Verwaltung und eine konsistente eigenständige Wirtschaftspolitik, ist seine Absorptionskapazität hinsichtlich ausländischer Hilfeleistungen hoch, so ist anzunehmen dass über forward und backward linkages eine gute Einbindung der Projekte und Programme in die Volkswirtschaft gewährleistet ist und Projekte sich langfristig selbst tragen. In den ärmsten Ländern, in denen diese Voraussetzungen nicht gewährleistet sind, sollten jedoch trotz Fehlens dieser Bedingungen solche Projekte und Programme nicht aufgegeben werden, die mit hohen positiven externen Effekten für die Bevölkerung, bspw. in den Bereichen Gesundheit und Bildung, einhergehen.

Aber auch die Projekte und Programme der Geber bedürfen einer inhaltlichen Konzeption, die nicht auf der Mikroebene stehen bleibt, sondern makroökonomische Auswirkungen beachtet.[164] Seit einigen Jahren ist eine Tendenz hin zur Verstärkung der nicht-projektgebundenen Aktivitäten der bi- und multilateralen Geber zu beobachten. Dazu hat sicherlich auch die zunehmende Bereitschaft beitragen, Entwicklungsprobleme auch auf der Makro- und Sektorebene anzugehen.

4.4 Probleme der Lieferbindung

Öffentliche Kapitalhilfe kann auch danach untergliedert werden, ob die Nehmerländer Kredite zum Kauf von Waren aus dem Geberland verwenden müssen oder nicht. Man spricht hier-

---

[164] Diese erfolgsbestimmende Forderung findet ihren praktischen Niederschlag bspw. in der für jedes Vorhaben der FZ vor der Zusage durchgeführten Erfolgsbeurteilung der KfW, die großen Wert auf eine Analyse der sektoralen Rahmenbedingungen legt.

bei von Lieferbindung oder „**tied aid**" und unterscheidet zwischen formell und informell gebundener Hilfe.[165] Bei der **formellen** Lieferbindung wird vertraglich festgelegt, dass das EL die gewährte Kapitalhilfe nur für Käufe im Geberland verwenden darf. Dasselbe Ziel verfolgt das Geberland bei der **informellen** Lieferbindung. Es verzichtet jedoch auf vertragliche Regelungen und versucht dies hingegen durch gezielte Maßnahmen und Absprachen zu erreichen. So hoffen Geberländer durch ungebundene EH eher einen „goodwill" bei den Empfängern aufzubauen, der zu einer höheren „freiwilligen" Nachfrage nach Importen aus dem Geberland führt.[166]

Eine Lieferbindung kann auch darin bestehen, dass nur bestimmte Güter und Dienste mit dem zur Verfügung gestellten Kapital beschafft werden können oder dass die Hilfe in bestimmte Projekte oder Programme fließen muss. Meist handelt es sich um eine Kombination der genannten Restriktionen. In der Regel betrifft diese Art der Bindung nur bilaterale Entwicklungshilfeleistungen, da für die Beschaffung im Rahmen multilateraler EH internationale Konkurrenzofferten eingeholt werden. Die Lieferbindung muss zu den **nicht-tarifären Handelshemmnissen** gerechnet werden, da hier in beabsichtigter Weise ausländische Anbieter diskriminiert werden. Mit marktwirtschaftlichen Prinzipien des freien Handels ist sie kaum zu vereinbaren.

---

[165] Eine ausführliche Untersuchung der Formen, Motive und Kosten gebundener Hilfe findet sich bei JEPMA (1991).

[166] Für eine Untersuchung dieser These anhand kanadischer Daten siehe ARVIN/CHOUDHRY. Die Ergebnisse sind unbestimmt. Die Autoren stellen fest, dass „untying of aid to LDCs will not have detrimental effects on donor exports as long as the LDCs are regional countries.", S. 18.

Tab. 4.2 *Grad der Lieferbindung der bilateralen ODA-Leistungen einzelner DAC-Länder 2007[167]*

Land	Bilaterale ODA				Reporting
	Grad der Lieferbindung der bilateralen ODA-Leistungen einzelner Geber Zusagen (ohne TZ und Verwaltungskosten) in % der gesamten ODA der einzelnen Geber, 2007				
	Ungebunden	Teilweise unge-bunden	Gebunden	Total	Rate
Australien	98,4		1,6	100,0	100,0
Belgien	92,0	..	8,0	100,0	100,0
Dänemark	95,5	..	4,5	100,0	100,0
Deutschland	93,4	..	6,6	100,0	100,0
Finnland	90,7	..	9,3	100,0	100,0
Frankreich	92,6		7,4	100,0	100,0
Griechenland[a]	42,3	10,4	47,4	100,0	100,0
Irland[a]	100,0	..	..	100,0	100,0
Italien	59,8	7,9	32,2	100,0	100,0
Japan	95,0	..	4,9	100,0	100,0
Kanada	74,6	0,1	25,4	100,0	100,0
Neuseeland	87,8	0,4	11,8	100,0	100,0
Niederlande	81,1	..	18,9	100,0	100,0
Norwegen	99,9	..	0,1	100,0	100,0
Österreich	88,6	..	13,4	100,0	100,0
Portugal[a]	58,0	11,0	30,9	100,0	100,0
Schweden	100,0	..	..	100,0	100,0
Schweiz	99,7		0,3	100,0	100,0
Spanien[a]	82,8	..	17,2	100,0	100,0
USA	68,5		31,5	100,0	100,0
Vereinigtes Königreich[a]	100,0	..	0	100,0	78,6
DAC-Länder insgesamt	**84,6**	**0,2**	**15,2**	**100,0**	**99,8**

a
    Bruttoauszahlungen

Generell sind alle OECD-Geberländer gehalten, das DAC jährlich über die Art der Lieferbindungen in Kenntnis zu setzen. Die meisten Geber informieren darüber; Daten für Australien und die USA liegen nicht vor.

Die Aussagefähigkeit dieser Zahlen wird dadurch eingeschränkt, dass Verwendungsrestriktionen wie die der Lieferbindung hauptsächlich auf informeller Ebene auferlegt werden. Dies macht eine genaue, zuverlässige Quantifizierung unmöglich. Eine informelle Lieferbindung lässt sich im Wesentlichen durch folgende Maßnahmen erreichen (Ochel, S. 209):

• bevorzugte Finanzierung solcher Projekte und Programme, bei denen das Geberland einen internationalen Wettbewerbsvorsprung aufgrund komparativer Vorteile hat;

---

[167] Quelle: OECD, DAC-Bericht 2009, Tab. 23, S. 201.

- vorrangige Gewährung von EH an Länder, die mit dem Geberland traditionell enge Wirtschaftsbeziehungen unterhalten (z.B. Frankreich in Westafrika);
- Verbund von Kapitalhilfe und technischer Hilfe: Consultants des Geberlandes unterstützen das Empfängerland im Sinne einer effizienten Verwendung der Kapitalhilfe;
- Gewährung von Mischkrediten[168]: Öffentliche Kapitalhilfe und private Exportkredite werden derart miteinander verbunden, dass gegenüber dem Empfängerland ein einziger Kredit mit einheitlicher Laufzeit und Verzinsung in Erscheinung tritt. Der Mischkredit bewirkt eine Lieferbindung der betreffenden Kapitalhilfe, da der Exportkredit auf das Exportgeschäft des inländischen Unternehmens beschränkt wird;
- vorweggenommene Ausschreibung: die Kapitalhilfe wird erst gewährt, nachdem das Empfängerland im Rahmen einer internationalen Ausschreibung einem Unternehmen des Geberlandes den Lieferzuschlag erteilt hat;
- Festlegung von Ausschreibungsbedingungen, die von international üblichen Gepflogenheiten abweichen und damit das Geberland bevorzugen;
- politischer Druck auf das Empfängerland.

Eine Bewertung der Auswirkungen der Lieferbindung ist mit großen Schwierigkeiten verbunden, da zwischen der formellen und der faktischen Bindung der Hilfe unterschieden werden muss. Mit Hilfe der Substitution empfangener Hilfeleistungen für vorbestimmte Zwecke kann sich der Hilfeempfänger den Verwendungsauflagen de facto zumindest teilweise entziehen. Studien bestätigen, dass dieser Substitutionseffekt durchaus gewichtige Größenordnungen annimmt.[169]

Die Geberstaaten verfolgen mit gebundener Hilfe auf gesamtwirtschaftlicher Ebene das Ziel, ihre Zahlungsbilanz im Gleichgewicht zu halten. Durch die Gewährung von Kapitalhilfe wird die Zahlungsbilanz des Geberlandes zunächst belastet – jeder Kapitalexport stellt eine Verschlechterung der Zahlungsbilanz dar. Mit Hilfe der Lieferbindung erhöhen sich aber die Exporte des Geberlandes, so dass die Zahlungsbilanz entlastet wird.

Darüber hinaus können die Exportgüter die industrielle Leistungsfähigkeit der IL demonstrieren. Legt sich ein EL auf eine bestimmte Technik fest, so kommt es aufgrund von Folgeaufträgen zu einer weiteren Expansion des Handelsvolumens. Insbesondere bei Infrastrukturmaßnahmen ist im Zuge von Ersatzinvestitionen mit einer erneuten Nachfrage nach Gütern und Techniken des hilfegebenden Landes zu rechnen. Der Aufbau einer Infrastruktur mit Hilfe staatlicher Kredite bereitet zudem im Empfängerland den Boden für profitable Investitionen der Privatwirtschaft des Geberlandes.

Die Lieferbindung stellt auch eine Art Kompensation für wettbewerbsverzerrende Maßnahmen Dritter dar. Da einige Geberländer damit begannen, ihre EH zu binden, zogen bald alle anderen zum Schutz der einheimischen Wirtschaft nach.

---

[168] Mischkredite werden seit den späten 70er und frühen 80er Jahren verstärkt eingesetzt.

[169] Vgl. JEPMA (Juli 1988), S. 798.

Das größte Gewicht kommt sicherlich dem Ziel zu, mit Hilfe gebundener Hilfe binnenländische Arbeitsplätze zu sichern.[170] Indem die Kapitalhilfe der heimischen Industrie Aufträge verschafft, können Betriebe mit unausgelasteten Produktionskapazitäten und wenig wettbewerbsfähige Branchen unterstützt werden. Teilweise beschränkt sich die Lieferbindung auf sensible Güter bzw. Branchen. Schlägt sich die Kapitalhilfe tatsächlich in entsprechenden Auftragszuwächsen der Geberländer nieder, so kann damit in der Öffentlichkeit eine positive Einstellung zur EH erreicht und ein hohes Volumen an EH gesichert werden.

Die gebundene Hilfe mag sich für das Geberland positiv auswirken, für das Nehmerland kann sie mit beträchtlichen Nachteilen verbunden sein. Denn der Wert der Hilfe sinkt dadurch, dass die zur Verfügung gestellten Güter und Dienstleistungen den Bedürfnissen des EL nicht unbedingt entsprechen müssen und daher suboptimale Problemlösungen darstellen. Das EL verliert zudem die Möglichkeit, Ressourcen dort zu erwerben, wo sie am preisgünstigsten angeboten werden. Nach einer Schätzung von Bhagwati beträgt die Überteuerung bei gebundener Hilfe aufgrund monopolistischer Preissetzung ca. 15–25 % der im internationalen Wettbewerb ermittelten Preise (Bhagwati, 1970). Hinzu kommt in der Regel eine Überteuerung der Transportkosten. Diese gegenüber dem Freihandel ungünstige Situation senkt den Realwert der Kapitalhilfe.

Ein Vorteil entsteht für das EL lediglich in Fällen, in denen die Lieferbindung die einzige Möglichkeit darstellt, überhaupt Auslandshilfe zu erhalten. Angesichts des Verteuerungseffektes liefergebundener Kapitalhilfe stellt sich für das EL jedoch die Frage, ob ein solcher Kredit der eigenen Entwicklung dienlich ist. Dies muss im Einzelfall geprüft werden. Als Faustregel kann gelten: Nur wenn das Zuschusselement der Kapitalhilfe größer ist als die mit der Kapitalhilfe zusätzlich verbundenen Kosten (höhere Beschaffungskosten, indirekte volkswirtschaftliche Kosten etc.), lohnt sich ihre Inanspruchnahme (Kemp/Kojima). Aus der Sicht des Nehmerlandes ist die Lieferbindung jedoch insgesamt negativ zu bewerten.

Im Allgemeinen ist anzunehmen, dass das Geberland die Lieferbindung braucht, da es aufgrund struktureller oder konjunktureller Gründe oder aufgrund einer Überbewertung der heimischen Währung nicht konkurrenzfähig ist. Das Diktat einer Lieferbindung muss daher als Zeichen der wirtschaftlichen Schwäche des Geberlandes gewertet werden, wobei die tatsächlichen Auswirkungen auf die Exportwirtschaft der IL wohl kaum den Erwartungen entsprechen dürften. Zwar muss unter Berücksichtigung der sektoralen Komponente zugestanden werden, dass gegebenenfalls ein Beitrag zur Sanierung schwacher Wirtschaftsbereiche geleistet werden kann – dieser bleibt jedoch bescheiden. Die Lieferbindung trägt also gewissermaßen dazu bei, den Strukturwandel in Richtung internationaler Wettbewerbsfähigkeit zu blockieren. Offensichtlich spielen hierbei kurzfristige Überlegungen eine größere Rolle als die Verfolgung langfristiger wirtschaftlicher Zielvorstellungen.

Gesamtwirtschaftlich gesehen stellt sich die Frage, ob die Vorteile der Lieferbindung für das Geberland die Nachteile des Empfängerlandes kompensieren können. Ein Blick auf die weltwirtschaftlichen Zusammenhänge zeigt, dass EH in jedem Fall in die OECD-Länder zurückfließen wird. Schließlich erreicht die EH die größte Wirkung auf die Beschäftigung in

---

[170] Siehe Kap. 1.2.2., S. 10

IL dadurch, dass sie zu einer nachhaltigen wirtschaftlichen Entwicklung der EL beiträgt, was eine Ausweitung ihrer Importkapazität zur Folge hat.

Michaelowa[171] hat in einer Analyse der Lieferbindung von acht OECD-Staaten für den Zeitraum von 1977 bis 1993 folgende Hypothesen zur Lieferbindung untersucht:

- Ein hoher Einfluss von NGOs im Geberland führt zu einer relativ niedrigen Lieferbindung.
- Einflussreiche, an Lieferbindung interessierte Unternehmen führen zu einer hohen Lieferbindung.
- Hohe Arbeitslosigkeit im Geberland führt zu hoher Lieferbindung.
- Ein niedriges PKE führt zu hoher Lieferbindung.
- Ein hohes Leistungsbilanzdefizit führt zu hoher Lieferbindung.
- Je geringer die Wettbewerbsfähigkeit der Unternehmen in den relevanten Bereichen, desto höher ist die Lieferbindung.

Dabei stellt sie fest, dass die mikroökonomischen Variablen (Rolle der NGOs und Einfluss von Unternehmen, denen an Lieferbindung gelegen ist) sowie die Makrovariablen (Arbeitslosigkeit, PKE, Leistungsbilanzdefizit) die Hypothesen bestätigen. Nur zwischen Wettbewerbsfähigkeit und Lieferbindung konnte kein signifikanter Zusammenhang aufgezeigt werden.

Grundlegend können nach Ochel drei verschiedene Auswirkungen einer Lieferbindung der Kapitalhilfe auf die Exporte des Geberlandes unterschieden werden:

- Der **shifting-Effekt**: Aufgrund der Lieferbindung bezieht das EL Waren, die es in Drittländern gekauft hätte, nun aus dem Geberland. Dadurch werden dessen Exporte erhöht. Werden die durch die Kapitalhilfe freigesetzten Devisen zusätzlich für Importe aus dem Geberland verwendet, so kommt es zu einer nochmaligen Steigerung der Exporte.
- Der **switching-Effekt**: Er liegt vor, wenn das EL mit der gebundenen Hilfe solche Exportgüter des Geberlandes finanziert, die es sowieso dort geordert hätte. Das Empfängerland kann die frei werdenden Devisen nunmehr für andere Zwecke verwenden. In dem Fall, dass das EL die Mittel für zusätzliche Importe aus dem Geberland einsetzt, wird dessen Exportvolumen erhöht.
- Der **Drittländerexport-Effekt**: Importe des EH empfangenden Landes aus Drittländern verursachen dort wiederum Deviseneinnahmen, die für Importe aus dem Geberland verwendet werden können. Fallen diese Importe nun wegen der gebundenen Hilfe aus, dann erleidet das Hilfe gebende Land indirekt eine Reduzierung seiner Exporte. Die Drittländer-Exporte können also demzufolge niedriger ausfallen als bei Verzicht auf gebundene Kapitalhilfe. Eine Lieferbindung bilateraler Kapitalhilfe kann dann zu einer geringeren Devisenbilanzentlastung führen als man im Allgemeinen annimmt.

Verwendungsauflagen wie die der Lieferbindung lassen sich im Rahmen der NPÖ dadurch erklären, dass Gruppen und Individuen in einem politischen Prozess versuchen, ihre Interes-

---

[171] Vgl. MICHAELOWA (1997), S. 610ff.

sen durchzusetzen. Dabei spielt die aktuelle wirtschaftliche Lage eine wichtige Rolle. Die gesamtwirtschaftlichen Auswirkungen der Lieferbindung sind sowohl für das Geber- als auch für das Empfängerland insgesamt negativ, denn im wesentlichen sinkt die Effizienz der geleisteten EH und das Geberland kann durch Lieferbindung strukturelle Anpassungsprozesse hinauszögern. Dieses Hinauszögern hat langfristig negative Auswirkungen auf die Wettbewerbsfähigkeit des Geberlandes und somit auf sein Leistungsbilanzsaldo und seine Beschäftigung. Aus einzelwirtschaftlicher Sicht können sich jedoch für bestimmte Sektoren und Länder durchaus Vorteile ergeben. Die Verwendung der Lieferbindung lässt sich also nicht auf Grundlage einer gesamtwirtschaftlichen, sondern nur einer individuellen Rationalität erklären (Michaelowa).

4.5   Problem der Koordination

Das Scheitern mancher gut konzipierter Strategien und Maßnahmen der EH wird oft mit Koordinationsproblemen begründet. Diese zeigen sich einerseits zwischen Geber- und Empfängerländern, wenn eine mangelhafte Koordination der Ziele, Maßnahmen etc. zu suboptimalen Ergebnissen von Projekten und Programmen führt. Andererseits weist auch die Koordination zwischen den Geberländern erhebliche Schwachstellen auf, welche verhindern, dass nationale und internationale Anstrengungen der EZ die gewünschten Ergebnisse bringen. Dabei ist es nötig, nicht nur auf eine Abstimmung der Entwicklungshilfeleistungen in quantitativer Hinsicht zu achten, sondern auch die qualitative Komponente zu berücksichtigen. Um die Effizienz zu erhöhen, sind auch in dieser Hinsicht erhebliche Anstrengungen in der EZ vonnöten.

Das Problem fehlender Kooperation ist offiziell erkannt worden. Die **Pariser Erklärung**[172] der DAC-Mitglieder will eine Harmonisierung der EH erreichen. Dies ist jedoch nicht ausreichend, da neben den DAC-IL neue Geber von EH auf den Plan getreten sind, vor allem China. China verfolgt eigene politische und ökonomische Interessen und ist nicht in den DAC eingebunden. So wurde von den Vereinten Nationen eine neue Institution gegründet, das Development Cooperation Forum (DCF), das unter dem Dach des UN-Wirtschafts- und Sozialrats (ECOSOC) im Zweijahresrhythmus nicht-staatliche Akteure der internationalen EZ zu Beratungen zusammenführen möchte. In diesem Forum sind neben den DAC-IL auch die neuen Geber wie China, Indien oder Südafrika vertreten. Auch private Akteure (Stiftungen), die sich entwicklungspolitisch engagieren, sollen hinzukommen. Über das DCF sollen Informationen und Daten über Projektportfolios und sektorale Schwerpunkte zusammengetragen werden, so dass die Transparenz zwischen den Gebern bezüglich der EH erhöht wird. Damit soll das Ziel einer höheren Effizienz der EH erreicht werden. Koordinierung und Harmonisierung, verbunden mit wechselseitigen Verpflichtungen von Gebern und Empfängern, soll Transaktionskosten senken und die Effektivität der EH erhöhen (Pariser Erklärung).

---

[172] Ziele der Pariser Erklärung sind: Eigenverantwortlichkeit (Ownership), Harmonisierung, Partnerausrichtung (Alignment), Ergebnisorientierung (Results) und gegenseitige Rechenschaftspflicht (Mutual Accountability).

4.5.1   Geber-Empfänger-Koordinationsprobleme

Die Koordination zwischen Geber- und Empfängerländern birgt zahlreiche Schwachstellen. Zunächst werden Unterschiede in der entwicklungspolitischen Zielsetzung nicht immer vor Vereinbarung der EZ harmonisiert, so dass sich Zielkonflikte ergeben können, welche den Projekterfolg gefährden. Vor allem „ad hoc-Projekte" aufgrund politischer Vereinbarungen (z.B. im Rahmen von Ministertreffen) lassen nicht nur klare Zielsetzung, Erfolgsanalysen und Auflagen vermissen, sondern teilweise auch entwicklungspolitische Relevanz. Letztere wird daher in der Bundesrepublik durch das BMZ geprüft.[173] Auch fehlende oder mangelhafte Information über die Gegebenheiten und Bedürfnisse der Empfängerländer können zur Vereinbarung entwicklungspolitisch wenig tragfähiger Projekte führen.

Ein großes Problem stellt die mangelnde Erfüllung der Projektvereinbarungen seitens der Empfängerstaaten dar. Gerade stark hilfsbedürftige EL beugen sich zwar den Auflagen der Geberländer, um notwendige Ressourcen zu erlangen, können oder wollen aber dann die Vereinbarungen nicht einhalten. Andererseits berücksichtigen diese Auflagen aber auch oft nicht in ausreichendem Maße die landesspezifischen Gegebenheiten der Empfänger.

Auf der Empfängerseite ergeben sich zusätzliche Probleme bei der Durchführung der Projekte. So fällt die Genehmigung und Durchführung von Projekten in EL oft in den Zuständigkeitsbereich mehrerer Ministerien. Kompetenzen bleiben ungeklärt und die Abstimmung der Institutionen innerhalb des Landes gestaltet sich schwierig. Die Behörden sind nicht in der Lage, die detaillierten Vorschriften des Projektes nach den Vorstellungen der Geberländer zu erfüllen. Auch Interpretationsfreiräume innerhalb der Vereinbarungen gefährden die erfolgreiche Durchführung der Projekte.

Entwicklungshelfer bemängeln oft die geringe Akzeptanz von Entwicklungshilfeprojekten bei der Bevölkerung. Viele Projekte werden als ihnen aufoktroyiert empfunden und funktionieren nur bis zur Einweihung; sie werden weder genutzt noch instandgehalten. Ursache dafür ist vor allem, dass die technischen und soziologischen Voraussetzungen für Projekte nicht sorgfältig geprüft und Projekte nicht an örtliche Gegebenheiten angepasst werden. Das Ergebnis sind die sog. Entwicklungsruinen.

Entwicklungshilfe ist nur erfolgreich, wenn im EL Gruppen vorhanden sind, die Interesse am Erfolg der Maßnahmen haben. In diesem Zusammenhang spricht man von **„ownership"**.[174] Ownership bedeutet, dass das EL sich für dieses Projekt verantwortlich fühlt, die Bürger die EH als ihr „Eigentum" betrachten und damit effizient umgehen. EH hat nämlich die typischen Probleme kollektiven Handelns, d.h. den Vorteil erhoffen sich viele, Verantwortung und Ressourcen setzen die betroffenen Personen dann nicht ein.

Beim Ownership-Problem spielen die folgenden Aspekte eine Rolle (Gibson et al., S. 16f.):

---

[173] Es stellt sich die Frage, inwieweit die Sachbearbeiter des BMZ jedoch über die nötige Kompetenz verfügen, um über die entwicklungspolitische Relevanz eines Projekts urteilen zu können.

[174] "In economics, ownership generally refers to the rights that individuals posses in relationship to one another with regard to asset.", GIBSON et al. (2005), S. 16.

- Partizipation: Die Nachfrage muss zum Ausdruck gebracht werden, eine Beteiligung der EL ist bei der Bereitstellung von Gütern notwendig. Die EL sollen bei der Projektauswahl und den einzusetzenden Ressourcen mitreden können.
- Ressourcenbeteiligung: Die Partizipation muss auch im Produktionsprozess deutlich gemacht werden. Die EL müssen Zeit und Mühen aufwenden, damit die Kollektivgüter produziert werden, die sie nachfragen. Dadurch werden das Interesse und die Verantwortlichkeit für diese Projekte erhöht, da die EL selbst Mittel einsetzen.
- Beteiligung am Erfolg: Die Partizipation muss sich auch beim Konsum auswirken, d.h. die Bürger der EL müssen durch dieses Projekt Vorteile haben und Nachteile, wenn das Projekt nicht effizient funktioniert. Eine positive bzw. negative Erfolgsbeteiligung ist notwendig, damit verantwortlich mit knappen Mitteln der EH umgegangen werden kann.
- Verantwortung für die Fortsetzung von Projekten: Eine Partizipation ist darüber notwendig, dass die EL mit dafür verantwortlich sind, dass diese Projekte über die Förderzeit der EH fortgesetzt werden.

Bei privatem Kapital werden diese Entscheidungen von dem einzelnen Individuum gefällt, von einer Firma oder einer Familie. Bei der EH sind viele Betroffene vorhanden, so dass mit ihnen diese Punkte des „ownership" besprochen werden müssen. Zu Beginn der EH waren die lokalen Führungskräfte nur am Erfolg der EH beteiligt, also nur am Konsum und nicht an der Produktion und der Auswahl der Projekte. Erkannt wurde, dass die Menschen der EL nicht nur Konsumenten sind und davon einen Vorteil haben, sondern sie müssen in den gesamten Ablauf und Produktionsprozess mit Ressourcen verantwortlich beteiligt werden. „Ownership" muss also in den Bereichen Auswahl, Produktion, Konsum und der Entscheidung über die Fortführung des Projektes in den EL durchgesetzt werden.

Die Vielzahl der Koordinationsprobleme zwischen Gebern und Nehmern verdeutlicht einerseits die Notwendigkeit einer zentralen Institution in jedem EL, die – im Besitz der notwendigen Kompetenz und Autorität – für die Gesamtdurchführung der EZ verantwortlich ist. Andererseits führen sie zu der Forderung an die bilateralen Geber in einen vertieften **bilateralen Politikdialog** mit den Empfängerländern zu treten, um Koordinationsprobleme zu überwinden. So setzte die deutsche EZ seit Mitte der 80er Jahre einen neuen Akzent der Entwicklungshilfepolitik auf **„Partnerschaftliche Zusammenarbeit"**. Im Rahmen eines langfristigen partnerschaftlichen Dialoges mit den EL soll hier der Notwendigkeit Rechnung getragen werden, von der Geberseite her Verständnis für kurz- bis mittelfristig nicht veränderbare innenpolitische und soziokulturelle Gegebenheiten im Partnerland zu schaffen. Instrumente der EH sollten flexibel an den Notwendigkeiten der EL ausgerichtet und eine Abstimmung mit anderen Gebern angestrebt werden. Auf der Geberseite erwirkte der Politikdialog die Forderung nach der Setzung von klaren Zielen und Strategien sowie nach der Schaffung der nötigen sozialen und wirtschaftlichen Rahmenbedingungen – gegebenenfalls durch entsprechende Reformen. Ein besonderes Augenmerk sollte dabei auf die horizontale Ausrichtung des Politikdialoges und die Partizipation der Bevölkerung (ownership) gerichtet werden (Stockhausen, S. 308ff.).

Auch auf nationaler Ebene wurde Koordination in unterschiedlichen Bereichen vereinbart. So liegt in Deutschland die Kompetenz für die Durchführung von Entwicklungshilfeprojekten beim BMZ und zwischen den beiden Durchführungsorganisationen GTZ und KfW bestehen Koordinationsvereinbarungen. Auch zwischen BMZ und GTZ gibt es einen Generalvertrag, welcher der GTZ eine gewisse Monopolstellung für die Durchführung staatlicher Projekte einräumt. Sie erhält quasi automatisch die deutschen Entwicklungsaufträge und entscheidet, welche Aufträge sie selbst durchführt oder an andere Organisationen delegiert. Dieses Monopol der GTZ ist gelegentlich kritisiert worden, da der Wettbewerb zu effizienteren Ergebnissen führen müsste. So ist des Öfteren eine Privatisierung der GTZ mit stärkerem Wettbewerb bei der Durchführung der EZ in die politische Diskussion eingebracht worden.[175]

4.5.2 Koordination oder Wettbewerb der Geber?

Die Länder der Dritten Welt werden teilweise von einer Vielzahl von bi- und multilateralen Entwicklungshilfeinstitutionen überflutet. Diese weisen z.T. erhebliche Unterschiede auf hinsichtlich ihrer entwicklungspolitischen Ziele, der Präsenz im Empfängerland, der Mittelbereitstellung, der Kriterien und Verfahren der Projekt- und Programmauswahl, der Auflagen, der Kontrolle der Endverwendung der Mittel sowie dem Grad der Mitwirkung bei der Durchführung von Projekten und Programmen. Dadurch ergeben sich nicht nur Abstimmungsprobleme zwischen Gebern und Empfängern, sondern auch zwischen den Gebern.

So waren bspw. im heutigen Burkina Faso in einem Jahr nicht weniger als 350 unterschiedliche Institutionen der EZ tätig. Jede dieser Missionen musste vorbereitet werden, Informationen mussten beschafft, das Kleingedruckte studiert werden usw.[176] Die damit zusammenhängenden heimischen Kosten (und nicht zu vergessen die Folgekosten) überfordern allzu oft die finanziellen Kapazitäten der EL. So stehen Projekte oft auf einer wackeligen finanziellen Basis und der erfolgreiche Abschluss, vor allem aber die Weiterführung der Projekte ist von vornherein gefährdet. Manche Maßnahmen werden gar nicht zu Ende geführt, da ein neuer Geber bereits vor der Tür steht. Das Überangebot an Projekten und die damit verbundenen Aufgaben hindern aber auch die oft knappen Fachkräfte der Ministerien der EL daran, ihren eigentlichen Aufgaben nachzukommen. Die Ressourcen der EL werden also in vielerlei Hinsicht überfordert.

Als problematisch haben sich auch gewisse Modeerscheinungen in der Entwicklungshilfepolitik erwiesen: Ausgelöst durch neue entwicklungspolitische oder -theoretische Erkenntnisse beginnt eine Geberorganisation z.B. mit Grundbedürfnisstrategien, integrierter ländlicher Entwicklung, Kleinwasserprojekten, Bildungsmaßnahmen usw.; andere Geber folgen diesem Trend, da sie nicht ins Hintertreffen geraten wollen. So kann es dann zu einer Überfülle von ähnlich gelagerten Projekten kommen, die der nachhaltigen Entwicklung nicht zuträglich sein muss. Nicht selten stiften auch widersprüchliche Ratschläge der Geber für die Ausrichtung der Entwicklungspolitik Verwirrung hinsichtlich der vorzunehmenden Entwicklungsstrategie.

---

[175] Für eine ordnungspolitische Bewertung der GTZ und zur Frage ihrer Privatisierung, vgl. RICKES (1994).

[176] Vgl. CASSEN (1990), S. 317ff.

Den einzelnen Geberinstitutionen muss oft der Vorwurf gemacht werden, dass sie sich nicht ausreichend über abgeschlossene bzw. laufende Projekte sowie deren (Miss-)Erfolg informieren. Die Folge sind mehrfache Datenerhebung und Analyse gleicher Tatbestände, Durchführung ähnlicher Projekte mit evtl. gleichen Fehlern u.ä. Hierdurch werden die Kosten der EH sowohl für Geber als auch Empfänger unnötig aufgebläht.

EL sehen sich auch oft unterschiedlich gearteten Auflagenpaketen der einzelnen Geberinstitutionen gegenüber, die miteinander konfligieren. Versucht das EL einige Auflagen von allen Gebern zu erfüllen, so kann insgesamt kein optimales Auflagenprogramm durchgesetzt werden. Im Rahmen seiner Anpassungsstrategien kann eine Auflage des IWF bspw. darin bestehen, die Kosten des Staatshaushaltes der EL zu reduzieren. Muss das EL die local costs von Projekten reduzieren, so kommt es zu Streitereien zwischen Gebernationen, welche Projekte der EH gestrichen werden sollten.

Zusätzliche Probleme ergeben sich dadurch, dass EL eigene Vorstellungen bezüglich ihres entwicklungspolitischen Weges haben, die eventuell denen der Geber widersprechen. Wird nun von einem Geberland eine entwicklungspolitische Konzeption mit Projekten und Programmen abgesprochen und will das EL sowohl eigene Ziele verfolgen als auch die finanziellen Mittel möglichst vieler Geber erhalten, kann dies darin enden, dass das EL keines der vereinbarten Programme konsequent durchführt. Verschiedene Projekte werden halbherzig und mit geringeren Ressourcen durchgeführt als vereinbart. Keines der in Konkurrenz stehenden Entwicklungshilfeprojekte kann dann sein Ziel erreichen.

Aus diesem Grunde wird verstärkt eine Kooperation der Geber gefordert. Jedoch ist nicht sicher, dass eine solche Kooperation das erwünschte Ziel erreicht. Es gibt Argumente für und gegen eine stärkere Kooperation der Geber. Berücksichtigt man, dass die Bürger der Gebernationen in ihren Nutzenfunktionen das Leid der Armen der Dritten Welt verankert haben, dann wird EH ein öffentliches Gut. Wird Geberland A den Armen eines EL helfen, fühlen sich die Bürger des Landes B besser, obwohl sie keine Hilfe geleistet haben. Öffentliche Güter werden von vielen erwartet – jedoch unterliegt die Bereitstellung öffentlicher Güter dem Trittbrettfahrerproblem. Deshalb ist eine Kooperation notwendig, damit die optimale Höhe der EH zur Verfügung gestellt werden kann.

Berücksichtigt man zusätzlich, dass die Regierungen in EL eigene Ressourcen zur Bekämpfung der Armut in ihrem Land zurückhalten, wenn sich Gebernationen um ihre Armen kümmern, dann kann EH dazu führen, dass das Ziel der Armutsbekämpfung kaum erreicht wird. Bemerken die Regierungen der EL, dass es eine Geberkoordination gibt, die das Ziel der Armutsbekämpfung gemeinsam verfolgen wird, werden die eigenen Anstrengungen umso stärker nachlassen. Torsvik (2005) stellte empirisch fest, dass bei Vorliegen des „Samariter-Dilemmas" eine Kooperation unter den Gebern EH für die Armen in EL erhöhen wird, eine Kooperation der Geber ist demzufolge wohlfahrtsfördernd, selbst wenn die empfangenden Regierungen eine Priorität für ihre Eliten aufweisen und die Armutsbekämpfung in ihrem Land nicht als wichtig ansehen. Jedoch seien die negativen Wirkungen der Geberkoordination geringer, wenn die Geber einem „Samariter-Dilemma" gegenüber stehen. Außerdem ist es sehr schwierig, unterschiedliche Geber mit unterschiedlichen entwicklungspolitischen Vorstellungen unter einen Hut zu bringen. Jede Institution möchte ihre eigene Daseinsberechtigung absichern und die Ziele in der EH verfolgen, die sie für notwendig hält.

Unter den Gebern gibt es nicht nur einen Koordinationsmangel, sondern geradezu einen Konkurrenzkampf um „gute" Projekte. Da die Entwicklungshilfeinstitutionen über ein bestimmtes Budget verfügen, das sie jährlich ausschöpfen müssen, um einerseits im Folgejahr gleich hohe Zuwendungen zu rechtfertigen und andererseits ihre Arbeitsplätze zu erhalten, sind sie ständig auf der Suche nach erfolgreichen Projekten. Haben sie ein erfolgversprechendes Projekt der EZ ausgemacht, dann wollen sie dieses keinem anderen Geber überlassen. Zu einer Verschwendung knapper Ressourcen kommt es zudem dann, wenn ein Geber ein bestimmtes vom EL vorgeschlagenes Projekt für entwicklungspolitisch wenig sinnvoll ansieht, es angesichts der Konkurrenz aus Prestigegründen aber dennoch durchführt.

Dem EL erlaubt dieser Konkurrenzkampf unter den Gebern, sie gegeneinander auszuspielen und dabei bessere Konditionen (z.B. geringere finanzielle Eigenbeteiligung, mehr Programme etc.) zu erreichen. Aber auch ihre nationalen wirtschaftspolitischen Vorstellungen können sie dadurch besser durchsetzen. Gerade, wenn gute Kooperationsbeziehungen mit bilateralen Gebern existieren, sind die Regierungen der Empfängerländer deshalb nicht unbedingt an einer engen Zusammenarbeit und Koordination der Geber interessiert.

Um die genannten Probleme zu vermeiden und eine bessere Koordination der Aktivitäten zu gewährleisten, wurde in der Vergangenheit immer wieder versucht, den **multilateralen Politikdialog** zu stärken. Durch eine Konzertierung und Integration der Bemühungen der Geber- und Empfängerländer sollten nationale und internationale Anstrengungen zu einem wirksamen **Entwicklungshilfemanagement** gebündelt werden. Dieser multilaterale Politikdialog wird in Konsortien, Beratungsgruppen und Round-Table-Konferenzen, meist unter Leitung der Weltbank oder des UNDP, geführt. Die Mitglieder des DAC haben bspw. Grundsätze zur „Entwicklungshilfe-Koordinierung" erarbeitet.[177] Diese empfehlen u.a. die Verantwortung für die Festlegung der entwicklungspolitischen Maßnahmen und Prioritäten den EL zuzuschreiben; sie fordern alle Geber zum vollständigen Austausch aller einschlägigen Informationen über laufende und geplante Aktivitäten auf usw.

Jedoch sperren sich Gebernationen im Allgemeinen gegen eine ernsthafte Koordination. Sie wollen ihre Freiheit und die Möglichkeit, bestimmte wirtschaftliche und politische Ziele zu erreichen, nicht abtreten. Außerdem herrscht keine Einigkeit über die anzustrebenden entwicklungspolitischen Ziele und einzusetzenden Instrumente. Heterogene Ziele wie z.B. Industrialisierung um jeden Preis einerseits und Umweltschutz und Nachhaltigkeit andererseits stehen sich konfligierend gegenüber. Da es Gebern oft an einem gemeinsamen Verständnis von Strategien, Technologien und Politiken fehlt, ist eine effektive Geberkoordination unwahrscheinlich.

Dennoch klagen Geberorganisationen darüber, dass die Konkurrenz die Effizienz ihrer Projekte senke. Diesem Konkurrenzkampf kann jedoch auch eine positive Note abgerungen werden, gibt es dadurch doch – im Idealfall – einen **Wettbewerb um die besseren entwicklungspolitischen Konzepte und Durchführungen**. EL sind dadurch besser informiert, welche unterschiedlichen Möglichkeiten zur Lösung bestimmter entwicklungspolitischer Prob-

---

[177] Hingewiesen sei auf die „Pariser Erklärung" vom März 2005 (Paris Declaration on Aid Effectiveness) und die „Accra Agenda for Action" vom September 2008, vgl. OECD (2009a, 2009b).

leme bestehen. Wettbewerb garantiert auch eine gewisse Dynamik, Weiterentwicklung und Optimierung der Entwicklungspolitik. Zielt die Geberkoordination hingegen auf die Festlegung bestimmter einheitlicher Strategien, so bleiben modernere, potenziell entwicklungsförderlichere Strategien eventuell unentdeckt oder unberücksichtigt. Um die einer straffen Geberkoordination inhärente Statik zu vermeiden, würde es sich daher anbieten, auf eine Pflicht zur Koordination zu verzichten und eine Pflicht zur Information einzuführen.

Internationale Organisationen sind gehalten, ihre Aktivitäten untereinander abzustimmen. Seit 1974 gibt es einen „Gemeinsamen Entwicklungsausschuss" von Weltbank und IWF, der die Aktivitäten beider Institutionen koordinieren soll. Die Geberkoordination bleibt damit nicht nur ein technisches Problem, sondern weist auch eine politische Dimension auf. So sind insbesondere die ärmeren, hilfeabhängigen Staaten Afrikas südlich der Sahara in ihrer Souveränität stark eingeschränkt und dem Einfluss der Gebergemeinschaft unterworfen. Diese entscheiden nicht nur über Art und Umfang öffentlicher Investitionen, sondern setzen auch makroökonomische Rahmendaten für diese Staaten und übernehmen grundlegende Gestaltungsfunktionen in der Wirtschaftspolitik souveräner Staaten.[178] Dieses Machtpotenzial wird nicht nur von den EL sehr kritisch bewertet.

Ca. 80 % der EH fließen an die Geberländer zurück. Dazu kommt es bei der EH zu Eingriffen in die Souveränität der EL. Mahbubani kritisiert: „Als Äthiopien einen amerikanischen Bankkredit wegen der hohen Zinsen frühzeitig zurückzahlen wollte, indem es auf Reserven zurückgriff, stieß das Land bei IMF und den USA auf Ablehnung, weil es für diesen ökonomisch vernünftigen Schritt nicht im Voraus die Zustimmung des Fonds eingeholt hatte. Offensichtlich spielten .... weder die Souveränität des Landes noch sein Recht, seine Entwicklung selbst zu bestimmen, eine Rolle."[179]

Ein weiterer interessanter Aspekt, der zur Forderung einer Koordinierung der Geber führt, ist die These, dass Geber in bestimmten Bereichen der EZ **komparative Vorteile** aufweisen, die es im Sinne einer Gesamtoptimierung internationaler Bemühungen auszunutzen gilt. Eine Untersuchung von Dewald und Weder kommt zu dem Ergebnis, dass die Theorie komparativer Vorteile tatsächlich übertragbar ist auf den Markt bilateraler Geber und eine Zunahme der Spezialisierung zu einer effizienteren Allokation der bilateralen Entwicklungshilfeleistungen führen kann. Eine Koordination, welche die Stärken der Geber in bestimmten Bereichen der EZ berücksichtigt, ist dabei unabdingbar (Dewald/Weder).

Die Wirksamkeit der EZ sollte gemäß der genannten Paris-Erklärung über eine größere Eigenverantwortung (Ownership), durch eine bessere Einbindung in die Ziele der EL (Alignment) und durch eine stärkere Harmonisierung der Geber erreicht werden. Diese stärkere Harmonisierung der Geber erwartet eine gegenseitige Rechenschaftspflicht (Mutual Accountability), wo die Fortschritte bisher nicht erheblich sind. Eine Geberharmonisierung ist bei „Collective Action" einer großen Anzahl unabhängiger Akteure schwierig, wenn es keine Nachteile für „Non-Compliance" gibt. Schwierig ist die Festlegung eines gemeinsamen Zieles und gemeinsamer Instrumente sowie Konzeptionen. Es gibt auch keine „Road Map"

---

[178] Vgl. NOELKE (1995), S. 31f.

[179] Vgl. MAHBUBANI (2008), S. 71.

zur Erreichung dieser Ziele. Zum Beispiel ist es schwierig, sich über die notwendige Konditionalität in der EZ zu einigen. Viele Geberorganisationen sichern sich doppelt und dreifach ab („Belt-and-Braces-Mixture")[180]. Selbst ein stärkeres Absprechen innerhalb der UN-Organisationen ist bisher nicht erfolgreich gewesen. Offiziell gilt die Empfehlung „eine UN" (One Program, One Budgetary Framework, One Leader, One Office), so dass die operative Arbeit der UN-Organisationen kohärenter gestaltet werden könnte. Nicht nur innerhalb der Organisationen ist die Abstimmung schwierig, sondern zwischenstaatliche Verhandlungsprozesse bezüglich der Konzeption der EZ der UN mit den IL und den EL sind schwierig, da sich IL und EL oft konfrontativ gegenüber stehen (Vattenrodt, 2007).

Angesichts der enormen Komplexität der EZ wird deutlich, dass erhebliche organisatorische und fachliche Anstrengungen auf nationaler und internationaler Ebene nötig sind, um ein effizientes Entwicklungshilfesystem zu gewährleisten.[181] EH verlangt bei ihrer Koordination auch immer eine gewisse Planung. Die in den siebziger Jahren vorherrschende Euphorie der Entwicklungshilfeplaner ist aber großer Skepsis gewichen.

Es darf jedoch nicht vergessen werden, dass keine EH von außen Erfolg haben kann, wenn die Eliten des EL sich für die Entwicklung ihres Landes nicht zuständig fühlen. Das Beispiel Asiens zeigt, dass die erfolgreichen EL selbst die Verantwortung für ihre Entwicklung ergriffen haben (Kabou, Mahbubani).

4.6 Phasen der Entwicklungshilfeplanung

Ausgehend von der Überzeugung, dass der Markt allein nicht für ein befriedigendes Wachstum sorgt, zielt Entwicklungsplanung darauf ab, nach einem umfassenden und rationalen staatlichen Plan die sozioökonomische Entwicklung eines Landes zu beschleunigen und/oder zu korrigieren. Nahezu alle EL haben Entwicklungsplanung in vielfach variierender Form angewandt.[182] Seit 1960 hat die Entwicklungshilfeplanung verschiedene Stufen durchlaufen; dabei folgte die Methodik der Projektplanung und -durchführung den jeweils neuen entwicklungstheoretischen Erkenntnissen.[183]

Theoretischer Hintergrund der ersten Generation der Projektplanung, -durchführung und -evaluierung waren die in den 40er und 50er Jahren entwickelten **Wachstumstheorien** vom Typ Harrod-Domar. Diese sahen die Ursache der Unterentwicklung im knappen Faktor Kapital. Ziel jedes Projektes war daher die maximale Wertschöpfung bzw. die Erhöhung des

---

[180] Vgl. ROGERSON (2005).

[181] Zur Vertiefung empfiehlt sich NOELKE (1995). Kern dieser Monographie ist eine empirische Untersuchung der Interaktionsniveaus wichtiger Entwicklungshilfeagenturen.

[182] Zu den einzelnen Phasen der Entwicklungsplanung vgl. WAGNER/KAISER/BEIMDIEK (1989), S. 248. Zu Programmierungsmethoden sowie zur Steuerung und Bewertung von Entwicklungsprojekten siehe WAGNER/KAISER (1995), S. 268–310.

[183] Vgl. GÜLDNER. Die folgenden Ausführungen lehnen sich an diesen Beitrag an.

Sozialprodukts und so räumte man der Erhöhung der Kapitalproduktivität Priorität bei der Auswahl von Projekten ein. Dies erklärt u.a. die starke Bevorzugung moderner Technologien. So führte allen voran die Weltbank in den 60er Jahren vorwiegend kapitalintensive industrielle Großprojekte durch. Die Projektberechnung beruhte auf statischen und dynamischen **Investitionsrechnungen** mit Cashflow-Varianten. Angesichts der augenscheinlichen Planbarkeit von Entwicklung aufgrund vorhandener Theorien erlebte man eine wahre **Planungseuphorie**. Viele Entwicklungshilfeinstitutionen vergaben in den 60er und frühen 70er Jahren Hilfsmittel in der Regel nur an EL, die einen Entwicklungsplan aufweisen konnten.

Schon damals waren Probleme des wirtschaftlichen Strukturwandels und seiner volkswirtschaftlichen Auswirkungen auf die internationale Arbeitsteilung und Finanzierung bekannt. Entwicklungsplaner erkannten, dass betriebswirtschaftlich sinnvolle Projekte nicht notwendigerweise auch volkswirtschaftlich nützlich waren. Auch Beschäftigungs-, Devisen- und Einkommensverteilungswirkungen mussten berücksichtigt werden. Daher erfasste man die bislang nicht in die ökonomisch fundierte Projektplanung einbezogenen Faktoren in **Kriterienrastern** oder **Checklisten**. Diese leiteten zur zweiten Plangeneration über.

Außerhalb einer „**Feasibility-Analytik**"[184] begann die Entwicklungsplanung also volkswirtschaftliche Projektwirkungen (z.B. direkte und indirekte Beschäftigungswirkung und Steueraufkommen des Projekts) in Kriterienrastern den erwarteten betriebswirtschaftlichen Ergebnissen (z.B. Kapitalintensität) gegenüberzustellen. Da immer mehr Faktoren in die Kriterienraster miteinbezogen wurden, stellte sich allmählich die Frage nach deren Leistungsfähigkeit. Eine Gewichtung der einzelnen Kriterien war wissenschaftlich nicht möglich, so dass bei der Prioritätensetzung oft politisch entschieden wurde, wofür der Begriff des „**political judgement**" geprägt wurde.

Anfang der siebziger Jahre erkannte man, dass die Mehrzahl der EL Kapitalabsorptionsprobleme aufwiesen, welche für den unerwartet geringen Erfolg der Entwicklungsprojekte mitverantwortlich gemacht werden konnten. Dies rief nach einer Verstärkung der Investitionen im Infrastrukturbereich. Darüber hinaus ließen die quantitative Zunahme der EH und die Sensibilisierung der Öffentlichkeit für Misserfolge der EZ die Notwendigkeit einer Evaluierung von Projekten erkennen. Hierbei bot sich den Entwicklungsplanern die **Kosten-Nutzen-Analyse**[185] an, die in den USA im Rahmen der Infrastrukturplanung in den 50er Jahren entwickelt wurde. Mit ihrer Hilfe sollten Projekte nun im Vorhinein auf ihre Zielwirksamkeit hin untersucht werden. Da die KNA die Berücksichtigung externer Effekte, eine (bislang nicht mögliche) Preisfestsetzung für öffentliche Güter in Form von Schattenpreisen u.a. ermöglichte, konnten so die Schwächen der zweiten Plangeneration überwunden werden. Das political judgement wich zunehmend einer eher automatischen Abwicklung in den Verwaltungen der Entwicklungsagenturen.

---

[184] Feasibility studies werden in der Phase der Projektfindung, der Vorinvestitionsphase durchgeführt, um den Bedarf und das Potenzial der Zielgruppe abzuschätzen. Es handelt sich also um eine ex ante-Evaluierung noch nicht geplanter Projekte.

[185] Vgl. Kap. 6.2.

In den Projekten dieser Generation stand das Wirtschaftswachstum noch im Vordergrund. Allmählich machte sich allerdings die Erkenntnis breit, dass die aus dem Wirtschaftswachstum resultierenden Einkommenszuwächse nicht den Ärmsten der EL zugute kamen. Der erwartete **„trickle-down-effect"** blieb aus und man beobachtete gar eine Zunahme der Einkommensdisparitäten, d.h. die relative Verarmung der Masse der überdies rasch wachsenden Bevölkerung. Neue Projekte sollten daher direkt an der Lebenssituation der Ärmsten einer Gesellschaft ansetzen. Daraus entstand in den 70er Jahren die Strategie der Grundbedürfnisorientierung, der sog. **„basic-needs-approach"**.[186] Eine Verbesserung der Lebenslage der Armen sollte vor allem durch den Aufbau von Humankapital erreicht werden, z.B. über Ernährungssicherungsprogramme, Bildungs-, Gesundheits- und Wohnungsprojekte. Besondere Kennzeichen der neuen Strategie waren die klare Zielgruppenorientierung und Zielvielfalt sowie die Partizipation, d.h. Mitwirkung und -verantwortung der Betroffenen, die u.a. die Akzeptanz der Projekte in der Bevölkerung erhöhen sollte. Dies erforderte eine Umorientierung von der Ein-Ziel-Ausrichtung zu einer **Multi-Ziel-Ausrichtung**. Für die grundbedürfnisorientierten Projekte fehlt allerdings bis heute eine adäquate Finanzierungsstrategie, da sich die positiven Auswirkungen erst langfristig bemerkbar machen.

In der Phase der Projektfindung kam die bereits bekannte **Nutzwertmatrix** mit Kriterien zum Zuge, die mit den Zielvorstellungen der Grundbedürfnisstrategie abgestimmt wurden. Entscheidend waren v.a. die Kriterien Zielgruppe, Partizipation, technologische Akzeptanz, Beschäftigungswirkungen, Wirkungen auf Arbeitsproduktivität usw. Die Matrixdarstellung ermöglichte eine Beurteilung der Projekte im Rahmen einer mehrdimensionalen Zielplanung, wobei die Gewichtung der Kriterien dem political judgement unterlag.

In der Planungsphase der Projekte wurde ein **„logical framework"** (eine Frage-Rückkoppelungs-Systematik) eingeführt, die in Deutschland bei der GTZ unter dem Namen ZOPP lief (zielorientierte Projektplanung). Diese ermöglichte es die Planung eines Projektes kontinuierlich auf die übergeordneten Ziele hin zu kontrollieren. Im Rahmen des **„Monitoring"**[187] (Ablaufsteuerung) werden Projektinputs, Aktivitäten und Outputs v.a. in der Durchführungsphase überwacht und es wird gegebenenfalls korrigierend eingegriffen.

Die fünfte Plangeneration legte einen neuen Schwerpunkt auf die Implementierung, d.h. die Gestaltung und Steuerung der Durchführungsphase der Projekte. Während man bislang auf eine personelle und fachliche Trennung von Vorinvestitionsphase und Implementationsphase bedacht war, wurde nun in der begleitenden Mitarbeit der Planer bei der Implementation der Schlüssel zum Projekterfolg gesehen. Durch die Entwicklung des Projektmanagementinstruments „Monitoring" konnten die Erkenntnisse aus der Implementationsphase in die Vorinvestitionsphase rückgekoppelt werden, so dass die Projekte kontinuierlich angepasst werden konnten. Da die in der Vorinvestitionsphase angereicherten und im Project Appraisal Report niedergelegten Erkenntnisse sich für Aussagen über die spätere Steuerbarkeit des Projektablaufs in der Durchführungsphase oft als nicht aussagefähig erwiesen, wurden die Projekte nunmehr als Lernschritte konzipiert. Zeit- und kostenaufwendige Grundlagenfor-

---

[186] Siehe LACHMANN (2004a), Kap. 9, S. 247–275.

[187] Siehe z.B. die Publikation der GTZ, Monitoring im Projekt, Eschborn, April 1998.

schung konnte so vermieden werden. Diese zielgerichtete Ablaufsteuerung mit eingebauten Kontrollmechanismen eröffnete auch die Möglichkeit, bei einer bestimmten Abweichung vom erwarteten Ziel, einen Projektabbruch zu Minimalkosten vorzusehen. In diesem Zusammenhang sprach man von **„built-in-planning"** bzw. einer **dynamischen Projektdurchführung**.

In der sechsten Plangeneration dominierte die **computergestützte Planung**. Mit Hilfe der Simulationstechnik war es möglich geworden, die sektoralen und gesamtwirtschaftlichen Auswirkungen von Projekten in Mehr-Ebenen-Planngssystemen zu erfassen und für die zukünftige Projektplanung nutzbar zu machen. Die Durchführungsphase gewinnt nun eine noch stärkere Bedeutung auch für die Planungsphase. Simulationsstudien, welche den alternativen Entwicklungsverlauf ökonomisch relevanter Variablen zur Grundlage nehmen, geben dem Entwicklungsplaner Aufschluss über die Auswirkungen alternativer Maßnahmen. Die computergestützte Simulationstechnik ermöglicht einen **„bottom-up-approach"**, eine Planungsmethodik, die Mikro-, Sektor- und Makroebene zu einem steuerbaren Gesamtsystem vernetzt. Auch für wirtschaftspolitische Entscheidungsprozesse kann dieses effektive und flexible Planungssystem fundierte Erkenntnisse liefern.

Angesichts derartiger Planungsmethoden, die der Entwicklungsplanung keine Grenzen zu setzen scheinen, stellt sich die Frage nach der Bewertung dieses Instrumentariums. Generell ist es das Ziel der Entwicklungshilfeplanung mit ihren stets modernisierten Ansätzen die Effektivität und Effizienz von Projekten zu erhöhen. In Hinsicht auf den Erfolg einzelner Projekte und Programme mag dies z.T. gelungen sein. Erweitert man jedoch den Blick auf nationale Zusammenhänge, so ist eine Desillusionierung in Bezug auf die Operationalisierbarkeit der Entwicklungstheorie und die Effizienz der daraus abgeleiteten Strategien festzustellen. So zeigte sich gegen Ende der 70er Jahre immer deutlicher, dass die Entwicklungsplanung die an sie gestellten Erwartungen und Ziele nicht erfüllen konnte (Jungfer). Erfolgreiche Länder wie z.B. die vier Tigerstaaten hatten auch ohne detaillierte Entwicklungspläne ein hohes Wirtschaftswachstum erreicht. Demgegenüber standen Staats- bzw. Bürokratieversagen und Versagen der Planungstheoretiker in zahlreichen Ländern, die keinen oder nur geringen Entwicklungserfolg verzeichnen konnten.

Entwicklungsplaner mussten zugeben, dass viele Projekte aufgrund externer Schocks, Marktfeindlichkeit, Vernachlässigung der Preisanreize und entwicklungshemmender ökonomischer Rahmenbedingungen scheiterten.[188] Auch die Weltbank musste einsehen: „Good projects and bad policies don't make sense." Es hat keinen Sinn betriebswirtschaftlich funktionsfähige

---

[188] Der zweite Teil des Weltentwicklungsberichtes 1983 widmet sich dem „Entwicklungsmanagement". Darin werden in einem Sonderkapitel die verheerenden Wirkungen von Preiseingriffen analysiert. Die Verzerrung von Schlüsselpreisen wie der Zinssätze, Löhne, Wechselkurse und Preise für Agrarprodukte wurden nunmehr verantwortlich gemacht für einen Teil der Unterschiede in den Wachstumsraten zwischen den EL in den 60er und 70er Jahren. Am Beispiel der erfolgreichen ostasiatischen Staaten zeigten sich die Auswirkungen einer wirksamen Wirtschaftspolitik, eines starken Vertrauens in die Kräfte des Marktes, in dem man die Rolle des Staates ziemlich klein hielt und meist auf die Energiewirtschaft beschränkte, und in dem kaum Preisverzerrungen auftraten. Preise und Märkte wurden demnach als hochwirksame Allokationsmechanismen rehabilitiert und viele EL versuchten dies nun auch zunehmend in ihrer Wirtschaftspolitik umzusetzen. Vgl. WELTBANK, Weltentwicklungsbericht 1983, Washington, D.C., 1983, S. 49-151, insbes. S. 86-75.

Projekte in einem ökonomischen Umfeld anzusiedeln, das die Überlebensfähigkeit dieser Projekte gefährdet. Zudem müssen Projekte der EH als eine von außen oktroyierte Steuerung der Wirtschaft angesehen werden. Gegen diese Form der Fremdbestimmung ihrer Infrastruktur- und Wirtschaftspolitik würden sich IL ihrerseits auch stark zur Wehr setzen.

Als Folge dieser Erkenntnisse änderte die Weltbank Mitte der 80er Jahre ihren entwicklungstheoretischen und -politischen Kurs von einem eher planwirtschaftlichen zu einem mehr **marktwirtschaftlichen Ansatz.**[189] In zunehmendem Maße wurde auch die Bedeutung der Ordnungspolitik erkannt und ihr Zusammenhang mit der Produktivität und dem Wirtschaftswachstum betont. Da die Weltbank als größte und bedeutendste entwicklungspolitische Institution maßgeblich die Theorie und Praxis der Entwicklungspolitik beeinflusste, folgte ihr bald das Gros der Entwicklungshilfeagenturen.[190]

Man empfahl nun, im Rahmen des Politikdialogs mit den Regierungen der EL verstärkt darauf hinzuwirken, die makroökonomischen Rahmenbedingungen zu verbessern. Denn ein entwicklungsfreundliches Umfeld in Verbindung mit Hilfe zur Selbsthilfe aktiviert die Eigenverantwortung und Eigeninitiative der Unternehmer und der Bevölkerung in der Dritten Welt und kann so eine nachhaltige Entwicklung stärker fördern als eine Vielzahl von Einzelprojekten. Nicht Bürokraten, sondern Unternehmen obliegt es, Unternehmerentscheidungen zu treffen. Ohne einen funktionsfähigen Staat, oft wird von **„good governance"**[191] gesprochen, ist wirtschaftliche Entwicklung kaum möglich. Seine Aufgabe ist es, Rechtssicherheit zu garantieren, Infrastruktur und Humankapital aufzubauen u.v.m. Die These von John Stuart Mill „competition kills competition" weist darauf hin, dass liberales Chaos nicht entwicklungsfördernd ist. Demzufolge ist es notwendig, die Leistungsfähigkeit des Staates in der Dritten Welt zu erhöhen.[192]

In den 90er Jahren hat sich bei fast allen Organisationen der EZ innerhalb des **„Project Cycle Managements"** eine verbesserte **„Projektplanungsübersicht"** (PPÜ bzw. logical frame-

---

[189] Erst im Weltentwicklungsbericht 1991 wird der Kurswechsel offen eingestanden. Hinweise darauf finden sich z.B. S. 37 und S. 40. Doch bereits 1983 ist in einer Ausgabe der von der Weltbank herausgegebenen Zeitschrift F&E zu lesen, dass eine umfassende nationale Planung sich als nicht handhabbar und wirkungsvoll erwiesen hat. Vgl. LANDELL-MILLS, sowie AGARWALA. Beachtenswert ist das 1983 erschienene Buch von LAL. In dem Lal mit dem 'Dirigist Dogma' abrechnet und das Scheitern der Entwicklungstheorien darstellt. Im Weltentwicklungsbericht 1994 wurde die Bedeutung der Infrastruktur betont, die Rolle des Staates wurde neu überdacht im Weltentwicklungsbericht 1997. Die stärkere Bekämpfung der Armut wird erst im Weltentwicklungsbericht 2000/2001 deutlich, wobei in dem Weltentwicklungsbericht auch verstärkt die Umweltaspekte (wie schon 1992) betont werden.

[190] Die Rolle der Weltbank wird aus einer Äußerung ihres ehemaligen Chefplaners Waterston Mitte der 60er Jahre deutlich: „Die Weltbank war ungefähr seit 1950 entscheidend dafür verantwortlich, dass in vielen Ländern eine nationale Entwicklungsplanung in Gang gesetzt oder ausgeweitet wurde. Als ein Ergebnis ihrer Empfehlungen haben viele Länder ... entweder zentrale Planungsbehörden errichtet oder neu organisiert ...". F&E 90:2, S. 17.

[191] Die Weltbank setzt good governance mit „sound development management" gleich: „Good governance is central to creating and sustaining an environment which fosters strong and equitable development, and it is an essential complement to sound economic policies.", IBRD, Governance and Development, Washington, D.C., 1992, hier S. 1.

[192] Siehe auch die Ausführungen in WELTBANK, Weltentwicklungsbericht 1997 – Der Staat in einer sich ändernden Welt, Washington, D.C., 1997.

work) durchgesetzt, die alle wesentlichen Elemente des Plans und ihre Beziehungen zueinander „auf einen Blick" abbildet. Auch die GTZ verwendet sie im Rahmen des Planungsin-
strumentes **ZOPP (zielorientierte Projektplanung)**, das heute in einem erweiterten Sinn
verstanden wird. Der Begriff bezeichnet nicht mehr eine bestimmte Abfolge von verbindlich
festgelegten Schritten und vorgeschriebenen Methoden, sondern vielmehr das veränderte
Planungsverständnis der GTZ. Man versteht Pläne heute als Ausgangspunkte für einen flexiblen Planungsprozess, in dem Einzelheiten, aber auch Grundorientierungen und Projektziele jederzeit den Bedürfnissen und Gegebenheiten entsprechend anpassbar sein müssen. Erst
1996 wurden überkommene, rigide Projektplanungsvorschriften im Zuge einer Dezentralisierung und Weiterentwicklung der GTZ außer Kraft gesetzt und durch die Möglichkeit der
flexiblen Handhabung im Einvernehmen mit den Betroffenen ersetzt. Auch an die Planer
werden heute andere Anforderungen gestellt; Bescheidenheit und „Chaoskompetenz" sind
die gefragten Eigenschaften. Inwiefern das neue Verständnis in der Entwicklungsplanung
von mehr Erfolg gekrönt sein wird als das bisherige, bleibt abzuwarten. Selbstkritische Äu-
ßerungen wie die der GTZ geben zumindest Zeugnis vom Versuch einer Neuorientierung:
„Jeder Plan ist falsch. Wenn man ihn nämlich rückblickend betrachtet"; „Planen ist der Er-
satz des Zufalls durch den Irrtum".[193]

Die von der GTZ verwendete zielorientierte Projektplanung hatte ihre Schwäche in der iso-
lierten Behandlung von Projekten, da diese in keinem größeren Rahmen eingebunden waren.
Zwar wurde durch ZOPP ein stärkerer problemorientierter Ansatz erreicht und partnerschaftliche Verständigungsprozesse gefördert, in der Anwendungspraxis stellte sich jedoch heraus,
dass in Konfliktfällen sich Projektträger und Counterparts nicht an die Planungsvorschriften
gebunden sahen. BMZ und GTZ legten bei der Planung und Durchführung von ZOPP großen
Wert auf die formale Einhaltung der Durchführungsregeln, wobei sich die Erfolgskontrolle
auf die Realisierung dieser selbst gesteckten Zielprojekte beschränkte (Kohnert).

Eine Erfolgskontrolle war schwierig, da Projektträger, Counterparts und Experten ein gemeinsames Interesse daran hatten, Projekterfolge auszuweisen. Die Fortschritts- und Techno-
logiegläubigkeit der westlichen Experten, verbunden mit der Arroganz der Macht der Projektträger, gaben vor, das Interesse der Bevölkerung zu vertreten. Durch ZOPP wurde nicht
mit den, sondern *für die* Zielgruppen geplant. Die Projektzielerreichung war wichtiger als der
sorgfältige Umgang mit knappen Ressourcen. Gelegentlich wurden Projekte aufgestockt,
durchfinanziert und nachbetreut, bis die Zielerreichung gewährleistet war. Effizienzgesichts-
punkte wurden nicht ausreichend berücksichtigt. Zudem ist festzuhalten, dass Kontrollen und
Konditionen keine effektiven Steuerungselemente darstellen. Kontrollierte finden immer
Wege, die Kontrollen zu umgehen, wie Projektfortschrittskontrollen und Evaluierungen
(Window-Dressing) auf allen Ebenen der EZ schön zeigen.

Ebenfalls wird kritisiert, dass bei den Planungsschritten zu wenig partizipativ vorgegangen
wurde, so dass sich die Bevölkerungen mit den Projekten nicht identifizierten. Betroffene
wurden solange geplant, mobilisiert und fortgebildet, aber zur Verbesserung der Lebensbedingungen in Projekten wurde zu wenig getan. Die arme Bevölkerung hatte kaum materielle

---

[193] GTZ, Ziel Orientierte Projekt Planung – ZOPP, Eschborn, Aug. 1997, S. 4f.

Vorteile durch das Projekt, da ein hoher Prozentsatz des Budgets für Personal- und Organisationskosten ausgegeben wurden, wovon wiederum mehr als die Hälfte auf ausländische Berater entfiel (Bliss).

Durch die Millenniumserklärung wurde für die EZ ein neuer Akzent gelegt. Anhand der MDGs lässt sich das Erreichen der EZ messen. Die EZ ist ergebnisorientierter geworden und betont verstärkt den Ownership-Gedanken, d.h. eine stärkere Eigenverantwortlichkeit bei der EZ durch die EL. Eine erfolgreiche Entwicklung soll nicht mehr durch die Input-Seite erschlossen werden (Höhe der investierten Ressourcen), sondern über die **Output-Seite** durch die Ergebnisse (Outcomes) und Wirkungen (Impacts). Hierdurch ergibt sich eine klare Aufteilung der Verantwortlichkeit und eine stärkere Rechenschaftspflicht (Monitoring). Die Akteure sollen auf allen Handlungsebenen stärker vernetzt werden (Koordination und Kohärenz). Fairer Handel, besserer Marktzugang und Entschuldungen stehen im Mittelpunkt der EH-Überlegungen der Geber. Seit der Paris-Erklärung werden bei der EZ Verbesserungen im Bereich der Eigenverantwortung (Ownership), Harmonisierung, Partnerausrichtung (Alignment), Ergebnisorientierung sowie gegenseitige Rechenschaftspflicht der Geber angestrebt. Ziel ist eine Reduzierung der Armut. So haben die EZ-Organisationen ihre Evaluierungen verstärkt. Jedoch besteht die Gefahr einer stärkeren Bürokratisierung und Ermüdung in dem Versuch, die EH effektiver zu gestalten.

4.7 Bedeutung soziokultureller Faktoren in der Entwicklungszusammenarbeit

Angesichts des Scheiterns vieler Entwicklungskonzepte und -projekte sowie des geringen allgemeinen „Entwicklungserfolges" stellt sich die Frage nach den Ursachen. Die sorgfältige Planung von Projekten und Programmen unter Berücksichtigung wirtschaftlicher und technischer Aspekte scheint nicht ausreichend zu sein. In der entwicklungspolitischen Praxis wird daher seit Beginn der 80er Jahre auf die Bedeutung soziokultureller Faktoren hingewiesen, die **Schlüsselfaktoren** für ein erfolgreiches Projekt sowie weiterreichender Projektwirkungen (z.B. Breitenwirksamkeit, Nachhaltigkeit etc.) darstellen können.

Anlehnend an die Definition des BMZ definieren wir **kulturelle Faktoren** als solche mittelfristig stabilen, spezifischen Merkmale einer Gesellschaft, die sie von anderen Gesellschaften unterscheidet. **Soziokulturell** sind alle kulturellen Faktoren bei Betrachtung des gesamtgesellschaftlichen Funktionszusammenhanges. „Kultur" ist ein dynamisches symbolisches System, das trotz mannigfaltiger Definitionen doch stets zwei Grundelemente enthält: einerseits beinhaltet es unterschiedliche gesellschaftliche Orientierungen wie Werte, Normen und Verhaltensweisen und andererseits einen gewissen Entwicklungsstand, der sich im erreichten Grad an gesellschaftlicher Komplexität (z.B. hinsichtlich der Ausbildung von Institutionen und der Entwicklung der Produktivkräfte) ausdrückt (BMZ, 1994).

Kulturelle Faktoren entziehen sich zunächst einer Bewertung; sie sind als gleichwertig zu respektieren. Mit Blick auf ein bestimmtes Ziel, z.B. Armutsbekämpfung oder Wirtschaftsförderung, unterscheiden sie sich jedoch hinsichtlich ihrer entwicklungshemmenden oder -fördernden Wirkungen. Seit einiger Zeit bemühen sich daher Entwicklungshilfeorganisationen diese Faktoren bei der Auswahl, Planung und Durchführung von Projekten und Programmen zu berücksichtigen.

In den ersten Jahrzehnten seit Beginn der Entwicklungstheorie und -praxis dominierten jedoch die Ansichten technokratischer, wachstumsorientierter westlicher Entwicklungsexperten. Entwicklung wurde als simpler Prozess des Transfers von Kapital, Know-how sowie der Gesinnung erfolgreicher IL gesehen. Man glaubte durch eine Erhöhung der Ersparnisse, des Kapitalbestandes oder der Infrastruktur rein mechanistisch Entwicklung „machen" zu können. Dabei blieb die gesellschaftliche Komponente von Entwicklung in der Regel völlig außer Acht. Der vielerorts ausbleibende Erfolg teils enormer Entwicklungsanstrengungen zeigte aber auf, dass nachhaltige wirtschaftliche und gesellschaftliche Veränderung mehr bedarf als einer Vielzahl technisch und wirtschaftlich gut konzipierter Entwicklungsprojekte und -impulse. Auch die wirtschaftspolitischen Krisen in den IL zeigen, dass wirtschaftspolitische Konzepte, Strategien und Politiken gesellschaftliche Entwicklung nicht „machbar" machen. Denn Entwicklung hat immer mit dem Menschen zu tun und sie beinhaltet immer einen gesellschaftlichen Wandel.

Man erkannte in zunehmenden Maße, dass Voraussetzung für gesellschaftlichen Wandel die Einsicht der Menschen sowie die Artikulation des politischen Willens ist, Änderungen zur Verbesserung der wirtschaftlichen Situation vornehmen zu wollen. Wenn sich EH als Hilfe zur Selbsthilfe versteht, so muss sie sich fortan am Menschen und seinen Bedürfnissen, Interessen, Werturteilen und Zielen orientieren. Entwicklungspolitische Projekte und Programme bedürfen einer **kulturellen Implementierung**, d.h. sie müssen vor dem soziokulturellen Hintergrund der betroffenen Zielgruppe formuliert werden. Dies ist nur durch eine bessere Kenntnis der in EL vorherrschenden soziokulturellen Rahmenbedingungen möglich.

Dabei bewirkt EH, die eine nachhaltige Entwicklung im Sinne wirtschaftlicher und gesellschaftlicher Veränderung zum Ziel hat, immer eine **Akkulturation**, d.h. eine Transformation der Bestandteile fremder Kulturen in die eigenen Denkvorstellungen. EH bedeutet letztlich immer eine Einmischung in vorhandene Strukturen, in gewisser Weise einen Kulturtransfer. Dabei ist in jedem Fall zu hinterfragen, inwieweit die soziokulturellen Faktoren der IL bzw. der Prozess wirtschaftlichen Wachstums in IL eine Vorbildfunktion für EL haben. Beispiele wie die hohen Kosten der wirtschaftlichen Entwicklung im Umweltbereich sowie die fortschreitende Vereinsamung und Anonymität in IL verdeutlichen, dass eine unkritische Nachahmung durch die EL oder ein Aufoktroyieren seitens der IL schwerwiegende Folgen haben kann. Denkanstöße von außen müssen jedoch nicht zwangsläufig zu einer Negation oder Deformation der eigenen Identität führen, sondern können zur **Evolution** der Kultur beitragen. Dies bedarf jedoch einer kritischen Auseinandersetzung der Kulturen im Rahmen eines partnerschaftlichen Dialoges unter Berücksichtigung der soziokulturellen Aspekte.[194]

---

[194] Zum Problem der Akkulturation vgl. auch LACHMANN (1986a). Hingewiesen sei auf die erfolgreiche Akkulturation in Japan, siehe LACHMANN (2004a), Kap. 5.2.

Voraussetzung für gesellschaftlichen Wandel und wirtschaftliche Entwicklung im Rahmen eines partnerschaftlichen Dialoges sind vor allem die Partizipation der Bevölkerung und die Legitimation der Entwicklungshelfer durch die Bevölkerung – dabei kann EH die Motivation der Zielgruppen und Entscheidungsträger zwar zu beeinflussen versuchen, sie jedoch nicht grundsätzlich schaffen. Ein soziokultureller Entwicklungsansatz muss also insbesondere die Aspekte.[195]

- Legitimität und
- Partizipation

beachten. D.h. der Projekterfolg wird im Wesentlichen dadurch determiniert, ob die Betroffenen das Vorhaben bejahen, es legitimieren, und ob sie daran beteiligt werden bzw. partizipieren. Von entscheidender Bedeutung ist auch, inwieweit sie fähig sind zu partizipieren und damit dem Projekt zu Erfolg zu verhelfen. Es stellt sich also die Frage nach dem **Wollen** und dem **Können**.

Ein nachhaltiger Erfolg der EH hängt davon ab, ob die Zielgruppe sowohl bei den Zielvorstellungen Einflussmöglichkeiten hat, als auch bei den Projekten und Maßnahmen kulturelle Eigenarten berücksichtigt werden. Der Entwicklungsprozess und die Durchführung von Projekten muss daher sehr genau auf die kulturellen Erfordernisse hin überprüft werden (Eversole). Hierbei muss gefragt werden, wer, was, warum und wie durchführen soll. Beim „wer?" kommt es entscheidend darauf an, ob die Projekte „von innen" (Graswurzelansatz) oder „von außen" (Top-Down) ausgerichtet sind. Beim „was?" muss auf die speziellen Bedürfnisse der EL Rücksicht genommen werden, wobei sich eine schwierige Gratwanderung zwischen den notwendigen Maßnahmen und den Wünschen der Bevölkerung ergibt. Beim „warum?" geht es darum, welche Technologie eingesetzt werden soll. Wenn EH Handwerk und „Appropriate Technology" einsetzen will, obgleich international hier kaum zukünftige Entwicklungschancen bestehen, muss dies erläutert werden. Bei den „warum?"-Fragen muss die EH darauf achten, wie Projekte implementiert werden können. Hier muss auf die EL gehört – und dennoch muss auch das Sachwissen der Geber berücksichtigt werden. Wenn die EL schon wüssten, wie sie die Armut überwinden können, dann hätten sie es schon längst tun können. Daher benötigen sie Initiativen von außerhalb. Beim „wie?" muss bei der Auswahl der unterschiedlichen Prozesse auf die Kultur der EL Rücksicht genommen werden.

Bislang basierte die Berücksichtigung soziokultureller Faktoren auf individueller Initiative sowie der Erfahrung, dem persönlichen Einfühlungsvermögen und Problembewusstsein einzelner Experten. Diese verfügen über ein enormes Wissen hinsichtlich gesellschaftlicher Rahmenbedingungen. Eine systematische Sammlung und Auswertung blieb jedoch aus. Zunehmend wurde nun die Forderung laut, dieses Wissen zu einem **institutionellen Bestandteil** der Planung und Durchführung von Projekten und Programmen zu machen. Ein großes Problem stellt dabei die Identifikation und Verwertung der entwicklungsrelevanten soziokulturellen Faktoren dar, die eine unendliche Vielfalt aufweisen, aufgrund ihres qualita-

---

[195] Zum Problem der Akkulturation vgl. auch LACHMANN (1986a); hingewiesen sei auf die erfolgreiche Akkulutration in Japan; siehe LACHMANN (2004a), Kap. 5.2.

tiven Charakters kaum zu quantifizieren sind und für jede Zielgruppe mit enormen Aufwand stets neu zu eruieren sind.

Das **BMZ** versucht seit 1992 durch das **Rahmenkonzept** „Soziokulturelle Kriterien für Vorhaben der EZ" die soziokulturellen Aspekte in institutionalisierter Weise einzubeziehen, was insbesondere durch Sektor- und sektorübergreifende Konzepte geschieht.[196] Im Gegensatz zur bisherigen Praxis, nach der Entwicklungspolitiker – oft in Zusammenarbeit mit den führenden Eliten der EL – konstatierten, was Zielgruppen und -bevölkerung tun sollten, fragt der soziokulturelle Ansatz des BMZ danach, was sie tun können und wollen. Es können zwar nicht alle soziokulturellen Faktoren erfasst und berücksichtigt werden, da dies den zeitlichen und finanziellen Rahmen von Vorhaben der EZ sprengen würde, aber die Frage nach dem Können und Wollen soll den Blick auf eine eingegrenzte Auswahl wesentlicher Faktoren lenken. Das BMZ geht in seinem sogenannten „Schlüsselfaktorenkonzept" von den folgenden drei wesentlichen Merkmalen (Schlüsselfaktoren) aus:

- Legitimität (Akzeptanz) (Was wollen die Zielgruppen/Beteiligten?)
- erreichter Entwicklungsstand (Was können die Zielgruppen/Beteiligten?)
- soziokulturelle Heterogenität (Wie verschiedenartig sind die Zielgruppen/Beteiligten?)

Legitimität erfasst das gesellschaftliche Wollen und beantwortet die Frage, inwieweit die Betroffenen die mit geplanten Projekten und Programmen zusammenhängenden Personen, Gruppen, Institutionen oder Ideen akzeptieren. Das Spektrum reicht von aktiver Beteiligung bis zum Boykott. Projekte sind nicht nur im Kontext individueller Freiheitsrechte und lokaler kultureller Gegebenheiten zu sehen. Vielmehr stehen sie in wechselseitigem Bezug zu nationalen und internationalen rechtlichen, ökonomischen und gesellschaftlichen Systemen. Wenn Projekte und Programme nicht nur auf der Mikroebene erfolgreich sein sollen, so bedarf es einer gesellschaftlichen Verhaltensänderung, die nur auf Grundlage des Vertrauens und der Mitwirkung der Zielgruppe erreicht werden kann. Die Handlungsautonomie der Betroffenen muss gewahrt werden.

Der **erreichte Entwicklungsstand** gibt Aufschluss über das gesellschaftliche Können bzw. über die wirtschaftliche und soziale Kompetenz der Zielgruppe. Projekte müssen auf das Potenzial der Betroffenen zugeschnitten sein. So muss bspw. geprüft werden, ob die von außen zu beschaffende technische Kompetenz sich sachlich, zeitlich und ökonomisch in vertretbaren Grenzen hält. Gegebenenfalls weisen Referenzprojekte auf die vorhandenen Kenntnisse und potenziellen Schwierigkeiten hin. Dabei ist darauf zu achten, dass erfolgreiche Konzepte nicht ohne weiteres auf neue Zielgruppen und ihre spezifische Situation übertragbar sind.

Angesichts der stark ausgeprägten **soziokulturellen Heterogenität** in EL hinsichtlich Sprache, Rasse, Geschlecht, Religionszugehörigkeit, ethnische Herkunft, Lebensform etc. bedarf es individueller Problemlösungen. Die im Wirkungsbereich eines geplanten Projektes oder

---

[196] Bereits 1982 begann in Deutschland die systematische Befassung von Parlament und Regierung mit den soziokulturellen Fragen der EZ, die in mehrere Studien und schließlich in das Rahmenkonzept mündeten. Deutschland nahm in dieser Hinsicht eine führende Stellung in der entwicklungspolitischen Diskussion ein. Vgl. OHE et al. (1982) und BLISS et al. (1997).

Programmes lebenden Bevölkerungsgruppen müssen daher nach den verschiedenen Merkmalen erfasst werden. Auch innerhalb der Zielgruppen kann es notwendig sein, weitere Differenzierungen vorzunehmen um der soziokulturellen Heterogenität Rechnung zu tragen. Darüber hinaus ist es notwendig, die Auswirkungen von Projektstandort, -sektor und -träger auf die Zielgruppe und den Projekterfolg vorab zu prüfen. Können dadurch die Ziele erreicht werden; werden eventuell neue Ungleichgewichte geschaffen oder vorhandene verschärft; leisten die Projekte einen Beitrag zu nationalen Zielen oder stehen sie gar im Widerspruch dazu?

Soziokulturelle Faktoren sind in allen Projektphasen (Auswahl, Planung, Durchführung, Monitoring und Evaluierung) zu berücksichtigen. Sie werden für die Gesamtbeurteilung eines Landes im Zusammenhang mit der Festlegung von Sektoren und regionalen Schwerpunkten der Zusammenarbeit genutzt. Sie sind nicht isoliert zu erfassen und zu bewerten, sondern im Sinne einer ganzheitlichen Betrachtung in Zusammenhang zu bringen.

Das BMZ selbst würdigt seinen Ansatz nach mehreren Jahren der Erprobung als erfolgreich, da er erlaube, die „richtigen" Fragen zu stellen; es räumt aber weiterhin Schwierigkeiten, teils auf Seite der EL, teils auf Seite des BMZ, ein. Den Vorwurf, man wolle die EL auf den westlichen Entwicklungsweg festlegen und sei weiterhin dem Konzept der nachholenden Entwicklung verhaftet, weist das Ministerium in seinen Schriften weit von sich (BMZ, 1985, S. 5f.). Kritiker betonen hingegen die unzureichende Operationalisierung des Konzeptes, das zu einer Beliebigkeit im Umgang führt und insbesondere bei der Erstellung der Länderkonzepte nicht ausreichend berücksichtigt wird.

Grundsätzlich ist die Frage zu stellen, welche konkreten Auswirkungen die Berücksichtigung soziokultureller Faktoren hat. Identifiziert werden können Konsequenzen auf folgenden Ebenen:

- Ausbildung der Entwicklungshelfer und Qualität ihres Handelns,
- Auswahl, Planung und Vorbereitung der Entwicklungsprojekte,
- Art der Implementierung und Durchführung dieser Projekte.

Zunächst muss bei der **Ausbildung von Entwicklungshelfern** neben der Vermittlung von Fachkenntnissen die Förderung der sozialen Kompetenz verstärkt werden. Entwicklungshelfer müssen in der Lage sein, sich in die gesellschaftspolitische Situation einzudenken; sie müssen zuhören und beobachten können um vor diesem Hintergrund entwicklungspolitische Vorschläge zu erarbeiten. Dabei kann es vorkommen, dass der Entwicklungshelfer in ein Spannungsverhältnis mit der Geberorganisation kommt. Diese erwartet gewisse Erfolgsmeldungen und Rechtfertigung über die Art der Mittelverwendung. Daher hat der Entwicklungshelfer nicht immer volle Gestaltungsfreiheit. Um die Qualität seines Handelns zu verbessern bedarf es jedoch weitgehender Unabhängigkeit von Geberinteressen. Nicht der rechtzeitige Mittelabfluss muss im Vordergrund stehen, sondern der nachhaltige Entwicklungserfolg zur Überwindung der Massenarmut in der Dritten Welt. Dazu bedarf es der nachhaltigen Wirtschaftsförderung über einen Anstieg der Arbeitsproduktivität insbesondere der Benachteiligten in der Dritten Welt.

Im Rahmen der Auswahl, Planung und Vorbereitung der Entwicklungsprojekte bedarf es einer sorgfältigen Analyse der Zielgruppe. Dazu gehört das Sammeln von Informationen über die Vorstellungen, Interessen und Bedürfnisse der Betroffenen sowie einer Beschreibung ihrer gesamtgesellschaftlichen Rahmenbedingungen und ihrer Ausgangssituation. Es muss also gefragt werden, wie sich die Zielgruppe ethnisch, religiös, politisch, geschlechterspezifisch usw. verhält und in welchen politischen, rechtlichen und anderen Systemen sie einzuordnen ist. Hierbei muss auch auf Heterogenität der Vorstellungen der Zielgruppe bzw. Zielgruppen eingegangen werden. Gibt es bspw. ein Gemeinschaftsgefühl, ist die Gruppe organisch gewachsen oder willkürlich geschaffen worden?

Oft stoßen Entwicklungshelfer auf manifestierte Interessensgegensätze zwischen mehr oder weniger kleinen, teilweise kaum durchschaubaren und kontrollierbaren staatlichen Eliten und der lokalen Bevölkerung. So sind die Eliten stark an Investitionsförderungen im Wirtschaftsbereich und dem Aufbau einer exportorientierten Überschusswirtschaft orientiert, während es für weite Teile der subsistenzorientierten Bevölkerung um Maßnahmen zur Überwindung der größten Armut geht. Im Sinne des Projekterfolges ist es für den Entwicklungshelfer wichtig zu wissen: Welches sind die Meinungsführer in der Region, in der das Entwicklungsprojekt angesiedelt ist? Sind sie involviert und überzeugt worden? Wie ist das Verhältnis der Partnerregierung zur Zielgruppe? Inwieweit sind strukturelle Reformen (z.B. Reformen des Boden- und Besitzrechts) notwendig? Es muss gefragt werden, inwieweit Armutsbekämpfung und Wirtschaftsförderung vereinbar sind. Eine Geberorganisation, die das Ziel der Armutsbekämpfung aus dem Auge verliert und weniger nach den Bedürfnissen der Armen als viel mehr nach den eigenen politischen und wirtschaftlichen Interessen fragt, wird den soziokulturellen Aspekten nicht lange treu bleiben können.

Vonnöten ist auch eine Analyse der Trägerstrukturen. Welche Wirkungen wird das Projekt auf die Zielgruppe haben? Hierbei sollte insbesondere auf Nebenwirkungen eingegangen werden, d.h. es ist zu fragen, inwieweit Lebens- und Arbeitsgewohnheiten und gesellschaftliche Strukturen beeinflusst werden. Es ist zu prüfen, wer negativ durch Projekte beeinflusst wird und welcher Widerstand von diesen Gruppen zu erwarten ist.

Die Akzeptanz der Geberorganisation ist in jeder Phase von großer Bedeutung. Auch ist zu fragen, inwieweit die Verhandlungspartner der Geber in den EL von den Betroffenen als legitime Vertreter akzeptiert werden. Wie schon erwähnt ist auch die Partizipation ein entscheidendes Erfolgskriterium. Soweit es die Auswahl von Entwicklungshilfeprojekten betrifft, würde eine konsequente Beachtung von Partizipation eine nachfrageorientierte EH erfordern. Zwar ist in der Theorie vorgesehen, dass Antragsteller in jedem Fall die EL sind. In der Praxis nehmen die Geberländer jedoch hohen Einfluss auf die Auswahl der Projekte. Teilweise ist dies auch berechtigt, damit nicht die Durchführung sinnloser Projekte eine Verschwendung der Entwicklungshilfemittel zur Folge hat. Wenn aber Projekte und Programme den Armen helfen sollen, dann müssen sie im Entscheidungsprozess in irgendeiner Weise involviert werden. Dies kann politische Auswirkungen in den EL haben, da deren Eliten nicht unbedingt der Armutsbekämpfung höchste Priorität beimessen. Sie haben eigene Ziele, die sie mit Entwicklungshilfeprojekten verfolgen. Dabei übernehmen sie oft unkritisch Entwicklungskriterien industrieller Gesellschaften, die auf die eigene Bevölkerung nicht übertragbar sind und fragen nicht nach den sozialen und kulturellen Konsequenzen. Korruption verhindert zusätzlich in hohem Maße die Effizienz der EH.

Bei der Informationsgewinnung kann auf Erfahrungen aus vorhergehenden Projekten zurückgegriffen werden. So wäre es z.B. hilfreich, vorhandenes Datenmaterial national, besser noch international aufzubereiten und zur Verfügung zu stellen. Dies verhindert die mehrfache Erhebung von Daten und senkt die damit verbundenen Kosten. Auch könnten daraus u.U. Schlüsse über die Ursachen von Projekterfolgen und -fehlschlägen abgeleitet werden.

Bei der **Art der Implementierung und der Durchführung der Projekte** ist darauf zu achten, Informationen stets auf dem neuesten Stand zu halten. Eine anfängliche Legitimation und Partizipation der Bevölkerung kann bspw. im Projektverlauf verloren gehen, wenn sich erste Probleme zeigen oder unterschiedliche Erwartungen offenbar werden. Die anfängliche Zielgruppenanalyse bedarf darüber hinaus ständiger Korrektur und Erweiterung. Eine kulturelle Implementierung der Projekte und Programme erfordert schließlich Entwicklungshelfer, die mit besonderem Feingefühl vorgehen. Da die meisten Vorhaben der EH nicht von den Zielgruppen selbst beantragt werden, ist die frühzeitige Einbeziehung soziokultureller Faktoren im Vorfeld von Projekten und Programmen von großer Bedeutung. Dabei ist darauf zu achten, dass Entwicklungshelfer nicht unter den bereits erwähnten Mittelabflussdruck von Seiten der Durchführungsorganisationen kommen und Kommunikationsprobleme beseitigt werden.

Zusammenfassend kann gesagt werden, dass die Voraussetzung für erfolgreiche Entwicklungsprojekte neben der klaren technisch-ökonomischen Analyse des Problems und seiner alternativen Lösungen auch die Berücksichtigung soziokultureller Faktoren ist. EH sollte idealerweise ein Weitergeben guter Ratschläge von Mensch zu Mensch sein, wobei der kulturelle Hintergrund nie aus dem Auge verloren werden darf.[197]

Ziel der Entwicklung muss die Erhöhung der Produktivität der Armen in der Dritten Welt sein. Dies ist ohne eine gewisse Kenntnis des kulturellen Hintergrundes der Hilfeempfänger nicht möglich. Im Sinne der Nachhaltigkeit der EH bedarf es sowohl der Akzeptanz der Geber bzw. der Entwicklungshelfer und ihrer Methoden als auch der Partizipation der Betroffenen an den Projekten und Programmen. Insbesondere muss eine Überforderung (auch kultureller und religiöser Art) der Zielgruppen vermieden werden. Bestrebungen, soziokulturelle Faktoren in der Entwicklungstheorie und -praxis stärker zu berücksichtigen, wie z.B. das soziokulturelle Rahmenkonzept des BMZ, konnten sich gegen die lange Zeit dominierende wirtschaftlich-technische Sichtweise noch nicht völlig durchsetzen. Eine umfassende Studie im Auftrag des BMZ kam gar zu der Einschätzung, kulturelle Faktoren werden auch heute noch in erheblichem Umfang als Störfaktoren angesehen, die es auf dem „Weg zur Entwicklung" zu beseitigen gilt. Dabei handle es sich nicht nur um ein Problem der Akzeptanz der Bedeutung der Kultur für den Entwicklungsprozess, sondern vermutlich sogar primär um ein

---

[197] Zum Problem der Motivation vgl. auch LACHMANN (1997), Kap. 7, S. 171-192. In der GTZ etablierte sich Anfang der 90er der Bereich „Sozialpolitische Beratung", der sich um ebendies bemühte. Vgl. GTZ (1993).

Problem des Instrumentariums und der Abläufe der Administration der deutschen EZ.[198] Berücksichtigt werden muss auch der Erhalt der kulturellen Vielfalt. Die UN haben in ihrem Bericht über die menschliche Entwicklung aus dem Jahre 2004 darauf hingewiesen, dass die kulturelle Freiheit in unserer Welt in der wirtschaftlichen Entwicklung beachtet bleiben sollte.[199] Bei der Durchführung der EZ ist darauf zu achten, dass die kulturelle Vielfalt respektiert wird und die kulturellen Unterschiede anerkannt werden. Ein kultureller Determinismus ist zu vermeiden, da die kulturelle Freiheit ein Grundrecht aller Menschen ist. Allerdings benötigt Entwicklung offene Grenzen, da sich bisher kein Land wirtschaftlich entwickelt hat, indem es seine Grenzen geschlossen hat. Notwendig ist die schon genannte **Akkulturation.** Dies würde für die EZ bedeuten, dass vom ursprünglich häufig genannten Top-Down-Ansatz verstärkt ein partizipatorischer Ansatz in der EZ gewählt werden sollte.[200]

4.8   Finanzierung der öffentlichen multilateralen Entwicklungshilfe

Die Finanzierung von Entwicklungshilfeprojekten geschieht bilateral im Rahmen der jährlichen Festlegung der Haushalte in den IL. Ein Teil dieser Mittel wird den internationalen Entwicklungshilfeorganisationen zur Verfügung gestellt, über die die multilaterale EH abgewickelt wird. Analog zu Dienstleistungen, die unterhalb des Marktpreises angeboten werden, übersteigt auch die Nachfrage nach Entwicklungshilfeleistungen das Angebot. Auch die Mittel internationaler Organisationen reichen nicht aus, um alle gewünschten Projekte durchzuführen. Daher werden von verschiedenen Seiten eine Erhöhung des Finanzrahmens und eine Verstetigung der Hilfsströme gefordert. Insbesondere Ende des letzten Jahrhunderts wurden viele Vorschläge unterbreitet, wie die Leistungen an EL verstetigt werden können. So wurde beispielsweise vorgeschlagen, dass die Sonderziehungsrechte (SZR) des Internationalen Währungsfonds der Dritten Welt übertragen werden sollten. Man empfand es als ungerecht, wenn die wohlhabenden Staaten, die einen hohen Anteil am Kapital des IWF besitzen, gemäß ihrem Anteil das „künstliche Geld" SZR übertragen bekommen. Automatisch sollten neue SZR an die EL verteilt werden.[201] Dieser Vorschlag wurde, insbesondere wegen der Inflationsgefahren, energisch von der Deutschen Bundesbank abgelehnt.

---

[198] Vgl. BLISS et al. (1987), S. 24. Diese Studie enthält u.a. auch Vorschläge zur Operationalisierung des Schlüsselfaktorenkonzepts.

[199] UNDP (2004) mit dem Untertitel: Kulturelle Freiheit in unserer Welt der Vielfalt.

[200] In ihrer Typologie der EZ weist R. EVERSOLE auf vier verschiedene Ansätze hin: Der *Top-Down-Ansatz* nimmt die Ziele der EL und auch den institutionellen Hintergrund nicht auf. Der *Community-Change-Ansatz* reflektiert die Institutionen der „Target Group". Der *Paddock-Ansatz* nimmt die Ziele der EL auf. Nur das *partizipatorische Ansatz* gibt den EL die Möglichkeit, beim „warum?" und „wie?" mitzubestimmen. Die Ziele als auch die Prozesse werden von den Target-Gruppen mit beeinflusst.

[201] Vgl. hierzu LACHMANN (1999), Kap. 3.7.1., S. 106–111.

Allein um die Not im südlichen Afrika zu überwinden, hat Sachs berechnet, dass mehr als 75 Milliarden ODA notwendig seien.[202] Viele Vorschläge sind in den letzten Jahren gemacht worden, um über eine Erhöhung der ODA die Millenniumsziele zu erreichen. Allerdings ergibt sich hierbei oft eine simple ökonomische Vorstellung, die mit **„Hydraulik-Ökonomik"** bezeichnet werden könnte. Es wird unterstellt, dass das Hineinpumpen von finanziellen Ressourcen automatisch zu einer Erhöhung des PKE und damit zur Entwicklung und zur Überwindung der Armut in den EL führe. So wie in eine Hydraulikpresse Öl hineingepumpt wird und sich damit der Presskolben nach oben verschiebt, so soll ein Erhöhen der EH zu einer Verbesserung der wirtschaftlichen Lage in EL führen. Diese simple „Hydraulik" ist empirisch nicht nachweisbar.

Die IL (OECD-Staaten) haben sich schon seit längerer Zeit verpflichtet die ODA auf 0,7 % ihres BNE zu erhöhen. Sie sind noch weit von diesem Ziel entfernt, so dass eine derartige Erhöhung der EH kaum zu erwarten ist. Wichtiger wäre es, die Effizienz der EZ zu erhöhen. Auf einige Vorschläge zur Erhöhung der ODA soll kurz eingegangen werden.

Das Ziel der Schaffung neuer Finanzierungsinstrumente ist dabei immer darauf gerichtet, die Finanzierung möglichst **ergiebig**, **automatisch** (d.h. unabhängig von kurzfristigen politischen Einflüssen) und **stetig** (d.h. unabhängig von kurzfristigen wirtschaftlichen Entwicklungen in den Geberländern) zu gestalten. Insbesondere die bilaterale EH kann für die Entwicklungsplanung der Empfängerstaaten zu einem großen Unsicherheitsfaktor werden, da die Parlamente der IL jährlich – nach Maßgabe der ökonomischen Gegebenheiten, politischen Opportunitäten, wechselnden Prioritäten und budgetären Möglichkeiten – über die Höhe der Entwicklungshilfeleistungen entscheiden. Vor allem in Phasen einer weltweiten Rezession, wenn die Hilfeleistungen der IL reduziert werden, die EL aber besonders dringend Budgethilfen benötigen, entstehen Engpässe.

In den 70er Jahren kam deshalb die Forderung auf die EH stärker zu internationalisieren und ihren Strom zu verstetigen. Eine genauere Vorhersehbarkeit und Planbarkeit würde u.a. auch eine Verbesserung der Effizienz der Hilfeleistungen mit sich bringen. Dazu sollte eine internationale Entwicklungsbehörde geschaffen werden, der fest einplanbare Ressourcen zur Finanzierung von Entwicklungshilfeleistungen zur Verfügung stehen, welche in Form von **„Entwicklungssteuern"** oder „Entwicklungsabgaben" erhoben werden.

So hat sich der Brandt-Report, der in den 80er-Jahren ausführlich die internationale Diskussion der EH bestimmte, für die Schaffung einer solchen Institution mit dem Ziel einer Verstetigung und Entpolitisierung der EH ausgesprochen.[203] Der Report plädiert dafür, den Kapitaltransfer von Nord nach Süd beträchtlich aufzustocken, um die Entwicklung im Süden zu beschleunigen. Ein solcher Transfer wird dem industrialisierten, reichen Norden durch die Erwartung einer starken Nachfrageerhöhung nach seinen Produkten schmackhaft gemacht: „Die Koexistenz des großen Bedarfs im Süden mit der nicht ausgelasteten Kapazität im Norden zeigt den Spielraum für einen großangelegten Kapitaltransfer auf der Grundlage gemein-

---

[202] Vgl. SACHS et al. (2004), S. 117–216. Hingewiesen sei auch auf die anschließend abgedruckten Diskussionsbeiträge.

[203] Vgl. NORD-SÜD-KOMMISSION, (1980); insb. Kap. 15, S. 297-320.

samer Interessen" (S. 298). Er spricht gar von einer Abhängigkeit des Nordens von den Märkten des Südens. Gegen diese Argumentation muss allerdings eingewandt werden, dass ein Kapitaltransfer, der nur zu gewaltigen Nachfrageerhöhungen im Norden führt, im Süden keine Arbeitsplätze schafft und kaum entwicklungsfördernde Effekte hat. Offenbar wurden die gesamtwirtschaftlichen und entwicklungspolitischen Zusammenhänge dieses Vorschlags zu wenig durchdacht.

Der Brandt-Report schlägt eine **„automatische Mittelaufbringung"** vor, die den politischen Prozess nicht umgehen oder vermeiden soll, jedoch eine jährliche Wiederholung der Bewilligungsentscheidungen der Parlamente der IL überflüssig machen würde. Aus einer Vielzahl unterschiedlicher Vorschläge zur Erhebung internationaler Abgaben favorisiert der Bericht eine **Abgabe auf den internationalen Handel** bei IL. Der Vorzug dieser Methode liegt einerseits in dem zu erwartenden hohen Umfang der Mittelaufbringung sowie der verhältnismäßig unkomplizierten Form der Abwicklung und schließlich in der Möglichkeit, alle Staaten in dieses System einzubinden. Die Handelsbesteuerung steht somit stellvertretend für die Besteuerung des BNE, wobei Länder mit hohem Außenhandelsanteil am Einkommen stärker belastet werden. Da gerade kleinere Länder anteilsmäßig einen höheren Außenhandelsanteil haben als große Staaten, wie z.B. die USA, sollte allerdings Vorsorge dafür getroffen werden, dass die Abgabe für alle Länder auf einen bestimmten Höchstanteil am nationalen Einkommen begrenzt wird.[204]

Ein anderer Vorschlag besteht darin, die **Gewinne** multinationaler Unternehmen gesondert zu besteuern oder **Energiesteuern** zu erheben.[205] Auch die Goldbestände des IWF könnten zur Generierung von Entwicklungshilfegeldern genutzt werden, indem sie bspw. als Sicherheit bei der Beschaffung von Kapital auf den Finanzmärkten verwendet werden, das an die EL weiterverliehen werden könnte.

Bei allen Abgabe- bzw. Steuersystemen ergeben sich immer dann Probleme, wenn sie nicht universal und allgemein ausgestaltet sind. Denn jede internationale Besteuerung für EL muss universaler Art sein, damit die Last gerecht verteilt ist. Der Brandt-Bericht spricht sich dafür aus, dass jedes künftige System internationaler öffentlicher Finanzierung automatische Einnahmequellen miteinschließen muss. Kritikern eines Konzepts der internationalen Besteuerung hält er entgegen, dass alle Argumente gegen eine solche Welteinkommensteuer vor ca. 100 Jahren auch gegen die nationale Einkommensteuer vorgebracht wurden. Eine Besteuerung nur des ausländischen Handels würde allerdings Verzerrungseffekte zur Folge haben, dies gilt ebenso für eine zusätzliche Besteuerung von fossilen Energieträgern.

Auch die bereits 1970 in einem Beschluss der Vollversammlung der UN ausgesprochene Empfehlung an IL, mindestens 0,7 % des BSP zu Marktpreisen für die öffentliche EH auf-

---

[204] Näheres siehe SCHEUBE (1992), S. 163ff. und HERLMSCHROTT/TESCHNER (1983).

[205] Bei Energieabgaben zugunsten der Dritten Welt können auch umweltpolitische Ziele eine Rolle spielen. In diesem Zusammenhang ist dann nicht der fiskalische Aspekt der Entwicklungshilfefinanzierung entscheidend, sondern der Lenkungseffekt, der in der Vermeidung eines höheren Energieverbrauchs liegt. Bei Energiesteuern ist zu beachten, dass sie mit einer Senkung der Steuerbasis und damit einer Reduktion der Finanzierungsmöglichkeiten für die Länder der Dritten Welt verbunden sind.

zuwenden, beinhaltet Verzerrungseffekte. Zwar kann das BNE als relativ gutes Maß für die Leistungsfähigkeit eines Landes gewertet werden, doch berücksichtigt das 0,7 %-Ziel nicht die Unterschiedlichkeit der Leistungsfähigkeit einzelner Länder und richtet sich nur an eine bestimmte willkürlich abgegrenzte Ländergruppe.

Wiesebach (1980) spricht sich dafür aus, in einem **internationalen System progressiver Besteuerung** alle Länder an der Mittelaufbringung zu beteiligen und das Aufkommen nach Maßgabe des Bedarfs und nach dem Prinzip der negativen Einkommenssteuer an die ärmsten unter ihnen zu verteilen. Das PKE dient dabei als Maßstab der Leistungsfähigkeit bzw. Bedürftigkeit und die Bevölkerungszahl der Ermittlung der absoluten Zahlungen. Ausgehend von einer Abgabe der ärmsten Länder in Höhe von 0,1 % des BSP könnte der Tarif in Intervallen von 0,1 % angehoben werden bis zur Anwendung des maximalen Satzes von 0,7 % für die wohlhabenden IL. Alle Länder werden in sieben Gruppen unterteilt, wobei davon auszugehen ist, dass die oberen drei Gruppen keinen Bedarf haben, sich in der mittleren Gruppe Abgabe und EH gerade ausgleichen und die unteren drei Gruppen EH erhalten. Dieses System kann als reines Verrechnungsschema betrachtet werden, d.h. die jetzt üblichen Formen und Kanäle der EH könnten unverändert bestehen bleiben. Allerdings wäre auch eine generelle institutionelle Reform denkbar.[206]

Unter ordnungspolitischen Gesichtspunkten muss eine Verstetigung der EH begrüßt werden. Jedoch nehmen weder die Brandt-Kommission noch Vorschläge wie sie z.B. von Wiesebach kommen die EL in irgendeiner Weise in die Pflicht. EL erscheinen als arme Opfer, denen geholfen werden muss. Dass auch eine verfehlte Wirtschaftspolitik, fehlende Rechtssicherheit, überzogene Protektion und Binnenorientierung ebenfalls Ursachen für den Entwicklungsrückstand sind, wird in keiner Weise berücksichtigt. Vorschläge dieser Art unterliegen dem Irrtum, dass ein „Mehr" an EH zwangsläufig auch ein Mehr an Entwicklung schafft. Entwicklung muss aber von den Menschen in den EL geschaffen werden, denen subsidiär zu helfen ist. Die Eigenverantwortlichkeit der EL, die sehr stark zur Klage Anlass gibt, wird in keiner Weise von diesen Vorschlägen berührt. Wenn IL sich zu stetigen Leistungen verpflichten, dann müssen auch die EL ihren ordnungspolitischen Teil zum Entwicklungsprozess beitragen, damit die EH nicht zu einem Fass ohne Boden wird.

4.8.1 Exkurs: Ein Marshall-Plan für die Dritte Welt?

Ein weiterer Vorschlag, der in der entwicklungspolitischen Diskussion des Öfteren auftaucht, zielt darauf ab, nach Vorbild des Marshall-Plans die EH in Form von Kapitaltransfer massiv zu erhöhen, um durch diese Nettokapitalimporte die **Devisen- und Sparlücken** der Volkswirtschaften zu schließen und auf diese Weise den Volkswirtschaften einen nachhaltigen

---

[206] Wiesebachs Vorstellungen sehen vor, dass die drei reichsten Ländergruppierungen (37 Länder) Mittel aufbringen, die den 80 ärmeren EL zufließen. Die mittlere Gruppe, die aus acht Ländern besteht, würde ihr eigenes Aufkommen behalten dürfen. Pro Kopf würde sich für die 12 reichsten IL eine Abgabe von 58,16 US$ ergeben, für die weiteren neun IL 31,12 US$ und für die untere Gruppe der wohlhabenden Staaten (12 Länder) eine Abgabe in Höhe von 15,28 US$. Die 28 ärmsten EL erhalten pro Kopf 19,85 US$, die nächste Gruppe (25 EL) 11,19 US$ und die wohlhabenderen EL (27 an der Zahl) 5,74 US$. Vgl. WIESEBACH (1980), S. 171, Tab. 5.

Wachstumsimpuls zu verleihen (Braun). Befürworter, die nicht nur in den EL zu finden sind, verweisen auf den raschen Wiederaufbau Westeuropas, der wohl ohne die Marshall-Plan-Hilfe nicht so schnell gelungen wäre. Die 16 Staaten, die sich an diesem Plan beteiligten, verpflichteten sich allerdings auch dazu, die Voraussetzungen für eine funktionierende Marktwirtschaft zu schaffen. Die Verbesserung der Rahmenbedingungen waren wohl entscheidender für den Wiederaufbau Westeuropas als die knapp 14 Mrd. US$, die von den USA bis 1952 zur Verfügung gestellt wurden (Wengst).

Das „European Recovery Program" (ERP), das vom damaligen Außenminister der USA, George C. Marshall, in einer Rede am 05. Juni 1947 an der Harvard University vorgeschlagen und vom amerikanischen Kongress am 03. April 1948 verabschiedet wurde, stellte ein Wiederaufbauprogramm für die vom Krieg schwer betroffenen europäischen Länder dar. Im Rahmen dieses sog. Marshall-Plans lieferten die USA insbesondere Rohstoffe, Nahrungsmittel und Investitionsgüter, z.T. als Geschenk, z.T. gegen langfristig gestundete Bezahlung, an die westeuropäischen Länder (die osteuropäischen Staaten mussten auf Druck der UdSSR ablehnen).

Ziel des Marshall-Plans war in langer Sicht die Verhinderung einer Ausweitung des Kommunismus in Europa, eine dauerhafte wirtschaftliche und politische Zusammenarbeit, um eventuellen Krisen vorzubeugen, sowie die Wiederherstellung des liberalen Weltmarkts zur Förderung des eigenen Wohlstands. Kurzfristig zielte der Marshall-Plan auf die Reduktion der Besatzungskosten und die Förderung der amerikanischen Exportwirtschaft angesichts der drohenden wirtschaftlichen Rezession. Von April 1948 bis Ende 1952 stellten die USA den westeuropäischen Ländern rund 13,9 Mrd. US$ zur Verfügung. Die größten Beiträge erhielten Großbritannien und Frankreich mit 3,6 bzw. 3,1 Mrd. US$. Die Summe, die Italien erhielt, lag bei 1,6 Mrd. US$; Österreich erhielt 700 Mio. US$. Der Anteil der Bundesrepublik belief sich auf insgesamt 1,4 Mrd. US$.

Die Mittel wurden nicht als verlorene Zuschüsse vergeben. Die Empfänger in Deutschland, denen Devisen (US$) fehlten, erhielten dringend benötigte Importgüter und mussten den Gegenwert aus ihren Geschäften in Deutschland auf DM-Konten bei der Bundesbank einzahlen. Die sogenannten **Gegenwertkonten** gehörten den USA, die die nötigen Dollarbeträge zur Verfügung gestellt hatten. In Verbindung mit dem Londoner Schuldenabkommen von 1953 erwarb die Bundesregierung die Gegenwertkonten der USA für 1 Mrd. US$ aus dem Bundeshaushalt und übergab sie der KfW zur Verwaltung; der Rest wurde erlassen.

Der Gegenwert in Höhe von damals 6,2 Mrd. DM bildete den Grundstock für das **ERP-Sondervermögen**, das nicht in den Bundeshaushalt integriert werden darf. Diese Mittel werden revolvierend zinsgünstig und langlaufend zum Wiederaufbau und zur Förderung der deutschen Wirtschaft, insbesondere des Mittelstandes, eingesetzt und können ggf. durch Budgetmittel des Bundes erhöht werden. Da die Kredite der KfW verzinst und zurückgezahlt werden müssen, konnte auf diese Weise Kapital angesammelt werden, während in anderen Empfängerländern die Gegenwertmittel in den Staatshaushalt flossen. In mehr als 50 Jahren konnten in den alten Bundesländern dadurch ERP-Kredite im Wert von über 100 Mrd. DM vergeben werden. Entfielen zunächst mehr als die Hälfte der Marshall-Plan-Hilfe in Deutschland auf die Bezahlung von Lebensmittelimporten, so sank dieser Anteil rasch und floss in zunehmendem Maße in die Finanzierung von Investitionen und Infrastrukturmaßnahmen, den Aufbau der Grundstoffindustrie und der Energiewirtschaft, in die Existenzgründung von Flüchtlingen, den Wohnungsbau usw. (Winkel, S. 106). ERP-Mittel sind seit der deutschen Vereinigung in einem hohen Maße zur Förderung der wirtschaftlichen Entwicklung der neuen Bundesländer verwendet worden.

Angesichts des Erfolges dieser Hilfe in Westeuropa wird immer wieder der Vorschlag laut, man müsse den EL mehr Kredite und Zuschüsse zur Verfügung stellen. Beachtet man jedoch, dass die EL jährlich ein Vielfaches der gesamten Marshall-Plan-Hilfe erhalten, die sich insgesamt auf ca. 14 Mrd. US$ belief, ohne nennenswerte Entwicklungserfolge zu zeitigen, dann muss starker Zweifel an der Übertragbarkeit dieser Erfahrung geäußert werden. Auch der Erfolg von Ländern wie z.B. Korea und Taiwan, die relativ wenig EH erhielten, zeigt, dass Auslandshilfe z.B. in Form eines Marshall-Planes nicht notwendige Voraussetzung für Wirtschaftswachstum ist.

Die Befürworter eines Welt-Marshall-Plans argumentieren wie folgt: Ein höherer Transfer würde IL wenig belasten, so dass die Auswirkungen auf ihre Wachstumsraten vernachlässigbar sind. In den EL würde der Transfer, wenn er hoch genug ist, einen Entwicklungsschub auslösen, so dass der Wohlfahrtseffekt für die armen Länder erheblich höher wäre als die Kosten für die reichen Länder. Insbesondere wird damit argumentiert, dass die Kürzung der Militärausgaben keinen Einfluss auf die Konsumnachfrage und die Infrastruktur sowie Wohlfahrtszahlungen in IL hätten. Ein höheres PKE in den EL würde bestehende Konfliktsituationen entschärfen, so dass weniger militärische Ausgaben notwendig wären und damit die Einsparungen des Militärhaushalts verantwortbar sind und sich langfristig durch geringere Konfliktbereitschaft auszahlen.[207] Es muss geprüft werden, ob der Erfolg des Marshall-Plans in Westeuropa auch auf EL übertragbar sein kann.

Die Marshall-Plan-Hilfe für Europa stellte eine Art „Katastrophenhilfe", eine Hilfe zur „Wiedereinsetzung in den vorigen Stand", dar. Denn die Staaten Westeuropas waren bereits entwickelt, hatten aber infolge des zweiten Weltkrieges einen großen Teil ihres Kapitalstocks verloren. Die Marshall-Plan-Hilfe ermöglichte es den westeuropäischen Staaten, die notwendigen Rohstoffe und Lebensmittel zu finanzieren, um ihre alte Produktivität wieder zu erreichen. So wurden in den ersten Aufbaujahren eine sehr fortschrittliche Produktionstechnik installiert und trotz der Zerstörungen konnten mit geringen Summen große Anlagen wieder in Gang gesetzt und ein hoher Kapazitätseffekt erreicht werden.

Ein massiver Kapitaltransfer in die EL dagegen wäre nutzlos, da diese Staaten noch nicht die Entwicklungsstufe erreicht haben, die die westeuropäischen Staaten innehatten. In den EL muss die für eine wirtschaftliche Entwicklung nötige Infrastruktur erst noch geschaffen werden. Als Beispiel seien nur die Rolle des Humankapitals oder die der Rechtssicherheit genannt. Westeuropa verfügte über ein hochqualifiziertes Arbeitskräftepotenzial und das nötige technische und organisatorische Know-how, um Verwaltungen und Infrastrukturen wieder

---

[207] Vgl. YUNKER (2006). In einem Simulationsmodell werden hier die möglichen Auswirkungen auf EL und IL berechnet, wenn in IL Militärausgaben gekürzt und den EL zur Verfügung gestellt werden. Statt eines Marshall-Planes nennt er diese Finanzierung World Economic Equalization Program. Die positiven Ergebnisse hängen in hohem Maße von bestimmten Parametern ab.

aufzubauen. Die Absorptionsfähigkeit war außerordentlich hoch, es fehlten lediglich die nötigen Devisen für den Import notwendiger Rohstoffe und Maschinen.

Dahingegen weisen die Länder der Dritten Welt ein geringes Humankapital, eine geringe Verwaltungskapazität und eine kaum entwickelte Infrastruktur auf. Kapital ist also nicht der einzige Entwicklungsengpass. Um gewünschte Entwicklungsprozesse zu ermöglichen, bedarf es zunächst grundlegender Reformen der Rahmenbedingungen in den EL. Aus diesem Grunde wäre ein massiver Kapitaltransfer ohne politische und wirtschaftliche Auflagen eine Verschwendung knapper Ressourcen, da die ordnungspolitischen Voraussetzungen für ein nachhaltiges Wachstum nicht gegeben sind.

Forderungen nach einem Marshall-Plan sollte man generell skeptisch gegenüberstehen. Dahinter stehen oft Interessensgruppen, die sich durch derartige Transfers ökonomisch bereichern können. Es ist im Allgemeinen anzunehmen, dass der Hilfeeffekt gering, wenn nicht gar kontraproduktiv wirken würde.

Darüber hinaus können Auslandskredite von EL zum Import von Konsumgütern verwendet werden, wodurch sofort der Konsum- und Lebensstandard der Bevölkerung erhöht wird. In den Perioden der Zins- und Rückzahlung erfordert der Schuldendienst jedoch einen entsprechend höheren Konsumverzicht. Dies bedeutet verringerte Importe bzw. die Umlenkung eigener Ressourcen, die bspw. nicht mehr in die Produktion von Exportprodukten und damit Einnahmen von (meist notwendigen) Devisen fließen können.

Auslandskredite können kurzfristig zur politischen Stabilisierung von EL beitragen. Die Erfahrung der Vergangenheit hat jedoch gezeigt, dass die später folgenden Schuldenkrisen zu wirtschaftlichen, sozialen und politischen Krisen führten, die noch gravierender waren, als die gegenwärtigen Krisen, zu deren Überwindung der Auslandskredit aufgenommen wurde.

Auch ist die Gefahr groß, dass mit Hilfe auflagenfreier Kapitalhilfe Investitionen finanziert werden, die u.a. aufgrund staatlicher Fehlplanung wenig zum Wirtschaftswachstum beitragen oder gar als "weiße Elefanten" lediglich fremde und eigene Ressourcen aufzehren, ohne einen Beitrag zur wirtschaftlichen Entwicklung zu leisten. Damit wird nicht nur die gegenwärtige Situation dieser Länder nicht verbessert, sondern außerdem ihre Fähigkeit zur Leistung des künftigen Schuldendienstes beeinträchtigt (Dürr).

Angesichts der unterschiedlichen situativen Bedingungen und Wirkungen der Marshall-Plan-Hilfe in Europa und der EH in Ländern der Dritten Welt ist es unwahrscheinlich, dass lediglich durch Kapitalhilfe die wirtschaftliche Schwäche der EL überwunden werden kann. Hierfür müssen zunächst die Voraussetzungen für eine effiziente Kapitalverwendung geschaffen werden. Dazu gehören vor allem ordnungspolitische Rahmenbedingungen, z.B. die Einführung einer marktwirtschaftlichen Wirtschaftsordnung, die Schaffung der nötigen Rechtssicherheit und die Stabilisierung der Währung.

Bei den Modellrechnungen für einen Welt-Marshall-Plan werden folgende Aspekte unberücksichtigt gelassen: Eine hohe Absorptionsfähigkeit des Kapitals in EL wird unterstellt; durch die Vergabe von EH ist deutlich geworden, dass diese häufig nicht vorliegt, so dass eher Verschwendungen zu erwarten sind. Ebenfalls sind diese Ergebnisse inkonsistent mit den Erfahrungen der Vergangenheit, da eine erheblich höhere Leistung der IL an EL keinen

Wachstumsschub verursacht hat. Gelegentlich wird darauf hingewiesen, dass eine gewisse „kritische Masse" erreicht sein müsse. Aber auch dies lässt sich nicht empirisch zeigen. Fragen der Implementierung eines solchen Programms werden ebenfalls nicht behandelt. Entscheidend ist ebenso die Rolle der Regierungspolitik, die nicht berücksichtigt wird. Notwendig ist eine „good policy", um EH wirksam werden zu lassen (Burnside/Dollar, 2000).

So sind denn auch die Ursachen für das damalige deutsche Wirtschaftswunder eher in den günstigen Wachstumsbedingungen zu suchen, die durch die Wirtschafts- und Währungsreform von 1948, die Entwicklung der außenwirtschaftlichen Beziehungen und durch einzelne Entwicklungsimpulse geschaffen wurden.[208] Das Beispiel der Bundesrepublik zeigt, dass von der Marshall-Plan-Hilfe eine Initialzündung ausging, sie jedoch nicht die ihm oft zugesprochenen hohen Wachstumseffekte auslöste und ursächlich für das deutsche Wirtschaftswachstum war. Somit ist die Annahme, unter der die Forderung nach einer Übertragung der Idee des Marshall-Plans auf die EL aufgestellt wurde, und zwar dass sie das Wirtschaftswachstum entscheidend fördern kann, als falsch oder zumindest nur begrenzt richtig zu werten.

4.9   Nahrungsmittelhilfe

Dramatische Preisanstiege für Grundnahrungsmittel haben in den Jahren 2007 und 2008 erneut auf eine potenzielle Nahrungsmittelkrise hingewiesen. Insbesondere die ärmsten Bevölkerungsschichten in EL haben einen Großteil ihres Einkommens für Lebensmittel auszugeben, so dass ansteigende Nahrungsmittelpreise das Armutsproblem verstärken. Kritisiert werden muss, dass in vielen EL statt Nahrungsmitteln Rohstoffe für die Energiegewinnung produziert wurden. Die Erhöhung der Preise für Grundnahrungsmittel führte in vielen EL zu Protesten und Gewaltausbrüchen mit Todesopfern (Lachmann, 2008). Deshalb wird oft mehr Nahrungsmittelhilfe (NMH) gefordert. Es ist jedoch zu hinterfragen, ob NMH für die wirtschaftliche Entwicklung und zur Überwindung der Nahrungsmittelkrise das richtige Mittel darstellt.

Aus verschiedenen Gründen (wie z.B. exogen verursachten Produktionsrückgängen infolge von Ernteausfällen und Kriegen, Anbau erneuerbarer Energieträger, einem Nachfrageanstieg infolge von Bevölkerungswachstum oder staatlich festgesetzter niedriger Preise) entstehen in EL **Nahrungslücken** und **Ernährungsunsicherheiten**.[209] Diese können verheerende Auswirkungen haben, indem sie die menschliche Existenz bedrohen und die Volkswirtschaften nachhaltig erschüttern. Da in der Welt ausreichend Nahrungsmittel erzeugt werden, um alle Einwohner dieser Erde ernähren zu können, ist Hunger und Unterernährung in den EL „nur" ein Problem der **Verteilung** dieser Nahrungsmittel. Vor allem aufgrund des Agrarprotektionismus herrscht in den IL eine permanente Überproduktion an Agrarprodukten, für die Ver-

---

[208] Vgl. LAMPERT (1988), S. 707ff. Eine wirtschaftshistorische Bewertung der Marshall-Plan-Hilfe für Deutschland findet sich in: LINDLAR (1996), S. 175-181.

[209] Beide Begriffe werden in der Literatur unterschiedlich definiert. Zu den Begrifflichkeiten und zur Rolle der Landwirtschaft sei an dieser Stelle auf LACHMANN (1997), Kap. 6, S. 135-169, verwiesen.

wendungsmöglichkeiten gesucht werden. Daher werden nicht nur aus ethischen Gründen Hilfslieferungen aus den Überschussländern in die EL gefordert, die den Ärmsten der Armen zugute kommen sollen. In IL besteht eine große Bereitschaft, NMH zu leisten, da diese kostenlose (devisenfreie) Hilfsform mit einem Abbau ihrer Agrarüberschüsse verbunden ist,.

In der Vergangenheit haben sich jedoch wiederholt negative volkswirtschaftliche Konsequenzen dieser beliebten und vom humanitären Aspekt scheinbar zwingenden Problemlösung gezeigt. NMH perpetuiert entwicklungshemmende Strukturen und wirtschaftspolitische Maßnahmen der EL. Es bleibt bei der permanenten Unterproduktion und dem beobachteten Agrardualismus mit der weit verbreiteten Subsistenzlandwirtschaft. NMH ist nicht nur die teuerste, sondern auch die problematischste Form der EH. Daher ist es nötig, diese Form der Hilfe vom ökonomischen Standpunkt aus zu beleuchten.[210]

Generell gibt es vier Möglichkeiten, eine Hungerkrise zu lösen: indem man durch geeignete Maßnahmen entweder das Angebot oder die Nachfrage beeinflusst, Nahrungsmittel importiert oder NMH erhält. Bei der NMH wird im Wesentlichen zwischen der Katastrophenhilfe, der Projekthilfe und dem „bulk supply" unterschieden.

Die **Katastrophenhilfe** oder Nahrungsmittelnothilfe ist theoretisch als kurzfristige Hilfe konzipiert und wird in akuten Notsituationen, d.h. bei unvorhergesehenen oder außergewöhnlichen Nahrungsmittelengpässen kostenlos zur Verfügung gestellt. Eine sehr gezielte Form der NMH ist die **Projekthilfe**, d.h. die Verwendung von NMH in Entwicklungsprojekten. Dazu gehören z.B. food-for-work (FFW-) Programme, bei denen ein Teil des Lohnes in Form von Nahrungsmitteln gezahlt wird, und auch Sonderspeisungsprogramme für anfällige Bevölkerungsgruppen wie z.B. stillende Mütter, Klein- und Schulkinder. Die dem Volumen nach größte Form der NMH ist der **bulk supply**. Dabei handelt es sich um Massenlieferungen, welche die Funktion einer Budget- oder Zahlungsbilanzhilfe für das Empfängerland annehmen. Oft fordern die Geber von den Regierungen der Empfängerländer die Einrichtung von Gegenwertfonds, um eine gewisse Kontrolle über die Verwendung der Mittel zu gewährleisten.

Neben der NMH im engeren Sinne gibt es **Ernährungssicherungsprogramme**, die zur Verbesserung der Situation strukturell ernährungsgefährdeter Gruppen beitragen sollen. Dabei geht es um die Reduzierung der Ursachen, die einer nachhaltigen Ernährungssicherung aus eigener Kraft entgegenstehen. Mittel sind die Erschließung und der Schutz natürlicher Ressourcen, beschäftigungs-, produktions- und einkommensschaffende Maßnahmen, die Bereitstellung nötiger Infrastruktur, die Verbesserung des Hygiene- und Gesundheitszustandes sowie eine Ernährungs- und Familienplanungsberatung.

Im Rahmen der internationalen Nahrungsmittelhilfe-Übereinkunft (FAC) von 1999 hat die EU eine Mengenverpflichtung zur Lieferung von Getreide in Höhe von 1,32 Mio. Tonnen übernommen. Zusätzlich wird eine finanzielle Zuwendung erbracht, wobei die wertmäßige Verpflichtung bei 130 Mio. Euro liegt. Hierdurch sollen die Möglichkeiten zur raschen Nah-

---

[210] Weiterführende Literatur zum Thema: DRÈZE/SEN (1989), SEN (1981), CATHIE (1982); UVIN (1994) sowie CLAY/STOKKE (1995).

rungslieferung in Not- und Krisensituationen verbessert werden sowie für den lokalen und regionalen Ankauf von NMH finanzielle Mittel bereitgestellt werden, um die Eigenproduktion in den betreffenden Bereichen zu verbessern. Die NMH wird über das Welternährungsprogramm (World Food Programme = WFP) und andere NGO abgewickelt.[211] Die EU unterscheidet die Nahrungsmittelsoforthilfe als Teil der humanitären Hilfe von der NMH als langfristig strukturbezogenes Entwicklungsinstrument. Letzteres enthält spezifische Maßnahmen zur Erhöhung der Ernährungssicherheit (z.B. Finanzierung von Saatgut, Werkzeugen und Betriebsmitteln, Unterstützung des ländlichen Kreditwesens, Anlegen von Vorräten, Einrichtung von Frühwarnsystemen).[212]

Deutschland leistet in Erfüllung des internationalen Nahrungsmittelhilfe-Übereinkommens jährlich für 56,2 Mio. € Nahrungsmittelhilfe. Zusätzlich wird entwicklungsorientierte NMH geleistet. Dafür standen im Jahre 2006 19,7 Mio. € zur Verfügung. Bei der NMH wird das „do-no-harm"-Prinzip angewendet. Dies bedeutet, die NMH sollte keine negativen Auswirkungen für die wirtschaftliche Entwicklung des Empfängerlandes haben. Die entwicklungsorientierte NMH machte 0,2 % der ODA Deutschlands im Jahre 2006 aus. Die Bundesregierung versteht die NMH als strukturbildenden Beitrag zur Armutsbekämpfung und zur Ernährungssicherung aus eigener Kraft. Das enorme Erfordernis für kurzfristige Nothilfemaßnahmen arbeitet diesem Ziel jedoch entgegen.

Was spricht aus ökonomischer Sicht für NMH? In der wissenschaftlichen Diskussion werden verschiedene positive Effekte der NMH genannt: NMH kann das ökonomische Wachstum fördern bzw. Wachstumshemmnisse beseitigen, indem notwendige Ressourcen bereitgestellt werden. Steht nämlich ein EL bei Nahrungsmittelknappheit vor der Notwendigkeit, Nahrungsmittel zu importieren, so fehlen die dafür aufgewendeten Devisen zur Finanzierung des Entwicklungsprozesses. Investitionen zur Erhöhung des Produktivvermögens werden von rein konsumptiv verwendeten Nahrungsmittelimporten verdrängt. Durch NMH können Devisen gespart und Investitionen getätigt werden. Zudem sinkt die Gefahr hoher Inflationsraten infolge der Knappheit von Lebensmitteln. Soweit die NMH die Armen tatsächlich erreicht und damit die Ernährungssicherheit und Gesundheit der Menschen gewährleistet, steigt durch „produktiven Konsum" deren Arbeitsproduktivität.

Ezekiel (1988) weist z.B. darauf hin, dass NMH in Verbindung mit einer beschäftigungssteigernden Entwicklungsstrategie nachhaltige Entwicklungserfolge erzielen kann. Da am Anfang einer derartigen Strategie mit einer Zunahme von Beschäftigung und Einkommen zu rechnen ist, wird die Nachfrage nach Nahrungsmitteln in zunehmendem Maße das Angebot übersteigen. NMH kann hier die Zeit überbrücken, bis die landwirtschaftliche Produktion nachzieht und zu Ernährungssicherheit, größerer Einkommensgleichheit und schnellerem Wachstum beitragen.

---

[211] Das WFP wurde 1962 installiert und nach einer experimentellen Phase 1965 zu einer ständigen Einrichtung der Mutterorganisationen UN und FAO. Seine Bedeutung ergibt sich aus der Tatsache, dass ein großer Teil der weltweiten NMH über das WFP abgewickelt wird. Einen Abriss zur Geschichte sowie Kritik findet sich in: BETHKE (1980b).

[212] Vgl. Gesamtbericht über die Tätigkeit der EU (EG), in: HIZ, III B 20 02, S. 1-14.

Ein weiterer Vorteil der NMH ist, dass mit Hilfe von Schulspeisungen, food-for-work-Programmen oder subventionierten Nahrungsmitteln die Zielgruppe der Ärmsten direkt erreicht werden kann. Es besteht gar die Möglichkeit zu bestimmen, inwieweit die Ärmsten im Vergleich zu wohlhabenderen Bevölkerungsschichten überproportional profitieren sollen. Dies hat positive Effekte auf die Einkommensverteilung.

Je nach Jahreszeiten schwanken das Angebot und die Preise in den EL im Rhythmus der Erntezeiten. NMH-Programme leisten hier einen Beitrag zur Angebots- und Preisstabilisierung, indem sie in Zeiten sinkenden Angebots zusätzliches Angebot schaffen und somit sozialpolitisch unerwünschte Preissteigerungen vermeiden. Die Gewährleistung der Ernährungssicherheit schafft zudem ein Klima der politischen Stabilität.

Schließlich argumentieren Befürworter der NMH, dass sie in Geberländern leichter durchzusetzen ist als andere Formen der EH. NMH erhöht demnach das gesamte Hilfsvolumen, da sie zusätzliche EH darstellt. Bei der Bevölkerung stößt sie auf besonders großes Verständnis und auch bei Parlamentariern erfreut sie sich großer Beliebtheit. Es kommt den allgemeinen moralischen Vorstellungen entgegen, landwirtschaftliche Überschüsse der reichen Länder nicht zu vernichten, sondern sie hilfsbedürftigen ärmeren Ländern zukommen zu lassen.

Die NMH wird jedoch ebenso heftig kritisiert.[213] Kritik, die sich vor allem auf den bulk supply konzentriert, setzen an den genannten vier Pro-Argumenten an und verneinen ihre positiven Effekte, dazu werden weitere Contra-Argumente aufgeführt.

So wird gegen das Argument, die NMH komme gezielt den Bedürftigen zugute, eingewandt, dass sie in der Regel die vorwiegend im ländlichen Raum lebenden Ärmsten der Bevölkerung kaum erreicht. Nur selten steht hier die Infrastruktur für Lagerung (Silos etc.), Transport (Straßen, Verkehrsmittel etc.) und Verteilung (Helfer, Verwaltung etc.) der Nahrungsmittel zur Verfügung; vielmehr geschieht es häufig, dass diese verrotten oder ins Meer geschüttet werden müssen. Dazu kommt, dass das vorherrschende Vergabekriterium selten die Bedürftigkeit bestimmter Zielgruppen ist. Vielmehr stehen ökonomische, politische oder militärische Interessen der Geberländer im Vordergrund.

Kritisiert wird auch die Möglichkeit der hilfeempfangenden Regierungen, Nahrungsmittellieferungen zu verkaufen und mit den Devisen nicht die notleidende Bevölkerung, sondern das Militärbudget zu unterstützen oder gar die eigenen Taschen zu füllen. Gleiches gilt für den Fall der Budgetsubstitution, wenn frei werdende staatliche Mittel nicht für produktive Investitionen, sondern Prestigeobjekte verwendet werden.

Ändern sich infolge der Zusammensetzung der Nahrungsmittellieferungen die Ernährungsgewohnheiten, so kann sich dies zum Nachteil der Produktion typisch heimischer Produkte auswirken. Die steigende Diskrepanz zwischen den ursprünglichen und den neuen Nahrungsgewohnheiten bzw. Produktionsmöglichkeiten untersuchte z.B. Byerlee (1987), der zeigt, dass 84 im tropischen Gürtel liegende EL zwar keinen Weizen produzieren, aber mehr und mehr Weizen konsumieren.

---

[213] Vgl. MAXWELL/SINGER (1979), BETHKE (1980), MATZKE (1984).

Kritiker weisen auch auf die Kosten der NMH hin. Man hat errechnet, dass das Geldäquivalent der geleisteten physischen NMH im Extremfall nur ca. 30 % der angefallenen Kosten der IL ausmacht. Der Grund für die Kostspieligkeit der Hilfe liegt zum einen in den hohen Agrarpreisen in den USA und der EU begründet, zum anderen in den hohen Fracht-, Verwaltungs- und Verteilungskosten. Daher haben sich die Mitglieder der EU in den letzten Jahren darauf verständigt, NMH auch in benachbarten EL einzukaufen, um auf diese Weise Transportkosten zu sparen und Produktionsanreize in EL zu setzen.

Kritiker warnen insbesondere vor einer zunehmenden Abhängigkeit der EL von den Geberländern. In der Regel bleibt es nicht bei einer einmaligen NMH. Mit sinkender Eigeninitiative und zunehmender Gewöhnung gerät das EL in immer stärkere zunächst wirtschaftliche, dann politische Abhängigkeit. Gerade in dem Fall, dass die erhaltene NMH verkauft wird und somit zu den Fiskaleinnahmen des Landes beiträgt, ist das Budget von der Höhe und Regelmäßigkeit der Hilfe abhängig. 1979 stammten 40 % des Staatshaushaltes von Bangladesch aus den Verkäufen amerikanischer NMH. 1987 konnten in Kenia 93 Mio. US$ counterpart funds eingesetzt werden, die 18 % des Budgetdefizits und 4 % des Geldangebots ausmachten. Im Extremfall kann NMH sogar dazu führen, dass der Ausbau einer inländischen Steuerverwaltung verzögert wird.

Ein Hauptproblem sehen die Gegner der NMH demzufolge im negativen Anreizeffekt, dem **disincentive effect.** Erhält ein Land NMH bzw. kann es sich im Notfall auf Soforthilfe verlassen, so steht dessen Regierung nicht mehr in der Pflicht, Vorsorge zu treffen und seine eigene Landwirtschaft zu fördern. Vielmehr kann sich das EL auf den Ausbau des modernen Sektors, insbesondere der industrialisierten Stadtzonen konzentrieren. Die NHM setzt jedoch den Preismechanismus außer Kraft, d.h. trotz des Nachfrageüberhangs unterbleiben Preissteigerungen. Als Folge sinkt der landwirtschaftliche Output auf das Subsistenzniveau und den ländlichen Armen bleibt infolge fehlender Beschäftigungsmöglichkeiten nur die Möglichkeit, in den Städten Arbeit zu suchen. Es kommt zu Landflucht, Verstädterung und Slumbildung an den Rändern der Großstädte.

Im Folgenden wird dieser Zusammenhang anhand einer Grafik (siehe Abb. 4.1) erklärt. Ausgangspunkt sei die Lage eines EL ohne NMH. Der freie Marktpreis ergibt eine Versorgung von x_1 mit dem Preis p_1. Zur Ernährung der Bevölkerung ist aber die Menge x_N notwendig. Die Differenz zwischen x_N und x_1 bezeichnet man als Nahrungslücke (NL1) In dieser Höhe $(x_N - x_1)$ wird Nahrungsmittelhilfe (NMH1) geleistet.

Die Hilfsorganisationen behaupten, dass sie mit der NMH nur die Nahrungslücke decken würden. Demzufolge würde die Hilfe den Preis nicht beeinflussen, da die EL diese Menge in jedem Fall einführen müssten. NMH verdränge also höchstens Nahrungsmittelimporte.[214]

---

[214] Allerdings soll die NMH den Weltagrarhandel nicht beeinflussen; sie darf daher eigentlich auch keine Importe verdrängen, sondern sollte zusätzlich erfolgen.

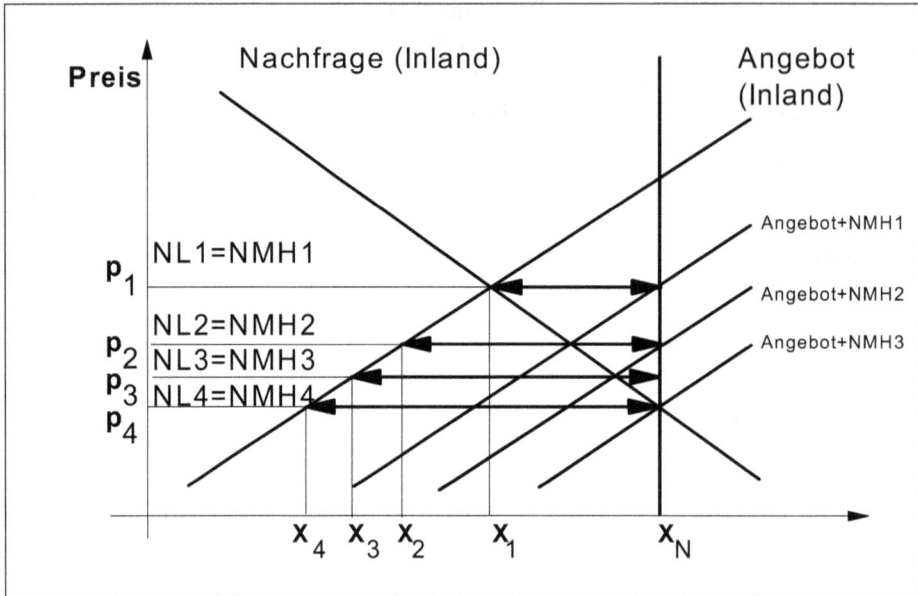

Abb. 4.1   Die Auswirkungen der NMH auf die heimische Produktion

Das vorgebrachte Argument ist allerdings ökonomisch nicht stichhaltig. Durch die NMH verschiebt sich die Angebotskurve nach rechts, so dass sich nach Lieferung der Nahrungsmittel ein neuer Gleichgewichtspreis p_2 einspielt, der zu Produktionssenkung Anlass gibt. Jetzt wird im EL nur noch die Menge x_2 produziert. Trotz der NMH gibt es eine neue Nahrungslücke im EL, die wiederum durch Nahrungsmittellieferungen überbrückt wird. Dadurch ergibt sich ein neuer niedrigerer Gleichgewichtspreis p_3. Der Preisverfall führt zu einer weiteren Absenkung der Produktion auf x_3. Dieser Prozess kommt erst beim Preis p_4 zum Stillstand. In dieser Situation wird die Menge x_4 im Lande produziert. Das Land ist auf eine NMH in Höhe von $x_N - x_4$ angewiesen.

Jede NMH ist mit einem Wohlfahrtsgewinn für das EL verbunden, da sie einen unentgeltlichen Güter- bzw. Einkommenstransfer darstellt. Dies gilt jedoch nur unter statischer Betrachtungsweise. Dynamisch gesehen führt die NMH zum Preisverfall auf den lokalen Märkten der EL, damit zu einer Produktionsabnahme und zu einer Ausweitung des Subsistenzsektors sowie indirekt zu den oben erwähnten Phänomenen wie Landflucht etc. Der ausbleibende landwirtschaftliche surplus hemmt über den Nachfrageausfall nach Gütern des lokalen Gewerbes und Handels zudem den industriellen Entwicklungsprozess.

Von Seiten der Nahrungsmittelhilfebefürworter werden negative Anreize oft bestritten und positive Effekte angeführt: Mit Hilfe der Gegenwertmittel, die der Regierung durch den Verkauf der Nahrungsmittel zufließen, kann die Zahlungsbilanz entlastet, die Landwirtschaft gefördert und die Nahrungsmittelproduktion erhöht werden. Im Schaubild würde die produktive Verwendung der Gegenwertmittel eine Verschiebung der inländischen Angebotskurve nach rechts darstellen, wodurch sich die Nahrungslücke vermindert.

Geht man davon aus, dass sowohl negative Anreizeffekte also auch positive Effekte für die Produktion eintreten, so ist der Gesamteffekt kaum abzuschätzen. In jedem Fall bleibt das Ergebnis der ökonomischen Analyse gültig, dass die NMH ein inferiores Instrument darstellt. Sie widerspricht der Konsumentensouveränität, ist teuer und doppelt gebunden. Da sie in hohem Maße von den Überschüssen der Geberländer abhängig ist, wird sie irregulär und erratisch gegeben und ist damit der Situation der Empfängerländer oft nicht angemessen. NMH als zusätzliche EH ist nur als zweitbeste Lösung positiv zu bewerten. Besser wäre es in jedem Fall, die Landwirtschaftspolitik der EU zu ändern und die frei werdenden Mittel anderweitig für die Förderung der Dritten Welt einzusetzen.[215]

Da viele der negativen Wirkungen der NMH schon seit langem bekannt sind, wurden immer wieder Versuche unternommen, die Art und Weise der NMH zu modifizieren. So wird die NMH häufig auf Katastrophenfälle beschränkt. Grobe Fahrlässigkeit und Unkenntnis bei der Konzeption haben jedoch auch hier oft großen Schaden angerichtet. Vor allem aus verwaltungstechnischen Gründen wird sie oft zu spät gegeben. Sie wirkt dann zu einem Zeitpunkt, wenn die Katastrophe vorbei ist, zerstört den Selbsthilfewillen der Bevölkerung und setzt negative Produktionsanreize. Auch wird sie oft überdimensioniert, setzt sich aus ungeeigneten Nahrungsmitteln zusammen oder wird zu lang gewährt. Von einer anreizneutralen Katastrophenhilfe kann nur dann gesprochen werden, wenn die Nahrungsmittellieferungen lediglich die Zeit bis zur nächsten Ernte überbrücken. Die Erfahrungen vieler großer Hungerwellen zeigen, dass ihre Ursachen häufiger im politischen und wirtschaftlichen System zu finden sind denn in Nahrungslücken. Daher kann NMH nicht verhindern, dass sich eine derartige Katastrophe in der Zukunft wiederholt.

Auch **food-for-work Programme** können die Situation entschärfen, indem sie der notleidenden Bevölkerung Beschäftigung und damit Einkommen verschaffen. Werden solche Programme nach Beendigung der Ernährungskrise weitergeführt und auf diese Weise z.B. Bewässerungsanlagen gebaut und die landwirtschaftliche Infrastruktur verbessert, so kann dadurch das Risiko neuer Krisen vermindert werden. Da die Teilnehmer sich vor allem aus den ärmsten Bevölkerungsschichten rekrutieren, kann diese Zielgruppe gut erreicht werden. Food-for-work Programme unterliegen jedoch häufiger Kritik, da die Arbeiten oft schlecht organisiert und damit unproduktiv sind, den Kosten oftmals kein Nutzengewinn in Form von neugeschaffenem Produktivvermögen gegenübersteht und der Nutzen aufgrund von Korruption oft nicht den eigentlichen Zielgruppen zufällt. Bei einer Naturalentlohnung kann zudem aufgrund der Möglichkeit, die Nahrungsmittel zu verkaufen, nicht gesichert werden, dass das Ziel der Verbesserung der intrafamiliären Kalorienverteilung erreicht wird (Matzke).

Das Problem von NMH in Form von Projekthilfe ist generell, dass die Effektivität rasch an Grenzen stößt. So bedarf es für den erfolgreichen Verlauf von Projekten eines Minimums an komplementären Ressourcen und technisch-administrativer Infrastruktur. Diese sind jedoch oft nicht vorhanden, so dass viele Projekte nur in geringem Grad wirksam werden oder scheitern.

---

[215] Vgl. EL-SHAGI (1987), S. 245-270 und LACHMANN (1986).

Ein ordnungspolitischer Ansatz zur Überwindung des Hungers ist geboten. Ein erfolgreiches Beispiel dafür ist das **food stamps scheme** in Sri Lanka.[216] Bei diesem Programm wurden auf inländische Währung lautende Coupons an bedürftige Familien verteilt, die diese nur zum Kauf bestimmter Güter verwenden durften. Gleichzeitig wurde eine Preis- und Agrarmarktliberalisierung durchgeführt, die die bisherige restriktive Agrar(preis)politik mit subventionierten Grundnahrungsmitteln ersetzte. Der Wechsel einer Politik der Beeinflussung des Angebots hin zu einer Beeinflussung der Nachfrage führte zu steigenden Preisen und infolgedessen zu Produktionserhöhungen, so dass auf eine dauerhafte Ernährungssicherheit hingearbeitet werden konnte. Die food stamps stellten dabei die soziale Komponente dieses marktwirtschaftlichen Konzeptes dar, so dass soziale Härten vermieden werden konnten. Dabei wurden nicht nur die Funktion des Preismechanismus und die Konsumentensouveränität stärker beachtet, sondern durch freie Händlerwahl auch der Wettbewerb unter den Händlern sowie eine allgemeine marktwirtschaftliche Orientierung der Produzenten gefördert. Das Programm erreichte die Zielgruppe, entlastete das staatliche Budget im Vergleich zur früheren Politik, konnte neue Beschäftigungsmöglichkeiten in der Landwirtschaft schaffen und insgesamt einen wesentlichen Beitrag zur Armutsbekämpfung leisten.

Auch Puerto Rico hatte 1974 food stamps eingeführt, wechselte aber 1982 zu monetären Transfers. Den theoretischen Hintergrund dafür liefert die Mikroökonomik, die davon ausgeht, dass Realtransfers bestenfalls den gleichen Nutzen, in der Regel aber einen niedrigeren Nutzen haben als **monetäre Transfers**. Für einige Empfänger ist ein Realtransfer intramarginal und damit gleichbedeutend einem monetären Transfer, d.h. er hat den gleichen Nutzen. Für andere wiederum beeinträchtigt er die Konsumentensouveränität in der Weise, dass die Empfänger mehr von den Hilfsgütern konsumieren und weniger von nicht subventionierten Gütern. Der Nutzen von Realtransfers ist somit geringer als der von monetären Transfers. Da Food Stamps nur einen Anspruch auf eine bestimmte Menge an Nahrungsmitteln darstellen, kommen sie einem Realtransfer gleich.

Um diese theoretischen Ergebnisse zu überprüfen untersucht Moffitt (1989) die Auswirkungen des Wechsels von Food Stamps zu monetären Transfers in Puerto Rico auf die Nachfrage nach Nahrungsmitteln einzelner Haushalte. Er kommt zu dem Ergebnis, dass keine Nachfrageänderung zu beobachten ist, was bedeuten würde, dass der Nutzen von Realtransfers in Form von NMH nicht geringer ist als der von monetären Transfers. Als Gründe dafür nennt er zunächst das Problem, dass der Umfang der NMH in Form von Food Stamps zu gering war, um den Bedarf zu decken, so dass sie bereits wie ein monetärer Transfer wirkten – man spricht in diesem Zusammenhang von der Intramarginalität des Realtransfers. Andererseits verkauften Haushalte, die mehr Food Stamps erhielten als benötigt, diese und benutzten die Erlöse zum Kauf begehrter Güter. Man spricht hier von „trafficking".

Die Ergebnisse dieser Analyse bestätigen also nicht die Theorie und damit auch nicht unbedingt die Forderungen nach monetären Transfers, da Realtransfers in Form von NMH den gleichen Nutzen haben können. Dazu kommt, dass durch den Zugang zu Nahrungsmitteln Frauen und Kinder in wahrscheinlich größerem Maße profitieren als durch monetäre Trans-

---

[216] Vgl. dazu z.B. LACHMANN (1981) sowie LACHMANN (1985).

fers. Insbesondere in afrikanischen Familien wurde beobachtet, dass Männer mehr an der Erfüllung ihrer Konsumwünsche interessiert sind als an der ausreichenden Versorgung ihrer Kinder mit Nahrungsmitteln (Bwana Simba-Mentalität).[217]

Die Auswirkungen von NMH im Vergleich zu einem monetären Transfer auf die Sterblichkeit der Empfänger untersucht Coate.[218] Er kommt zu dem Ergebnis, dass die relative Effektivität beider Hilfsformen vom Verhalten der Händler abhängt und ein monetärer Transfer nicht in jedem Fall die effektivere Lösung darstellt. Monopolstellungen der Händler sowie die vergleichsweise größere Effizienz von Hilfsorganisationen beim Transport von Nahrungsmitteln reduzieren den Wert der monetären Hilfe gegenüber NMH. Im Fall, dass Händler aus dem Hungergebiet Nahrungsmittel weder exportieren noch dorthin importieren, ist das Händlerverhalten irrelevant und über die relative Effektivität der beiden Politiken lässt sich nur unter bestimmten Bedingungen eine Aussagen machen. Ein monetärer Transfer ist in diesem Fall einem realen dann unterlegen, wenn die Preise einen geringen Einfluss auf die Produktion haben, die Transportkosten der Hilfsorganisationen vergleichsweise geringer sind und der Geldhort der Bedürftigen relativ groß ist. Auch diese Untersuchung kommt also zu dem Ergebnis, dass ein monetärer Transfer nicht immer einem realen vorzuziehen ist.

NMH sollte nur unter strengen Auflagen vergeben werden, die sicherstellen, dass eine verbesserte Wirtschafts- und Agrarpolitik in den EL langfristig zu Ernährungssicherheit führt. Oberstes Ziel sollte es erstens sein, ein Produktionsniveau zu erreichen, das (soweit die landwirtschaftlichen Voraussetzungen vorliegen) Selbstversorgung gewährleistet und zweitens, einen landwirtschaftlichen surplus zu erzielen, der Devisenerträge aus dem Ausland ermöglicht. Höhere Preise setzen Produktionsanreize. Die sozialpolitischen Probleme müssen durch einen gezielten Transfer an die Nachfrager (Konsumenten) gelöst werden.

Die Pro-Kopf-Produktion von Lebensmitteln in Afrika südlich der Sahara ist in den letzten 30 Jahren stetig abgesunken. Sie beträgt ca. 20 % weniger als vor 35 Jahren. Gleichzeitig ist die NMH pro Kopf um das Fünffache angestiegen. Die NMH wird allerdings unstetig vergeben; zwischen zwei bis vier Millionen metrischer Tonnen sind in der letzten Dekade als NMH vergeben worden. Die Abnahme der Eigenproduktion und die Zunahme von NMH scheinen zu belegen, dass die NMH negative Anreizeffekte auf die lokale Produktion hat.

Der Rückgang der afrikanischen Agrarproduktion wird dadurch erklärt, dass das Angebot an Nahrungsmitteln stärker wuchs als die Nachfrage, was fallende Lebensmittelpreise zur Folge hatte. Dadurch besteht kein Anlass für Händler und Produzenten in verbesserte Technologie für die Agrarproduktion zu investieren; auch Transport- und Lagerkapazitäten werden nicht aufgebaut. Gelegentlich wird auch noch darauf verwiesen, dass die NMH zu einer Abnahme der Arbeitsanstrengungen führe. Insbesondere FFW kann dazu führen, dass die afrikanischen

---

[217] Bei den Löwen ist es so, dass die Löwinnen jagen; dann kommt Herr Löwe und frisst sich satt. Das übrig gebliebene nutzen die Löwinnen, die gejagt haben. Was danach übrig bleibt, können sich die Löwenbabys holen. Durch diese Regelung wird die Löwenpopulation gering gehalten. So wird in Afrika behauptet, dass der afrikanische Mann diese Löwenmentalität besitzt (Bwana Simba heißt Herr Löwe).

[218] Vgl. COATE (1989), siehe auch: GANS (1996), er vergleicht die Ernährungswirksamkeit von Einkommenstransfers im Vergleich zu Preissubventionen.

Arbeitnehmer lebenswichtige Aktivitäten in der Landwirtschaft unterlassen, um für die FFW-Projekte zu arbeiten. Auch wird damit argumentiert, dass die Wirtschaftspolitik der EL die Landwirtschaft vernachlässige, da sie sich auf NMH verlasse.

Diese oft zitierten Ergebnisse ermangeln jedoch sorgfältiger empirischer Überprüfung (Abdulai). Schwierig ist, in der vorhandenen Korrelation die Ursache festzumachen. In Mikrostudien werden gelegentlich Analysen vorgenommen, die zeigen, dass die NMH sogar die Nahrungsmittelproduktion anhebt. Dies gilt jedoch nur kurzfristig. Dieses Ergebnis erfolgt aufgrund der vorherigen hohen Ausfälle in Folge einer Dürre, so dass in der nachfolgenden Ernte mehr produziert wird (obgleich und nicht weil!) NMH gegeben wird. Es ist noch strittig, ob NMH die lokalen Lebensmittelpreise so beeinflusst, dass das Angebot nicht ausgeweitet wird.

Kritisiert wird das schlechte Management von NMH und FFW-Programmen. In Mikroanalysen für Äthiopien wurde festgestellt, dass Landwirte, die NMH erhalten, sich nicht darauf verlassen und daher die Eigenproduktion nicht einschränken (Little). Dieses Ergebnis ist verständlich, da die NMH irregulär gegeben wird und die Landwirte sich nicht auf sie verlassen können. Höhe und zeitliche Zuteilungen haben die lokalen Landwirte gelehrt, nicht zu stark auf NMH zu vertrauen. Demzufolge lässt sich mikroökonomisch zeigen, dass ein „Dependency Syndrom" kaum vorliegen wird. Selbstverständlich hat NMH Menschen in EL geholfen, sie beinhaltet einen Wohlfahrtstransfer. Strittig ist, inwieweit die Regierungen der EL ihre Anstrengung zur Verbesserung der Eigenversorgung an Lebensmitteln vernachlässigen, weil sie mit NMH rechnen.

Die ODA hängt oft von den politischen Interessen ab. Zwar sollte ODA „recipients-need"-orientiert sein; oft ist sie „Donor-Interested" ausgerichtet. So stellt sich die Frage, ob NMH ebenfalls mehr auf die Interessen der Geber als auf die Interessen der Nehmer ausgerichtet ist. Zwar wird in öffentlichen Verlautbarungen darauf hingewiesen, dass man nur den Armen helfen will. Aber die amerikanische NMH hat 1954 festgelegt, dass die NMH den Export unterstützen, den Kommunismus zurückdrängen und loyale Verbündete unterstützen soll – neben den humanitären Anliegen. In Europa wurde das „Recipient-Need" stärker verfolgt. Die „Food Aid Convention" (FAC) hat in ihren Richtlinien festgehalten, dass die internationale NMH nach den Prioritäten der Notwendigkeit vergeben werden sollen (Art. 1 I (b), Art. VII (c), Art. VIII (b) der FAC von 1999).[219] Viele Studien zeigen, dass das Angebot an NMH abhängig ist von dem Agrarüberschuss der Geberländer und den Weltmarktpreisen für Getreide. Neumayer hat herausgearbeitet, dass die US-NMH stärker durch die Interessen der Geber geprägt ist als die NMH der EU. Generell lässt sich zeigen, dass militärisch-strategische Überlegungen bei der NMH keine Rolle spielen. Das Abstimmverhalten in der UNO hat aber Einfluss auf die Vergabe der NMH. Jedoch wird NMH nicht so stark von den Geberinteressen geleitet wie die ODA, wo insbesondere die USA und Frankreich ihre Eigeninteressen stark in den Vordergrund stellen.

---

[219] Vgl. NEUMAYER (2005).

4.10 Korruption und Entwicklungshilfe?

Korruption ist ein historisches Phänomen, es ist aus jeder Phase der Geschichte bekannt. Schon vor 4000 Jahren versuchten die Regierungen in Ägypten gegen den Machtmissbrauch (Bestechung) der Beamten vorzugehen.[220] Im Kodex Hammurabi (1700 v. Chr.) wurde in Babylon Richterbestechung bestraft. Die Geschichte ist voll von Korruptionsskandalen, schon in Athen und erst recht in Rom. Insbesondere der Ämterkauf war in Rom weit verbreitet. Die Kaiser Tiberius und Domitian galten als äußerst korrupt. Allerdings konnte der Kampf gegen die Korruption auch der Eigenkarriere förderlich sein. Ciceros Kampf gegen den korrupten Catilina nützte auch seiner eigenen Karriere. Mit der Entstehung von Nationalstaaten und Bürokratien beginnen die heutigen modernen Formen der Korruption.

Der Korruptionsbegriff ist komplex und nicht eindeutig. Transperency International (TI), der es gelungen ist, das Korruptionsproblem endlich zu einem weltweiten Thema, auch in der EP zu machen, zeigt, dass die staatliche EH die Korruption in den EL gefördert hat. Obwohl sie seit Ende des letzten Jahrtausends weltweit geächtet wurde, ist sie noch weit verbreitet und hat auch die IL in einem hohen Maße ergriffen. IT definiert Korruption als „Missbrauch anvertrauter Macht zu privatem Nutzen".

4.10.1 Was ist Korruption?

Korruption bedeutet Missbrauch von Autorität und kann unterschiedliche Formen annehmen:

- Bestechung
- Erpressung
- Veruntreuung
- Vetternwirtschaft (Nepotismus).

Jain (2001) unterscheidet zwischen drei Arten der Korruption:

Grand Corruption, in der die politische Elite versucht, ihre Spielräume und Macht zu eigenen Zwecken auszunutzen. Insbesondere in der Dritten Welt wird oft nicht unterschieden zwischen dem Wohl des Landes und der eigenen Wohlfahrt.

Bureaucratic Corruption, in der Staatsangestellte gegenüber der politischen Elite oder gegenüber der Öffentlichkeit bestechbar sind. Bestimmte Dienstleistungen werden nur aufgrund einer Zuzahlung angeboten oder unterlassen.

Legislative Corruption als der Versuch, Parlamentarier in ihrem Abstimmungsverhalten zu beeinflussen. Das Ausmaß und die Art der Korruption hängen von der Kultur eines Landes ab. In Asien sollen zwischen 25 und 40 % der Politiker korrupt sein. In Ozeanien soll die Zahl mit 10 % am niedrigsten sein.

---

[220] Hingewiesen sei auf folgende Publikationen: SCHULLER (1982) und STURMINGER (1982).

Bestechung ist eine uralte Form der Korruption. In vielen Ländern ist es üblich ein Geschenk zu machen, wenn man von einem Beamten etwas erhalten möchte. Im alten Babylon war das Wort Bestechung zugleich auch das Wort von Geschenk.[221] Neben Bestechung, Veruntreuung und illegitimer Machtausübung stellte Nepotismus ein großes Problem in den Gesellschaften dar. Heutzutage ist insbesondere über die Vetternwirtschaft in Parteien in EL und IL zu klagen. Nicht der Fachmann, sondern das Mitglied der Partei erhält den Vorzug bei bestimmten Ämtern. Hierbei bedeutet Korruption dann eine Unterordnung des Gemeinwohls unter das Privatwohl bzw. das Wohl der herrschenden Gruppe.

4.10.2   Korruptionsursachen

Moralverlust in einer Gesellschaft und zunehmende Regulierungen des Staates sowie die Ausweitung seiner Aufgabenbereiche können Gründe für korruptes Verhalten sein. Die Geschichte zeigt, dass Korruption dann stark vertreten ist, wenn Macht ausgeübt werden kann, wenn eine Amtsperson Bittstellern ein Recht zusprechen kann, ein Sachbearbeiter einem Konzern Aufträge vergeben kann usw. Hierdurch besteht auch in der EH die Gefahr zunehmender Korruption, wie später dargestellt werden wird. Wo immer sich Macht ansammelt, lohnt sich Korruption. Deshalb ist die Ausweitung der Staatstätigkeit eine Korruptionsgefahr. Sachbearbeiter können den Bürgern etwas geben, das ihnen nichts kostet. Da sie darüber frei entscheiden können, wird diese Machtposition von ihnen ausgenutzt. Überall wo statt transparantem Wettbewerb geschlossene Vergabesysteme vorliegen, lauert die Korruption.

Die Ökonomik lehrt, dass die Menschen, sobald sie sich nicht mehr von moralischen Forderungen beeinflussen lassen, Nutzenmaximierer sind und somit die Vorteile einer korrupten Handlung mit den möglichen Kosten vergleichen. Ergibt sich ein Nettogewinn, wird es zu einer korrupten Handlung kommen. Korruption ist also das Ergebnis eines rationalen Wahlaktes. Das Individuum wählt aus seinen Handlungsalternativen diejenige aus, die ihm den größten erwarteten Vorteil verspricht. Unklare Gesetzeslagen, diskretionäre Entscheidungsspielräume, reduzierte Mittel für die Strafverfolgung (und damit eine späte Entdeckung korrupten Verhaltens) und Geheimniskrämerei (nicht-öffentliche Sitzungen) lassen den Grad der Korruption in einer Gesellschaft ansteigen.

Theoretisch lässt sich der Grad der Korruption wie in Abb. 4.2 deutlich machen (Bardhan, 1997, S. 1331).

Auf der Ordinate wird der Nutzen der Korruption abgetragen, auf der Abszisse der Anteil der Beamten, die korrupt handeln. Bei 0 ist jeder Beamte ehrlich – bei N sind alle korrupt. Die N-Kurve stellt den Grenznutzen eines ehrlichen Staatsdieners da, die M-Kurve den Nutzen eines Korrupten. Der Grenznutzen eines ehrlichen Beamten ist am höchsten, wenn alle Beamte ehrlich handeln und nimmt als, wenn die Anzahl der korrupten Staatsdiener ansteigt. Wenn alle korrupt sind, ist der Grenznutzen negativ. Der Grenznutzen der Korruption steigt, wenn mehr Beamte korrupt werden und nimmt dann – wegen des zunehmenden Wettbewerbs – ab. Selbst wenn alle offiziell korrupt sind, lohnt sich jedoch eine korrupte Handlung.

---

[221] Vgl. LACHMANN (2007) – dort auch weitere Literaturhinweise.

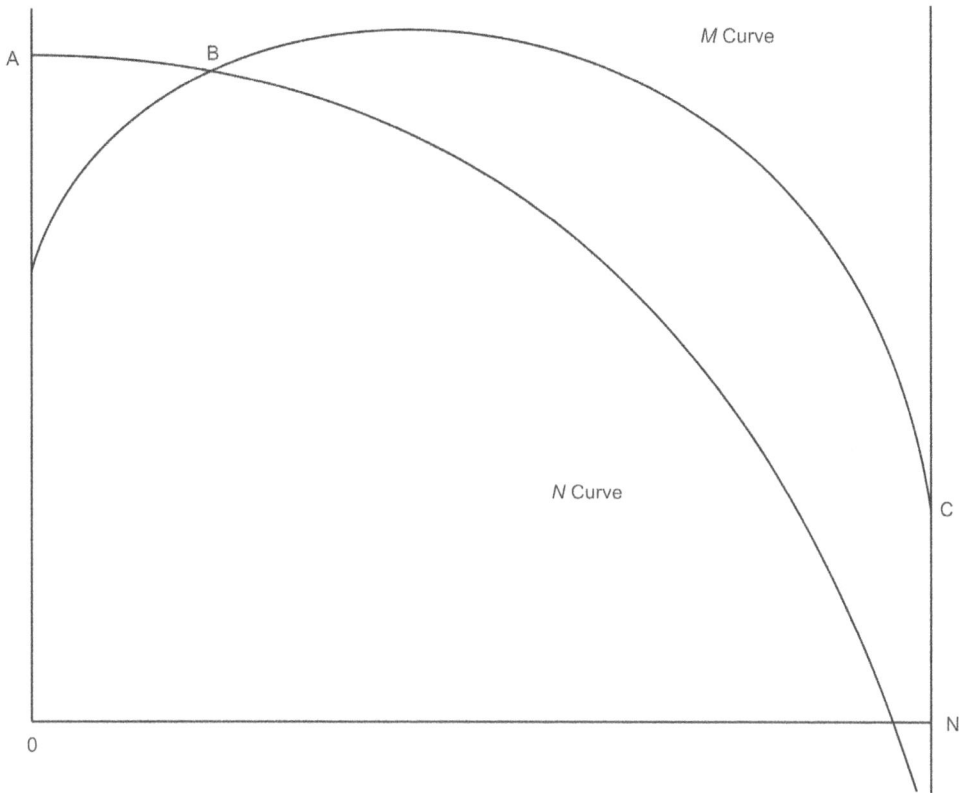

Abb. 4.2   *Grenznutzen der Korruption für ehrliche und korrupte Beamte*

Es gibt drei Gleichgewichte. Bei A sind alle ehrlich; es lohnt sich nicht korrupt zu sein. Bei C sind alle korrupt – es lohnt sich nicht, ehrlich zu sein. Bei B sind die Grenznutzen beider Handlungsarten gleich hoch. Die Punkte A und C sind stabil. Punkt B ist instabil. Ein EL mit hohem Anteil korrupter Staatsdiener wird bei C landen. Das Modell erklärt die Zunahme der weltweiten Korruption und den ungleichen Korruptionsgrad.

Jain (2001) weist auf drei Elemente der Korruption hin. Erstens muss jemand diskretionäre Macht ausüben können, zweitens müssen damit ökonomische Renten realisiert werden können und drittens muss das juristische legale System unvollkommen sein, so dass eine geringe Wahrscheinlichkeit der Entdeckung und ebenfalls unwesentliche Strafen für falsches Verhalten zu erwarten sind. Anreize zur Korruption kommen aus den ersten beiden Punkten; eine Hinderung korrupten Verhaltens kann also durch eine bessere Aufklärung und höhere Strafen erreicht werden, dies bedeutet eine Verschiebung der M-Kurve nach unten.

Wie schon genannt, spielt die Einstellung der Bevölkerung gegenüber der Korruption eine große Rolle. Werden die Löhne als ungerecht angesehen, ist in der Bevölkerung ein hoher Grad an Korruption zu vermuten. Interessant ist der Hinweis, dass der preußische König in seinem Land die Korruption dadurch bekämpfte, dass er die Gehälter der Beamten erhöhte und gleichzeitig hohe Strafen für korruptes Verhalten initiierte. Zugleich wurde auch eine ethische Kampagne gestartet. Höhere Gehälter haben die Tendenz, das Niveau der Korruption zu senken. Die Staatsbeamten in Singapur verdienen oft mehr als in der Wirtschaft, so dass dort der Grad der Korruption gering ist. Im Index von TI steht Singapur weit oben als Land mit geringer Korruption.

Die Stärke politischer Institutionen spielt ebenfalls eine Rolle für den Grad der Korruption. Inwieweit die Medien Korruptionsskandale aufgreifen zeigt oft, ob Korruption in einer Gesellschaft toleriert wird oder nicht.

Die Strafen für korruptes Verhalten müssen abschreckend wirken. Hier liegt ein Problem bei den Eliten eines Landes, die selbst die Rahmenbedingungen festlegen. Die Bestechung von Abgeordneten ist in Deutschland kein strafrechtlicher Tatbestand. Die Eliten eines Landes können der Strafe von korruptem Verhalten entgehen, wenn sie das Rechtssystem korrupieren. Die Wahrscheinlichkeit, aufzufallen und verurteilt zu werden, ist mitentscheidend für den Grad der Korruption in einem Land. Gelegentlich wird aber argumentiert, dass es besser ist, dass Dinge funktionieren, als Korruption zu bekämpfen.

Die Durchsetzung von Anti-Korruptions-Kampagnen, die häufig auch von internationalen Institutionen initiiert werden, ist gering. In Albanien und Georgien waren vier der Abteilungen, die das Recht durchzusetzen hatten, unter den fünf korruptesten Abteilungen. Wichtig für die Korruptionsbekämpfung ist die Unabhängigkeit des Rechtssystems von der Politik.

4.10.3   Konsequenzen der Korruption

Bei den Konsequenzen der Korruption wird meist makroökonomisch argumentiert. Hierbei wird untersucht, ob die optimale Allokation durch Korruption behindert oder gefördert wird, inwieweit also Korruption die ökonomische Performance erhöht. Neben den Auswirkungen auf die Allokation der Ressourcen kann Korruption auch Auswirkungen auf die Einkommensverteilung einer Gesellschaft haben. Es muss zusätzlich zwischen den primären und den sekundären Wirkungen der Korruption unterschieden werden. Eine ungleiche Einkommensverteilung kann also sowohl Ursache als auch Konsequenz von Korruption sein. Oft wird argumentiert, dass Korruption ein „Schmiermittel" für den bürokratischen Ablauf darstellt. Um bürokratisch Hemmnisse zu überwinden und damit eine Allokationseffizienz zu erreichen, ist es notwendig, die betreffenden Beamten zu bestechen. Solche kleinen „side payments" würden dann das Wachstum fördern. Der Wettbewerb derer, die bestechen, wird dazu führen, dass die Bürokraten nach ihren Opportunitätskosten bestochen werden. Allerdings gibt es kaum empirische Untersuchungen, die dieses „Schmiermittel"-Argument der Korruption bestätigen. Sollte dieses Argument stimmen, dann müsste die bürokratische Effizienz angestiegen sein. Selbst wenn im Einzelfall die Bestechung eine individuelle Transaktion fördert, mag sie zulasten anderer Transaktionen gehen. Es bleibt oft nicht bei kleinen Bestechungssummen. Rose-Ackerman (1997) fasst die kleine Korruption wie folgt zusammen: "Tolerating corruption that smooths over the rough spots in the system and siphons off 5 or 10 % of the value of public projects may generate pressures to increase the take to 10 or 15 %" (S. 33).

Die Korruption beeinflusst die bürokratische Effizienz in zwei Weisen. Es ist nicht sicher, ob der korrupte Bürokrat seine Dienstleistungen den effizienten Produzenten zur Verfügung stellt. Neue Anbieter können abgeschreckt werden, weil sie die Höhe der Korruptionszahlungen nicht kennen. Der korrupte Bürokrat wird ebenfalls seine Leistungen reduzieren und Extrazahlungen abwarten. Ein besonders gravierendes Problem liegt im Prozess der Privatisierung. Hier öffnen sich neue Möglichkeiten der Korruption, da im Privatisierungsprozess hohe ökonomische Renten realisierbar sind.

Korruption wirkt wie eine Steuer, da sie Transaktionskosten erhöht. Sie führt zu einer Missallokation der Ressourcen, da der öffentliche Entscheidungsträger sich nicht von Effizienzüberlegungen, sondern von der Höhe der Bestechungsgelder beeinflussen lässt. Insbesondere eine Industriepolitik gibt Anlass für hohe Renten, an denen die Politiker profitieren möchten. Die Gegenwart von Korruption führt dazu, dass die Industriepolitik nur zu 56 %–84 % der Wirkung entfalten. Eine Erhöhung des Korruptionsniveaus vom Niveau Singapurs auf das Niveau von Mexiko soll einer Steuererhöhung zwischen 21 und 24 % gleichkommen (Jain, S. 95).

Durch Korruption wird die Qualität der Investitionen gesenkt. Studien zeigen, dass eine nicht funktionierende Infrastruktur mit hoher Korruption korreliert ist. Zusätzlich führt die Möglichkeit eines „Rent Seeking" dazu, dass die talentiertesten Unternehmer in dieses Geschäft statt in die produktive Produktion gehen. Außerdem führt ein hoher Korruptionsgrad zu einer ungleichen Verteilung des Reichtums und erschwert die Armutsbekämpfung.

4.10.4 Korruptionsbekämpfung

Fatalisten wollen sich mit der Korruption abfinden, da sie zu weit fortgeschritten ist; Moralisten befürworten eine globale moralische Kampagne. Sie sprechen sich für einen fundamentalen Wertewandel aus. Dies wäre gut – wird jedoch nicht erreichbar sein. Institutionelle Regelungen sind notwendig, die zu einer Verschiebung von N- und M-Kurven führen, so dass der Grad der Korruption sinkt.

So wird eine Job-Rotation für Staatsdiener vorgeschlagen, so dass korrupte Beziehungen nicht von langer Dauer sind. Allerdings mag dies dazu führen, dass korrupte Beamte schnell ihren „Reibach" machen wollen. Ein weiterer Vorschlag beinhaltet „Team-Zuständigkeit". Hierbei müssen dann mehrere Beamte bestochen werden. Dies kann aber zu eine Verlangsamung des Entscheidungsprozesses führen und kollusivem Handeln. „Whistle-blowers", die Anderen Informationen über korruptes Handeln zutragen, müssten geschützt werden (z.B. über zugesicherte Anonymität). Oft wird vorgeschlagen Beamte an den Einnahmen (Steuern, Zoll) zu beteiligen, so dass sie einen Anreiz haben, effizienter zu arbeiten.

Hohe staatliche Einnahmen verwalten und selbst ein geringes Einkommen zu erzielen, verleitet zu Korruption. Deshalb sollte der öffentliche Dienst besser bezahlt werden – bei gleichzeitig hohen Strafen bei korruptem Verhalten (N-Kurve nach oben und M-Kurve nach unten verschieben). Verwiesen sei auf die Politik in Preußen oder in Singapur, wo diese Maßnahmen erfolgreich waren.

4.10.5   Fallbeispiel Mosambik

Nach Hanlon (2004) fördert EH oft Korruption. Korrupte Regierungen erhalten höhere Zuwendungen. Die Weltbank unterstützt solche Regierungen, die ihre makroökonomischen Zielsetzungen übernehmen, was „Good Performance" genannt wird. Korrupte Regierungen sind eher dazu bereit, diesen Erfordernissen zu entsprechen und erhalten somit eine höhere EH. Die Geber sind also bereit, Korruption zu unterstützen, wenn Eliten „marktfreundliche" Politiken übernehmen. Die Regierung in Mosambik veruntreute EH-Gelder. Banker, die dies aufdeckten, wurden „beseitigt". Zur Aufklärung dieser Morde kann die Regierung wenig beitragen, da sie das Rechtssystem mit eigenen Leuten besetzt hat. Die Weltbank unterstützt leider solche Bürokraten, da sie ihnen halfen, Fortschrittreports abzugeben. Insbesondere der Bankskandal von Mosambik führte zu einem hohen internationalen Interesse an der dortigen Korruption.

In den frühen 90er-Jahren wurde das Bankensystem in Mosambik liberalisiert. Die erste Privatbank, Banco Internacional de Moçambique (BIM), wurde zu 50 % von einer portugiesischen Bank und zu 25 % von der IFC[222] besessen. Zwei Staatsbanken sollten privatisiert werden. Die Privatisierung von BCM (Banco Comercial de Moçambique) war eine notwendige Bedingung der Weltbank für ihre EH in 1995. Die Führung der Mosambikanischen Zentralbank war bekannt für ihre Integrität und Ehrlichkeit und wehrte sich gegen die Übernahme dieser Bank durch die Familie des Präsidenten Joaquim Chissano, da er hoch verschuldet war und seine Schulden nicht beglich. BMC hatte schon Probleme mit der Korruption und der neue Eigentümer unternahm nichts, um die Aufklärung voranzutreiben (BMC hätte überprüft werden sollen). Der Journalist Carlos Cardoso, der diesen Bankskandal publik machte, wurde am 22. November 2000 erschossen. Der Sohn des Präsidenten wurde als potenzieller Auftraggeber dieses Mordes genannt; es wurden keine Aktionen gegen ihn unternommen. Oppositionskräfte machten die Geberländer auf diesen Korruptionstatbestand aufmerksam machten. Ein Hinweis nordischer Banken, diesem Korruptionsvorwurf nachzugehen, wurde von der Weltbank und den anderen Gebern nicht verfolgt. Die Bank hat EH-Mittel veruntreut und es Regierungsbeamten und Frelimo-Anhängern zukommen lassen.

Mosambik bat um Schuldenerlass, da die eingesetzten Mittel veruntreut waren und demzufolge nicht zurückgezahlt werden konnten. Anfänglich haben die nordischen Geber diesem Wunsch nicht entsprochen. Auf Wunsch Washingtons, endlich einen Schuldenerlass zuzulassen, wurde Mosambik Schuldenerlass gewährt. Die Begründung der Akzeptanz der hohen Korruption von Mosambik war die „Good Performance of the Government", die die Morde im Bilanzskandal überwogen. Selbst der damalige Direktor des IWF, Horst Köhler, sagte, dass die Regierung unter Präsident Chissano eine gute Arbeit leiste und notwendige Reformen implementierte. Das Ausmaß der Korruption interessierte den IWF nicht.

Hanlon zeigt, dass die Geber mehr an den großartigen Plänen, die zur Verfügung gestellt werden, interessiert sind und weniger an den Ergebnissen der Arbeit. Nach der Transformation zum sozialistischen System nahm der Grad der Korruption (Gangsterisierung) erheblich

---

[222]   Zur IFC (International Finance Cooperation) vgl.Kap. 5.1.3, S. 161.

zu. Die Administration war korrupt, so dass man Mosambik als kriminellen Staat bezeichnen könnte. Hanlon fasst kritisch zusammen: „World Bank and IMF pressure for corrupt privatisations of the two state banks, the unwillingness of donors to challenge the reappointment of Abudo as Justice Minister, and the consistent unwillingness of the donors to use their economic muscle to force investigations into the murders of Siba-Siba and of high-level officials who stole money from the banks. In each case, the appeals of honest Mozambicans have been rejected in order to support the predatory faction" (Hanlon, S. 755f.). Der Staat in Mosambik war damals also in der Hand einer bestimmten politischen Gruppe. Und es ist im Interesse der Geber, willfährige Helfer zu finden, die am leichtesten in korrupten Regimes zu finden sind.

Die für die EH Verantwortlichen der Geberstaaten in der mosambikanischen Hauptstadt Maputo müssen ihre Zielsetzungen erreichen. Dazu gehören vier Dinge: viel Geld ausgeben, sie müssen zeigen, dass es rasche Änderungen in den Politiken der EL gibt und dass EH irgendwie Auswirkungen auf die wirtschaftliche Entwicklung hat und sie müssen versuchen, politische Probleme zu vermeiden. Insbesondere werden Informationen aus früheren Zeiten kaum berücksichtigt. Die Offiziellen der Geberinstitutionen, waren mit Vorgängen, die älter als drei Jahre waren, nicht vertraut.

Die korrupte Elite von Mosambik ist so geschickt, dass sie den Gebern das geben, was sie benötigen und wünschen. Dafür können sie den Staat ausrauben, ohne dass der Korruptionsvorwurf gegen sie erhoben wird.

Mosambik galt dennoch im Jahre 2000 als Musterstaat des IWF in Afrika, da es hohe Wachstumsraten zeigen sollte und anscheinend das Geld der Geber gut angewendet wurde. Die andere Seite der Medaille besteht darin, dass es zu einer stärkeren Ungleichheit des Einkommens und Vermögens, zu einer Zunahme der absoluten Armut und zum „state capture" durch die Eliten kam. Die Geber können es sich nicht leisten, auf die negativen Folgen hinzuweisen. Die zunehmende Armut zu erwähnen, hieße zu sagen, dass der „Kaiser keine Kleidung anhabe". Die Geber hängen vom Mythos des wirtschaftlichen Erfolgs in Mosambik ab.

So ist ein symbiotisches Verhältnis zwischen der mosambikanischen, korrupten Elite und den Gebern entstanden, die den Mythos des Erfolgs des mosambikanischen Weges aufrechterhalten muss. Die Weltbank arbeitet mit den räuberischen Eliten (predatory elite) zusammen, erlaubt ihnen, Gelder zu veruntreuen und den demokratischen Prozess zu unterdrücken, solange die ökonomischen Prioritäten der Geberländer eingehalten werden. Damit belohnen die internationalen Geber die Korruption und benachteiligen „ehrliche Mosambikaner". In den Evaluierungen heißt es „better to let the predatory elite steal and kill for another decade while institutional change is encouraged" (Hanlon, S. 760).

Geber haben mit ihrer EH eine große Verantwortung. In persönlichen Gesprächen ist mir des Öfteren ähnliches berichtet worden. Insbesondere Weltbankdirektoren seien zum Teil korrupt, vor allem bei Geschäften in Afrika. Es müsste verstärkt überprüft werden, inwieweit EH wegen der Förderung der Korruption makroökonomisch wenig erfolgreich ist, obgleich Evaluierungen häufig einen Erfolg der Projekte melden. Bei diesen Evaluierungen wird jedoch nicht überprüft, inwieweit wirklich ein effizienter Mitteleinsatz stattfand.

5 Träger der öffentlichen Entwicklungshilfe

Die privaten und staatlichen Träger der öffentlichen EZ haben die Aufgabe, Projekte und Programme im Rahmen der finanziellen, technischen und personellen Zusammenarbeit durchzuführen. Dabei verfolgen sie im Wesentlichen die gleichen Ziele und auch die Maßnahmen unterscheiden sich meist nur hinsichtlich ihrer sektoralen Schwerpunkte. Sie sind auf verschiedenen Ebenen in der vertikalen Hierarchie des föderativ aufgebauten Systems der EZ zu finden: NGO leisten als Private ihren Beitrag zur EZ, die Regierungen der einzelnen IL führen im Rahmen ihrer bilateralen EZ Entwicklungsvorhaben durch und multilaterale Institutionen bestimmen als „höchste Instanzen" der EZ maßgeblich Ziele und Instrumente der EH.

Die verschiedenen Durchführungsorganisationen der EZ sollen aufgrund ihres spezifischen Know-hows die Transaktionskosten der Geber und Nehmer senken. Sie erfüllen eine sog. **„Katalysatorfunktion"** für den geregelten Ressourcentransfer von Nord nach Süd. Dabei müssen sie sich als **„Doppelagenten"** vor zwei Gesellschaftsgruppen rechtfertigen, nämlich einerseits vor den Financiers hinsichtlich der Mittelverwendung und andererseits vor den Hilfeempfängern, deren Bedürfnisse und Wünsche ebenfalls zu berücksichtigen sind.

Dies führt zu der Frage, warum so viele EH-Organisationen existieren und was deren Unterschiede ausmacht. Die EZ steht vor *ex-ante*-Transaktionskosten und *ex-post*-Unsicherheiten der Transaktionen. Die Transaktionskosten entstehen durch die Mittelaufbringung, durch die Sammlung von Informationen über die Empfängerländer, durch die Entscheidung der Auswahl einzelner Projekte, Ziele und Empfänger und durch das Monitoring der Implementierung der einzelnen Projekte. Die *ex-post*-Unsicherheit beruht auf unterschiedlichen Präferenzen und Zielen von Gebern und Nehmern. Gäbe es nur ein entwicklungspolitisches Ziel, z.B. die Armutsbekämpfung, dann wäre nur eine Organisation für die EZ notwendig. Wenn alle, Geber und Empfänger, das gleiche Ziel verfolgen würden, dann benötigte man überhaupt keine Organisationen, man könnte den Geberstaaten einfach die notwendigen Mittel transferieren, die sie zur Hilfe benötigen (Martens). Die große Auswahl von Zielen führt auch zu einer großen Anzahl von EH-Organisationen. Diese Träger der EH müssen auch zwischen Gebern und Empfängern vermitteln, da selten Übereinstimmung über die Prioritäten der Ziele vorliegen wird.

Multilaterale Organisationen haben den Vorteil, dass sie EH günstiger zur Verfügung stellen können, da sie günstigere Kredite aufgrund günstigerer Refinanzierung bereithalten. Im Laufe der letzten Jahrzehnte hat sich das Gewicht von Gebern und Empfängern verlagert. In den

1980er- und 1990er-Jahren waren die Geber stärker tonangebend. Sie setzten sich für eine „Konditionalität" ihrer EH ein.[223] Ab Ende der 90er-Jahre ist das Schwergewicht mehr auf die Nehmer gegangen. Hier spielen Eigenverantwortung der EL (ownership) und Geberübereinstimmung (donor alignment) eine stärkere Rolle. Weder Geber noch Empfänger können sich im Allgemeinen ohne Rücksicht auf den Partner durchsetzen. Gehen die Empfänger nicht auf die Wünsche der Geber ein, wird weniger EH geleistet; beachten die Geber nicht die Zielvorstellungen der Nehmer, dann wird EH wenig effektiv werden. Daher sind öffentliche Träger der EH notwendig, die einen realistischen Kompromiss zwischen den einzelnen involvierten Partnern suchen, wodurch die institutionellen Rahmenbedingungen zu unterschiedlichen komparativen Vorteilen der einzelnen Geberorganisationen führen.

Im Folgenden werden wichtige Träger der EZ dargestellt, und zwar im Bankenbereich die Weltbankgruppe, der IMF, der in letzter Zeit vermehrt auch entwicklungspolitisch tätig wurde, und regionale Entwicklungsbanken sowie weiterhin ausgewählte Träger der UN, die Entwicklungshilfe der OECD und der EU und schließlich einige Institutionen der deutschen EZ.[224]

5.1   Die Weltbankgruppe und andere multilaterale Träger im Bankenbereich

Nach dem Ende des Zweiten Weltkriegs erwartete man einen hohen langfristigen Kapitalbedarf zum Wiederaufbau zerstörter Volkswirtschaften. So widmete sich die 1944 in Bretton Woods (New Hampshire) zusammen mit dem IMF konzipierte Weltbank anfangs dem Wiederaufbau Europas. Nachdem Anfang der 50er Jahre das ERP diese Aufgaben übernahm, widmeten sich die Weltbank und ihre Tochterorganisationen ganz den wachsenden Aufgaben in EL. Ihr gemeinsames Ziel ist es, durch die Vergabe von langfristigen Darlehen oder durch Beteiligungen an Firmen (IFC) und Übernahme von Garantien (MIGA), die wirtschaftliche und soziale Entwicklung ihrer weniger entwickelten Mitglieder zu fördern. Seit 1978 veröffentlicht die Weltbank jedes Jahr den **Weltentwicklungsbericht** (World Development Report), der jeweils einem übergreifenden und aktuellen Entwicklungsthema gewidmet ist. Über ihn werden entscheidende Anstöße für die internationale Diskussion der EH gegeben.

Zur Weltbankgruppe[225] gehören die 1945 gegründete Internationale Bank für Wiederaufbau und Entwicklung (International Bank for Reconstruction and Development = IBRD), die 1956 geschaffene **IFC** (International Finance Corporation), die 1980 gebildete **IDA** (Interna-

---

[223]   Geber sind nur dann willens, EH zu leisten, wenn auch ihre Zielvorstellungen berücksichtigt werden. Sie fürchten, dass die EH im Sande versickert und der Korruption anheim fällt.

[224]   Zu den Trägern der Entwicklungshilfe vgl. im Folgenden Informationen des Bundesministeriums für wirtschaftliche Zusammenarbeit und Entwicklung (www.bmz.de); Stand: Mai 2010

[225]   Zur Weltbankgruppe siehe im Folgenden WAGNER (1997), S. 189–193 und HIZ III A 10–13. Zu den Daten vgl. auch BMZ, Medienhandbuch Entwicklungspolitik 2008/2009, Berlin/Bonn, Oktober 2008.

tional Development Association), die 1988 gegründete **MIGA** (Multilateral Investment Guarantee Agency) und das **ICSID** (International Center for the Settlement of Investment Disputes), das seit 1966 tätig ist. Im offiziellen Sprachgebrauch umfasst der Begriff Weltbank nur die IBRD und die IDA. Sie ist ebenso wie der IMF eine Sonderorganisation der UN.

Die Institutionen der Weltbankgruppe haben eigene Rechtspersönlichkeit, sie sind aber durch eine gemeinsame Leitung und Geschäftsführung integriert. An der Spitze der Weltbank steht ein Gouverneursrat, für den jedes Mitgliedsland einen Vertreter sowie Stellvertreter ernennt (in der Regel den Wirtschafts- oder Finanzminister). Bei Abstimmungen hängt der Einfluss eines Landes von der Höhe seiner Beteiligung am Kapital der Bank ab. Leistungsstarke Mitglieder verfügen so über ein ungleich höheres Stimmgewicht. Die USA haben das größte Stimmgewicht (16,39 %), dann folgen Japan (7,87 %), Deutschland (4,49 %) sowie Frankreich und Großbritannien (je 4,30 %). Gemeinsam kommen diese Länder also auf einen Stimmenanteil von 37,35 %. Die politischen Entscheidungen werden vom Gouverneursrat auf ein Exekutivdirektorium übertragen, das aus 24 Personen besteht. In diesem ernennen die USA, Japan, Deutschland, Frankreich und Großbritannien jeweils einen Direktor plus Stellvertreter, während sich die anderen Mitglieder zu Ländergruppen zusammenschließen, welche ihrerseits einen Direktor und einen Stellvertreter wählen. China, Russland und Saudi-Arabien bilden jeweils einen eigenen Wahlkreis und stellen somit auch einen Direktor und seinen Stellvertreter. Die Exekutivdirektoren wählen den Präsidenten, der die laufenden Geschäfte nach Weisung des Direktoriums für eine Amtszeit von jeweils fünf Jahren führt. Präsident der Weltbankgruppe ist seit dem 01.07.2007 der US-Amerikaner Robert B. Zoellick. Der Präsident der Weltbank wird nach einer stillschweigenden Übereinkunft von den USA gestellt.

5.1.1 Internationale Bank für Wiederaufbau und Entwicklung (IBRD)

In der Weltbankgruppe ist die am 27.12.1945 gegründete **IBRD** die älteste und bedeutendste Institution. Mitglieder und damit Kapitaleigner können nur Mitglieder des IWF werden, Mitte 2008 waren es 185 Staaten. Die Kapitalzeichnungen, welche die Mitglieder leisten müssen, richten sich nach den jeweiligen Landesquoten beim IWF, die wiederum die relative Wirtschaftskraft eines Landes widerspiegeln. Bis zum 30. Juni 2008 hatten die 185 Länder Kapitalanteile von 189,7 Mrd. US$ gezeichnet. Der deutsche Anteil beträgt 4,6 %.

Primäre Aufgabe der IBRD ist es, langfristige (staatlich garantierte) Kredite für ausschließlich produktive Zwecke zu vergeben. Potenziell kann jedes Mitgliedsland ein Darlehen erhalten. Darlehen werden mit variablem Zinssatz ausgestattet, der von der benutzten Währung unabhängig ist. Der Darlehenszins richtet sich nach den Marktkonditionen, daher muss die Bank darauf achten, dass die Nehmer Zins- und Tilgungszahlungen auch leisten können. Die Zinssätze werden halbjährlich festgesetzt und errechnen sich aus dem Durchschnitt der entstehenden Zinskosten bei der Refinanzierung mit einem 0,5 %-Aufschlag, wobei die Laufzeit bei 3-5 tilgungsfreien Jahren zwischen 15-20 Jahren liegt. Die Bank refinanziert sich zu mehr als 90 % über eigene Mittelaufnahmen am internationalen Kapitalmarkt sowie über

Darlehensrückzahlungen, Einzahlungen der Mitglieder auf das Grundkapital und aus Reinerträgen. Im Geschäftsjahr 2008 wurden von der IBRD Darlehen für rund 13,5 Mrd. US$ zur Finanzierung von 99 Projekten und Programmen gewährt.

Die Weltbank spielt in der internationalen EZ eine zentrale Rolle. Ihre Arbeit besteht im eigentlichen Bankgeschäft, d.h. in der Finanzierung von Entwicklungsprojekten und -programmen inklusive der Beschaffung der Finanzmittel, sowie in der Gewährung der begleitenden technischen Hilfe. Schließlich ist sie maßgeblich für die Konzipierung und Koordinierung einer globalen Entwicklungsstrategie, der nahezu alle Entwicklungshilfeinstitutionen folgen. Neben den Bereichen Ernährungssicherung, Armutsbekämpfung, Frauenförderung, Förderung der ländlichen Bevölkerung sowie Umwelt- und Ressourcenschutz konzentrierte sie ihre Tätigkeit in letzter Zeit auf Reformprogramme (Development Policy Lending), die ihre Grundlage in einer Länderstrategie (Country Assistance Strategy) haben, die von der Weltbank und den Empfängerländern erarbeitet werden.

5.1.2   Internationale Entwicklungsorganisation (IDA)

Da viele EL Ende 1950 nicht mehr in der Lage waren, kommerzielle Kreditkonditionen zu übernehmen, wurde 1960 die **IDA** gegründet, der im Oktober 2008 168 Mitglieder angehörten. Ihre Aufgabe ist es, armen Ländern Kredite zu „weichen" Bedingungen (**„soft loans"**) zu vergeben. Eine Darlehensbearbeitung seitens der IBRD würde zu einer hohen Kostenbelastung und übermäßigem Risiko der Bankgeschäfte führen.

Die IDA vergibt Kredite zu Sonderkonditionen nur an die 78 ärmsten EL. Die Zuteilung richtet sich nach der relativen Armut, der Größe des Landes und der kommerziellen Kreditwürdigkeit sowie nach der Fähigkeit, diese Mittel effizient einzusetzen. Beachtet wird auch, ob eine „solide" Wirtschaftspolitik vorliegt und inwieweit Eigenanstrengungen für ein Wirtschaftswachstum vorliegen. Die IDA-Kredite sind unverzinslich, es fällt lediglich eine Bearbeitungsgebühr von 0,75 % p.a. an. Die Laufzeit beträgt 35 oder 40 Jahre bei 10 tilgungsfreien Jahren.

Die Finanzierung der IDA erfolgt aufgrund der Sonderkonditionen nicht über den Kapitalmarkt, sondern im Wesentlichen durch besondere Beitragsleistungen einiger Mitglieder. Im Rahmen von Vereinbarungen zwischen den Geldgebern werden diese Mittel alle drei Jahre aufgefüllt. Zusätzlich stehen Kreditrückzahlungen und Gewinnüberweisungen der IBRD zur Verfügung sowie freiwillige Sonderbeiträge einzelner Staaten für bestimmte Aufgaben. Seit 2002 gewährt die IDA neben Krediten auch verstärkt Zuschüsse.

Im Geschäftsjahr 2008 vergab die IDA 11,2 Mrd. US$ als Kredite (70 %) und Zuschüsse (30 %) für 199 Projekte und Programme, vor allem im Bereich des Aufbaus sozialer Infrastruktur und für die Schaffung eines wachstumsfreundlichen Investitionsklimas. Bei der 15. Wiederauffüllung der IDA stellten die IDA-Geberländer im Dezember 2007 rund 31,4 Mrd. US$ zur Verfügung. Diese Beiträge beinhalten auch Zahlungen der Geber für Rückzahlungen, die der IDA aufgrund der multilateralen Entschuldungsinitiative (MDRI) verloren gehen. Die 15. Wiederauffüllung ermöglicht der IDA im Zeitraum vom 1. Juli 2008 bis zum 30. Juni 2011 ein Ausleihvolumen in Höhe von 41,6 Mrd. US$.

Deutschland hat – nach Großbritannien, den USA und Japan – mit 7,05 % den viertgrößten Anteil am 15. IDA-Wiederauffüllungsvolumen. Der deutsche Stimmrechtsanteil liegt derzeit bei 6,31 %.

5.1.3   Internationale Finanz-Corporation (IFC)

Da die IBRD ihren Statuten gemäß nur Darlehen gegen Regierungsgarantie vergeben darf, gab es keine Möglichkeit einer stärkeren Förderung der Eigenkapitalbildung in der Privatwirtschaft. Daher wurde 1956 die **IFC** ins Leben gerufen. Sie unterstützt die Aktivitäten der Weltbank, indem sie durch Eigenkapitalbeteiligungen sowie durch die Bereitstellung von Darlehen und technischer Beratung Privatunternehmen in EL fördert. Daneben ist sie in Fragen der Privatisierung und Umstrukturierung von Unternehmen auch beratend tätig. Finanzmärkte, Industrie und Dienstleistungen sowie Infrastruktur bilden die Investitionsschwerpunkte der IFC. Mit Hilfe der IFC sollen Mittel an den internationalen Kreditmärkten mobilisiert werden. Zu diesem Zweck übernimmt die IFC Bürgschaften, wodurch sie eine Katalysator-Funktion für den Mittelzufluss aus kommerziellen Quellen für EL innehat. Die IFC hatte im Oktober 2008 180 Mitglieder.

Die IFC erhält ihre Mittel aus den Einzahlungen der Mitgliedsländer auf das Grundkapital, durch Kredite von der IBRD und laufende Gewinne (Verkauf früher getätigter Beteiligungen). Seit neuestem ist eine Verschuldung auf internationalen Kapitalmärkten möglich, die jedoch auf das vierfache des Eigenkapitals beschränkt ist. Deutschland ist Gründungsmitglied und hat an dem gezeichneten Kapital von etwa 2,37 Mrd. US$ einen Anteil von 5,45 und einen Stimmrechtsanteil von 5,37 %. Die Geschäftstätigkeit der IFC expandierte in den letzten Jahren sehr stark. 2008 förderte sie 374 Projekte in 85 Ländern mit einem Finanzvolumen von 8 Mrd. US$.

5.1.4   Multilaterale Investitions-Garantie-Agentur (MIGA)

Aufgabe der **MIGA,** die 1989 ihre Tätigkeit aufnahm und mittlerweile 174 (2008) Mitglieder hat, ist es, den Zufluss ausländischer privater Direktinvestitionen in die weniger entwickelten Länder zu fördern. Dazu stehen ein Bürgschaftsprogramm und ein Beratungsprogramm zur Verfügung. Mit dem **Bürgschaftsprogramm** werden Garantien (über Versicherungen) gegen nichtkommerzielle Risiken wie Transferbeschränkungen durch Währungsinkonvertibiltät, Vertragsbruch durch Enteignung und Krieg gegeben. Die MIGA bietet außerdem Dienstleistungen im Bereich technische Hilfe und Investitionsberatung an. Diese haben das Ziel, Aktivitäten der Investitionsförderung zu unterstützen, relevante Informationen im Internet zu verbreiten (Netzwerk zur Förderung von Auslandsdirektinvestitionen, FDI.net) und die entsprechenden Kapazitäten in den Entwicklungsländern zu stärken.[226]

Im Geschäftsjahr 2008 wurden 38 Garantieverträge für 24 Vorhaben mit einem Gesamtumfang von 1,4 Mrd. US-Dollar abgeschlossen. Deutschland hat in der MIGA einen Stimm-

---

[226] In Deutschland hat die DEG eine ähnliche Aufgabenstellung, vgl. Kap. 5.5.

rechtsanteil von 4,21 %. Die MIGA stellt einen politisch bedeutenden Schritt auf dem Wege zu einer befriedigenden Absicherung von Direktinvestitionen in EL dar. Nach Standardkonditionen werden Projekte auf 15 Jahre versichert, wobei in Ausnahmefällen diese Frist auf 20 Jahre ausgeweitet werden kann.

5.1.5   Internationales Zentrum für die Beilegung von Investitionsstreitigkeiten (ICSID)

Das **ICSID** (International Centre for Settlement of Investment Disputes) schlichtet Investitionsstreitigkeiten zwischen Regierungen und ausländischen Investoren. Derzeit sind 121 Schlichtungsverfahren beim ICSID anhängig.

Außerdem übernimmt das ICSID im Zusammenhang mit den gesetzlichen Bestimmungen für Auslandsinvestitionen auch Beratungsdienste, Forschungs- und Publikationsaufgaben. Das ICSID ist eine unabhängige Einrichtung innerhalb der Weltbankgruppe und hat gegenwärtig 143 Mitglieder. Die Bundesrepublik Deutschland ist seit der Gründung des ICSID im Jahre 1966 Mitglied.

5.1.6   Internationaler Währungsfonds (IMF)

Zusammen mit der Weltbank wurde in Bretton Woods 1944 die Errichtung des **IMF**[227] vereinbart. Gegründet am 27.12.1945 nahm er 1946 seine Geschäftätigkeit auf. Ihm gehören derzeit 185 Mitglieder an. Ursprünglich sollten sich beide Institutionen bei ihrem gemeinsamen Ziel der Förderung des weltweiten Wohlstandes ergänzen. Während der Weltbank die Aufgabe zukam, dem weltweiten Kapitalmangel zu begegnen, sollte der IMF zur Überwindung kurzfristiger Zahlungsbilanzprobleme beitragen. Zur Verbesserung der internationalen Arbeitsteilung und zum Abbau des Wechselkursrisikos wurden feste Wechselkurse vereinbart, die nur mit Zustimmung aller Beteiligten geändert werden konnten. Durch den Zusammenbruch des festen Wechselkurssystems 1973 und die Verschuldungskrise der EL v.a. in den 80er Jahren haben sich die Tätigkeitsfelder beider Organisationen angenähert. Der IMF beschäftigt sich nun verstärkt mit den außenwirtschaftlichen Problemen der EL, die seit 1980 hauptsächlich auf Mittel des Fonds zurückgreifen.

Die Mittel des IMF stammen vorwiegend aus den Quoteneinzahlungen der Mitglieder, die je nach wirtschaftlicher und finanzieller Stärke des Landes variieren. Nach jahrelangen Diskussionen haben sich die Mitgliedsstaaten im Frühjahr 2008 auf eine Reform der Quotenanteile und der damit verbundenen Stimmrechte geeinigt. Kernelemente der Reform sind eine neue Quotenformel, eine auf der neuen Formel basierende Runde von Quotenerhöhungen und eine Verdreifachung der Basisstimmen zur Erhöhung der Stimmrechte von Niedrigeinkommensländern.

---

[227] Zum IMF vgl. im folgenden BMZ, Medienhandbuch 2008/2009, Berlin/Bonn, Oktober 2008; WAGNER (1997), S. 193-196 und HIZ III A 15.

Insgesamt liegt das Kapital des Internationalen Währungsfonds bei 217 Mrd. Sondererziehungsrechten (SZR), das entspricht rund 230 Mrd. € oder 340 Mrd. US$. Die Rechnungseinheit SZR wurde 1969 eingeführt, um den Dollar als Weltwährung zu entlasten. Der Wert eines SZR wird täglich aus den Währungen der fünf wichtigsten Mitglieder ermittelt: aus dem US$ (USA), dem Yen (Japan), dem Pfund Sterling (Großbritannien) und seit 1999 dem Euro (Frankreich und Deutschland). Die deutsche Quoteneinzahlung beträgt etwa 13 Mrd. SZR, was rund 6 % der Gesamtquoten ausmacht.

Aufgabe des IMF ist es, ein ausgewogenes Wachstum des Welthandels zu erleichtern, die internationale währungspolitische Zusammenarbeit zu fördern, geordnete Währungsbeziehungen unter den Mitgliedern aufrechtzuerhalten, auf innere und äußere Währungsstabilität hinzuwirken und die Finanzierung und den Abbau von Zahlungsbilanzungleichgewichten zu unterstützen. Die Mitgliedsländer können zur Überwindung **vorübergehender** Zahlungsbilanzprobleme Kredite bzw. Währung gegen SZR in Anspruch nehmen. Voraussetzung ist ein wirtschaftspolitisches Stabilisierungsprogramm (**Konditionalität**), wodurch die Länder gezwungen werden sollen, notwendige wirtschaftspolitische Kurskorrekturen makroökonomischer und struktureller Art in Angriff zu nehmen, und wodurch eine Vertrauensgrundlage für ergänzende Kredite anderer Gläubiger geschaffen werden soll. Dadurch sollten Zahlungsbilanzprobleme ursachenadäquat gelöst werden.

Bei der finanziellen Hilfe des IWF wird zwischen der Reservetranche und den Kreditfazilitäten unterschieden. Bei der **Reservetranche** eines Landes handelt es sich um die von diesem Land dem Fonds zur Verfügung gestellte Fremdwährung, zu der jedes Mitglied jederzeit Zugang hat. Da es sich hier um „Eigenmittel" handelt, sind an die Verwendung keine Bedingungen geknüpft; sie erfolgt gebührenfrei. Die **regulären Kreditfazilitäten** sind an Auflagen geknüpft und werden um ein Vielfaches der Landesquote in Form von Ziehungen auf den IWF gewährt. Daneben gibt es die **Sonderfazilitäten**, die EL mit niedrigem PKE eingeräumt werden. Die Konditionen steigen mit der Höhe der gewährten Kredite im Verhältnis zu Quote. Folgende Fazilitäten stellt der IWF zur Verfügung:

- **Bereitschaftskreditvereinbarungen** (stand by arrangements): Kredite der sog. ersten Tranche sollen das kreditnehmende Land bei makroökonomischen Anpassungspolitiken unterstützen, wobei das Land nur den Nachweis derartiger Bemühungen erbringen muss. Der Zeithorizont liegt bei 1-2 Jahren. Die Überwachung erfolgt anhand von Erfüllungskriterien, z.B. Budget- und Kreditobergrenzen.
- **Erweiterte Kreditvereinbarungen** (extended arrangements): Kredite der sog. höheren Tranche stehen für mittelfristige, in der Regel dreijährige Programme zur Verfügung, die auf eine Überwindung von Zahlungsbilanzproblemen bei makroökonomischen und strukturellen Anpassungen abzielen. Kreditnehmer müssen den Nachweis erbringen, dass Zahlungsbilanzschwierigkeiten innerhalb des vorgesehenen Zeitraums überwunden werden können.
- **Politik des erweiterten Zugangs** (enlarged access policy): Die in diesem Rahmen bereitgestellten Mittel sollen Kredite der ersten beiden Vereinbarungen ergänzen.
- **Strukturanpassungsfazilitäten** (SAF bzw. structural adjustment facilities): Staaten mit geringem PKE und langwierigen Zahlungsbilanzproblemen erhalten bei mittelfristigen makroökonomischen und strukturellen Anpassungsbemühungen günstige Kredite (Zins-

satz: 0,5 %). Voraussetzung ist ein von den nationalen Behörden unter Mitwirkung von IMF und Weltbank erarbeitetes mittelfristiges, jährlich konkretisiertes wirtschaftspoliti- sches Anpassungsprogramm (**policy framework paper**), dessen Fortschritt vierteljähr- lich vom IMF überwacht wird. Das Instrument der SAF ging 1993 in der ESAF auf:

- **Erweiterte Strukturanpassungsfazilitäten** (ESAF bzw. enhanced structural adjustment facilities): sie richten sich an einkommensschwache Staaten mit schwerwiegenden Zah- lungsbilanzproblemen, die umfassende dreijährige Strukturanpassungsprogramme (policy framework paper) durchführen. Die Kredite sind bei der ESAF bis auf weiteres mit 0,5 % zu verzinsen und in 5,5-10 Jahren nach Auszahlung in zehn Halbjahresraten zu tilgen. 1999 wurde die ESAF in die **Armutsreduzierungs- und Wachstumsfazilität** (Poverty Reduction and Growth Facility = PRGF) umgewandelt. Hauptziel ist nun die Armutsbe- kämpfung. Um diese Mittel zu erhalten, müssen die Länder eine **Armutsbekämpfungs- strategie** (Poverty Reduction Strategy Paper = PRSP) ausarbeiten. 2008 waren 78 Länder berechtigt, PRGF-Kredite in Anspruch zu nehmen.

- **Fazilitäten zur Kompensierung von Exporterlösausfällen und externen Störungen** (compensatory and contigency financing facilities): Damit können die von einem EL nicht zu verantwortenden Exporterlösausfälle finanziell überbrückt werden, wodurch ein reibungsloser Ablauf der Anpassungsmaßnahmen gewährleistet werden soll. Auch bei externen Schocks steht diese Hilfe zur Verfügung.

- **Fazilitäten zur Finanzierung von Rohstoff-Ausgleichslagern** (buffer stock financing facilities): Mit den Mitteln dieser Fazilität werden Ausgleichslager mitfinanziert, soweit sie vom IMF befürwortet werden.

Seit einiger Zeit engagiert sich der IMF auch in der TZ, bei dem Aufbau der Steuerverwal- tung und dem Ausgabenmanagement, im Bereich der Finanzsektorstabilität und -statistik sowie der makroökonomischen Wirtschafts- und Wechselkurspolitik.

5.1.7   Kritik an der Politik der „Bretton Woods-Institutionen"

Trotz hoher EH-Leistungen scheint die Hilfe bisher kaum erfolgreich gewesen zu sein. Afri- ka südlich der Sahara hat in den letzten 50 Jahren ca. 500 Mrd. US$ EH erhalten – die wirt- schaftliche Lage im südlichen Teil dieses Kontinents ist katastrophal. IWF und Weltbank haben sich verstärkt der EH zugewendet, insbesondere seitdem die IL den IWF nicht mehr benötigten.

Die ursprünglichen Aufgaben von IWF und Weltbank waren unterschiedlicher Art. Der IWF sollte kurzfristige Zahlungsbilanzhilfen geben, wenn ein Land, das in eine Währungskrise geriet, Überbrückungskredite benötigte. Bei einem „fundamentalen Ungleichgewicht" konnte der Wechselkurs angepasst werden, wenn diese Anpassung 10 % oder höher lag, benötigte man die Zustimmung des IWF und der Mitglieder. Der IWF sollte auch die Wirtschafts- und Währungspolitik der Mitglieder überwachen. Langfristige Finanzierungshilfen waren der Weltbank zugeordnet.

Beide Institutionen sind in letzter Zeit heftig kritisiert worden.[228]

Stark kritisiert wird die fehlende Trennung der Aufgabenbereiche von IWF und Weltbank. Seit 1974 vergibt der IWF auch langfristige Kredite; die Weltbank gewährt seitdem auch Zahlungsbilanzhilfen. Hier greift eine Institution in den Aufgabenbereich der anderen ein. Zugleich arbeiten IWF und Weltbank sehr eng zusammen und verfolgen eine ähnliche makroökonomische Strategie. Man spricht daher seit Ende der 1980er-Jahre vom **„Washington Consensus"** (Priewe). Der „Washington Consensus" kann in folgenden zehn Punkten zusammengefasst werden:

- Senkung der Budgetdefizite auf ein nicht-inflationäres Niveau,
- neue Prioritätensetzung bei den Staatsausgaben, wobei Bildung und Infrastruktur verstärkt verbessert werden sollen,
- Steuerreform mit dem Ziel, die Grenzsteuersätze zu senken und die Steuerbasis dafür zu verbreitern,
- Liberalisierung der Finanzmärkte, wobei insbesondere Zinssätze durch Angebot und Nachfrage bestimmt werden,
- freie Wechselkurse, die es ermöglichen, neue Exportchancen zu erreichen,
- Liberalisierung des Außenhandels, insb. Abbau von Mengenbeschränkungen sowie Zollsenkungen,
- Barrieren für ausländische Direktinvestitionen sollen gesenkt werden,
- goße Unternehmen sollen privatisiert werden,
- Abbau von Wettbewerbsbeschränkungen,
- besserer Schutz der Eigentumsrechte, was insbesondere im informellen Sektor notwendig ist.

Dem „Washington Consensus" wird vorgeworfen, dass er Neoliberalismus pur darstelle. Er hatte nur bis Mitte der 90er-Jahre Bestand. Die Kritik an diesem Konsens führte zu weiteren Forderungen, die insbesondere von dem Harvard-Ökonomen Dani Rodrik formuliert wurden. Den ursprünglichen zehn Vorschlägen fügte er weitere zehn hinzu[229]:

- Verbesserung der „Corporate Governance",
- Korruptionsbekämpfung,
- Flexibilisierung der Arbeitsmärkte,
- Einhaltung der WTO-Regeln,
- Einhaltung internationaler Standards im Finanzsektor,
- vorsichtige Öffnung der nationalen Kapitalmärkte,
- Festlegung der Wechselkurse (fest oder flexibel),
- Unabhängigkeit der Zentralbank mit direkter Inflationssteuerung (Inflation Targeting),
- Aufbau sozialer Sicherungssysteme,
- Armutsbekämpfung.

---

[228] Aus der umfangreichen Literatur sei nur Folgende genannt: DREHER (2007) (teilweise folgte ich seinen Ausführungen); MIKESELL (2000), STIGLITZ (2002) (hierin widmet sich der ehem. Chefökonom der Weltbank gegen die Politik des IWF); DREHER (2006) und BUTKIEWICZ/YANIKKAYA (2005).

[229] Hier folge ich PRIEWE (2007), S. 23.

Der ehemalige Chef-Volkswirt der Weltbank, Joseph Stiglitz, kritisierte den ursprünglichen Konsens, da alle Länder dadurch gleich behandelt und die länderspezifischen Besonderheiten nicht berücksichtigt würden (one size fits all).

Dem IWF wird nun vorgeworfen, dass er statt kurzfristiger Kredite ein Dauer-Kreditgeber für einige EL geworden ist; der Weltbank wird im Gegenzug vorgeworfen, dass der größte Teil ihrer Kredite an Länder ginge, die Zugang zu privaten Kapitalmärkten hätten. Außerdem seien 30–40 % aller Weltbank-Projekte ein Fehlschlag, in den ärmeren EL scheiterten sogar 50–70 % der Projekte (Dreher, S. 49).

In die Kritik wird der große Entscheidungsspielraum der Institutionen einbezogen. Die beiden Institutionen bestimmen Programme, die sie für richtig halten und greifen mit ihrem neuen Reformprogramm extrem in die Innen- und Wirtschaftspolitik der EL ein. In diesem Zusammenhang wird das Prinzip der Konditionalität genannt. Hierbei werden für die Gewährung von Krediten bestimmte Konditionen festgelegt, die das EL einhalten soll. Untersuchungen zeigen, dass der größte Teil der Vereinbarungen nicht umgesetzt wird. „Von 35 Empfängerländern südlich der Sahara setzten 11 Länder nur einen Teil, 14 sogar fast keine der vereinbarten Auflagen um" (Dreher, 2007, S. 50). Erklärt wird dieses Scheitern damit, dass die Mitarbeiter der jeweiligen Institutionen an der Einhaltung der Bedingungen gemessen werden, so dass sie leichte Bedingungen festlegen.

Beide Institutionen sollen beim Kampf gegen die Armut erfolgreich sein. Allerdings zeigen Studien, dass die grundlegenden Reformen durch die Programme verändert werden und die Armut in diesen Ländern zunimmt. Insbesondere wird dem IWF vorgeworfen, dass die Staaten ihre soziopolitischen Ausgaben senken müssen, wodurch die MDG nicht erreicht werden.[230] Ebenfalls wird kritisiert, dass die Kreditzusagen des IWF nicht dazu führen, dass private Kapitalgeber Vertrauen in die Währungspolitik der EL gewinnen und private Kredite zur Verfügung stellen.[231]

Die Auflagen (Konditionalität) sollen den Erfolg der Reformen absichern und damit auch die Rückzahlung der Kredite gewährleisten. Jedoch scheint die Auflagenpolitik gescheitert zu sein. Die Ökonomen von IWF und Weltbank verfügen über keine besseren Informationen als die Kreditnehmerländer. Auch kennen sie erfolgreiche Rezepte zur Bekämpfung von Wirtschaftskrisen und Armut nicht mit Sicherheit. Künftige Krisen werden durch IWF-Auflagen nicht vermieden. Mit jedem IWF-Produktprogramm steigt die Wahrscheinlichkeit, dass wieder Hilfe nötig sein wird. In dem Zusammenhang werden auch die großen Prognosefehler des IWF genannt. Der IWF hält sich leider nicht an seine Konditionen. Bei offenem Wortbruch werden neue Bedingungen ausgehandelt und dennoch weiter Kredite vergeben. Mit der Glaubwürdigkeit der Konditionalität steht und fällt aber ihre Wirksamkeit. In diesem Zusammenhang wird auch der Einfluss der Europäer und Amerikaner in den Führungsgremien von Weltbank und IWF kritisiert. Kritiker werfen dem IWF vor, deshalb in die EZ eingestiegen zu sein, weil seine eigene Existenz bedroht war.

---

[230] Vgl. dazu NOORUDDIN/SIMMONS (2006).

[231] Vgl. dazu MODY/SARAVIA (2006), EASTERLY (2006) sowie BIRD/ROWLANDS (2007).

Für den Misserfolg der Politik dieser Institutionen ist verantwortlich, dass sie die Inflations-bekämpfung nicht in den Griff bekamen, zu stark auf flexible Wechselkurse setzte und die Öffnung der Grenzen für Kapitalströme für die EL mit hoher Unsicherheit verbunden war. Auch der Aufbau des heimischen Finanzsektors wurde vernachlässigt. Notwendig ist der Aufbau nationaler Finanzierungsinstitutionen, so dass interne Ersparnisse genutzt werden können.[232] Für die Wirksamkeit der EH wäre es hilfreicher, wenn die beiden „Bretton Woods"-Institutionen ihre Kernaufgaben verstärkt wahrnehmen würden und wenn es in der EH mehr Wettbewerb gäbe, so dass ein Wettbewerb der besseren Konzepte die Wirkung der EH erhöhen würde. Kritisiert werden muss in diesem Zusammenhang, dass verstärkt koope-riert wird und sogar mit den privaten Banken gemeinsame Pakete mit detaillierten Auflagen geschnürt werden. Dies entspricht nicht dem Gedanken der Souveränität und der Vermutung, dass die Politiker des Landes tiefere Kenntnisse ihrer ökonomischen Möglichkeiten haben als ausländische Berater, die das Land kaum kennen. Jedoch muss selbstverständlich akzeptiert werden, dass Auflagen eine gewisse Hilfe sein können, eine reformunfähige und -unwillige Regierung zu Änderungen der Wirtschaftspolitik zu bewegen. Insbesondere in Afrika wird EH oft abgezweigt. Das Ziel ihrer Eliten ist nicht die Verbesserung der allgemeinen Wohl-fahrt, sondern der Versuch einzelner Clans, aus den staatlichen Mitteln Vorteile für ihr eige-nes Wohlergehen zu erhalten. Wenn der IWF auf EH verzichten würde, wäre keine Koopera-tion mit der Weltbank notwendig. IWF-Programme dürften keine Voraussetzung dafür sein, Kredite von der Weltbank und den Privaten zu erhalten, wie es derzeit der Fall ist. Die Welt-bank muss eruieren, mit welchem Ansatz die Armut erfolgreicher bekämpft werden kann als in den letzten 50 Jahren, da dieser Aufgabenbereich weiter hohe Relevanz besitzt.

5.1.8   Regionale Entwicklungsbanken

Die regionalen Entwicklungsbanken sind nach dem Modell der Weltbank aufgebaut. Anders als bei der Weltbank liegt die Mehrheit der Kapitalanteile jedoch bei den regionalen Mit-gliedsstaaten. Sie haben deshalb auch bessere Einflussmöglichkeiten auf die Wirtschaftspoli-tik der EL. Die regionalen Entwicklungsbanken, ihre Sonderfonds und Spezialinstitute finan-zieren nur Projekte und Programme in ihren jeweiligen regionalen Mitgliedsländern.

Ihr Hauptziel ist die Bekämpfung der Armut. Sie fördern daher eine nachhaltige wirtschaftli-che und soziale Entwicklung in ihren Mitgliedsländern. Dazu stellen sie Kredite und Zu-schüsse für Investitionen in den öffentlichen Sektor und für die Förderung des Privatsektors bereit. Bei Devisenbedarf, der bei Strukturreformen in Wirtschafts- und Sozialsektoren ent-steht, geben sie finanzielle Hilfe. Darüber hinaus gewähren sie den Mitgliedsländern bei der Umsetzung ihrer Aufgaben auch technische Hilfe.

Für die Zusammenarbeit der Bundesrepublik mit der Afrikanischen, Interamerikanischen, Asiatischen und der Karibischen Entwicklungsbank ist das BMZ federführend. Für die Zu-sammenarbeit mit der Europäischen Bank für Wiederaufbau und Entwicklung ist das Bun-desfinanzministerium zuständig.

---

[232] Siehe LACHMANN (2007), Kap. 5: Das Problem unzureichender Finanzmärkte, S. 111–134.

Die Regionalbanken finanzieren sich überwiegend aus den sog. ordentlichen Mitteln (ordinary capital resources), i.e. Mittelaufnahmen auf dem Kapitalmarkt (garantiert durch das Haftungskapital der Mitglieder), aus Gewinnen gebildete Reserven und dem eingezahlten Eigenkapital. Aufgrund der Haftung der IL können sie die jeweils niedrigsten gültigen Marktzinsen erhalten und sie mit einem 0,5 %-Aufschlag an EL weitergeben. Daneben gibt es Spezialfonds (special funds), aus denen besonders bedürftige Mitglieder mit Krediten zu „weichen" Konditionen bei freier Konvertibilität der Währungen bedient werden können, d.h. Darlehen können in nationalen Währungen zurückgezahlt werden.

Als erste Regionalbank wurde 1959 von den USA und 19 lateinamerikanischen Staaten die **Interamerikanische Entwicklungsbank** (Interamerican Development Bank = IDB) mit Sitz in Washington, D.C., gegründet. Im Jahre 2009 gehörten der Bank die USA, Kanada und 46 lateinamerikanische, europäische und asiatische Länder an; Deutschland trat 1976 bei. Die Bank hatte Ende 2007 ein Grundkapital von rund 101 Mrd. US$. Deutschlands Anteil daran beträgt 1,89 %. Ziele der IDB sind eine ökologisch nachhaltige wirtschaftliche Entwicklung, Armutsbekämpfung und soziale Gerechtigkeit. Schwerpunkte der Förderung sind Investitionen in soziale Sektoren und Infrastruktur, Modernisierung des Staates, Verbesserung der Wettbewerbsfähigkeit, Förderung der regionalen wirtschaftlichen Integration. Nachhaltigkeit wird als Querschnittsaufgabe verstanden. Aus dem Fund for Special Operations (FSO) vergibt die Bank zinsgünstige Kredite an ihre fünf ärmsten Mitglieder. Das BMZ hat 2004 ein Partnerschaftsabkommen mit der Bank geschlossen, um gezielt erneuerbare Energien und Energieeffizienz in der Region zu fördern.

1964 wurde von 30 unabhängigen afrikanischen Staaten die **Afrikanische Entwicklungsbank** (African Development Bank = AfDB) mit Sitz in Abidjan, Elfenbeinküste, gegründet. 1966 nahm sie ihre Arbeit auf und öffnete sich später für nicht-regionale Aktionäre. Zuerst wurden die europäischen Industriestaaten sowie Kanada und die USA als nicht-regionale Mitgliedsländer aufgenommen, es folgten Japan, China, Südkorea, Indien, Brasilien, Argentinien, Saudi-Arabien und Kuwait. Deutschland ist der AfDB 1983 beigetreten. Die Bank unterstützt ihre regionalen Mitgliedsländer vor allem durch Kredite und Zuschüsse zur Förderung des wirtschaftlichen und sozialen Sektors, durch technische Assistenz bei Entwicklungsprojekten und durch Beratung. Der sektorale Schwerpunkt liegt bei der Förderung der Infrastruktur (Energie, Straßen, Wasser), wohin 75 % der Mittel fließen. Auch Landwirtschaft und Industrie sowie soziale Dienste werden gefördert, wobei die Projektfinanzierung als Hauptinstrument verwendet wird. Auch für den Schuldenerlass der ärmsten EL stellte der afrikanische Entwicklungsfonds erhebliche Mittel zur Verfügung. Das gezeichnete Grundkapital der Bank betrug Ende 2007 34 Mrd. US$. Deutschland ist daran mit 4,1 % beteiligt.

Die AfDB ist Teil der Afrikanischen Entwicklungsbank-Gruppe, zu der außerdem der Afrikanische Entwicklungsfonds (African Development Fund = AfDF) und der Nigerianische Entwicklungsfonds (Nigeria Trust Fund = NTF) gehören. Der Afrikanische Entwicklungsfonds gewährt besonders armen Mitgliedsländern finanzielle Hilfe in Form von Krediten zu besonders günstigen Konditionen und Zuschüssen. Bei der Vergabe der Mittel orientiert sich der Fonds an der Schuldentragfähigkeit der kreditnehmenden Länder. An der elften Wiederauffüllung des Afrikanischen Entwicklungsfonds ist Deutschland mit 321,59 Mio. US$ oder 11 % beteiligt.

Deutschland ist sowohl Gründungsmitglied der 1966 in Manila (Philippinen) errichteten **Asiatischen Entwicklungsbank** (Asian Development Bank = AsDB) als auch des 1973 gegründeten Asiatischen Entwicklungsfonds (Asian Development Fund = AsDF).

Die AsDB engagiert sich in vielen sozialen und wirtschaftlichen Projekten, die die Lebensbedingungen der Menschen in der Region verbessern sollen. Die Verringerung der Armut ist oberstes Ziel der Bank. Sie richtet ihre Politik an den MDGs aus. Die Schwerpunkte der Bank liegen auf der Förderung eines breitenwirksamen nachhaltigen Wachstums, insbesondere im Infrastrukturbereich. Das Grundkapital der AsDB betrug Ende 2007 56 Mrd. US$. Deutschland ist daran mit einem Anteil von 4,32 % beteiligt.

Aus dem AsDF vergibt die Asiatische Entwicklungsbank zinsgünstige Kredite an die ärmeren regionalen Mitglieder. Als Beitrag zum Asiatischen Entwicklungsfonds hat Deutschland bis 2007 insgesamt 1,48 Mrd. US$ zugesagt. An der zehnten Wiederauffüllung ist Deutschland mit rund 151 Mio. US$ oder 4,82 % beteiligt.

Im Jahre 1969 wurde die **Karibische Entwicklungsbank (CDB)** mit Sitz in Barbados gegründet, die für ihre 20 regionalen karibischen Mitglieder Darlehen zur Verfügung stellt. Auch sie unterhält einen **Special Development Fund (SDF)**. Die CDB bestand ursprünglich aus Großbritannien und den ehemaligen britischen Kolonien und der Karibik, später kamen Kanada, lateinamerikanische und nicht-regionale Länder hinzu. Deutschland wurde 1989 Mitglied.

Die CDB verfügt über ein Kapital von 712,9 Mio. US$, Deutschland ist mit 5,73 % an diesem Kapital beteiligt. Diese kleine regionale Entwicklungsbank versucht durch ihre Politik die Transport- und Kommunikationsinfrastruktur zu verbessern sowie die KMU zu fördern. Neben dem Klimaschutz engagiert sich die Bank stark im sozialen Sektor.

Am 15. April 1991 nahm die **Europäische Bank für Wiederaufbau und Entwicklung** (EBWE bzw. European Bank for Reconstruction and Development = EBRD) in London ihre Geschäftstätigkeit auf. Das Stammkapital der Bank beträgt 20 Mrd. €, daran ist Deutschland mit 8,52 % beteiligt. Die Aufgabe der sog. Osteuropa-Bank ist es, den mittel- und osteuropäischen Ländern den Übergang zur Marktwirtschaft zu erleichtern und die Privatwirtschaft durch finanzielle und technische Hilfe zu fördern. Kreditvoraussetzung ist das klare Bekenntnis der kreditnehmenden Länder zu den Grundsätzen einer Mehr-Parteien-Demokratie, des Pluralismus und der Marktwirtschaft. Im Gegensatz zur Weltbank und zum IWF hat die Osteuropa-Bank damit auch ein politisches Mandat, da nur die Staaten Hilfe erhalten, die konsequent die Demokratisierung verfolgen. Durch ihre Investitionen fördert sie den privaten und öffentlichen Sektor, stärkt die Finanzinstitute und Rechtssysteme und unterstützt Infrastrukturprojekte in den Bereichen Verkehr, Energie und Telekommunikation. Auch technische Zusammenarbeit bietet die EBRD an. Sie ist der größte private Investor in den Ländern der Region.

Die Unterstützungsmaßnahmen der EBRD sind abhängig von den Bemühungen der Empfängerländer, demokratische und pluralistische Strukturen zu schaffen. Mindestens 60 % der Mittel müssen dem Privatsektor zur Verfügung gestellt werden. Dies geschieht im Wesentlichen über Kredite zu marktüblichen Konditionen, aber auch in Form von Beteiligungskapital und Garantien.

5.2   Entwicklungshilfe der Vereinten Nationen (UN)

Träger der multilateralen EZ sind auch UN-Organe und -Programme, z.B. das UNDP, der UN-Bevölkerungsfonds (UNFPA), das Welternährungsprogramm (WFP = World Food Programme), das UN-Kinderhilfswerk (UNICEF) und das UN-Umweltprogramm (UNEP) sowie die UN-Sonderorganisationen (z.B. Weltbankgruppe, IMF, ILO, WHO, UNESCO, UNIDO, IFAD, FAO).[233] Diese Institutionen decken jeweils spezifische Aufgabenbereiche ab.

Seit Gründung der UN[234] haben die Mitgliedsstaaten zahlreiche zusätzliche Organisationen gegründet. Die zunehmende Fragmentierung des Systems erschwert die Koordinierung der Aktivitäten und verhindert ein geschlossenes Auftreten der UN als entwicklungspolitischer Akteur. Darüber hinaus stellt die unsichere Finanzierung ein großes Problem dar: Zahlreiche Aktivitäten der UN werden aus freiwilligen Beiträgen der Mitgliedsstaaten finanziert, wodurch die Möglichkeiten und die Flexibilität einzelner Organisationen begrenzt sind.

Auf dem Millennium+5-Gipfel im September 2005 wurde der UN-Generalsekretär deshalb von den Mitgliedsstaaten beauftragt, Vorschläge für die Verbesserung der Zusammenarbeit der beteiligten UN-Akteure auszuarbeiten. Dabei soll er auch die Möglichkeit von straffer geführten Einheiten in den Feldern Entwicklung, humanitäre Hilfe und Umwelt prüfen. Der Generalsekretär hat dazu ein hochrangiges Beratungsgremium eingerichtet.

Im November 2006 hat das Gremium erstmals konkrete Reformvorschläge vorgelegt. Im Zentrum steht dabei das "One UN"-Prinzip auf Länderebene: Alle in einem Entwicklungsland tätigen UN-Organisationen sollen sich an einem landesspezifischen Programm und einem Budgetrahmen orientieren sowie in einem gemeinsamen Büro unter Aufsicht des „UN Resident Coordinators" zusammenarbeiten. Seit Januar 2007 werden die Vorschläge des Gremiums in den acht Pilotländern Pakistan, Mosambik, Vietnam, Ruanda, Uruguay, Kapverdische Inseln, Albanien und Tansania getestet.

---

[233] Sonderorganisationen werden durch zwischenstaatliche Übereinkünfte auf dem Gebiet der Wirtschaft, der Kultur, der Erziehung, der Gesundheit und des Sozialwesens gegründet und durch besondere Abkommen mit den UN in Verbindung gebracht. Die Sonderorganisationen sind autonom, d.h. sie unterliegen nicht der Kontrolle der Generalversammlung der VN. Z.Zt. gibt es 14 Sonderorganisationen. WTO und GATT gehören nicht zu den Sonderorganisationen der UN. Sie unterstehen dem Wirtschafts- und Sozialrat, einem der Hauptorgane der UN. Spezialorgane der UN werden von der Generalversammlung der UN, die einmal jährlich am Sitz der UN in New York, N.Y., tagt, eingesetzt. Einen guten Überblick über die UN-Organisationen und ihre Arbeit bietet R. WOLFRUM (Hg.), Handbuch Vereinte Nationen, München, 1991 und HIZ III A 2–3.

[234] Die UN wurden 1945 in San Francisco (als Nachfolgeorganisation des Völkerbundes) gegründet. Sie haben derzeit (2010) 192 Mitgliedsstaaten. Unter entwicklungspolitischen Gesichtspunkten ist der Wirtschafts- und Sozialrat (ECOSOC) wichtig, der die Arbeit der UN auf humanitärem, kulturellem, sozialem und wirtschaftlichem Gebiet koordiniert. Dabei sollen auch die Entwicklungsaktivitäten der einzelnen Sonderorganisationen koordiniert werden. ECOSOC arbeitet mit 14 spezialisierten Sonderorganisationen, mit 11 Fonds und Programmen und 5 Regionalkommissionen zusammen. Er selbst setzt sich aus 54 Mitgliedern zusammen, die von der Generalversammlung nach einem regionalen Schlüssel gewählt werden. Seit 1974 ist Deutschland ohne Unterbrechung Mitglied des ECOSOC.

5.2.1 Entwicklungsprogramm der Vereinten Nationen (UNDP)

Das UNDP[235] (United Nations Development Programme) wurde 1965 als Sonderorgan der UN gegründet. In ihr arbeiten all jene Programme, Fonds und Sonderorganisationen des UN-Systems zusammen, die sich mit EZ beschäftigen. Es geht darum, Mittel, Erfahrungen und Kräfte zu bündeln. Erste Erfolge vor Ort sind sichtbar: Die Zahl der gemeinsamen Programme und Bürogemeinschaften steigt. Die Steuerungsrolle übernimmt dabei ein Landeskoordinator der Vereinten Nationen (UN Resident Coordinator).

Die deutsche Bundesregierung unterstützt diese Reform. Sie setzt sich besonders für die Stärkung der Koordinierungsrolle des UN Resident Coordinator ein: Seine Rechte und Pflichten müssen erweitert werden, damit die Vereinten Nationen vor Ort einheitlich handeln können.

Das UNDP finanziert sich im Wesentlichen durch freiwillige Beiträge der Mitglieder. Für die Jahre 2008 und 2009 einigte sich die internationale Staatengemeinschaft auf ein Budget von insgesamt 4,17 Mrd. US$. Daraus werden die Aktivitäten, das Personal und die Hauptorgane der Organisation finanziert. Die Organisation leistet Projekthilfe (Programmierung, Durchführung, Evaluierung) für seine 166 Partnerländer. Schwerpunkte liegen in der Armutsbekämpfung, der Schaffung produktiver Arbeitsplätze, der Frauenförderung, der verantwortungsbewussten Regierungsführung sowie der Energie- und Umweltpolitik. Ein weiterer Schwerpunktbereich ist die Krisenprävention und Konfliktbewältigung im Rahmen der Politikberatung.

5.2.2 Organisation der Vereinten Nationen für industrielle Entwicklung (UNIDO)

Die United Nations Industrial Development Organization (UNIDO) wurde 1966 mit Sitz in Wien gegründet und erhielt 1986 den Status einer echten UN-Sonderorganisation mit eigenständigem Mandat, voller Budget- und Personalhoheit und eigener Organisationsverantwortung. Im Oktober 2008 gehörten ihr 171 Staaten an. Höchstes Entscheidungsorgan ist seit 1986 die Generalkonferenz der Mitgliedsstaaten, die alle zwei Jahre tagt. Sie wählt den Generaldirektor (auf 4 Jahre) sowie einen Rat für industrielle Entwicklung (Industrial Development Board = IDB), der aus 53 Mitgliedern mit geografisch aufgeteilter Sitzverteilung

---

[235] Vgl. im Folgenden BMZ, Medienhandbuch Entwicklungspolitik 2008/2009, Berlin/Bonn, Oktober 2008, S. 140f. Der UNDP gibt jährlich Berichte über die menschliche Entwicklung heraus. Diese Berichte widmen sich jeweils einem speziellen Thema. Der Bericht über die menschliche Entwicklung 2003 befasste sich mit dem Thema „Die Millenniums-Entwicklungsziele: Ein Pakt zwischen Nationen zur Beseitigung menschlicher Armut", 2004 mit „Kulturelle Freiheit in unserer Welt der Vielfalt", 2005 lautete der Titel „Internationale Zusammenarbeit am Scheidepunkt: Entwicklungshilfe, Handel und Sicherheit in einer ungleichen Welt", der Bericht 2006 war beispielsweise überschrieben mit „Nicht nur eine Frage der Knappheit: Macht, Armut und die globale Wasserkrise" und der Bericht 2007/2008 beschäftigte sich mit „Klimawandel bekämpfen: Menschliche Solidarität in einer geteilten Welt" und der Bericht 2009 hatte „Barrieren überwinden: Migration und menschliche Entwicklung" zum Thema.

besteht. Die Tätigkeit der UNIDO finanziert sich zu zwei Dritteln aus UNDP-Zuweisungen, zudem aus Treuhandmitteln bilateraler Geber und aus Mitteln des Montreal Protokolls. Der deutsche Anteil am regulären Budget der UNIDO beträgt ca. 12,6 %, das entspricht rund 9,5 Mio. € für 2007. Darüber hinaus unterstützt die Bundesrepublik Deutschland die UNIDO durch Treuhandmittel in Höhe von 2,48 Mio. € für die Jahre 2006 bis 2010 und durch die Entsendung von drei beigeordneten Sachverständigen.

Ziel der UNIDO ist die Förderung der industriellen Entwicklung in den EL sowie die Förderung der industriellen Zusammenarbeit sowohl auf globaler, als auch auf regionaler und nationaler Ebene. Dazu bedient sie sich der technischen Hilfe (z.B. industriepolitische Beratung, Anfertigung von Feasibility-Studien), fördert die industrielle Zusammenarbeit zwischen IL und EL und den Technologietransfer z.B. über Konsultationssysteme und Kontaktbüros, koordiniert alle industriepolitischen Maßnahmen innerhalb des UN-Systems und erstellt Forschungs- und Studienprogramme.

Auf der zweiten UNIDO-Konferenz (UNIDO II) wurde das sog. Lima-Ziel vereinbart, das besagt, dass EL bis zum Jahre 2000 ihren Anteil an der gesamten Industrieproduktion auf 25 % steigern wollten. Auf UNIDO III wurde die Einrichtung eines Nord-Süd-Weltfonds für die Industrialisierung in Höhe von 300 Mrd. US$ bis zum Jahre 2000 gefordert, der von IL und den ölexportierenden Staaten gespeist und von den EL verwaltet und kontrolliert werden sollte. Mitte der 90er Jahre stand UNIDO stark im Kreuzfeuer der Kritik, so dass ihr Fortbestehen in Frage stand. Nach einem Reformprozess konzentriert sich die UNIDO zurzeit auf die Stärkung industrieller Kapazitäten (Investitionsförderung, Technologietransfer) und unterstützt nachhaltige industrielle Entwicklungsbemühungen.

5.2.3   Welthandels- und Entwicklungskonferenz (UNCTAD)

Die United Nations Conference on Trade and Development (UNCTAD) wurde 1964 auf Drängen der EL und auf Beschluss des ECOSOC[236] einberufen. Sie ist keine eigenständige Welthandelsorganisation, sondern ein ständiges Organ der UN-Vollversammlung, die immer mehr Funktionen des ECOSOC übernahm. Sie hat ihren Sitz ist in Genf. Im Mai 2010 hatte sie 193 Mitglieder, wobei die EL über die Stimmenmehrheit verfügen. Diese Stimmenmehrheit führte zu einer gewissen Reserviertheit der IL gegenüber der UNCTAD. Ihre Resolutionen haben nur empfehlenden Charakter.

Da das GATT sich nur mit dem Handel von Industriegütern befasste und für den Handel mit Rohstoffen keine expliziten Regelungen vorlagen, hatten die EL für diesen Bereich eine eigene Organisation gefordert. Aufgabe der UNCTAD ist eine Verbesserung der Handelsposition der EL über eine Umstrukturierung des Welthandels zugunsten der EL sowie die Förderung des Handels zwischen EL (collective self-reliance). Wegen Überschneidungen mit

---

[236] Der Wirtschafts- und Sozialrat (Economic and Social Council) ist als eines der sechs Hauptorgane der UN für dessen Aufgaben auf wirtschaftlichem und sozialem Gebiet zuständig. Schwerpunkt seiner Tätigkeit liegt im Bereich der sozioökonomischen Entwicklung der EL. Vgl. HIZ III A 08 00-01.

Aufgaben des GATT erfolgt eine enge Zusammenarbeit insbesondere auf dem Weg über das ITC (Internationales Handelszentrum) in Genf.[237]

Ständiges Organ der UNCTAD ist der Rat für Handel und Entwicklung. Die Konferenzen der Mitgliedsländer werden alle vier Jahre abgehalten; bisher fanden folgende UNCTAD-Konferenzen statt:

- UNCTAD I: 1964 in Genf, gab Impulse für eine Sonderbehandlung der EL. Auf ihr wurde das 0,7 %-Ziel des Nettokapitaltransfers für die öffentliche EH bzw. das 1 %-Ziel für den gesamten Nettokapitaltransfer von IL an EL verabschiedet.
- UNCTAD II: 1968 in Neu Delhi, schlug ein allgemeines System der Zollpräferenzen für EL vor.
- UNCTAD III: 1972 in Santiago de Chile, erreichte eine bessere Vertretung der EL im IWF; zudem wurden Grundlagen für eine Sonderbehandlung der EL mit Strukturproblemen und der ärmsten EL gelegt.
- UNCTAD IV: 1978 in Nairobi, diskutierte die Konsequenzen der Ölpreissteigerungen. Es wurde ein integriertes Rohstoffabkommen verabschiedet mit dem Ziel, eine Neuordnung der Rohstoffmärkte zu erreichen.
- UNCTAD V: 1979 in Manila, brachte eine Einigung für einen teilweisen Abbau nicht-tarifärer Handelshemmnisse.
- UNCTAD VI: 1983 in Belgrad, widmete sich den Problemen der weltwirtschaftlichen Rezession.

- UNCTAD VII: 1987 in Genf, brachte eine entwicklungspolitische Trendwende. Das Schlussdokument, das im Konsens verabschiedet wurde, betonte die Eigenanstrengungen der EL. Sie sollten durch Beiträge der IL und der multilateralen Organisationen unterstützt werden.
- UNCTAD VIII: 1992 in Cartagena de Indias, Kolumbien, erlaubte offenere Diskussionen. Das Ende des Ost-West-Konfliktes führte zur Überwindung der starren Gruppenstrukturen und der Nord-Süd-Konfrontation. Zu beobachten war die Konvergenz der Grundauffassung von IL und EL mit marktwirtschaftlicher Orientierung, dass good governance und internationale Kooperation für die Entwicklung notwendig seien. IL betonten eine stärkere Eigenanstrengung der EL, EL erwarteten günstigere Handelsmöglichkeiten. So wurden höhere Preise für Rohstoffe, ein begünstigter Technologietransfer, höhere Finanzleistungen der IL an EL und ein verstärkter Schuldenerlass gefordert.
- UNCTAD IX: 1996 in Midrand, Republik Südafrika, beschloss eine umfassende Reform der Organisation (Verschlankung) und Arbeitsweise (Konzentration) sowie eine bessere Vernetzung der UNCTAD im UN-System. Hauptthema war die Förderung von Wachstum und nachhaltiger Entwicklung in einer sich globalisierenden und liberalisierenden Weltwirtschaft.

---

[237] 1964 wurde durch GATT das ITC gegründet mit dem Ziel, EL bei der Förderung des Außenhandels zu untersützen. 1974 wurde das ITC in den Status eines „Joint Subsidiary-Organ von WTO und UNCTAD" aufgewertet, da beide Organisationen für die strategischen Ausrichtungen des ITC zuständig sind. Im UN-System ist das ITC die Schnittstelle für TZ mit den EL im Bereich der Handelsförderung.

- UNCTAD X: 2000 in Bangkok, Thailand, verabschiedete die „Bangkok-Declaration". Die Globalisierung soll als Instrument der Entwicklung genutzt werden, wobei die Nachhaltigkeit betont wird. Eine effektivere Koordination und Kooperation zwischen Regierungen und internationalen Organisationen wurde gefordert. EL erwarten einen verbesserten Marktzugang zu den Märkten der IL und einen Know-how-Transfer, um ihre Angebotsfähigkeit zu erhöhen.
- UNCTAD XI: 2004 in São Paulo, Brasilien. Die Position der EL in Handelsfragen wurde gestärkt. Vor der Konferenz strebten insbesondere die USA eine Einschränkung des Mandats der UNCTAD an. Die EU wollte die UNCTAD-Konferenz vor allem dazu nutzen, die WTO-Verhandlungen voranzubringen. Diese Absichten der USA und der EU scheiterten. Dagegen konnte das breite Mandat und die Unabhängigkeit der UNCTAD aufrechterhalten werden. Der „São Paulo-Consensus" betont die Bedeutung der internationalen Wettbewerbsfähigkeit der EL und verlangt neben einer Partnerschaft für Entwicklung eine größere Teilhabe der EL an den Vorteilen verstärkten internationalen Handels. Es müssen Entwicklungsstrategien für eine globalisierende Welt gefunden werden.
- UNCTAD XII: 2008 in Accra, Ghana verabschiedete den „Accra Accord". UNCTAD als zentrale UN-Organisation für Handel und Entwicklung wird bestätigt. Verstärkter Süd-Süd-Handel und regionale Integrationen sollen die Einbindung der EL in die Weltwirtschaft verbessern. Neu ist, dass die UNCTAD sich im Rahmen ihres Kernmandats zur Förderung von Handel und Investitionen für Entwicklung auch mit Fragen von Klimawandel, Energie, Migration sowie, angesichts der Welternährungskrise, auch verstärkt mit Rohstofffragen befassen soll.
- UNCTAD XIII wird im Jahre 2012 in Doha, Katar, stattfinden.

Seit den 1990er Jahren fand ein gewisses Umdenken bei der UNCTAD statt, wobei zwei Aufgabenbereiche besondere Bedeutung erlangt haben. Einerseits bemüht sich die UNCTAD verstärkt um eine Verbesserung der Rahmenbedingungen für ausländische Direktinvestitionen in EL, andererseits bietet sie im Bereich Wettbewerbspolitik Unterstützung. Viele EL haben die Bedeutung der nationalen Wettbewerbspolitik für die nationale und internationale Wettbewerbsfähigkeit erkannt und eine Wettbewerbsgesetzgebung initiiert. Die UNCTAD stellt hierzu im Rahmen von Seminaren und Regierungsberatung wichtige Informationen und juristische Hilfe bereit.

5.2.4   Ernährungs- und Landwirtschaftsorganisation der Vereinten Nationen (FAO)

Die Food and Agricultural Organization of the United Nations (FAO) wurde als Sonderorgan der UN 1945 mit Sitz in Washington, D.C., gegründet. Ihr gehören gegenwärtig 191 Staaten und die Europäische Union an. Sie ist die größte Sonderorganisation der Vereinten Nationen und hat seit 1951 ihren Sitz in Rom.

Die FAO bemüht sich um die Hebung des Ernährungs- und Lebensstandards in der Welt, insbesondere der ländlichen Bevölkerung, um eine Verbesserung der Produktion und Verteilung von Erzeugnissen der Land- und Forstwirtschaft sowie der Fischerei und um die Förderung der weltwirtschaftlichen Entwicklung. Dazu sammelt, verwertet und verbreitet sie statistische, ökonomische und wissenschaftliche Informationen der entsprechenden Sektoren, erarbeitet Entscheidungsgrundlagen für die globale, regionale und nationale Agrarentwicklung, entwickelt Agrar- und Ernährungssicherungsstrategien und führt eigene Entwicklungsprojekte und -programme durch. 1965 wurde das Ziel „Befreiung der Menschheit vom Hunger" in den Zielkatalog aufgenommen.

Der Haushalt der FAO finanziert sich über die Beiträge ihrer Mitgliedsstaaten. Für den Zweijahreshaushalt 2008/2009 stehen ihr insgesamt 867,6 Mio. US$ zur Verfügung. Dazu kamen 2006 rund 424 Mio. US$ für spezielle landwirtschaftliche Programme und Projekte. Nach den USA und Japan ist die Bundesrepublik Deutschland mit einem Anteil von 8,6 % der drittgrößte Beitragzahler der FAO. Der FAO angeschlossen ist das **World Food Programme** (WFP), das 1963 von der UN und der FAO gegründet wurde. Das WFP vergibt NMH in Form von arbeitsintensiven Selbsthilfeprojekten (food-for-work-Projekte) und Speisungsprogramme. So wurden Speisungsprogramme für besonders bedürftige Bevölkerungsgruppen wie Schulkinder und Krankenhauspatienten über das Welternährungsprogramm gefördert. Das WFP ist auf freiwillige Beiträge der Geber angewiesen. Deutschland stellte im Jahre 2007 für das WFP regulär 23 Mio. € und für Flüchtlings- und Nothilfeprojekte weitere 25,13 Mio. € zur Verfügung.

5.2.5   Weltgesundheitsorganisation (WHO)

Die World Health Organization (WHO) wurde 1948 als Sonderorganisation der UN mit Sitz in Genf gegründet. Im Mai 2008 waren 193 Staaten Mitglied der WHO. Vorläufer war die Internationale Sanitätskonferenz in Paris aus dem Jahre 1851, die sich daraus ergebenden Sanitätsabkommen 1926, 1933 und 1954 und die Gesundheitsorganisation des Völkerbundes. Am 07.04.1948 trat die Satzung der WHO in Kraft, daher wird der 7. April jeden Jahres als Weltgesundheitstag begangen und an diesem Tag die Öffentlichkeit über ausgewählte gesundheitsrelevante Themen informiert.

Die wichtigsten Organe sind die Weltgesundheitsversammlung, eine jährlich Vollversammlung aller Mitglieder, welche Ziele, Richtlinien und Arbeitsschwerpunkte der WHO bestimmt, und der Exekutivrat. Dieser setzt sich aus 24 Fachleuten zusammen, die für drei Jahre von den Mitgliedsstaaten gewählt werden. Seine Aufgabe ist die Vorbereitung und Ausführung der Beschlüsse der Vollversammlung; zudem ist er verantwortlich für die Organisation von Sofort- und Nothilfemaßnahmen. Die dezentrale Organisationsstruktur in sechs Regionen soll die Arbeit des globalen WHO-Arbeitsprogrammes an die teils sehr unterschiedlichen Voraussetzungen für Gesundheit in verschiedenen Regionen anpassen.

Die WHO kooperiert eng mit anderen UN-Organisationen, Regierungen, bilateralen, zwischenstaatlichen und nicht-staatlichen Organisationen sowie mit ausgewählten WHO-Kooperationszentren. Ihre „Allgemeinen Arbeitsprogramme", die jeweils einen Zeitraum von sechs Jahren abdecken, werden auf der Basis der aktuellen wissenschaftlichen und praktischen Erkenntnisse erarbeitet.

Die Bundesrepublik Deutschland ist seit 1951 Mitglied und drittgrößter Beitragszahler. Der deutsche Anteil zum regulären Haushalt der WHO wird aus Mitteln des Bundesgesundheitsministeriums bestritten und betrug im Jahre 2007 29,2 Mio. €. Das BMZ fördert zusätzlich seit vielen Jahren Sonderprogramme der WHO mit Treuhandmitteln, die insbesondere der Bekämpfung von Infektionskrankheiten, vor allem Tuberkulose und Kinderlähmung (Polio), dienen. Durch die Zusammenarbeit mit der WHO versucht die Bundesregierung, die Millenniumsziele 2015 zu erreichen.

Ziel der WHO ist das Erlangen des höchstmöglichen Gesundheitszustandes aller Menschen. Die globale WHO-Strategie lautete „Gesundheit für alle bis zum Jahre 2000". Anfänglich sollten nach Vorstellungen der WHO Gesundheitsdienstleistungen kostenlos zur Verfügung gestellt werden. Seit den 1990er Jahren öffnet sich die WHO mehr marktwirtschaftlichen Ansätzen und erwartet geringe Eigenbeiträge der Armen auch in EL für ihre Gesundheitsdienstleistungen (**user-price principle**).

Die WHO koordiniert die internationale Gesundheitsarbeit und unterstützt die Regierungen beim Aufbau eines nationalen Gesundheitsdienstes. Dies geschieht durch die Bereitstellung technischer Hilfe, auch in Krisenfällen. Zusätzlich werden epidemische und endemische Krankheiten überwacht und bekämpft, Forschungsarbeiten im Bereich des Gesundheitswesens werden gefördert sowie die Erarbeitung von Standards für Lehre und Ausbildung in Gesundheitsberufen diskutiert. So ist die WHO für die Einführung eines internationalen Standards für Arzneimittelbezeichnungen und die Entwicklung lokaler Voraussetzungen für einen Aufbau eines Gesundheitsdienstes verantwortlich. Die WHO arbeitet in den Bereichen Seuchenwarndienst, Rauschmittelbekämpfung, Standardisierung von Heilmitteln, Ausrottung von Massenkrankheiten (Malaria), Ausbildungshilfe für medizinisches Personal usw. Besondere Erfolge verzeichnete die WHO in der Bekämpfung von Seuchen. Beim Abbau des Stadt-Land-Gefälles in der gesundheitlichen Versorgung und bei den Gesundheitsdienstleistungen blieben aber große Unterschiede zwischen EL bestehen.

5.3   Entwicklungshilfe der Organisation für wirtschaftliche Zusammenarbeit und Entwicklung (OECD)

1961 ging aus der Organisation für europäische wirtschaftliche Zusammenarbeit (bzw. Organisation for European Economic Co-operation = OEEC) die Organisation for Economic Co-operation and Development (OECD) mit Sitz in Paris hervor. Eines ihrer Ziele ist die Förderung des Wirtschaftswachstums in den EL. Zu diesem Zweck wurde der **Ausschuss für Entwicklungshilfe** (Development Assistance Committee = DAC) gegründet.[238] IWF, Weltbank und UNDP sind ständige Beobachter.

---

[238] Der Ausschuss hat 23 Mitglieder: Australien, Belgien, Dänemark, Deutschland, Finnland, Frankreich, Griechenland, Großbritannien, Irland, Italien, Japan, Kanada, Luxemburg, Neuseeland, Niederlande, Norwegen, Österreich, Portugal, Schweden, Schweiz, Spanien, USA und die Kommission der Europäischen Union.

Der Ausschuss legt Qualitätsstandards für die EZ fest und erarbeitet Grundsätze und Leitlinien zu bedeutenden entwicklungspolitischen Themen wie Erhöhung der Wirksamkeit der Entwicklungsleistungen, Armutsreduzierung, Sicherheit sowie Entwicklung und Kapazitätsaufbau in EL.

Einen weiteren Arbeitsschwerpunkt des Ausschusses bilden die DAC-Länderprüfungen (Peer Reviews): Die DAC-Mitglieder überprüfen nach einheitlichen Verfahren und in regelmäßigen Abständen ihr entwicklungspolitisches Engagement sowie die Umsetzung der DAC-Leitlinien. Der DAC publiziert jährlich den „Development Co-operation Report", der harmonisierte Daten aller OECD-Geber zur Verfügung stellt.

Um die Eigenanstrengungen in den Nehmerländern zu fördern und somit die Effizienz der geleisteten EH zu erhöhen, wurde 1962 ein **Entwicklungszentrum** gegründet. Diese Forschungseinrichtung arbeitet eng mit EL zusammen und sucht in den Problembereichen Bevölkerungswachstum, soziale Absicherung, Ausbau des Privatsektors, Zugang zu internationalen Finanzmärkten, Schuldenmanagement, Ersparnisbildung und Integration der EL in die Weltwirtschaft praktikable Lösungen.

5.4 Entwicklungshilfe der Europäischen Union (EU)

Die EU[239] ist eine der wichtigsten multilateralen Institutionen, die EH gewähren. Sie ist auch der größte Geber. Im Jahre 2007 haben die EU und ihre Mitgliedsstaaten 59 % der weltweiten EH gegeben; aus den USA stammten 23 % und Japan steuerte 11 % der EH zu, der Rest (7 %) fiel auf andere Geber.

Seit dem Inkrafttreten des Vertrages von Maastricht am 01.11.1993 ist die EZ der EU erstmals auf vertragliche Grundlage gestellt (Titel XVII EG-Vertrag). Nach dem EU-Vertrag dient die EZ der EU als Ergänzung der EZ der Mitgliedsstaaten. Der Vertrag von Nizza, in Kraft getreten am 1. Februar 2003, ist zurzeit die rechtliche Grundlage für die EZ der EU. Artikel 177 und folgende halten die Ziele der europäischen EZ fest: Sie will die nachhaltige wirtschaftliche und soziale Entwicklung fördern, die EL in die Weltwirtschaft integrieren und die Armut bekämpfen. Demokratie, Rechtsstaatlichkeit und Menschenrechte sollen gestärkt werden. Darum sind Menschenrechtsklauseln Bestandteil vieler Verträge mit EL. Diese politische Dimension unterscheidet die EZ der EU von der vieler anderer internationaler Geber. Die drei K der europäischen EZ (Kohärenz, Komplementarität und Koordinierung) gelten auch im neuen Vertrag.

Im Dezember 2007 unterzeichneten die Staats- und Regierungschefs der EU-Mitgliedsstaaten den Vertrag von Lissabon. Darin wird die Bekämpfung der Armut ausdrücklich als allgemeines Ziel der EU benannt, welches das gesamte auswärtige Handeln der EU und ihrer Mitgliedsstaaten leitet. Zuvor hatten am 22. November 2005 der Ministerrat, die EU-

---

[239] Vgl. im Folgenden BMZ, Medienhandbuch Entwicklungspolitik 2008/2009, Bonn/Berlin, 2008, S. 159–180 und KALTEFLEITER (1995)

Regierungen, das Europäische Parlament und die EU-Kommission eine gemeinsame Erklärung für die gemeinschaftliche EZ verkündet. Dort werden u.a. folgende Schwerpunktbereiche genannt:

- Handel und regionale Integration
- Umwelt und nachhaltige Nutzung natürlicher Ressourcen
- Infrastruktur, Kommunikation und Transport
- Wasser und Energie
- ländliche Entwicklung, Landwirtschaft und Nahrungssicherheit
- Good Governance, Demokratie, Menschenrechte und institutionelle Reform
- Konfliktprävention
- menschliche Entwicklung
- sozialer Zusammenhalt und Beschäftigung

Die EZ der EU finanziert sich aus dem EU-Haushalt und aus Mitteln des Europäischen Entwicklungsfonds (EEF), welche sich aus Beiträgen der Mitgliedsstaaten speisen. Während die EZ mit den AKP-Staaten aus dem EEF finanziert wird, stammen die Mittel für alle anderen entwicklungspolitischen Maßnahmen (z.B. NMH, humanitäre Hilfe) aus dem EU-Haushalt. Der EEF ist als Sondervermögen der EU eingerichtet, er ist nicht Teil des Gesamthaushalts der EU und wird von den Mitgliedsstaaten separat finanziert. Der 9. EEF basiert auf dem **Cotonou-Abkommen** vom Juni 2000. Das Gesamtvolumen für die Jahre 2003 bis 2007 betrug 13,8 Mrd. Euro, der deutsche Anteil daran 23,36 %. Das Volumen des nachfolgenden 10. EEF (Laufzeit 2008 bis 2013) liegt bei 22,68 Mrd. Euro, wobei Deutschland mit 20,5 % Finanzierungsanteil größter Geber ist.[240]

Die EH der EU ist regional konzentriert. So gibt es schon seit langer Zeit (1963)[241] eine Zusammenarbeit mit den ehemaligen Kolonien der EU-Länder. Einen weiteren Schwerpunkt bilden die Mittelmeeranrainerstaaten. Auch mit Lateinamerika und den Ländern Mittel- und Osteuropas und der ehemaligen Sowjetunion wurden besondere Vereinbarungen getroffen. Schwerpunkt der sachlichen EH bildet die NMH. Auch mit NGOs arbeitet die EU im Bereich der EZ zusammen.

Zusammenarbeit mit den AKP-Ländern: Seit dem 1. Lomé-Abkommen vom 28.02.1975 sind die AKP-Länder besonderer Schwerpunkt der EZ.[242] Nach 25-jähriger Tradition der Lomé-Abkommen (im Dezember 1989 wurde Lomé IV mit einer Laufzeit von 10 Jahren – also bis 2000 – als letztes Abkommen abgeschlossen) wurde im Jahre 2000 das Abkommen von Cotonou für einen Zeitraum von 20 Jahren beschlossen. Es trat zum 1.4.2003 in Kraft. Die AKP-Zusammenarbeit umfasste anfänglich den Bereich **Handel**, indem für die meisten

---

[240] Die Verringerung des deutschen Anteils hängt mit dem Beitritt der zwölf neuen EU-Mitgliedstaaten zusammen, die in Zukunft ebenfalls in den EEF einzahlen werden. 2007 haben die Mitgliedsstaaten insgesamt 2,865 Milliarden Euro in den Fonds eingezahlt.

[241] Schon im Vertrag zu Rom (1957) war eine stärkere Zusammenarbeit mit den ehemaligen Kolonien Frankreichs und Belgiens vorgesehen.

[242] Die Lomé-Abkommen traten an die Stelle der Yaoundé-Abkommen (Yaoundé I: 1963, II: 1969). Zur Entwicklung der EL von europäischen Kolonien bis hin zu Partnern in der EZ vgl. BECKER (1979).

AKP-Erzeugnisse freier Zugang zum EU-Markt besteht und den Bereich **Entwicklungsfinanzierung**. Schwerpunkte der Projekte und Programme bildeten die ländliche Entwicklung sowie in zunehmendem Maße soziale Bereiche, aber auch Strukturanpassungsprogramme. Wichtige entwicklungspolitische Instrumente waren u.a. STABEX, ein 1975 geschaffenes System zur Stabilisierung der Exporterlösschwankungen agrarischer Rohstoffe, und SYSMIN, eine 1980 eingeführte Finanzierungsfazilität für Bergbauerzeugnisse.[243] Beide Instrumente unterlagen anhaltender Kritik, da durch falsch gesetzte Anreize die inländische Wertschöpfung gering blieb. Im April 1997 ist die Republik Südafrika dem Lomé IV beigetreten, wobei aufgrund eines Sonderstatus der Handels- und Finanzteil des Abkommens keine Anwendung auf sie fand.

Um den internationalen Herausforderungen und den neuen Regelungen der WTO zu genügen, war eine Reform der Lomé-Abkommen notwendig. Im Abkommen von Cotonou werden folgende entwicklungspolitische Ziele vereinbart: Hauptziel ist die **Armutsbekämpfung**, mit dem Ziel einer nachhaltigen Entwicklung. Die AKP-Staaten sollen schrittweise in die Weltwirtschaft eingegliedert werden. Dazu sollen eine stärkere Demokratisierung, eine Beachtung der Menschenrechte sowie der Rechtsstaatlichkeit und die **Stärkung des politischen Dialogs** erreicht werden. Fundamentaler Bestandteil des Abkommens ist **good governance**. Bei schwerer Korruption und fehlender Rechtsstaatlichkeit kann die EZ ausgesetzt werden. AKP-Staaten-Angehörige werden bei ihren Aufenthalten in EU-Ländern Bürgern der Union fast gleich gestellt, wobei auch Migrationsfragen geklärt werden.

Da die bisherigen Handelsabkommen den WTO-Vereinbarungen widersprachen, musste die EU bis Dezember 2007 die EZ mit den AKP-Staaten auf eine neue Grundlage stellen, wozu **Wirtschaftspartnerschaftsabkommen** abgeschlossen wurden. Hierdurch soll eine Steigerung der AKP-Exporte bewirkt werden. Handelsbarrieren zwischen EU und AKP-Staaten und innerhalb der AKP-Staaten sollen abgebaut werden, um die regionale Integration voranzutreiben. In einer Revision des Abkommens von 2005 trat zum 1. Juli 2008 eine geänderte Version in Kraft, in welche die Bekämpfung des Terrorismus, die Nichtverbreitung von Massenvernichtungswaffen, die Stärkung des Internationalen Strafgerichtshofs und die Millenniums-Entwicklungsziele aufgenommen wurden. Für den Zeitraum von 2008 bis 2013 sollen die EU-Staaten für den 10. EEF 22,68 Mrd. € zur Verfügung stellen.

Mit Südafrika hat die EU ein eigenes Abkommen zu Handel, Entwicklung und Kooperation abgeschlossen. Die EU fördert das Programm für Wiederaufbau und Entwicklung der neuen demokratischen Regierung Südafrikas. Die sozialen, wirtschaftlichen und politischen Strukturen des Landes sollen reformiert und außerdem müssen die Ungleichheiten der Vergangenheit überwunden werden. Für den Zeitraum von 2000 bis 2006 waren dafür Mittel in Höhe von 885,5 Mio. € vorgesehen. Die EU-Mittel für Südafrika fließen nun aus dem Instrument für Entwicklungszusammenarbeit (EZI) und sollen für den Zeitraum von 2007 bis 2013 rund 980 Mrd. € betragen.

Mittelmeerpolitik der EU: Mit den Mittelmeerländern hat die EU Kooperationsabkommen geschlossen, die handelspolitische Vereinbarungen sowie Finanzhilfen im Rahmen von FZ

---

[243] Vgl. hierzu LACHMANN (1994), S. 109-119.

und TZ vorsah. 1995 fand eine Europa-Mittelmeer-Konferenz in Barcelona statt, die eine intensive regionale Partnerschaft begründen soll (**Barcelona-Prozess**). Hauptziel dieses Barcelona-Prozesses ist die Friedenssicherung sowie die politische und wirtschaftliche Stabilität im Mittelmeerraum mit Hilfe von regelmäßigen politischen Dialogen. Mit allen Assoziierungsstaaten sind bilaterale Assoziierungsabkommen vereinbart worden. Ziel ist es, den politischen Dialog zu stärken und die Partnerschaft bis hin zu einer euro-mediterranen Freihandelszone weiter auszubauen. Dabei soll auch die soziale und kulturelle Dimension stärkere Beachtung finden. Grundlage der neuen Partnerschaft ist die am 23.07.1996 verabschiedete Verordnung über finanzielle und technische Hilfe bei der Reform der wirtschaftlichen und sozialen Strukturen der Partnerländer im Mittelmeerraum (MEDA-Verordnung). Um die Basis dieser Zusammenarbeit weiter zu verbessern, haben die beteiligten Staaten beschlossen, den Barcelona-Prozess weiter auszubauen. Am 13. Juli 2008 wurde dazu in Paris die neue Partnerschaft „Barcelona-Prozess: Union für den Mittelmeerraum" gegründet. Bis zum Jahr 2006 wurde der Barcelona-Prozess durch erhebliche Finanzhilfen des MEDA-Programms unterstützt (Mésures d'accompagnement financières et techniques = finanzielle und technische Begleitmaßnahmen). Zwischen 2000 und 2006 wurden im Rahmen des MEDA II-Programms 5,35 Mrd. € bereitgestellt. Seit 2004 wird die Mittelmeerpolitik durch die **Europäische Nachbarschaftspolitik (ENP)** geprägt. So sind die MEDA- und die TACIS-Mittel (TACIS = Technical Assistance to the Commonwealth of Independent States) seit dem 1. Januar 2007 durch das **Europäische Nachbarschafts- und Partnerschaftsinstrument (ENPI)** ersetzt worden. Für ENPI sind für den Zeitraum 2007–2013 11,18 Mrd. € als Zuschüsse bereitgestellt worden, wobei hauptsächlich die Zusammenarbeit im Rahmen nationaler Programme gefördert werden soll.

Zusammenarbeit der EU mit Lateinamerika und Asien: Kern der Zusammenarbeit mit diesen Regionen sind Handels- und Kooperationsabkommen mit einzelnen Staaten oder Staatengruppen. Die Zusammenarbeit erstreckt sich auf die Bereiche Handelspolitik, EZ, wirtschaftliche Zusammenarbeit und Gemeinschaftshilfen zugunsten von NGO in Bereichen wie humanitäre Hilfe, Umwelt, Wasserversorgung, Gesundheit und Wiederaufbau. Die handelspolitische Hilfe umfasst die Zulassung zum APS, die Unterstützung bei der Diversifizierung der Exportgüter und der Abbau nicht-tarifärer Handelshemmnisse. Schwerpunkte der EZ liegen in der Armutsbekämpfung (MDGs), der ländlichen Entwicklung, der Unterstützung zur Verbesserung der politischen Rahmenbedingungen (Menschenrechte, Demokratie), im Umweltschutz, der Drogenbekämpfung und der Frauenförderung. Im Rahmen der wirtschaftlichen Zusammenarbeit werden zum gegenseitigen Nutzen wissenschaftliches und technisches Potenzial unterstützt, entwicklungsförderliche Rahmenbedingungen geschaffen sowie Investitionen und Unternehmenskooperationen gefördert. Seit Anfang 2007 hat die EU ein **Finanzierungsinstrument für die EZ (EZ-Instrument)** geschaffen, dessen Fokus auf der Armutsbekämpfung und den Millenniums-Entwicklungszielen liegt. Basis der EZ mit Asien und Lateinamerika sind die von der Kommission entwickelte "Asien-Strategie" (2001) und die "Lateinamerika-Strategie" (2006). Um die Eigenverantwortlichkeit der Partner zu stärken, setzt die EU immer mehr auf deren finanzielle Beteiligung, vor allem bei Projekten zur Wirtschaftsförderung. Die Mittel für Asien und Lateinamerika stammen aus dem genannten Instrument für EZ. Für den Zeitraum von 2007 bis 2013 sind in diesem Rahmen für Asien 5,2 Mrd. € sowie für Lateinamerika 2,7 Mrd. € vorgesehen.

Zusammenarbeit mit Ländern Südost- und Osteuropas und der ehemaligen Sowjetunion: Durch die Reform der EU-Außenhilfe wurden zum 1.1.2007 die ehemaligen Instrumente für Südost- und Osteuropa und die ehemaligen Sowjetunion in neue Finanzierungsinstrumente überführt. TACIS für die europäischen Nachfolgerstaaten der Sowjetunion wurde in das **Europäische Nachbarschafts- und Partnerschaftsinstrument (ENPI)** überführt. Die von TACIS finanzierte EZ mit den zentralasiatischen Republiken und der Mongolei wurden in die **Finanzierungsinstrumente für EZ** umgewandelt. Für die Länder Südosteuropas (westlicher Balkan) wurde das neue **Instrument für Heranführungshilfe (Instrument for Pre-Accession Assistance: IPA)** gegründet, mit dem Demokratie, Marktwirtschaft und politische Integration sowie die Westannäherung gefördert werden soll. Das IPA ersetzt die Finanzinstrumente der Jahre 2000 bis 2006, nämlich PHARE, ISPA, SAPARD, das Vorbeitrittsinstrument für die Türkei sowie CARDS für die westlichen Balkanländer.

IPA verfügt für den Zeitraum von 2008 bis 2010 über ein Finanzvolumen von insgesamt 4,49 Mrd. Euro. Damit werden die derzeitigen Beitrittskandidaten – Kroatien, die ehemalige jugoslawische Republik Mazedonien und die Türkei – sowie die potenziellen Bewerberländer Albanien, Bosnien und Herzegowina, Montenegro und Serbien einschließlich Kosovo unterstützt.

IPA setzt sich aus fünf Komponenten zusammen: Übergangshilfe und Aufbau von Institutionen, grenzübergreifende Zusammenarbeit, regionale Entwicklung, Entwicklung der Humanressourcen sowie ländliche Entwicklung.

Die im Jahre 2004 der EU beigetretenen zehn neuen Mitgliedsstaaten erhielten von 2004 bis 2006 Mittel aus einer Übergangsfazilität. Gemäß Artikel 31 der Beitrittsakte wurde diese für ein Jahr auch den zum 1. Januar 2007 beigetretenen Staaten Bulgarien und Rumänien gewährt. Dadurch soll eine kontinuierliche Finanzhilfe für eine Reihe wichtiger und ausbaubedürftiger Arbeitsfelder bereitgestellt werden.

Nahrungsmittel der EU: Schwerpunkt der NMH der EU ist die Unterstützung von Ernährungsstrategien und -politiken der EL, um deren eigenständige Nahrungsmittelversorgung zu sichern. Anreize für Landwirte, Verbesserung beim Bodenrecht und be den Kreditsystemen, Maßnahmen im Bereich der Vermarktung und weiterer Verarbeitung, Ausgewogenheit zwischen öffentlichem und privatem Sektor und der Schutz der natürlichen Ressourcen stehen im Mittelpunkt, wobei die Rolle der Frauen zur Ernährungssicherung nicht vernachlässigt werden darf. Die EU verabschiedete 1994 und 1996 Verordnungen und Richtlinien, deren Ziel die Erhöhung der Ernährungssicherheit in EL ist. Darin enthalten sind Maßnahmen wie lokaler und regionaler Nahrungsmitteleinkauf, Finanzierung von Nahrungsmittelimporten durch Privatunternehmen der EL, Aufbau von Frühwarnsystemen, Saatgutbeschaffung etc. FAC legt die EU- Verpflichtung zur NMH dar.[244]

Humanitäre Hilfe: Seit 1992 führt das Europäische Amt für Humanitäre Hilfe (European Community Humanitarian Office = ECHO) neben der humanitären Hilfe auch die Nahrungsmittelsoforthilfe und die Katastrophenhilfe durch und entwickelt Vorbeugungsstrate-

---

[244] Zum FAC vgl. Kap. 4.9, S. 141

gien. Die EU ist weltweit einer der größten Geber humanitärer Hilfe. Der durchschnittliche Jahreshaushalt von ECHO belief sich in den letzten Jahren auf ca. 700 Mio. €. Aus ihrem Jahresbudget finanziert ECHO auch Ärzteteams, Minenräumungsexperten, Transporte und Kommunikation sowie Lebensmittelhilfe und logistische Unterstützung.

Zusammenarbeit mit NGOs und dezentrale Zusammenarbeit: Seit ca. 25 Jahren arbeitet die EU in ihrer EZ mit NGOs zusammen. NGOs haben direkten Zugang zu den Bedürftigen und können ohne bürokratische Hemmnisse rasch wirken. Auch NGOs aus dem Süden sollen verstärkt über die EU finanziert und beraten werden. Im Jahre 2006 standen den NGOs ca. 177 Mio. € zur Verfügung, womit 269 Projekte finanziert wurden. Auch die entwicklungspolitische Bildungs- und Öffentlichkeitsarbeit wird gefördert. NGOs haben Zugang zu Nahrungsmittel- und Soforthilfegeldern der EU, insbesondere für Bereiche des Umweltschutzes, der Gesundheit oder der Menschenrechtspolitik. Die einstmaligen Budgetlinien („NGO-Kofinanzierung" und „dezentrale Zusammenarbeit") sind seit dem Jahre 2007 zu einem neuen Programm „Nichtstaatliche Akteure und lokale Behörden im Entwicklungsprozess" zusammengefasst worden, wobei die Zielsetzungen erhalten blieben. Auch im Rahmen des Cotonou-Abkommens haben sich die AKP-Staaten verpflichtet, NGOs stärker bei der allgemeinen Entwicklung ihrer Länder zu beteiligen[245]. In den letzten Jahren hat das politische Gewicht der NGOs weltweit zugenommen, wobei ihre Sachkompetenz auch auf die Entscheidungen der EZ Einfluss hat. Die deutschen NGOs haben sich in ihrem Dachverband VENRO zusammengeschlossen, wobei zusätzlich ein europäisches Netzwerk CONCORD entstand. Dieses europäische Netzwerk ist ein wichtiger Ansprechpartner für die EU-Kommission in Sachen der EZ.

Seit dem Vertrag von Maastricht ist die EZ eine **europäische Aufgabe mit Verfassungsrang**. Bei der Abstimmung mit nationalen entwicklungspolitischen Aktivitäten ergeben sich jedoch oft Probleme, da sich nationale und EU-Maßnahmen überschneiden. Daher wird oft eine stärkere Koordinierung und Zentralisierung gefordert. Gegenwärtig ist zu unterscheiden zwischen Maßnahmen, die ausschließlich in den Kompetenzbereich der Gemeinschaft fallen (Handelspräferenzen, Soforthilfe), jenen, die in gemeinsamer Verantwortung von EU und Mitgliedern liegen (NMH, EZ mit den Mittelmeerdrittländern und den EL Asiens und Lateinamerikas) und solchen, die von Mitgliedern finanziert und von der EG abgewickelt werden (Cotonou-Abkommen). In der Europäischen Kommission, dem Europäischen Parlament, dem Ministerrat und den im Rat vertretenen Regierungen wurde im November 2005 eine gemeinsame Erklärung zur gemeinschaftlichen EZ angenommen. Damit wurden nach 50 Jahren europäischer EZ gemeinsame Ziele der EZ verabschiedet, die die Mitgliedsstaaten der EU in ihrer EZ bindet. Methoden, Prinzipien und Zielsetzungen der europäischen EZ werden über gemeinschaftliche Schwerpunktsektoren definiert. Die Kommission soll unter Beachtung des Prinzips der Konzentration bei gleichzeitiger Flexibilität auf Länderebene in folgenden Bereichen vorrangig tätig werden:

• Handel und regionale Integration;
• Umwelt und nachhaltige Nutzung natürlicher Ressourcen;

---

[245] Vgl. BMZ, Medienhandbuch Entwicklungspolitik 2008/2009, Bonn, 2008, S. 178f.

- Infrastruktur, Kommunikation und Transport;
- Wasser und Energie;
- ländliche Entwicklung, Landwirtschaft und Nahrungssicherheit;
- Good Governance, Demokratie, Menschenrechte und institutionelle Reformen;
- Konfliktprävention und fragile Staaten;
- Menschliche Entwicklung;
- sozialer Zusammenhalt und Beschäftigung.

Um die Effizienz der EZ zu erhöhen, muss generell geprüft werden, welche Aufgaben zentral, welche dezentral übernommen werden sollten und welche Institution die geeignetste ist. Dabei ist zu beachten, dass Wettbewerb unter Gebern zwar die Effizienz verbessern kann, jedoch auch die Kosten erhöht.[246] Auch eine wirksame Koordinierung der Hilfe der EU mit den anderen Staaten muss auf ihre Vor- und Nachteile hin sorgfältig überprüft werden.

5.5 Träger der deutschen Entwicklungshilfe

Es gibt eine Vielzahl von Trägern in der deutschen EZ; zum Teil sind sie staatlich, zum Teil nicht-staatlich, aber vom Bund für bestimmte entwicklungspolitische Zwecke eigens gegründet. Auf die wichtigsten soll im Folgenden kurz eingegangen werden.

5.5.1 Deutsche Gesellschaft für Technische Zusammenarbeit (GTZ)

Mit der Durchführung der **Technischen Zusammenarbeit** ist in Deutschland überwiegend die privatrechtliche, bundeseigene Deutsche Gesellschaft für Technische Zusammenarbeit mbH[247] (GTZ) mit Sitz in Eschborn betraut. Sie wurde 1975 auf Grundlage eines mit dem BMZ 1974 abgeschlossenen Generalvertrages gegründet und nimmt ihre Aufgaben gemeinnützig wahr, d.h. entstehende Überschüsse werden ausschließlich für Zwecke der EZ eingesetzt. Die dreiköpfige Geschäftsführung ist nach Parteiproporz besetzt. Sie führt nicht nur die Aufträge der Bundesregierung im Rahmen der TZ durch, sondern übernimmt auch gegen Entgelt Aufträge Dritter (Drittgeschäft), und zwar von internationalen Organisationen (Weltbank, UNDP und Europäische Kommission) und von EL (insbesondere Saudi-Arabien). Die wesentlichen **Aufgaben** der GTZ sind:

- fachliche Prüfung, Planung, Durchführung, Steuerung und Überwachung von Projekten und Programmen der TZ in Kooperation mit den Partnern in EL;
- Beratung in- und ausländischer öffentlicher und privater Organisationen der EZ;

---

[246] Siehe dazu z.B. KALTEFLEITER (1995), insb. S. 36-48.

[247] Die GTZ entstand durch eine Vereinigung der Bundesstelle für Entwicklungshilfe und der Deutschen Förderungsgesellschaft für Entwicklungsländer GAWI (Garantie- und Abwicklungsgesellschaft); für eine ausführliche Darstellung der GTZ siehe HIZ II A 95.

- Auswahl, Vorbereitung, Entsendung und Betreuung von Fachkräften;
- Planung und Durchführung der projektbezogenen Aus- und Fortbildung;
- technische Planung, Einkauf und Versand von Sachausrüstung;
- Prüfung, Vergabe und Abwicklung nichtrückzahlbarer Finanzierungsbeiträge aus Mitteln der TZ sowie die Verwendungskontrolle und fachliche Beratung der Trägerinstitutionen in EL.

Daneben berät die GTZ die Bundesregierung in allgemeinen entwicklungspolitischen Fragen und unterstützt sie bei der Fortschreibung ihrer entwicklungspolitischen Konzeption sowie bei der Verfolgung ihrer Ziele, z.B. in bilateralen Regierungsverhandlungen. Auch im Bereich der Flüchtlings- und Nothilfe engagiert sich die GTZ. Das Centrum für internationale Migration und Entwicklung (CIM), eine Arbeitsgemeinschaft der GTZ mit der Zentralstelle für Arbeitsvermittlung der Bundesanstalt für Arbeit (ZAV), unterstützt Arbeitnehmer, die in ausländischen Entwicklungsprojekten angestellt sind. CIM leistet Zuschüsse zum ortsüblichen Gehalt, zur Vorbereitung auf die Tätigkeit im EL, zur sozialen Sicherung sowie zur Wiedereingliederung der Fachkräfte in den heimischen Arbeitsmarkt.

Die Grundlage für die Arbeit der GTZ bilden die Ziele und Grundsätze, die das BMZ für die deutsche Entwicklungspolitik formuliert. In mehr als 120 Partnerländern realisierte die Gesellschaft für Technische Zusammenarbeit im Jahr 2008 insgesamt 2.211 Entwicklungsprogramme und -projekte. Das Unternehmen beschäftigt im Jahr 2010 rund 14.700 Mitarbeiterinnen und Mitarbeiter; etwa 11.200 von ihnen sind einheimische Kräfte in den Partnerländern. Die GTZ ist in 87 Ländern mit eigenen Büros vertreten.[248]

Die GTZ unterstützt komplexe Reformen und Veränderungsprozesse in Entwicklungs- und Transformationsländern. Ihre Aktivitäten zielen darauf ab, die Lebensbedingungen und Perspektiven der Menschen nachhaltig zu verbessern, wobei sie einen ganzheitlichen Ansatz verfolgt, der alle Politikfelder und gesellschaftlichen Bereiche einbezieht.

Der Haushaltsausschuss des Deutschen Bundestages hat mehrere Organisationsuntersuchungen der GTZ initiiert. Ziel war es, Organisationsstruktur und Management mit Hinblick auf zukünftige Anforderungen an die TZ zu optimieren und zu klären, inwieweit ihre Aufgaben auch privat erfüllt werden könnten.[249] Die TZ wird jedoch auch in Zukunft über die GTZ abgewickelt werden. Im Zuge einer allgemeinen Dezentralisierung wurde die Projektverantwortung zunehmend auf die für die GTZ tätigen Projektleiter vor Ort und die dortigen GTZ-Büros verlagert. Damit soll eine größere Nähe zu und intensivere Zusammenarbeit mit den Partnerorganisationen und Zielgruppen erreicht werden.

---

[248] Vgl. das Unternehmensprofil der GTZ auf www.gtz.de (Stand: Mai 2009) sowie http://www.gtz.de/de/689.htm (Stand April 2010).

[249] Siehe auch R. RICKES, Privatisierung der GTZ?, Frankfurt a.M. et al., 1994.

5.5.2 Kreditanstalt für Wiederaufbau (KfW)

Die Förderung im Rahmen der **Finanziellen Zusammenarbeit** mit EL wird durch die Kreditanstalt für Wiederaufbau (KfW) durchgeführt. Die KfW wurde am 05.11.1948 als Körperschaft des öffentlichen Rechts mit Sitz in Frankfurt a.M. gegründet. Ihr Grundkapital beträgt 3,75 Mrd. €, das zu 80 % vom Bund und zu 20 % von den Ländern gehalten wird. Ihre Gründung geht zurück auf die Verwaltung der Mittel aus dem ERP. Die KfW übernimmt einerseits die Aufgabe einer Entwicklungsbank für die eigene Volkswirtschaft, andererseits führt sie im Auftrag der Bundesregierung die FZ durch. So gewährt sie EL Darlehen und Zuschüsse zur Finanzierung förderungswürdiger Investitionsvorhaben, zum Auf- und Ausbau der wirtschaftlichen und sozialen Infrastruktur, der gewerblichen Wirtschaft und für den Umwelt- und Ressourcenschutz. Ein Schwerpunkt der KfW-Bankengruppe lag in den letzten Jahrzehnten beim Klimaschutz. Auf dem G8-Gipfel von Heiligendamm wurde eine „Wachstumsinitiative für Arme" (WfA) beschlossen, für die BMZ und KfW Eigenmittel in Höhe von 1,3 Mrd. € zur Verfügung stellen, wodurch ca. 17 Mio. benachteiligte Menschen erreicht werden, denen diese Kredite neue Entwicklungschancen eröffnen.

2003 wurde die KfW mit der Deutschen Ausgleichsbank fusioniert und in die KfW-Bankengruppe umstrukturiert. Neben der KfW Förderbank, die sich der Förderung von Bauten, Energie, Klimaschutz, Umwelt und Wohnen sowie Infrastruktur und Bildung spezialisiert, der KfW Mittelstandsbank, die Existenzgründern und Freiberuflern günstige Förderungen zur Verfügung stellt, sowie der KfW IPEX-Bank, die kommerzielle Export- und Importfinanzierung betreibt, ist die KfW Entwicklungsbank für die Finanzierung von Projekten und Programmen in EL zuständig.

Die KfW unterstützt das BMZ bei der Auswahl und Vorbereitung der zu fördernden Vorhaben der EL. Sie prüft Projekte, überwacht und betreut ihre Durchführung und gewährleistet die ordnungsgemäße Auszahlung der bereitgestellten Mittel. Die Projekte werden während der gesamten Laufzeit betreut und abschließend wird jedes Projekt auf seinen entwicklungspolitischen Erfolg geprüft. Darüber hinaus berät die KfW die Bundesregierung auch in allgemeinen entwicklungspolitischen Fragen. Auch bei bilateralen Regierungsverhandlungen sowie in der Zusammenarbeit mit internationalen Organisationen unterstützt die KfW die Bundesregierung soweit es die Finanzierung betrifft. Sie führt ihre Projekte nicht selbst durch – Projektträger ist immer eine Institution im Partnerland, wobei Projekte und Programme eng mit den Vorhaben der GTZ oder anderer bi- oder multilateraler Geber abgestimmt werden.

Die KfW Entwicklungsbank stellte im Jahre 2007 3,002 Mrd. € an Zusagen zur Verfügung, wobei 803 Mio. € als FZ-Zuschüsse, 177 Mio. € als FZ-Standardkredite und 579 Mio. € als FZ-Entwicklungskredite zugesagt wurden. Von den FZ-Entwicklungskrediten entfielen 448 Mio. € auf KfW-Eigenmittel. FZ-Förderkredite beliefen sich auf 1,263 Mrd. €. Insgesamt wurden im Jahre 2007 1,210 Mrd. € aus BMZ-Haushaltsmitteln und 1,712 Mrd. € aus KfW-Mitteln zur Verfügung gestellt. Die Drittmittel (Mandate) beliefen sich auf 80 Mio. €. 36 % der Mittel wurden für Asien-Ozeanien, 32 % für Subsahara-Afrika und 10 % für Lateinamerika verwendet.[250] Die Zusagen der KfW Entwicklungsbank nach DAC-Förderbereichen im Jahre 2007 erfolgten wie folgt: jeweils 33 % für die soziale und wirtschaftliche Infrastruktur; 26 für den Finanzsektor und 2 % für den produzierenden Bereich. Ende 2007 dienten 33 % aller laufenden Vorhaben der KfW Entwicklungsbank der Vermeidung von Treibhausgasemissionen oder der Anpassung an Folgen des Klimawandels.

Insgesamt wurden im Jahre 2007 268 Projekte durchgeführt. Mit 88 Projekten und einer Summe von 904 Mio. € wurden Wirtschaftsreformen und der Aufbau der Marktwirtschaft unterstützt; 44 Projekte mit einer Summe von 373 Mio. € dienten den Bereichen Trinkwasser, Wassermanagement, Abwasser-/Abfallentsorgung; 29 Projekte mit einem Aufwand von 514 Mio. € werden für den Bereich Energie, darunter Energieeffizienz und regenerative Energien, verwandt, jeweils 19 Projekte gehen mit einer Summe von 172 Mio. € in den Bereich Gesundheit, Familienplanung und HIV/Aids sowie mit 114 Mio. € in die Umweltpolitik und nachhaltige Nutzung natürlicher Ressourcen. 14 Projekte mit einem Aufwand von 162 Mio. € werden dem BMZ-Schwerpunkt Demokratie, Zivilgesellschaft und öffentliche Verwaltung zugeordnet.

5.5.3   Deutsche Investitions- und Entwicklungsgesellschaft (DEG)

Die 1962 gegründete DEG durchlebte zahlreiche Veränderungen sowohl hinsichtlich ihres entwicklungspolitischen Auftrages als auch ihres äußeren Erscheinungsbildes. Am 21.03.1990 erhielt sie ihren jetzigen Namen Deutsche Investitions- und Entwicklungsgesellschaft mbH. Alleiniger Gesellschafter der DEG ist die KfW. Als Unternehmen der KfW-Gruppe finanziert die DEG privatwirtschaftliche Investitionen in EL und Reformstaaten Mittel- und Osteuropas sowie Südafrika durch eine zeitlich befristete Übernahme von Kapitalbeteiligung und die Gewährung langfristiger Darlehen. Sie ist somit das deutsche Finanzierungs- und Beratungsinstitut zur Förderung der Privatwirtschaft in den Ländern Afrikas, Asiens, Lateinamerikas und Mittel- und Osteuropas. Zentrale Aufgabe ist der Auf- und Ausbau leistungsfähiger privater Unternehmen grundsätzlich aller Branchen in den EL. Priorität genießt nach wie vor der Auf- und Ausbau kleiner und mittlerer Betriebe der gewerblichen Wirtschaft, des Handwerks und der Landwirtschaft. Primäre Zielgruppen sind die private Wirtschaft in den EL und deutsche Unternehmen, die bereit sind, sich in EL zu engagieren.

Das Leistungsangebot der DEG gliedert sich in die beiden Operationsbereiche Beratung und Finanzierung. Im Rahmen ihrer **Beratungstätigkeit** unterstützt sie langfristige Unternehmenskooperationen, insbesondere Partnerschaften mit deutschen und anderen europäischen Unternehmen, indem sie interessierte Unternehmen bei der Wahl des Partners, des Standortes, des Projekt- und Finanzierungskonzeptes berät und zu konkreten Projekten zusammenführt. Partner von bestehenden Gemeinschaftsunternehmen unterstützt sie bei Planung, Vorbereitung und Umsetzung ihrer Vorhaben. Sie erstellt Länderpotenzialanalysen, führt Investi-

---

[250] Vgl. KfW-DEG: Jahresbericht über die Zusammenarbeit mit Entwicklungsländern 2007, Frankfurt a.M., Mai 2008. Asien-Ozeanien erhielten 8 Mrd. €, Südsahara-Afrika 485 Mio. € und Lateinamerika 271 Mio. € Zusagen.

tionsrechnungen und Unternehmensbewertungen durch, berät in betriebswirtschaftlichen Belangen und bei Problemen im Umgang mit Behörden und entwickelt für interessierte Unternehmen Internationalisierungsstrategien.

Das **Finanzierungsangebot** der DEG umfasst u.a. Kapitalbeteiligungen, beteiligungsähnliche Darlehen und langfristige Darlehen an Projektgesellschaften. Zudem übernimmt sie Garantien und Bürgschaften im Rahmen der Finanzierung von Investitionsprojekten und vermittelt zusätzliche Finanzquellen über nationale Entwicklungsbanken oder den IFC.

Im Jahre 2007 hat die DEG insgesamt 113 Finanzierungszusagen in Höhe von rund 1,2 Mrd. € gegeben. Das Portfolio weist Ende 2007 einen Bestand von rund 3,6 Mrd. € in 493 finanzierten Unternehmen aus. Seit Beginn ihrer Geschäftstätigkeit im Jahre 1962 hat die DEG Finanzierungszusagen in Höhe von 8,8 Mrd. € gegeben, wodurch private Investitionen von ca. 59 Mrd. € mobilisiert wurden. Zusätzlich gibt es seit 1999 eine **PPP-Fazilität**, in der 419 investitionsvorbereitende und -begleitende Maßnahmen deutscher Joint Ventures finanziert wurden. Schwerpunkte der PPP waren Umweltschutz, Aus- und Weiterbildung sowie die Arbeitsplatzsicherheit.[251]

Die DEG finanziert sich im Wesentlichen aus Kapitalmarktmitteln und aus Einzahlungen des Bundes auf das gezeichnete Kapital der Gesellschaft. Hinzu kommen Rückflüsse aus der Tilgung von Darlehen und der Veräußerung von Beteiligungen sowie Ertragsüberschüsse nach Deckung der Aufwendungen. Aufgrund der hohen Effizienz wurden Vorschläge, die DEG zu privatisieren, zurückgestellt.

5.5.4   Deutscher Entwicklungsdienst (DED)

Der Deutsche Entwicklungsdienst (DED)[252] wurde am 24.06.1963 in Bonn als gemeinnützige GmbH gegründet und wird von der Bundesregierung als Mehrheits- und dem Arbeitskreis Lernen und Helfen in Übersee (AKLHÜ)[253] als Minderheitsgesellschafter getragen. Seine finanziellen Mittel erhält der DED aus dem Haushalt des BMZ. Er ist eine der sieben in Deutschland staatlich anerkannten Einrichtungen zur Entsendung von Entwicklungshelferinnen und Entwicklungshelfern. Der DED stellt den EL berufserfahrene und engagierte Fachkräfte zur Verfügung, die überwiegend in ausbildender, beratender und planender Funktion in Projekten und Programmen staatlicher und privater Organisationen tätig sind. Er stärkt einheimische Institutionen und Selbsthilfeinitiativen durch fachliche Beratung, die Finanzierung kleiner Programme und die Förderung des einheimischen Fachkräftepotenzials. In seinen Aufgabenbereich fällt zudem die Betreuung des Europäischen Freiwilligenprogrammes (EFP) auf deutscher Seite und die Vermittlung deutscher Entwicklungshelfer in das Freiwilligenprogramm der UN (UNV). Der Schwerpunkt der Tätigkeit des DED liegt in den Bereichen Landwirtschaft und Ressourcensicherung, Aus- und Fortbildung in technisch-

---

[251] Vgl. hierzu BMZ, Medienhandbuch. Entwicklungspolitik 2008/2009, Oktober 2008, S. 93f.

[252] Vgl. DED, Jahresbericht 2007, Bonn, 2008. Siehe auch HIZ II A 98.

[253] Ein Zusammenschluss von privaten deutschen Organisationen, die auf dem Gebiet der PZ und der außerschulischen Bildungs- und Jugendarbeit tätig sind. Der AKLHÜ hält 5 % und der Bund 95 % des Kapitals am DED.

handwerklichen Berufen und Förderung des Kleingewerbes. Hinzu kommen der Auf- und Ausbau kommunaler Verwaltungsstrukturen, das Bau- und Siedlungswesen, das Gesundheitswesen, das allgemeine Bildungswesen usw.

Prinzipiell unterhält der DED keine von ihm selbst geplanten und gesteuerten Projekte, sondern entsendet Entwicklungshelfer in Vorhaben des jeweiligen Partnerlandes. Voraussetzung ist der ausdrückliche Wunsch der Partner und die Zustimmung der Regierung des Gastlandes. Er unterstützt dabei Eigenanstrengungen der Partner zur Stärkung der nationalen Eigenständigkeit, soweit durch direkte oder indirekte Maßnahmen die Lebensbedingungen der armen und benachteiligten Bevölkerungskreise verbessert werden. Seit Gründung des DED wurden mehr als 15.000 Fachkräfte entsandt. Zurzeit arbeiten für den DED rund 1.000 Entwicklungshelferinnen und Entwicklungshelfer in 45 Ländern.

Die Anforderungen der Partner an die Entwicklungshelfer sind deutlich gestiegen. Der DED entsendet dementsprechend Fachkräfte mit abgeschlossener Berufsausbildung und mehreren Jahre Berufserfahrung, die sich hinsichtlich ihrer fachlichen und sozialen Qualifikation kaum von sog. „Experten" unterscheiden. Spezifikum des DED ist das hohe soziale Engagement, das er von seinen Entwicklungshelfern erwartet. Sie verpflichten sich für eine Tätigkeit von mindestens zwei, höchstens sechs Jahren und erhalten von ihrer beruflichen Qualifikation unabhängige Leistungen, die sich nach dem Preisniveau des Gastlandes, der Dauer des Aufenthaltes und dem Familienstand bemessen.[254] Eine wesentliche organisatorische Stärke liegt in der starken Dezentralisierung der Aufgaben. So unterhält der DED in den Gastländern Büros, die die Aktivitäten planen und durchführen, prüfen und überwachen und den Kontakt zu Partnern und Organisationen pflegen.

United Nations Volunteers: Der DED ist die deutsche Informations- und Vermittlungsstelle für deutsche Interessenten an der Mitarbeit im UNV, das meist mit anderen UN-Organisationen, Entwicklungsbanken, NGOs und Basisorganisationen zusammenarbeitet. Schwerpunkte sind UN-Friedensmissionen, Menschenrechtsarbeit, Konfliktbewältigung und Wahlkommissionen. Das 1970 gegründete UNV hat 1996 seinen Sitz von Genf nach Bonn verlegt. Berufserfahrene Experten aus EL und IL sind als Freiwillige mehrmonatig bis mehrjährig in EL im Einsatz. Mit ca. 7800 Vermittlungen pro Jahr und einem Umsatz von 186 Mio. US$ ist die UNV die weltweit größte Entsendeorganisation.

---

[254] Denn EhfG § 1 definiert Entwicklungshelfer als Fachkräfte mit Berufserfahrung, die „ohne Erwerbsabsicht", d.h. gegen Gewährleistung ihres Lebensunterhaltes in Übersee und bei sozialer Absicherung und kompensatorischen Leistungen in der BRD „in partnerschaftlicher Zusammenarbeit", d.h. unter Einordnung in die Strukturen der EL, „zum Fortschritt dieser Länder beizutragen". Die Leistungen des DED für Entwicklungshelfer umfassen die volle soziale Sicherung und ein nach Familienstand und Kaufkraftverhältnissen berechnetes Unterhaltsgeld. Für den begleitenden Ehepartner erhält der Entwicklungshelfer 50 % und für jedes Kind 25 % des errechneten Unterhaltsgeldes. Der DED übernimmt die Kosten für Unterkunft, Energieversorgung, laufenden Ausstattungsbedarf, Heimaturlaub (alle zwei Jahre), Schulgebühren für Kinder, Ausstattungsbeihilfen und Transportpauschalen bei Ausreise sowie Wiedereingliederungsbeihilfen.

5.5.5 Deutsches Institut für Entwicklungspolitik (DIE)

Zentrale Aufgaben des DIE sind **entwicklungspolitische Beratung** und **Ausbildung** auf Grundlage unabhängiger wissenschaftlicher Forschung. So erstellt das DIE als Institution der wissenschaftlichen Politikberatung (Think Tank) für öffentliche Institutionen im In- und Ausland Gutachten zu entwicklungspolitischen Themen und berät sie im Hinblick auf aktuelle Fragen der Zusammenarbeit zwischen IL und EL. Dabei steht sie im Spannungsfeld zwischen Forschungsergebnissen und den häufig kurzfristig orientierten Entscheidungserfordernissen von Politik und Verwaltung bzw. den Grenzen der Umsetzbarkeit. Ferner bildet das DIE Hochschulabsolventen verschiedener Fachrichtungen für die berufliche Praxis in öffentlichen und privaten Institutionen der deutschen und internationalen Entwicklungspolitik aus. Jährlich nehmen maximal 20 Absolventen aus Deutschland und anderen EU-Ländern an dem neunmonatigen Ausbildungsprogramm teil. Die Arbeit des DIE wird durch den Bund (75 %) und das Land Nordrhein-Westfalen (25 %) finanziert.

5.5.6 Internationale Weiterbildung und Entwicklung gGmbH (InWEnt)

InWEnt ist eine 2002 durch Zusammenschluss der Deutschen Stiftung für internationale Entwicklung (DSE) und der Carl-Duisberg-Gesellschaft e.V. (CDG) entstandene Organisation für Personal- und Organisationsentwicklung in der internationalen Zusammenarbeit in der Rechtsform einer gemeinnützigen GmbH.

An den Programmen der Gesellschaft nehmen jedes Jahr rund 55.000 Menschen teil. Die Trainings- und Dialogprogramme von InWEnt richten sich an Fachleute, Nachwuchsführungskräfte und Entscheidungsträger aus Wirtschaft, Politik, Verwaltung und Zivilgesellschaft in aller Welt. Das entwicklungspolitische Forum der Organisation trägt zum informellen Politikdialog über aktuelle Themen bei.

Die Weiterbildungsangebote von InWEnt sind praxisorientiert. Sie richten sich thematisch an den mit den Partnerländern vereinbarten Schwerpunktbereichen aus. Nach der Fortbildung werden die Teilnehmerinnen und Teilnehmer der Kurse in Alumni-Netzwerken und durch das computergestützte Lernangebot „Global Campus 21" dabei unterstützt, ihre neu erworbenen Kompetenzen umzusetzen. Die Netzwerke bieten zudem die Möglichkeit zum überregionalen Erfahrungs- und Wissensaustausch.

Die Gesellschaft verfügt über ein Finanzvolumen von rund 137 Mio. € (2008) pro Jahr und hat rund 850 Beschäftigte an über 30 Standorten weltweit.

Hauptaufgaben von InWEnt sind:

- die Fortbildung von Fach- und Führungskräften aus EL – ausgenommen der Bereich der Hochschulförderung, der dem DAAD unterliegt;
- die internationale und interkulturelle Qualifizierung von Berufstätigen aus Deutschland und anderen IL;
- der internationale Dialog und Erfahrungsaustausch zwischen Fach- und Führungskräften;

- die entwicklungsbezogene Informations- und Bildungsarbeit;
- die Vorbereitung von Fachkräften der deutschen EZ auf ihre Auslandseinsätze.[255]

5.5.7   Entwicklungszusammenarbeit der Kirchen

Die großen Hilfswerke beider Kirchen nehmen im Rahmen der nicht-staatlichen deutschen EZ einen wichtigen Stellenwert ein.[256] Bereits 1958 bzw. 1959 wurden die großen Hilfsaktionen der evangelischen und katholischen Kirche, „Misereor – Aktion gegen Hunger und Krankheit in der Welt" und „Brot für die Welt", gegründet, 1962 folgten die Evangelische bzw. Katholische Zentralstelle für Entwicklungshilfe e.V.,[257] später weitere Einrichtungen wie z.B. Dienste in Übersee, Kirchlicher Entwicklungsdienst, Evangelisches Missionswerk. Aus Eigenmitteln und Spenden in Höhe von circa 500 Mio. € im Jahr tragen die Kirchen ihre Aktivitäten zum überwiegenden Teil selbst. Über die Evangelische Zentralstelle für Entwicklungshilfe in Bonn und über die Katholische Zentralstelle für Entwicklungshilfe in Aachen erhielten die Kirchen im Jahr 2007 außerdem einen Zuschuss der Bundesregierung von 168,1 Mio. €.

Kirchliche Projekte und Programme orientieren sich stark an den Grundbedürfnissen der Notleidenden in den EL und setzten direkt an der Basis an. Sie sollen eine unmittelbare Verbesserung der Lebensbedingungen der ärmsten Bevölkerungsgruppen sowie eine Stärkung ihrer gesellschaftlichen Stellung und ihres politischen Einflusses erreichen. Dabei greifen die kirchlichen Hilfswerke auf einheimische Trägerstrukturen zurück, die wegen ihrer Integration in das Leben breiter Bevölkerungsschichten über besonders gute Landeskenntnisse und ein hohes Engagement verfügen. Diese konzipieren, planen und realisieren weitgehend autonom die notwendigen Maßnahmen vor Ort. Die Kirchen beschränken sich darauf, personelle und materielle Lücken zu füllen, die ihre Partner im EL aus eigener Kraft nicht schließen können. Somit versuchen sie mit begrenzten finanziellen Mitteln und gezieltem personellen Einsatz ein Vielfaches an materiellen und menschlichen Ressourcen im EL zu mobilisieren. Vorrangiges Ziel ist mithin Partizipation der Betroffenen, Hilfe zur Selbsthilfe und Ermutigung zur Eigenverantwortung. Zunehmend wichtig wird auch ein Einwirken auf die Gestaltung der Rahmenbedingungen in EL.

In vielen Ländern leisten die Kirchen Entwicklungsarbeit unter schwierigen wirtschaftlichen und politischen Bedingungen und wirken auch in solchen Ländern, mit deren Regierungen

---

[255] Vgl. BMZ, Medienhandbuch. Entwicklungspolitik 2008/2009, Oktober 2008, S. 98.

[256] Vgl. im Folgenden BMZ, Medienhandbuch. Entwicklungspolitik 2008/2009, Oktober 2008, S. 84f. und HIZ II A 91.

[257] Als der damalige Bundeskanzler K. Adenauer den Vorschlag machte, beiden Kirchen staatliche Mittel für ihre Entwicklungsarbeit zur Verfügung zu stellen, gründeten sie diese Zentralstellen 1962, um das bestehende Engagement zu erweitern. Sie dienen seitdem als Hauptansprechpartner für den Staat in Entwicklungsfragen und für den Einsatz staatlicher Fördermittel. Die Mittel werden frei von politischen Auflagen vergeben und werden von den Kirchen autonom verwendet, wobei sie jedoch nicht in Projekte mit missionarischem Charakter fließen dürfen.

die Bundesregierung nicht zusammenarbeiten kann oder will. Sie übernehmen dabei oft unvermeidbare Risiken und betreten entwicklungspolitisches Neuland.

5.5.8 Entwicklungszusammenarbeit der politischen Stiftungen

Auch politische Stiftungen, wie z.B. die Friedrich-Ebert-Stiftung (FES), Konrad-Adenauer-Stiftung (KAS), Friedrich-Naumann-Stiftung (FNS), Hanns-Seidel-Stiftung (HSS), Heinrich-Böll-Stiftung (HBS) und Rosa-Luxemburg-Stiftung (RLS), leisten einen Beitrag zur EZ. Wie andere nicht-staatliche Organisationen arbeiten sie direkt mit privaten Partnern, gelegentlich auch mit staatlichen Stellen, zusammen und fördern Institutionen und gesellschaftliche wie soziale Gruppierungen in EL. Ziel ihrer entwicklungspolitischen Tätigkeit ist die Vermittlung und Festigung freiheitlich-demokratischer und sozialer Wertvorstellungen, die Stärkung der Eigeninitiative und des Selbsthilfewillens, die Förderung der wirtschaftlichen Eigenständigkeit sowie der Partizipation der Bevölkerung an politischen Entscheidungsprozessen und an der sozioökonomischen Entwicklung. International setzen sich die politischen Stiftungen für eine verbesserte Zusammenarbeit zwischen IL und EL sowie zwischen den EL ein. Um dies zu erreichen, arbeiten sie mit gesellschaftspolitischen Gruppen und Institutionen in EL zusammen, deren aktuelle oder für die Zukunft angestrebte Positionen im gesellschaftspolitischen Gefüge ihres Landes einen ausreichenden Einfluss auf eine Ausrichtung der politischen und gesellschaftlichen Ordnung nach den Prinzipien von Demokratie und sozialer Gerechtigkeit verspricht. Die Leistungen der politischen Stiftungen basieren auf langjähriger Zusammenarbeit mit ihren Partnern in den EL. Da häufig mehrere Stiftungen gleichzeitig mit den ihnen nahestehenden gesellschaftspolitischen Gruppen im Lande tätig sind, kann so der gesellschaftliche Pluralismus gefestigt werden. Die Bundesregierung fördert im Rahmen ihrer entwicklungspolitischen Zielsetzungen die Arbeit der politischen Stiftungen in den EL auf den Gebieten der Gesellschaftspolitik und der Sozialstrukturpolitik. Im Jahre 2007 stellte die Bundesregierung zur Unterstützung entwicklungspolitischer Vorhaben der politischen Stiftungen in den Partnerländern (einschließlich der Transformationsländer) insgesamt 189,6 Mio. € bereit.

Die EZ mit politischen Stiftungen hat sich als taktisch kluger Schachzug herausgestellt. Wenn in EL durch einen Machtwechsel Probleme mit den staatlichen Stellen der EZ auftauchten, konnte die andere Stiftung, die in EL mit der Opposition zusammengearbeitet hatte, Kontakte zur neuen Regierung herstellen. Durch die politischen Stiftungen bestehen somit Kontakte zu vielen politischen Bewegungen in den EL, so dass der Informationsfluss selbst in unruhigen Zeiten nicht abbricht.

5.5.9 Entwicklungszusammenarbeit anderer Nicht-Regierungs-Organisationen (NGOs)

In Deutschland, aber auch weltweit, gibt es neben den Kirchen und politischen Stiftungen zahlreiche private Träger, die sich in der EZ engagieren und als Nicht-Regierungs-

Organisationen (bzw. non-governmental organizations = NGOs)[258] bezeichnet werden. Die UN prägte diesen Begriff ursprünglich für „privat initiierte Organisationen mit internationaler Struktur." (Pfeifer, S.2) Heute werden darunter die unterschiedlichsten Organisationen subsumiert, deren einziges gemeinsames Merkmal wohl die Nichtstaatlichkeit ist, eine allgemein gültige Definition existiert nicht.

Viele Gruppen und Institutionen sind in **Koordinationsstellen** und **Netzwerken** zusammengeschlossen, deren größtes Netzwerk VENRO darstellt.

Der Verband Entwicklungspolitik deutscher Nicht-Regierungs-Organisationen (VENRO) wurde im Dezember 1995 gegründet und ist ein freiwilliger Zusammenschluss von derzeit ca. 100 deutschen NGOs, die in der Mehrzahl bundesweit tätig sind. Inklusive lokaler Initiativen, die über NGO-Landesnetzwerke repräsentiert sind, vertritt der Verband rund 2000 große, mittlere und kleine NGOs. VENRO verfolgt das Ziel einer „zukunftsfähigen EP" im Sinne der UN-Millenniumsentwicklungsziele. Damit soll die Kluft zwischen reich und arm in der Welt reduziert und ein besserer Zugang aller Geschlechter und Generationen zu den Ressourcen dieser Erde angestrebt werden. In diesem Sinne setzt sich VENRO für eine globale Strukturpolitik ein und bemüht sich um eine bessere entwicklungspolitische Bewusstseinsbildung in Deutschland. Um dieses Ziel zu erreichen, werden folgende Hauptaufgaben angestrebt:

- den Stellenwert der EZ zu erhöhen;
- eine alle Politikbereiche einbeziehende, in sich stimmige EZ zu fordern;
- die Interessen der NGOs gegenüber der Politik zu vertreten und zu stärken;
- die Rolle der NGOs und der Zivilgesellschaft in der EZ zu stärken,
- den Dialog zwischen den entwicklungspolitischen NGOs zu intensivieren;
- den gesellschaftlichen Dialog zu fördern und das Bewusstsein für entwicklungspolitische Themen zu stärken.[259]

Um ihre Programme durchführen zu können, sind die meisten NGOs auf ehrenamtliche Arbeit und Spenden aus der Bevölkerung angewiesen. Bei der Finanzierung ihrer entwicklungspolitischen Arbeit werden die NGOs aber auch von staatlichen Stellen unterstützt. Kommunen, Bundesländer, das BMZ, aber auch die Europäische Union und die Vereinten Nationen können auf Antrag Geld für die Arbeit der NGOs zur Verfügung stellen. Diese Fördermittel sind eine wichtige Ergänzung der Eigenmittel der NGOs. Bei vielen Maßnahmen von NGOs besteht der Hauptanteil der finanziellen Mittel aus solchen staatlichen Zuschüssen. Das BMZ fördert die Vorhaben dieser unabhängigen privaten Träger im Jahr 2008 mit 33 Mio. €.

---

[258] Näheres siehe Kap. 7.2. Zu den NGO gehören die Kirchen, die politischen Stiftungen und die sonstigen privaten Träger von EZ wie bspw. Weltfriedendienst, EIRENE oder Deutsche Welthungerhilfe usw.

[259] Vgl. BMZ, Medienhandbuch. Entwicklungspolitik 2008/2009, Oktober 2008, S. 88f.

6 Gesamtwirtschaftliche Projektevaluierung und optimaler Einsatz des Faktors Kapital

Das Ermitteln von Entscheidungsregeln zur bestmöglichen Verwendung knapper Ressourcen gehört zu den wesentlichen Aufgaben der Volkswirtschaftslehre. Bei vollständiger Konkurrenz lautet die Bedingung des marktwirtschaftlichen Optimums: Die Menge aller im Produktionsprozess einzusetzenden Faktoren soll bis zu jenem Punkt erhöht werden, wo das jeweilige Grenzprodukt aller Faktoren mit den Opportunitätskosten übereinstimmt. Ein Optimum ist dann erreicht, wenn durch eine weitere Veränderung der Ressourcenverwendung das Produktionsergebnis nicht mehr verbessert werden kann, man spricht von Pareto-Effizienz. Dabei werden funktionierende Produkt- und Faktormärkte vorausgesetzt, da andernfalls Preise falsche Signale übermitteln können, so dass Ressourcen gesamtwirtschaftlich nicht optimal eingesetzt werden. Auch in der EH müssen Entscheidungskriterien entwickelt werden, um eine optimale Verwendung knapper Ressourcen, insbesondere Kapital oder Devisen, zu gewährleisten. Anfänglich wurden einfache Entscheidungskriterien gewählt, die aus der Betriebswirtschaftslehre abgeleitet wurden. Im Laufe der Zeit entwickelte man dann Kriterien, die mehrere Nebenziele sowie indirekte Auswirkungen auf die Volkswirtschaft berücksichtigen (Kosten-Nutzen-Analysen).

6.1 Investitionskriterien als Entscheidungshilfe bei der Projektauswahl

Die mikroökonomische Theorie nennt nur die statischen Optimierungsbedingungen. Bei der Verwendung knappen Kapitals wird jedoch eine optimale intertemporale Allokation angestrebt. Die Maximierung der gegenwärtigen Produktion mag nämlich dazu führen, dass das Optimum in der Zukunft verfehlt wird. Probleme der Externalitäten und der Einkommensverteilung müssen ebenfalls berücksichtigt werden und schließlich können soziale und private Optimierungskriterien divergieren. Die optimale Verwendung des Kapitals hängt also von mikro- und makroökonomischen sowie gesellschaftspolitischen Gesichtspunkten ab. Welche

Projekte sollen in welchen Sektoren gefördert werden? Welche Technologie soll verwendet werden?[260] Schon früh wurden Investitionskriterien entwickelt, von denen wir die Kriterien des höchstmöglichen Kapitalumschlags (bzw. des minimalen Kapitalkoeffizientens), der Maximierung der sozialen Grenzproduktivität und der maximalen Reinvestitionsquote behandeln werden.

6.1.1   Kriterium des maximalen Kapitalumschlags

Das **Kriterium des höchstmöglichen Kapitalumschlags**[261] betont die strategische Rolle des Kapitals im Wachstumsprozess. Es steht damit in der Tradition von Adam Smith, der schon sehr früh auf die geringe Kapitalausstattung als Entwicklungshemmnis hingewiesen hat. Das Kriterium des höchstmöglichen Kapitalumschlags kann auch als das Kriterium des minimalen Kapitalkoeffizienten bezeichnet werden, von dem die Befürworter hoffen, dass die erzielte Arbeitsintensität höher liegt als bei anderen Kriterien und damit als positiver Nebeneffekt auch der vorhandenen Arbeitslosigkeit begegnet werden kann.[262]

Das Kriterium des maximalen Kapitalumschlags geht von der (heute nicht mehr pauschal akzeptierten) Beobachtung aus, dass Kapital in EL den Entwicklungsengpass darstellt. Um die höchstmögliche Isoquante der Produktionsfunktion zu erreichen, muss das Produktionsverfahren gewählt werden, das den niedrigsten Kapitalbedarf pro Produktionseinheit aufweist (vgl. Abb. 6.1).

Durch tautologische Umformulierung der Wachstumsformel des Volkseinkommens[263] lässt sich dieses Kriterium ableiten:

$$\Delta Y = \frac{Y}{K} \bullet \Delta K = \frac{\Delta K}{K/Y} = \frac{I}{v}$$

wobei K/Y den durchschnittlichen Kapitalkoeffizienten (v) bezeichnet. Es lässt sich ersehen, dass bei vorgegebener Investition (I=ΔK) ein großer Zuwachs des Volkseinkommens (ΔY) erreicht werden kann, wenn v niedrig ist. Je kleiner also der Kapitalkoeffizient (bzw. je grö-

---

[260] Zwischen dem Problem der optimalen Projekte und der optimalen Technologie muss streng genommen unterschieden werden. Wir werden uns in diesem Abschnitt im Grunde genommen nur um optimale Projekte Gedanken machen.

[261] Die Begriffe maximaler Kapitalumschlag oder minimaler Kapitalkoeffizient sind gleichbedeutend. Die durchschnittliche Kapitalproduktivität wird definiert als Y/K; der Kehrwert heißt durchschnittlicher Kapitalkoeffizient K/Y. Die Minimierung des Kapitalkoeffizienten bedeutet dann eine Maximierung der Kapitalproduktivität und damit des Kapitalumschlags.

[262] Zwischen den beiden Zielen hoher Beschäftigungsstand und hohes Wirtschaftswachstum kann ein möglicher Zielkonflikt entstehen. Vgl. hierzu auch LACHMANN (1997) S. 53-56.

[263] Unterstellt werden konstante Skalenerträge und Arbeitslosigkeit. Das Wachstum des Volkseinkommens entspricht dann dem Wachstum des Kapitalstocks. Der durchschnittliche Kapitalkoeffizient entspricht in diesem Fall auch dem marginalen Kapitalkoeffizienten.

ßer die Kapitalproduktivität Y/K), desto höher ist das zu erwartende Wachstum des Volks-einkommens bei gegebener Investitionssumme.

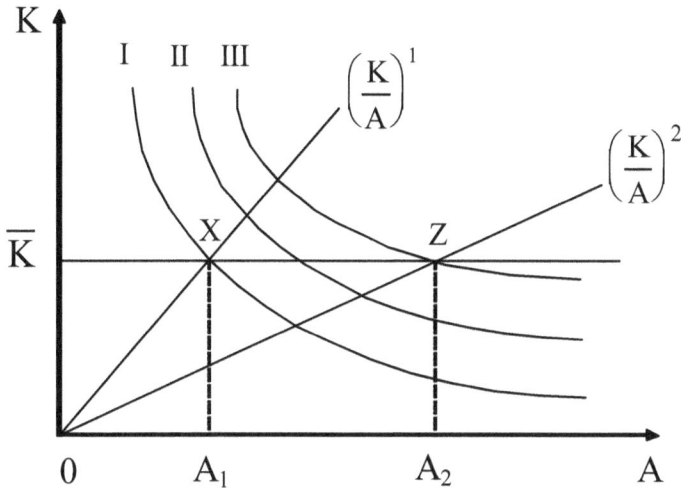

Abb. 6.1   Kriterium des minimalen Kapitalkoeffizienten

An einem Isoquantenschema lässt sich dieses Kriterium deutlich machen. Das EL verfüge über einen bestimmten Kapitalstock $\overline{K}$. Die einzelnen Isoquanten (I, II, III) seien gegeben. Sie repräsentieren drei unterschiedlich hohe Produktionsniveaus, die mit entsprechenden Kombinationen der Produktionsfaktoren (Kapital und Arbeit) erreicht werden können. Die Fahrstrahle OX und OZ geben unterschiedliche Kapitalintensitäten $(K/A)^1$ und $(K/A)^2$ der zur Wahl stehenden Produktionsverfahren wieder. Die höchstmögliche Isoquante und damit das höchstmögliche Volkseinkommen werden erreicht, wenn man den arbeitsintensiveren Produktionsprozess Z wählt, mit dem der niedrigere Kapitalkoeffizient erreicht werden kann. Letzterer kann aus der Abbildung nicht direkt entnommen werden. Vergleicht man jedoch das mit der Kapitalintensität $(K/A)^1$ erreichte Volkseinkommen und das mit der Kapitalinten-sität $(K/A)^2$ erreichte, so ist das letztere höher. Bei gleichem Einsatz von K erhöht sich also die Ausbringungsmenge Y, so dass der Koeffizient K/Y sinkt.

Das Kriterium des maximalen Kapitalumschlages ist wegen der Nichtberücksichtigung der Zeit kritisiert worden. Unterschiedliche Kapitalgüter oder Projekte leben unterschiedlich lang. Es ist möglich, dass ein Projekt mit einem hohen Kapitalkoeffizienten über einen länge-ren Zeitraum insgesamt einen höheren Beitrag zum Volkseinkommen liefert als ein Projekt mit einem niedrigeren Kapitalkoeffizienten, aber einer kürzeren Lebenszeit.

Außerdem wird nicht deutlich, was die Ursachen der höheren Kapitalproduktivität des Pro-jekts mit dem niedrigeren Kapitalkoeffizienten sind. Es mag sein, dass die höhere Effizienz durch komplementäre Produktionsfaktoren erreicht wurde, wobei nicht gesichert ist, ob diese

Faktoren weiterhin elastisch zur Verfügung stehen (wie die unterstellte Arbeitslosigkeit, durch die der Faktor Arbeit bei steigendem Kapitaleinsatz elastisch zur Verfügung gestellt wird). Sollte das Angebot dieser Komplementärfaktoren aus exogen determinierten Gründen heraus knapp werden, so kann die Kapitalproduktivität infolgedessen sinken und sich das so erfolgversprechende Projekt gar als Fehlschlag erweisen.

Weiterhin kann sich der technologische Fortschritt so entwickeln, dass das heute gewählte Produktionsverfahren mit dem niedrigsten Kapitalkoeffizienten morgen einen vergleichsweise höheren Kapitalkoeffizienten aufweist, da sich ein bislang ungünstiges Verfahren mittels technischer Verbesserungen nunmehr langfristig als produktiver erweist.

Auch die Beachtung anderer Produktionsfaktoren wie Boden, Rohstoffe und Humankapital, die hier nicht in den Kapitalbegriff einbezogen sind, können ein anderes Bild ergeben. So kann bspw. über Lerneffekte der in der Produktion Beschäftigen die Produktivität des Kapitalstocks langfristig verbessert werden, eine Überbeanspruchung des Bodens kann hingegen die Produktivität senken. Eine Preissteigerung oder Qualitätsverschlechterung der benötigten Rohstoffe kann denselben produktivitätssenkenden Effekt bewirken. Die Unterstellung konstanter Skalenerträge abstrahiert von diesen Effekten.

Zudem ist es nötig, zwischen Brutto- und Nettokapitalkoeffizienten zu unterscheiden. Der Bruttokapitalkoeffizient berücksichtigt neben den Erträgen auch die Betriebskosten und weicht somit vom Nettokapitalkoeffizienten ab, der nur den reinen Barwert der Erträge betrachtet. Bemängelt wird weiterhin, dass mögliche Externalitäten der gewählten Produktionsverfahren nicht beachtet werden. Ein einzelwirtschaftlich günstiges Produktionsverfahren mit einem niedrigen Kapitalkoeffizienten kann sich gesamtwirtschaftlich als nachteilhaftig herausstellen, wenn es stärkere negative externe Effekte als ein Alternativprojekt mit höherem Kapitalkoeffizienten aufweist. Die in der Analyse unterstellten Marktpreise und Zinsen müssen obendrein nicht unbedingt den jeweiligen gesamtwirtschaftlichen Opportunitätskosten entsprechen.

6.1.2   Kriterium der maximalen sozialen Grenzproduktivität

Die fehlende Berücksichtigung der gesellschaftlichen Kosten des Produktionsprozesses soll mit dem **Kriterium der Maximierung der sozialen Grenzproduktivität (SGP)** überwunden werden. Hierbei wird die Maximierung des Beitrags einer marginalen Investitionseinheit zum nationalen Output angestrebt. Das Ziel ist die höchstmögliche Effizienz der eingesetzten Ressourcen. Sämtliche Kosten und Erträge des Projektes werden in volkswirtschaftlich relevante Größen umgerechnet, wobei die Produktionskosten mit ihren Opportunitätskosten veranschlagt werden. Die Allokation der Produktionsfaktoren ist nach diesem Kriterium effizient, wenn die SGP für alle Investitionsvorhaben gleich hoch ist:

$$SGP = \frac{dY - dC}{dK} \text{, wobei}$$

Y   den Wert des Gesamtausstoßes,
C   die anfallenden Gesamtkosten und

K   den Kapitalstock bezeichnet.

Alle volkswirtschaftlichen Kosten müssen zu den Opportunitätskosten berechnet werden, was eine Beachtung der negativen externen Effekte erfordert. Bei der Bewertung der Erträge werden dann auch positive externe Effekte berücksichtigt. Als Maßstab gilt die gesellschaftliche Wertschöpfung, die theoretisch durch die gesamtwirtschaftliche Wohlfahrtsfunktion dargestellt wird. Bei der Projektanalyse müssen daher auch jene induzierte Nettoerträge und -kosten berücksichtigt werden, die bei anderen Wirtschaftseinheiten infolge der Projektdurchführung anfallen.

Auch das SGP-Kriterium ist statischer Natur und berücksichtigt nur die Gegenwart. Es vernachlässigt potenzielle intertemporale Effizienzsteigerungen, die Projektauswirkungen auf die Qualität der Produktionsfaktoren sowie die Veränderung der Faktorverfügbarkeit im Laufe der Projektdurchführung.[264] Zudem ist fraglich, ob die Maximierung der laufenden Produktion im Rahmen des Projekts zu einem positiven Wirtschaftswachstum führt. Deshalb wurde vorgeschlagen, solchen Projekten den Vorzug zu geben, die das höchste Wachstum des PKE über einen längeren Zeitraum bewirken. Nur so ließe sich ein möglichst hohes wirtschaftliches Wachstum erreichen.

6.1.3   Kriterium der maximalen Reinvestitionsquote

Das volkswirtschaftliche Wachstum hängt von der Geschwindigkeit der Kapitalakkumulation ab, die wiederum durch die Struktur der Einkommensverwendung (Konsum oder Investition) bestimmt wird. Das **Kriterium der maximalen Reinvestitionsquote (MRQ)**, das eine Maximierung des PKE in zukünftigen Perioden anstrebt, berücksichtigt diese Zusammenhänge. Demnach sollen bei der Projektauswahl diejenigen Vorhaben bevorzugt werden, welche die höchste Reinvestitionsquote aufweisen. Ziel ist die Erhöhung der Kapitalintensität (K/A) bzw. eine Maximierung der Profitquote. Dies ist gleichbedeutend mit einem Konsumverzicht heute zugunsten eines möglichst raschen Wirtschaftswachstums.

Der marginale Reinvestitionsquotient r wird definiert als

$$r = \frac{(p - ew)}{k} \text{ mit}$$

p   Netto-Output der Investition (Produktion),
e   Anzahl der Arbeiter, die in diesem Projekt mitwirken,
w   deren Reallohn und
k   Kosten der Investition.

Der marginale Reinvestitionsquotient r ermittelt sich als Wachstumsrate, wenn angenommen wird, dass die Löhne vollständig konsumiert und die Gewinne vollständig reinvestiert wer-

---

[264] Bei Opportunitätskosten der Arbeit von Null gleicht dieses Kriterium dem des maximalen Kapitalumschlags.

den. Lohnquote $\left(\dfrac{ew}{p}\right)$ und Profitquote $\left(\dfrac{ki}{p}\right)$, mit i als marktlicher Zinssatz, summieren

sich zu eins. Grundlage der Argumentation ist eine neoklassische Produktionsfunktion. Unter dieser Annahme lässt sich die obige Formel umformen in

$$r = \frac{p\left(1-\dfrac{ew}{p}\right)}{k} = \left(\frac{p}{k}\right) \bullet \left(1-\frac{ew}{p}\right) = \frac{s}{c}, \text{ wobei}$$

$$s = \left(1-\frac{ew}{p}\right) \qquad \text{die Sparquote und}$$

$$c = \frac{k}{p} \quad \text{den durchschnittlichen Kapitalkoeffizienten bezeichnet}$$

Der marginale Reinvestitionsquotient r ist umso größer, je höher die volkswirtschaftliche Sparquote und je niedriger der marginale Kapitalkoeffizient ist. Das bedeutet aber auch, dass das Wachstum auf Kosten des Gegenwartskonsums und möglicherweise der Beschäftigungsmöglichkeiten erreicht wird. Dieses MRQ-Kriterium erscheint somit als das andere Extrem des statischen SGP-Kriteriums. Es maximiert den zukünftigen Surplus per Arbeitnehmer.[265]

Ein Vergleich der beiden Kriterien ergibt folgendes mögliches Ergebnis (vgl. Abb. 6.2):

Der Wachstumspfad des MRQ-Kriteriums weist in Anfangsphasen des Projekts einen niedrigeren Durchschnittskonsum als der des SGP-Kriteriums auf. Bei t_1 schneiden sich die beiden Wachstumspfade und das MRQ-Kriterium führt in der Zukunft im Vergleich zum SGP zu einem stets höheren Durchschnittskonsum. Ist der gesellschaftlich zu betrachtende Zeithorizont kürzer als t_1, ist das SGP- gegenüber dem MRQ-Kriterium zu präferieren. Es stellt sich jedoch die Frage, ob die Gesellschaft bis t_1 warten kann oder ungeduldig wird und daher SGP vorzieht. Über den Zielhorizont der Gesellschaft zu entscheiden, ist Aufgabe der wirtschaftspolitischen Instanzen.

Die einseitige Orientierung von MRQ am Wachstumsziel ist genauso kritisiert worden, wie die einseitige Ausrichtung der SGP auf das Effizienzziel. Die Verlegung des Wachstumsziels auf einen unendlich langen Zeithorizont macht Wachstum zum Selbstzweck. Die hohe offene und versteckte Arbeitslosigkeit in EL vermag auch dem Beschäftigungsziel einen sozialen Wert und politische Bedeutung zumessen. Zudem ist fraglich, ob die geringe Marktgröße der EL eine kapitalintensive Produktion erlaubt bzw. sinnvoll erscheinen lässt.

---

[265] Das MRQ-Kriterium beinhaltet nicht die Maximierung der Kapitalintensität (Capital Labour Ratio). Es ähnelt der Wachstumsrate des Harrod-Domar-Modells.

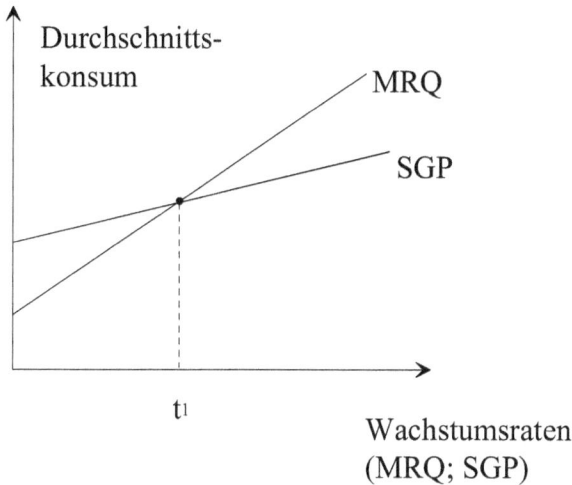

Abb. 6.2   Wachstumspfade für MRQ und SGP

Deshalb ist eine umfassendere makroökonomische Analyse notwendig, die in Form von Kosten-Nutzen-Analysen (KNA) zur Verfügung steht. Bei dieser gesellschaftlichen Investitionsrechnung wird vom Cash-Flow der Betriebswirtschaftslehre ausgegangen; sie eliminiert Transfers und Nebenwirkungen und berücksichtigt externe Effekte, was insbesondere bei unvollkommenen Märkten bedeutsam ist.

6.2   Kosten-Nutzen-Analysen

Die KNA[266] stellt eine Methode zur Bewertung öffentlicher Investitionsvorhaben dar, welche die rationale Auswahl eines Projektes aus mehreren Alternativen ermöglicht. Schon früh wurde sie von dem französischen Ingenieur und Ökonomen A.-J.-E. J. Dupuit[267] begründet.

---

[266] Vgl. HESSE (1988) sowie DRÈZE/ STERN (1987); DASGUPTA/ MARGLIN/ SEN (1972) (im Auftrag der UNIDO); DIAMOND/ MIRRLEES (1971); LITTLE/ MIRRLEES (1974); SQUIRE (1989) und Handbuch der Volkswirtschaftlichen Beratung, Bd. 1, C IV.

[267] Arsène-Jules-Emile Juvenal Dupuit (1804-1866) publizierte 1844 das grundlegende Werk der Bewertung öffentlicher Investitionen mit dem Titel „On the Measurement of the Utility of Public Works". Der in Piemont (heute Italien) geborene Dupuit entwickelte als Ingenieur Verfahren zur Bewertung der Nettonutzen öffentlicher Investitionen. Er wurde Generalinspekteur der Zivilingenieure in Frankreich und hat auch im Bereich der Ökonomik wichtige Anstöße gegeben. So gilt er als einer der Erfinder der Grenznutzentheorie. Vgl. auch den Übersichtsaufsatz von EKELUND (1987).

Im Rahmen der Wohlfahrtsökonomik wurde dieses Konzept erweitert. In den USA wird die KNA durch die Gesetzgebung verpflichtend bei der Bewertung staatlicher Projekte angewandt. Ihr Ziel ist die Rationalisierung politischer Entscheidungen durch einen Vergleich von Erfolg und Belastungen (benefits and costs),[268] wobei auch die ökonomischen und gesellschaftlichen Nebenwirkungen beachtet werden, d.h. Sekundärwirkungen werden in die Analyse einbezogen.

Neben einer finanziellen Investitionsrechnung muss also auch eine ökonomische sowie eine gesellschaftliche Bewertung des Projekts vollzogen werden. Die Kosten-Nutzen-Bewertung erfolgt daher nach dem Opportunitätskostenprinzip. Divergieren die privatwirtschaftlichen und gesamtgesellschaftlichen Kosten eines Projekts, müssen Schattenpreise gebildet werden. Mit Hilfe eines geeigneten Kalkulationszinsfußes werden die zu verschiedenen Zeiten anfallenden Kosten und Erträge auf den Gegenwartswert abgezinst. Dadurch ist prinzipiell eine umfassende Vergleichsrechnung für verschiedene Projekte möglich. Zinsfuß und Schattenpreise sind in ihrer Bestimmung jedoch problematisch.

Bei der rein **numerischen** Bewertung wird der Gegenwartswert eines Projektes errechnet als

$$NGW = \sum_{t=0}^{T} \frac{E_t - C_t}{(1+r)^t} - K_0 \text{ , mit}$$

E_t	Erträge zum Zeitpunkt t,
C_t	Kosten zum Zeitpunkt t,
r	soziale Diskontrate,
K_0	Investitionskosten des Projektes, die zum Projektbeginn anfallen,
T	Lebensdauer des Projektes.

Werden die Nettoerträge jeder Periode ermittelt, dann lässt sich diese Formel auch schreiben als:

$$NGW = \sum_{t=0}^{T} \frac{B_t}{(1+r)^t} - K_0 \text{ .}$$

Gesucht wird das Projekt mit dem höchsten (positiven) Nettogegenwartswert.

Bei der **ökonomischen** Bewertung ist nun zu berücksichtigen, dass ein Projekt:

- Auswirkungen auf seine Umgebung hat. Eine neue Straße kann bspw. für Unternehmen die Transportzeiten senken und somit zu einer Erhöhung des Outputs beitragen (positiver externer Effekt). Andererseits können negative externe Effekte in Form von Umweltschäden, Vermögenswertminderungen (z.B. beim Bau eines Flughafens) etc. auftreten. Externe Effekte können technologischer oder pekuniärer Art sein.

---

[268] Die Übersetzung des angloamerikanischen Ausdrucks „cost-benefit-Analyse" ist bisher noch nicht zufriedenstellend gelungen. Oft wird deshalb der englische Terminus verwendet, manche übersetzen auch als „Kosten-Ertrags-Analyse". Da sich der Begriff Kosten-Nutzen-Analyse in einem hohen Maße durchgesetzt hat, werden wir ihn hier verwenden – trotz der Schwierigkeit des Begriffes Nutzen, der in deutscher Sprache meist dem englischen Begriff „utility" gleichgesetzt wird.

- Auswirkungen auf die lokalen Preise haben kann. Bspw. führt eine Preissenkung zu einer Konsumentenrente, die zum Wert dieses Projektes hinzugerechnet werden muss.
- Auswirkungen auf das Faktorangebot haben kann. Werden infolge des neuen Projekts bestimmte Produktionsfaktoren verstärkt nachgefragt, so beinhaltet dies ein höheres Einkommen für die Anbieter dieser Faktoren (z.B. Arbeitsleistung, Vorprodukte, Vermarktungsleistungen) und eventuell gestiegene Faktorpreise in der Zukunft.

Die Preise müssen also nach ihrem ökonomischen Wert (Opportunitätskosten) berechnet werden. Die Variablen erfahren dann eine Neuinterpretation:

E_t soziale Erträge, die mit den Effizienzpreisen berechnet werden,

C_t soziale Kosten der Inputs (Opportunitätskosten),

r   soziale Diskontrate

K_0 soziale Kosten der Investitionen.

Ein Projekt lohnt sich aus Sicht der Gesellschaft, wenn die sozialen Erträge die sozialen Kosten übersteigen. Wie sollen aber die Erträge und Kosten gemessen werden, welche Größe soll als Numéraire des Projekts dienen?

Eine Möglichkeit besteht darin, die heimischen Preise zu wählen und den **Konsum** als Numéraire anzusehen, wobei Korrekturen notwendig sind, wenn es Divergenzen zwischen dem Marktpreis eines Gutes oder Dienstes und seiner sozialen Bewertung gibt. Darum werden Schattenpreise beispielsweise für Devisen berechnet. Dieser Ansatz wird von der UNIDO verfolgt. Eine zweite Möglichkeit besteht darin, Erträge und Kosten nach Weltpreisen zu bemessen, die dann die Opportunitätskosten von Outputs und Inputs beinhalten, wobei die öffentlichen Ersparnisse, gemessen in **Devisen**, als Numéraire zählen. Dies ist der Little-Mirrlees-Ansatz der OECD.

Die Opportunitätskosten müssen bezüglich der staatlichen Finanzpolitik korrigiert werden, also abzüglich Steuern und Subventionen. Marktmacht kann ebenso wie die Existenz von Externalitäten zu verzerrten Preisen führen. Um all diese indirekten Wirkungen zu ermitteln, muss bei unvollkommenen Märkten z.B. die Verwendung des **Projektoutputs** beachtet werden: Wird das Produktionsergebnis exportiert oder werden dadurch Importe bzw. die Inlandsproduktion substituiert? Je nach Verwendung muss der Output unterschiedlich bewertet werden. Es muss zwischen unterschiedlichen Arten des Outputs unterschieden werden:

- Industrieprojekte, in welchen handelbare Güter produziert werden,
- Infrastrukturprojekte, bei welchen es sich im Grunde genommen immer um nicht-handelbare Güter handelt, z.B. Krankenhäuser und Schulen;
- Versorgungsprojekte, bei denen es sich um nicht-handelbare Dienstleistungen handelt, wie z.B. die Versorgung der Haushalte mit Elektrizität, Wasser, Abwasser usw.

Ebenso ist die Bewertung der **Projektinputs** von den äußeren Umständen abhängig. Inputs mögen in EL nicht in ausreichender Menge verfügbar sein, so dass sie netto importiert werden müssen. Es mag ebenso sein, dass das EL die Inputs anderweitig verwendet und durch die eigene Verwendung der Inputs die Exporte gesenkt werden. Der Bedarf an Inputs mag auch den Nettoexport übersteigen, so dass die Projektinputs statt exportiert nun importiert werden müssen. Je nach Gegebenheit müssen die Projektinputs in der KNA unterschiedlich bewertet werden.

Wie schon erwähnt, gibt es bei der KNA zwei unterschiedliche Methoden: einerseits den Ansatz der OECD (Little/Mirrlees) und der Weltbank (Squire/Tak) und andererseits den UNIDO-Ansatz. Die Methoden unterscheiden sich in den Bereichen **Recheneinheit**, **Maßeinheit** und **Bewertungsprinzip**. Während die OECD/Weltbank das Einkommen des Staates in fremder Währung als Kriterium wählt, bewertet die UNIDO den gesamtwirtschaftlichen Konsum in heimischer Währung. Bei suboptimalem Wachstum wird dabei ein bestimmter Umfang an einheimischer Ersparnis höher bewertet als die gleiche Menge Konsum. Wir werden uns im Folgenden auf eine Darstellung des UNIDO-Ansatzes beschränken, da er in EL häufig Anwendung findet.[269]

6.2.1   Darstellung des KNA-Ansatzes der UNIDO-Guidelines

Für die Evaluierung von Projekten benötigt man einen Numéraire. In den Guidelines wird der Konsum benutzt, der prinzipiell durch die „willingness to pay" ermittelt wird. Alle betrachteten gesellschaftlichen Ziele müssen daher in ihren Konsumwert umgerechnet werden. Zielfunktion des UNIDO-Ansatzes ist die **Maximierung des Gegenwartswerts der zukünftigen Konsumströme**, also des Netto-Outputs, der in Inlandswährung gemessen wird. Damit stellt er auf das Ergebnis der Investition ab und ist insoweit outputorientiert.[270]

Bei den Investitionsprojekten werden nicht nur die privaten, sondern auch die sozialen oder gesellschaftlichen Grenznutzen bewertet. Wegen der Knappheit der Ersparnisse in EL wird der gesamtgesellschaftliche Grenznutzen einer marginalen Einheit Konsum geringer bewertet als der einer marginalen Einheit Investition. Man benötigt einen „Schattenpreis" für Investitionen, um sie in den Konsum-Numéraire zu überführen.

Umstritten ist die Einbeziehung des Zieles der **Einkommensverteilung**. Im UNIDO-Ansatz wird dem Verteilungsziel ein besonderes Gewicht beigemessen, was dadurch geschieht, dass der Konsum unterprivilegierter Schichten höher bewertet wird. Auch **Beschäftigung** kann als eigenständiges Ziel angesehen werden. Dann wird der Beschäftigung von unterprivilegierten Arbeitslosen ein höherer Wert beigemessen. Da die EL unter Devisenmangel leiden, müssen die Auswirkungen des Vorhabens auf Exporte oder auf die Substitution von Importen ein besonderes Gewicht erhalten. Deshalb sind auch Schattenpreise für ausländische Devisen festzulegen.

Das UNIDO-Konzept unterstellt, dass Marktpreise korrigiert werden müssen. Die Korrektur der marktlichen Bewertung von Ersparnissen und Devisen ist nötig, weil sie Entwicklungs-

---

[269]   Die folgende Darstellung der UNIDO-Guidelines soll einen kurzen Einblick in die Probleme der KNA ermöglichen. Für weiterführende Literatur sei auf die in FN 1 dieses Kapitels gegebenen Hinweise verwiesen.

[270]   Die konkurrierenden Ansätze der OECD und der Weltbank sind dagegen inputorientiert; die zentrale Determinante ist die Kapitalakkumulation.

engpässe darstellen. Für die Bewertung des Verteilungs- und Beschäftigungszieles sind anders geartete Schattenpreise erforderlich. Diese sind eher politischer Natur, da sie sich, anders als die Schattenpreise von Investitionen und Devisen, nicht mit Hilfe einer Rechenvorschrift ermitteln lassen.

Das Ziel der nationalen Planung besteht in der Erhöhung der Wohlfahrt und des Lebensstandards, der in Konsumeinheiten bemessen wird. Da das Prinzip der Zahlungswilligkeit unterstellt wird, können die einzelnen Gütermengen, mit ihren Preisen bewertet, addiert werden. Auf eine Unterscheidung verschiedener Konsumenten (bezogen auf ihren unterschiedlichen Grenznutzen) wird verzichtet. Dabei wird beachtet, dass der gegenwärtige Konsum einen höheren Nutzen bringt als der zukünftige Konsum. Mit Hilfe der **sozialen Diskontrate** (SDR) i werden Nutzen intertemporal vergleichbar gemacht:

$$i = \frac{(a_0 - a_1)}{a_1},$$

dabei stellt a_0 den Wert einer Konsumeinheit zum gegenwärtigen Zeitpunkt dar, a_1 den einer zukünftigen Periode. Die Differenz der beiden Wertvorstellungen, bezogen auf den Ausgangszeitpunkt, ergibt die SDR, die für die Bewertung des Nutzens bei der Projektevaluierung eine entscheidende Rolle spielt.

6.2.2   Bedeutung der sozialen Diskontrate

Staatliche Projekte beeinflussen in der Regel Kosten und Nutzen der Haushalte über einen längeren Zeitraum. Die Vorteilhaftigkeit eines Projektes hängt daher vom Zeitprofil seiner positiven und negativen Wirkungen auf das Nutzenniveau der Haushalte ab. Je früher die mit einem Projekt verbundenen Nutzen und je später ihre Kosten anfallen, desto günstiger wird das Projekt in der Gegenwart beurteilt. Zukünftig entstehendem Nutzen wird ein geringeres Gewicht zugemessen als gegenwärtigem Nutzen. Wie lässt sich der Wert der SDR ermitteln? Kann der Marktzins oder muss die Produktivität des Kapitals als Approximation gewählt werden? Lässt sie sich etwa durch eine Gegenüberstellung der internen Zinsfüße von Projekten berechnen?

Häufig wird der Vorschlag gemacht, den **Marktzins** als SDR heranzuziehen. Wenn der Markt die relativen Preise für Güter und Dienstleistungen bestimmt, dann muss er auch die SDR bestimmen, was dem Prinzip der Konsumentensouveränität entspricht. Der Marktzinssatz kann auch als das Ergebnis der „offenbarten Präferenzen" gesehen werden. Allerdings muss in diesem Fall unterstellt werden, dass die Bürger ihre Entscheidungen zeitinvariant treffen.[271] Hier kann dagegen eingewandt werden, dass in EL und IL gleichermaßen unterschiedliche Zinssätze existieren. Welcher Zins soll als Referenzgröße herangezogen werden: der Termineinlagenzins, Haben- oder Sollzins oder ein anderer? Denkbar wäre auch die Bildung eines gewichteten Durchschnittszinses. Gegen dieses Verfahren muss jedoch grund-

---

[271] Vgl. hierzu CAPLIN/LEAHY (2004)

sätzlich eingewandt werden, dass bei intertemporalen Entscheidungen die Konsumentensouveränität und damit die Möglichkeit rationalen Verhaltens nur eingeschränkt gilt – Entscheidungen über Ausbildung, Studium usw. sind nicht beliebig wiederholbar. Zusätzlich tauchen Probleme des Trittbrettfahrerverhaltens und der Externalitäten auf, die aus der Interdependenz individueller Entscheidungen herrühren.

Aus diesem Grunde wurde die Verwendung der **Grenzproduktivität des Kapitals** als SDR diskutiert. Auch dann sind intertemporale Werturteile nötig. In einem Zwei-Perioden-Modell können intertemporale Aspekte nur ausgeklammert werden, wenn z.B. die Mittel einer Investition von anderen Investitionen abgezogen werden. Sobald die Investitionsmittel aus dem Konsum abgezogen werden oder sobald mehr als zwei Perioden betrachtet werden, lässt sich ein subjektives Werturteil nicht umgehen. Die Festlegung der SDR beinhaltet also immer ein Werturteil![272]

Im UNIDO-Konzept wird vorgeschlagen, den **internen Zinsfuß**[273] eines Projektes zu berechnen und dann die Planungsbehörde zu fragen, ob sie die daraus errechnete SDR akzeptiert. Die SDR kann nur in Verbindung mit anderen nationalen Parametern (z.B. Zielen der Einkommensumverteilung oder Beschäftigungssteigerung) bestimmt werden und hilft den Politikern lediglich, die Konsequenzen ihrer Entscheidungen zu verdeutlichen.

6.2.3   Schattenpreis der Investition

Bei der Bestimmung der SDR i hatten wir gesehen, dass die Grenzproduktivität des Kapitals bestenfalls einen indirekten Einfluss ausübt. Welche Rolle spielt sie bei der Bestimmung der Opportunitätskosten? Dies soll bei der Betrachtung des Schattenpreises für Investitionen erörtert werden.

Der Nettogegenwartswert eines Projektes (NGW) ergibt sich aus den zukünftigen Erträgen (B) der Perioden (1,...,t,...,T), die mit ihrem Nutzen $\alpha_t = \dfrac{1}{(1+i)^t}$ gewichtet werden:[274]

(1) $$NGW = \alpha_1 B_1 + ... + \alpha_t B_t,$$

Unter der Annahme, dass die Kosten K nur in t_0 anfielen, und dass das Projekt allein durch **Konsumverzicht** finanziert wird, ergibt sich

---

[272] Die SDR lässt sich zerlegen in das Produkt der Grenznutzenelastizität (prozentuale Veränderung des Grenznutzens, dividiert durch die prozentuale Veränderung des Konsums) mit der Wachstumsrate des PKE. Die Grenznutzenelastizität beinhaltet aber immer ein Werturteil!

[273] Der interne Zinsfuß einer Investition ist derjenige Diskontierungsfaktor, bei dem alle auf den gegenwärtigen Zeitpunkt abdiskontierten erwarteten Erträge der Zukunft in der Summe genau den Anschaffungskosten entsprechen. Der Nettogegenwartswert der Investition ist dann Null.

[274] Vgl. DASGUPTA/MARGLIN/SEN (1972), S. 173ff.

(2)
$$NGW = \sum_{t=1}^{T} \frac{B_t}{(1+i)^t} - K_0 \, .$$

Da die Schattenpreise der Investitionen berechnet werden sollen, sei nunmehr unterstellt, dass das Projekt nur aus **Alternativinvestitionen** finanziert und der Ertrag sofort konsumiert wird.[275]

(3)
$$NGW = \sum_{t=1}^{T} \frac{B_t}{(1+i)^t} - \sum_{t=1}^{\infty} \frac{qK_0}{(1+i)^t} \, , \text{ wobei}$$

q die Grenzproduktivität des Kapitals $\left(\dfrac{\Delta Y}{\Delta K}\right)$ bezeichnet.

(4)
$$qK_0 \sum_{t=1}^{\infty} \frac{1}{(1+i)^t} \qquad \text{wird zu}$$

$$\frac{q}{i}K_0 \, , \qquad \text{wegen} \qquad \sum_{t=1}^{\infty} \frac{1}{(1+i)^t} = \frac{1}{i} \, .$$

Somit erhalten wir für (3) den Ausdruck

(5)
$$NGW = \sum_{t=1}^{T} \frac{B_t}{(1+i)^t} - \frac{q}{i}K_0 \, .$$

Vergleichen wir (2) mit (5), so fällt auf, dass im Falle der Finanzierung aus dem Investitions-fonds und rein konsumtiver Verwendung des Kapitalstocks die Kosten der Investition anders gewertet werden, nämlich mit dem Schattenpreis der Investitionen (p^{inv}). Dieser ergibt sich als Opportunitätskosten:

(6)
$$p^{inv} = \frac{q}{i} \, .$$

Dieser Schattenpreis, der Quotient aus der Grenzproduktivität des Kapitals und der SDR, gilt also nur unter der vereinfachten Annahme, dass das Projekt nur aus dem Investitionsfonds finanziert wird und die zukünftig anfallenden Erträge voll konsumiert werden. Übersteigt nun die Grenzproduktivität des Kapitals die SDR, erhalten wir einen Schattenpreis, der über

---

[275] Bei der Projektbewertung wird eine endliche Lebensdauer des Projektes (T) unterstellt, während man bei der Berechnung der Alternativkosten aus Vereinfachungsgründen davon ausgeht, dass sich das Projekt bis in die „Unendlichkeit" hinein auswirken wird, was durchaus unterstellt werden kann. Dadurch lässt sich mathematisch vereinfachend der Schattenpreis der Grenzproduktivität des Kapitals berechnen. Bei der Berechnung der Erträge eines Projektes setzt man willkürlich die Periode T als Zeithorizont der Projektauswirkungen.

1 liegt. Anders gesagt, je niedriger die SDR, desto höher liegt der Schattenpreis, mit dem die Kosten der Investition zu bewerten sind.

In der Realität dagegen wird ein Teil der Erträge reinvestiert. In diesem Fall erhalten wir als Schattenpreis der Investitionen:

(7)
$$p^{inv} = \frac{(1-s)q}{i-sq}.$$

Der Schattenpreis der Investitionen stellt sich dann dar als der konsumtive Anteil an der Grenzproduktivität des Kapitals (1-s)q, dividiert durch die Differenz der SDR und der Wachstumsrate des Kapitals sq.[276] Der Schattenpreis der Investitionen stellt den Gegenwartswert zukünftigen Konsums einer marginalen Investitionseinheit dar. Nur wenn q und s bekannt sind, kann er in Abhängigkeit von i errechnet werden. Verschiedene SDR ergeben dann unterschiedliche Schattenpreise der Investitionen.

In ähnlicher Weise können auch andere Schattenpreise im UNIDO-Ansatz berechnet werden, wobei die Deviseneffekte eine besondere Rolle spielen, die direkt oder indirekt durch das zu bewertende Projekt auf Input- oder Output-Seite ausgelöst werden. So ist insbesondere der Import besonderer Vorprodukte oder auch der Export besonderer Endprodukte zu beachten. Der Schattenwechselkurs im UNIDO-Ansatz stimmt mit dem offiziellen Wechselkurs überein, wenn die Zahlungsbilanz ein Gleichgewicht aufweist und wenn dieses Gleichgewicht nicht durch das zu bewertende Projekt verändert wird. Der Schattenwechselkurs im UNIDO-Ansatz errechnet sich dabei als das Verhältnis der Inlandspreise zu den Weltmarktpreisen (bewertet bei den Importgütern nach cif und bei den Exportgütern nach fob), wobei die Anteile der jeweiligen Güter am Außenhandel des EL über alle Import- und Exportgüter aufsummiert werden.

Dieser Modellrahmen erlaubt weitere Überlegungen. Die Parameter können über die Zeit variieren, zwischen privaten und öffentlichen Investitionen kann unterschieden werden. Neben der unbekannten SDR sind auch andere nationale Parameter nicht bekannt, wie z.B. die Bewertung ausländischer Devisen und unbeschäftigter Arbeiter oder die monetäre Bewertung von Umverteilungszielen. Es ist möglich, den internen Zinsfuß der Projekte in Abhängigkeit anderer Parameter darzustellen, so dass die Planungsbehörde aus diesen Korrelationen ihre Entscheidungen überprüfen kann. Seien bspw. die Bewertung des regionalen Umverteilungsziels und die SDR unbekannt, mag folgender Funktionsverlauf gegeben sein.

---

[276] Siehe auch DASGUPTA/MARGLIN/SEN (1972), S. 175ff. sq bestimmt auch die Wachstumsrate des Volkseinkommens, was durch einfache Manipulation unter Benutzung der Definitionen von s und q überprüft werden kann.

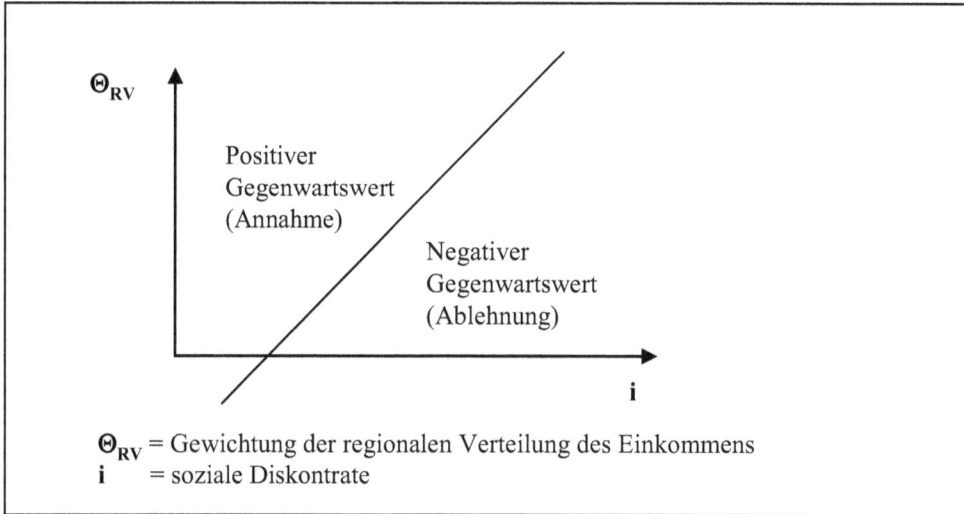

Abb. 6.3   *Investitionsrahmen der Planungsbehörde zwischen Umverteilung und SDR*

Der Funktionsverlauf der Geraden stellt die SDR i und den Schattenpreis der Regionalvertei-lung Θ_{RV} dar, beim Gegenwartswert Null des Projektes. Links der Kurve ist der Gegen-wartswert positiv, rechts der Kurve wird er negativ. Wird das Projekt angenommen, dann lässt sich aus der Existenz mehrerer Projektentscheidungen langfristig etwas über die SDR der Planer aussagen.

Während der UNIDO-Ansatz alle Auswirkungen eines Projekts in Konsumeffekte umrech-net, verfolgt der OECD-Ansätze die Umrechnung in Investitionseffekte, wobei letzterer zur Umkehrung des ersteren Ansatzes wirkt.[277]

---

[277] Zum OECD-Verfahren sei verwiesen auf H.-R. HEMMER, Wirtschaftsprobleme der Entwicklungsländer, München, 1988, 2. Aufl., S. 712-722.

7 Entwicklungsbeitrag der privaten Hilfe

Neben ODA und Exporterlösen erhalten EL auch Hilfen von privaten Gebern. Sie versuchen der Bevölkerung in EL direkt zu helfen. Ihr Ressourcentransfer macht nur einen kleinen Teil der EH aus. Zwischen drei Arten von Ressourcentransfers privater Träger muss unterschieden werden. Zunächst sind die Direktinvestitionen ausländischer Unternehmen (**Foreign Direct Investment** = FDI) zu nennen, welche möglicherweise einen wichtigen indirekten Entwicklungsbeitrag leisten. Das Ziel solcher FDI ist jedoch nicht die Unterstützung der EL, vielmehr sind in der Regel allein ökonomische Motive der Muttergesellschaften ausschlaggebend für die Investitionsentscheidung. Hierbei sind die wirtschaftlichen und gesellschaftlichen Rahmenbedingungen in EL von entscheidender Bedeutung.

Die Hilfsmaßnahmen privater Organisationen, sog. **Nicht-Regierungs-Organisationen** (NROs) oder **Non-Governmental-Organizations** (NGOs), sind hingegen in einem hohen Maße in der Armutsbekämpfung sowie im Bildungs- und Gesundheitswesen in der Dritten Welt engagiert. Oft haben auch die Tätigkeiten von Missionsgesellschaften Auswirkungen auf den Gesundheitszustand und das Bildungsniveau der Bevölkerung sowie auf die landwirtschaftliche Entwicklung.[278] Die Bedeutung der NGOs ist in der letzten Zeit von der staatlichen EZ erkannt worden und auch die wissenschaftliche Forschung hat sich zunehmend mit den Möglichkeiten, Grenzen und Auswirkungen der Tätigkeit von NGOs beschäftigt.

Weiterhin sind private Bankkredite und Darlehen sowie Portfolioinvestitionen zu nennen. Auch sie können einen Beitrag zur Entwicklung der Dritten Welt leisten. Jedoch haben sich Abhängigkeiten von den internationalen Kapitalmärkten auch als Störfaktor für eine stetige wirtschaftliche Entwicklung herausgestellt. Auf ihre Möglichkeiten und Grenzen soll deshalb nur kurz hingewiesen werden.[279]

---

[278] Vgl. dazu LACHMANN (1997), S. 171-192.

[279] Zur Rolle der Banken und zum Verschuldungsproblem siehe LACHMANN (1994), S. 211-245.

7.1   Entwicklungsbeitrag ausländischer Direktinvestitionen

Die staatliche EH hat in den letzten 50 Jahren wenig zur Überwindung der absoluten Armut beigetragen. Aus diesem Grunde wurde in den letzten Jahren die Wichtigkeit von FDI betont. Mit großer Euphorie hoffte man in ihnen den Schlüssel zur wirtschaftlichen Entwicklung der EL und zur Überwindung der Armut gefunden zu haben. [280] In der entwicklungspolitischen Rhetorik sollen FDI größere Auswirkungen auf die Entwicklung der EL haben als die staatliche EZ. Für jeden Kapitalaufbau werden Ersparnisse benötigt, die entweder im Lande selbst generiert werden können oder über die EH bzw. durch FDI von außerhalb dem Lande zur Verfügung gestellt werden. So wird behauptet, dass FDI effizienter wirken, da sie über den Marktmechanismus zur Verfügung gestellt werden und nicht dem Einfluss der Regierungen unterliegen. Zusätzlich sei erwähnt, dass die Mittel der EZ gegenüber den FDI zwergenhaft sind. Im Jahre 2000 waren von den 250 Mrd. US$ Transfers in EL ca. 120 Mrd. US$ FDI.

Es wird erwünscht, dass sich EZ und FDI abstimmen. Dadurch wird der Ressourcentransfer erhöht und seine Effizienz verbessert. Die IL fördern als Geber verstärkt PPPs, da sie sich durch solche Projekte höhere Entwicklungserfolge erhoffen. Auch EL bemühen sich darum, für Investoren attraktiv zu werden und nicht nur für die EZ. Es ist hierbei zu überprüfen, ob EZ und FDI Substitute oder Komplemente für die wirtschaftliche Entwicklung von EL sind. Die positiven Wirkungen der FDI sind in der letzten Zeit angezweifelt worden.

EL zeigen ein steigendes Interesse an FDI, die meist verbunden sind mit einem Transfer von Technologie und unternehmerischem Know-how. Die Verschlechterung der binnenwirtschaftlichen Lage, die große Anzahl desolater Staatsunternehmen, der massive Druck zur Verbesserung der Zahlungsbilanzen und teilweise gar das realistische Eingeständnis der eigenen mangelhaften Leistungsfähigkeit hat in vielen Ländern dazu geführt, vermehrt Hoffnung in das Engagement privater ausländischer Unternehmen zu setzen. Andererseits tätigen auch immer mehr Unternehmer aus EL Investitionen im Ausland. In den letzten Jahrzehnten beobachtete man einen gewaltigen Anstieg von FDI in EL. Sie stiegen von 3,1 Mrd. US$ im Jahre 1970 über 10,9 Mrd. US$ im Jahre 1980 und 35 Mrd. US$ im Jahre 1990 sowie 157,4 Mrd. US$ (2000) auf 280,8 Mrd. US$ im Jahre 2005.[281] Die EL sind aber nicht nur Empfänger von FDI – zunehmend sind transnationale Konzerne der EL ebenfalls in EL wirtschaftlich aktiv. Im Jahre 2005 erhielten EL (nach UNCTAD-Angaben) FDI in Höhe von 316,4 Mrd. US$, die im Jahre 2007 auf 499,7 Mrd. US$ anstiegen. Gleichzeitig haben EL im Jahre 2005 117,6 Mrd. US$ FDI in anderen Staaten durchgeführt; im Jahre 2007 stiegen die FDIs der EL auf 253,1 Mrd. US$.

Betrachtet man die Nettozuflüsse, so fällt auf, dass der größte Teil der FDI nach Asien fließt. Im Jahre 2005 betrugen die Netto-FDI für Lateinamerika und die Karibik 70 Mrd. US$, für

---

[280] Vgl. NUNNENKAMP (2004) und KOSACK/TOBIN (2006).

[281] Vgl. hierzu auch TODARO/SMITH (2009), S. 715 sowie Weltentwicklungsbericht 2003, Tab. 4 (S. 292f.), Weltentwicklungsbericht 2008, Tab. 5 (S. 396f.) und World Investment Report 2008, S. 253ff.

den Nahen Osten und Nordafrika 13,8 Mrd. US$ und für Südasien 9,7 Mrd. US$; der größte Anteil in EL floss nach Ostasien und den Pazifik mit 96,9 Mrd. US$. Afrika südlich der Sahara erhielt Netto-FDI in Höhe von 16,6 Mrd. US$. Afrika erhielt also im Schnitt ca. 3 % der gesamten FDI in EL (WEB 2008, S. 397).

Ein Blick auf die Inflows und Outflows zeigt die neueren Entwicklungen bei den FDIs. Im Jahre 2005 sind 29,5 Mrd. US$ nach Afrika geflossen; afrikanische transnationale Unternehmen (TNU) haben für 2,3 Mrd. US$ investiert. Im Jahre 2007 haben sich die Inflows auf 53 Mrd. US$ und die Outflows auf 7,8 Mrd. US$ erhöht. Für Subsahara-Afrika erhalten wir für das Jahr 2005 Inflows von FDI in Höhe von 17,2 Mrd. US$ und im Jahre 2007 von 30,6 Mrd. US$, die Outflows im Jahre 2005 betrugen 1,9 Mrd. US$ und im Jahre 2007 4,9 Mrd. US$. Der größte Teil der afrikanischen Direktinvestitionen entfällt auf Südafrika. Südafrika erhielt 2005 6,6 Mrd. US$ FDI, die sich im Jahre 2007 auf 5,7 Mrd. US$ reduzierten. Im Gegenzug haben südafrikanische Firmen im Jahre 2005 930 Mio. US$ investiert, die im Jahre 2007 auf 3,7 Mrd. US$ anstiegen. Für Lateinamerika und die Karibik ergeben sich 76,4 Mrd. US$ (2005) und 126,3 Mrd. US$ (2007) an FDI-Inflows und 35,8 Mrd. US$ (2005) sowie 52,3 Mrd. US$ (2007) an FDI-Outflows (WIR 2008, S. 253f.).

Von den weltweit 1833 Mrd. US$ FDI sind 1247,6 Mrd. US$ in IL geflossen; die EL erhielten von den Inflows also nur ca. 27 %. Afrika südlich der Sahara erhielt von den gesamten FDI-Inflows nur 1,6 %. Mit Nordafrika zusammen sind die FDI-Inflows nach Afrika nur knapp 2,9 % der gesamten Welt-FDI-Inflows. Dieses Ergebnis darf nicht überraschen, da TNU gute Anlagen für ihre Investitionen suchen. Länder mit hoher Staatsverschuldung, instabilen Regierungen und mit unzureichenden ökonomischen Reformen sind riskante Investitionen. TNUs sind keine EH-Institutionen; ihr Ziel besteht darin, den Profit ihres eingesetzten Kapitals zu maximieren. Daher geht der größte Teil der globalen FDI in IL und in rasch wachsende EL Asiens.

China hat im Jahre 2007 FDI-Inflows von 83,5 Mrd. US$ erhalten und selbst 22,5 Mrd. US$ investiert; dazu kommt Hongkong, das zusätzlich 59,9 Mrd. US$ an FDI erhielt und 53,2 Mrd. US$ im Ausland investierte. Zu erwähnen sei, dass ausländische Staatsfonds verstärkt FDI durchführen, wobei ca. 75 % der FDI von ausländischen Staatsfonds in IL angelegt werden. Die 10 größten Empfängerstaaten von FDI im Jahre 2007 waren China (83,5), Argentinien (71,7), Hongkong (59,9), Brasilien (34,6), Mexiko (24,7), Saudi-Arabien (24,3), Singapur (24,1), Indien (22,9), Türkei (22) und Chile (14,5). Die 12 größten Investoren auf Seiten der EL waren im Jahre 2007 Hongkong (63,2), China (22,5), Argentinien (15,5), Korea (15,3), Kuwait (14,2), Indien (13,6), Saudi-Arabien (13,1), Singapur (12,3), Taiwan (11,1), Malaysia (11,0), Mexiko (8,3) und Brasilien (7,1).[282] Auch im Bereich der FDI haben sich einige EL den internationalen Kapitalmärkten anschließen können.

---

[282] Die Angaben in Klammern bezeichnen jeweils Beträge in Mrd. US$. Quelle: UNCTAD, World Investment Report 2008. Transnational Corporations and the Infrastructure Challenge, New York/Genf, 2008, Tab. B1 (S. 53f.).

7.1.1   Mögliche Vorteile ausländischer Direktinvestitionen

Private Auslandsinvestitionen stellen rein kommerzielle Transfers dar und das primäre Ziel **transnationaler Unternehmen** (TNU) ist es zunächst nicht, Auslandshilfe zu leisten. Vielmehr versuchen sie im Ausland neue Märkte zu erschließen, bestehende Märke oder die Versorgung mit Rohstoffen zu sichern bzw. das Rohstoffvorkommen unternehmerisch zu verwerten und Faktorkostenvorteile zu nutzen. Dennoch können FDI einen Hilfscharakter aufweisen. Sind nämlich private Investitionen effizienter als öffentliche, dann können FDI als EH angesehen werden (Kahn/ Reinhart) – ein besonderer Vorteil der FDI liegt in der Tatsache, dass sie aufgrund der primären Profitorientierung nur dann durchgeführt werden, wenn sie sich rechnen. Auslandsinvestitionen leisten dann einen positiven Beitrag für die Entwicklung eines Landes. Weiterhin helfen FDI verschiedene Entwicklungsengpässe zu überwinden und wirtschaftliches Wachstum zu erhöhen, das einheimische Arbeitskräftepotenzial profitiert von höheren Reallöhnen, Konsumenten von niedrigeren Güterpreisen, die Regierung von höheren Steuereinnahmen und letztlich sind auch eine Reihe indirekter Wirkungen zu erwarten.[283] Wichtige Voraussetzungen für privates Engagement sind jedoch öffentliche Investitionen, insbesondere Infrastrukturmaßnahmen. Insoweit stehen FDI und öffentliche Investitionen häufig in einem komplementären Verhältnis.

Nach der keynesianischen Wachstumstheorie – unter Rückgriff auf das Modell von Harrod und Domar – kann das Wirtschaftswachstum durch eine Steigerung der Investitionen, durch das Senken des marginalen Kapitalkoeffizienten oder eine Kombination der beiden Maßnahmen erhöht werden. Da die heimischen Ersparnisse in EL nicht ausreichen eine bestimmte Investitionsquote zu erreichen, entsteht eine **Ersparnislücke**. Werden nun die Ersparnisse durch einen Ressourcenzufluss aus dem Ausland (FDI) erhöht, kann potenziell eine höhere Wachstumsrate des BNE erreicht werden. Durch FDI können ebenfalls bestehende **Devisenlücken** geschlossen werden, wodurch EL der Import wichtiger Kapitalgüter zum Aufbau ihrer Industriestruktur ermöglicht wird. TNU helfen also bei der externen Finanzierung notwendiger Investitionen, ohne dass inländische Ersparnisse oder Devisen zur Verfügung stehen müssen.[284]

Die Arbeitnehmer profitieren von ausländischen Investitionen dann, wenn die Investoren den Realeinkommenszuwachs, der aus der Investition resultiert, nicht völlig in Unternehmergewinne umwandeln können und Lohnsteigerungen die Folge sind. Investitionsprojekte bieten zusätzliche Beschäftigungsmöglichkeiten auf dem heimischen Arbeitsmarkt, die dem Problem der Arbeitslosigkeit und der (inter-)nationalen Arbeitermigration entgegenwirken.

Sinken aufgrund der getätigten Investition die Preise von Gütern oder Dienstleistungen, so profitieren ebenfalls die Konsumenten in EL. Dies kann geschehen, wenn mittels neuer bzw. verbesserter Technologien oder learning-by-doing Effekten die Kapital- oder Arbeitsproduktivität steigt. Werden qualitativ verbesserte oder gar neue Produkte geschaffen, verbessert sich das Marktangebot.

---

[283] Vgl. hierzu MEIER (1995), S. 247–263 und TODARO/SMITH (2009), S. 714–726.

[284] Zu den wachstumstheoretischen Modellen vgl. LACHMANN (2004), Kap. 4, S. 111–122.

Eine weitere Lücke, die durch FDI zumindest teilweise überwunden werden kann, ist die der **Steueraufkommen**. Viele EL haben es bisher nicht vermocht, eine schlagkräftige Finanz-verwaltung aufzubauen. Da es jedoch verhältnismäßig einfach ist Umsätze, Importe bzw. Exporte und Gewinne von TNU der Besteuerung zu unterwerfen, ermöglichen FDI Steuer-einnahmen, die wiederum für entwicklungsfördernde Projekte (z.B. Infrastruktur- oder Bil-dungsinvestitionen) mobilisiert werden können.

EL leiden unter einem Mangel an betriebswirtschaftlichen Kenntnissen. Es fehlt an Wissen über die Organisation und das Management von Unternehmen sowie technisches Know-how, Marketingkenntnisse, ausgebildete Facharbeiter u.v.m. Hier können TNU indirekt einen entscheidenden Beitrag zum Wirtschaftswachstum leisten, da sie nicht nur die nötigen finan-ziellen Ressourcen zur Verfügung stellen, sondern auch wichtige Kenntnisse vermitteln. Über Demonstrationseffekte übertragen sich effiziente Methoden der Investitionsentschei-dung, Unternehmensorganisation und -leitung auf heimische Unternehmen. Ehemalige Mit-arbeiter können sich über Trainingsprogramme und learning-by-doing selbstständig machen und dadurch zum Aufbau einer heimischen Unternehmerschicht beitragen. Durch training-on-the-job, Aus- und Weiterbildung im Betrieb kann die Produktivität der Arbeiter erhöht werden, deren neu erworbenes Wissen sich auf andere Arbeitnehmer übertragen kann oder bei späterem Arbeitsplatzwechsel heimischen Firmen zugute kommt. Damit kann die in EL häufig ausgeprägte **Humankapitallücke** geschlossen werden.

Mit Hilfe der TNU ist es ebenfalls möglich, für die einheimische Produktion erforderliche spezialisierte Güter oder Dienstleistungen zu erhalten. Werden auf diese Art bestehende Produktionsengpässe überwunden, so leisten TNU einen stark kostenreduzierenden Beitrag. Zudem steigt die Nachfrage nach Vorprodukten und Vorleistungen von Seiten der TNU sowie die Nachfrage nach komplementären Gütern seitens der Konsumenten. Durch **backward and forward linkages** eröffnen sich also für heimische Unternehmen neue Ab-satzchancen. Je stärker diese Verkettungseffekte ausgeprägt sind, desto größer sind die Nach-frage- und Arbeitsmarkteffekte. Durch TNU können schließlich Kontakte zu Bankengrup-pen, Märkten, Angebots- und Nachfragelinien im Ausland angebahnt werden, die den EL sonst verborgen geblieben wären.

7.1.2   Mögliche Nachteile ausländischer Direktinvestitionen

Das Ziel der TNU besteht in der Maximierung ihrer Rendite, weshalb das Gros der weltwei-ten FDI in IL fließt. Wo immer sich jedoch Gewinnchancen auftun, sind TNU bereit in EL zu investieren. Hier stellen sie in zunehmendem Maße hochbezahlte Arbeitsplätze im mo-dernen urbanen Sektor zur Verfügung.

Probleme ergeben sich jedoch allein durch die Größe dieser Unternehmen im Vergleich zu den Gastländern. Im Jahre 2006 betrugen die Umsätze von Exxon Mobil (USA) 365,5 Mrd. US$, was nur geringfügig unter dem BNE der Türkei von 393,9 Mrd. US$ lag; der Umsatz von Wal-Mart (USA) mit 345 Mrd. US$ überstieg das BNE Österreichs in Höhe von 326,2 Mrd. US$; die Konzernverkäufe von Volkswagen mit 131,6 Mrd. US$ lagen hö-her als das BNE der Tschechischen Republik in Höhe von 129,5 Mrd. US$. Toyota mit ei-nem Umsatz von 205,9 Mrd. US$ überstieg das BNE Thailands in Höhe von

193,7 Mrd. US$. Die Gesellschaft mit dem höchsten Vermögen, General Electrics, mit 697,2 Mrd. US$ Aktiva hatte einen Umsatz von 163,4 Mrd. US$ und beschäftigte insgesamt 319.000 Arbeitnehmer. Wal-Mart beschäftigte sogar 1,91 Mio. Arbeitnehmer.[285] Im Zuge der Globalisierung haben TNU zunehmende Bedeutung für den internationalen Handel erhalten: Etwa ein Viertel des Welthandelsvolumens besteht aus internen Transaktionen von Zwischenprodukten und ca. 70 % des Welthandels werden von TNU abgewickelt. Dadurch sind sie in der Lage, Produktion und Handel großer Bereiche der EL zu kontrollieren. Ihr ökonomisches Potenzial können TNU gerade gegenüber kleinen Ländern leicht ausspielen und damit nicht nur auf die Wirtschaft, sondern auch auf die Politik der Gastländer Einfluss nehmen. Oft wird gar der Vorwurf geäußert, dass TNU durch die Unterstützung ihnen freundlich gesonnener Parteien und Politiker die Korruption in EL verstärken. Nach einer Schätzung der UNCTAD stammen 1,4 Bio. US$ FDI Ende 2005 aus EL, die damit 13 % der gesamten ausländischen FDI ausmachen. EL, insbesondere China, spielen somit eine zunehmende Rolle bei FDIs.

In ökonomischer Hinsicht kann die Tätigkeit von TNU vielerlei Kosten mit sich bringen.[286] So kann es zu einer Abnahme heimischer Investitionen und Ersparnisse kommen, wenn Gewinne ins Ausland transferiert und nicht im Inland neu reinvestiert werden, die Aktivität heimischer Investoren zurückgedrängt wird oder aufgrund von Demonstrationseffekten die Konsumneigung steigt. Beschäftigte von TNU haben oft geringere Sparquoten als die heimische Bevölkerung, so dass hierdurch relativ geringere Ersparnisse getätigt werden. Zudem beziehen TNU Importgüter von ausländischen Konzernen und können damit dem Gastland hohe Devisenkosten verursachen. Derartige Importe sowie die Repatriierung von Gewinnen, Zinsen, Gebühren etc. können zu einer Verschärfung der Zahlungsbilanzsituation des Gastlandes führen. Weitere Probleme ergeben sich durch **interne Verrechnungspreise**, wodurch Exporte niedriger und Importe höher fakturiert und Konzerngewinne in Länder mit niedrigeren Unternehmenssteuern verlagert werden. Die im Gastland zu versteuernden Gewinne sinken und der erhoffte fiskalische Nutzen der FDI bleibt aus.

Viele EL bieten **Sonderkonzessionen** an, um ausländische Investitionen zu attrahieren. Dazu gehören nicht nur Infrastruktureinrichtungen, sondern auch eine Subventionierung von Inputs und steuerliche Vergünstigungen. Dies bedeutet jedoch, dass in EL knappe Ressourcen aus anderen Bereichen abgezogen werden müssen, wo sie u.U. einen größeren Beitrag zur wirtschaftlichen Entwicklung geleistet hätten. Stehen mehrere Gastländer im Wettbewerb um einen Investor, so kann dies zu völlig überhöhten Zugeständnissen an TNU führen.

Das Management der TNU ist in den Händen der ausländischen Eigentümer. Die Bildung betriebswirtschaftlicher und unternehmerischer Fähigkeiten sowie der notwendige Technologietransfer finden nur in einem geringen Maße statt. Im Gegenteil, oft entziehen TNU durch das Angebot höherer Löhne heimischen Unternehmen notwendige (knappe) Facharbeiter. Es mag zudem im Interesse der Muttergesellschaft sein, Informationen über Produktionsgeheimnisse, Patente oder technisches Know-how den Tochtergesellschaften zu verweigern,

---

[285] Vgl. WIR 2008 bzw. WEB 2008.

[286] Vgl. hierzu TODARO/SMITH (2009), S. 719ff.

um eine potenzielle Konkurrenz unmöglich zu machen.[287] Das Wirken der TNU kann zu einer industriellen und technologischen Konzentration führen und das Entstehen eines örtlichen Unternehmertums behindern. Dies unterstützt den **Dualismus** in der Wirtschaftsstruktur der EL, der zusätzlich dadurch verschärft wird, dass TNU vornehmlich im modernen und urbanen Bereich tätig sind. Das Engagement der TNU im primären Sektor hingegen wirkt sich oft schädigend auf die Umwelt aus.

TNU produzieren oft kapitalintensiv, so dass für ihre Produktion nur wenige hochqualifizierte Arbeiter benötigt werden. Es kann dadurch zu einer Verschärfung des Problems der Arbeitslosigkeit kommen. Auch die technologische Abhängigkeit vom Ausland kann ansteigen.

Mit der Tätigkeit von TNU geht zudem oft eine größere Ungleichheit in der Einkommensverteilung einher, da ihr Lohnniveau über dem einheimischer Firmen liegt. Die Herausbildung einer Arbeiteraristokratie sowie die Spreizung der Löhne unterstützen den **sozialen Dualismus**. Häufig stellen TNU Produkte her, die auf eine kleine kaufkräftige Minorität ausgerichtet sind. Durch Demonstrationseffekte können sich dann die Konsumwünsche der gesamten Bevölkerung verändern, die das heimische Güterangebot nicht zu befriedigen vermag.

FDI können auch negative Umwelteffekte aufweisen. Zum einen sind zunehmende internationale Transportaktivitäten zu nennen, wodurch die Belastung der natürlichen Umwelt zunimmt. Nicht nur entwicklungspolitisch bedenklich sind solche FDI, die zu einer Produktionsverlagerung von Ländern, die strenge Umweltauflagen haben (meist IL) in umweltpolitisch nachlässige EL führen, zu bewerten. Umweltorganisationen kritisieren, dass Firmen aus IL wegen der hohen Umweltschutzauflagen ihre Standorte in EL verlagern. Dieses Argument ist durch die Empirie nicht generell verifizierbar. Die umweltpolitischen Kosten sind in IL meist nicht so hoch, dass Firmen eine Standortverlagerung vornehmen und dabei auf hochqualifizierte Arbeitskräfte und eine gut ausgebaute Infrastruktur verzichten. Einzelfälle von Auslagerungen umweltschädlicher Industrien lassen nicht auf einen allgemeinen Trend in dieser Richtung schließen. Zusätzlich ist zu berücksichtigen, dass eine hohe Umweltqualität für viele Unternehmen bei ihrer Standortwahl ein wichtiges Kriterium darstellt, um durch eine saubere Umwelt qualifizierte Arbeitskräfte zu attrahieren. Umwelteffekte können sogar positiv sein, wenn durch FDI TNU umweltfreundliche Produktionsanlagen bauen, die ohne FDI nicht entstanden wären. Viele TNU zeigen ein positives Umweltbewusstsein, so dass auch in EL durch FDI nicht unbedingt mit einer Verschlechterung der Umweltqualität zu rechnen ist.

Da die Bereitstellung einer funktionierenden Infrastruktur eine Voraussetzung für die ökonomische und soziale Entwicklung darstellt, müssen die Auswirkungen der Tätigkeiten von TNU auf die Infrastruktur beachtet werden. Viele TNU beteiligen sich am Aufbau einer Infrastruktur, da sie ein Eigeninteresse an funktionierenden Transportverbindungen haben. Der Anteil von FDI an der Infrastrukturindustrie hat in den letzten Jahren zugenommen. Über den Zeitraum von 1990 bis 2006 ist der Wert von FDI in Infrastrukturmaßnahmen auf

---

[287] So hat bspw. die Firma Coca Cola es einst vorgezogen, Indien zu verlassen anstatt ihr Mischgeheimnis mit lokalen Interessenten zu teilen.

das 31-fache angestiegen, nämlich auf den Betrag von 786 Mrd. US$; auch EL haben ihre Infrastrukturausgaben auf das 29-fache gesteigert – auf 199 Mrd. US$. Insbesondere Investitionen in Elektrizität und Telekommunikation sowie Transport und Wasserversorgung haben zugenommen.[288] Im Zeitraum von 1996 bis 2006 sind 29 % aller PPP-Investitionen in den Bereich Infrastruktur gegangen. Der Aufbau der Infrastruktur in EL bleibt ein wichtiges politisches Problem, das durch die Partizipation von TNU angegangen werden kann.

Aktivitäten der TNU können allerdings auch zu einer Verschlechterung der Wettbewerbssituation in EL führen, da sie aufgrund ihrer Superiorität in technischer Hinsicht, im Management und Marketing einheimische Unternehmen aus dem Markt drängen oder gar über Exklusivverträge mit den Gastregierungen eine Monopolstellung bekommen. Da TNU in der Regel über eine gute Bonität und hohe Sicherheiten verfügen, wird ihnen oftmals eher als einheimischen Unternehmen die Möglichkeit eingeräumt, den lokalen Kapitalmarkt in Anspruch zu nehmen. Diesen werden dadurch Investitionsmöglichkeiten vorenthalten und u.U. sind lokale Ressourcen für wirtschaftspolitisch unerwünschte Zwecke gebunden. TNU können daher ein Crowding-out örtlicher Investitionen und Gewinne induzieren. Höhere FDI wären dann mit geringeren heimischen Investitionen, geringeren nationalen Ersparnissen und verschärften Anspannungen der Zahlungsbilanz sowie niedrigeren Wachstumsraten verbunden.

Die UNCTAD hat aus diesem Grund schon im WIR 1997 auf die Bedeutung einer internationalen Wettbewerbspolitik hingewiesen, die durch die Ausweitung von FDI und der Aktivität von TNU notwendig geworden ist. Manche EL haben FDI durch das Angebot besonderer Vergünstigungen ins Land gelockt. Insbesondere protektionistische Maßnahmen zugunsten der TNU wirkten sich negativ auf einheimische Produzenten aus. Daher muss verstärkt darauf geachtet werden über TNU den Wettbewerb in EL zu erhöhen, um durch eine größere Wettbewerbsintensität die internationale Wettbewerbsfähigkeit der EL zu fördern.

Das Abwägen der Nutzen und Kosten von FDI in EL ist ein schwieriges Unterfangen. Die Beziehungen zwischen den Regierungen der EL und den TNU haben sich in der letzten Zeit verbessert, die lange unterschätzten indirekten Nutzen der TNU werden eher anerkannt und eine generelle Ablehnung der wirtschaftlichen Aktivitäten der TNU ist sicherlich verfehlt. Jedoch gilt es auch die direkten und indirekten Kosten nicht zu missachten. Theoretisch sind sowohl positive als auch negative Auswirkungen möglich, so dass wir uns zur weiteren Überprüfung der Auswirkungen von FDI der Empirie zuwenden.

7.1.3   Empirische Überprüfung der Auswirkungen von ausländischen Direktinvestitionen

Generell lauten die traditionellen ökonomischen Argumente für FDI, dass die Ersparnislücke, die Devisenlücke, die Einkommenslücke des Staates (Steuereinnahmen) und die Management- sowie Technologielücke überwunden werden können. Bedenkt man, dass nach dem

---

[288] Vgl. hierzu WIR 2008.

Harrod-Domar-Modell für ein angestrebtes Wachstum von 6 % bei einem Kapitalkoeffizienten k von 3, Ersparnisse von 18 % des BNE notwendig sind, dann wird deutlich, dass EL
kaum in der Lage sein werden, ihre Ersparnislücke aus eigener Kraft zu schließen.[289] Jedoch
werden diese traditionellen Argumente hinterfragt. Wie schon erwähnt kann es durch TNU
zu einer Abnahme der heimischen Ersparnisse kommen. TNU mögen ihre Profite nicht im
Inland investieren und zu einer Gefährdung einheimischer Firmen führen, so dass die Ersparnisbildung sinkt. Ebenso erheben viele TNU ihr Kapital in EL, so dass weniger Mittel
für heimische Investitionen der Firmen in EL zur Verfügung stehen. Auch der Deviseneffekt
wird hinterfragt. TNU-Investitionen mögen zu hohen Importen von Zwischenprodukten und
Investitionsgütern führen; ebenso mögen TNU ihr Vermögen ins Ausland transferieren,
haben hohe Gehälter für ausländische Beschäftigte und hohe Lizenz- oder Nutzungsgebühren
zu bezahlen, so dass nicht immer mit höheren Deviseneinnahmen zu rechnen ist. Steuereinnahmen können durch „Transfer Pricing" hintergangen werden. Andere Studien haben festgestellt, dass TNU nicht unbedingt zu einem horizontalen Technologietransfer beitragen, d.h.
lokale Firmen werden keinen Technologietransfer aufweisen. Wie erwähnt können TNU zur
verstärkten Entwicklung dualistischer Strukturen und größerer Ungleichheit in der Einkommensverteilung und zunehmender Arbeitslosigkeit führen. Empirische Untersuchungen sind
ebenfalls nicht eindeutig. Sollten die Interessen der TNU mit den Interessen der Regierung
des gastgebenden Landes übereinstimmen, dann ist mit einem ökonomischen Stimulus und
sozialer Entwicklung von FDI zu rechnen.

Die Diskussion über die Tätigkeit von TNU ist stark ideologisch geprägt. Die Befürworter
von FDI setzen auf liberale Marktwirtschaft, Privatunternehmen und eine Politik des
Laissez-faire, sie glauben an die Effizienz des freien Marktmechanismus und warnen vor
staatlichen Restriktionen. Obgleich die wirtschaftliche Tätigkeit von TNU zu monopolisti-
schen bzw. oligopolistischen Produktions- und Exportstrukturen führt und ihre Preise kaum
Wettbewerbspreise sind, wenden sie sich gegen eine Beschränkung der TNU.

Die Gegner der FDI betonen hingegen die Wichtigkeit nationaler Kontrolle über heimische
ökonomische Aktivitäten und setzen sich für stärkere Einflussmöglichkeiten der Regierungen
der Dritten Welt gegenüber den übermächtigen TNU ein. FDI werden als Anti-Entwick-
lungsmechanismen denunziert. Sie fordern eine stärkere Regulierung von FDI, ermutigen EL
zu härteren Verhandlungsstrategien und suchen Regeln zur Eindämmung der Macht von
TNU.

Wie sind die Auswirkungen von FDI zu beurteilen, welche Argumentationslinie erhält von
der Empirie Unterstützung? Wie realistisch sind die angeführten Vorteile bzw. Nutzen einzuschätzen? Werden Forschungs- und Entwicklungsinvestitionen im EL oder vornehmlich im
Mutterland der TNU durchgeführt? Es ist fraglich, ob es überhaupt zu einem Technologietransfer kommt oder das Mutterunternehmen die Technologie nicht eher zurückbehält. Es
wurde bereits kritisch hinterfragt, inwieweit die Nutzung kapitalintensiver Technologien, der
Import ausländischer Produkte und die Ausbeutung lokaler Ressourcen als entwicklungsfördernd einzuschätzen sind. Ebenso ist nicht gesichert, inwieweit Umbrüche im Konsumver-

---

[289] Zum Harrod-Domar-Modell vgl. LACHMANN (2004), S. 80. Die Wachstumsrate (g) ermittelt sich als die
Sparquote (s) dividiert durch die Kapitalintensität (κ): $g = s / \kappa$.

halten und in der sozialen Struktur der EL zu erwarten sind, ob die Tätigkeit der TNU zu einer größeren Ungleichheit der Einkommensverteilung und zur Landflucht beiträgt. In einem Survey über die Auswirkungen von FDI in EL kommt de Mello (1997) zu folgenden Ergebnissen:

- Ökonometrische Untersuchungen zeigen, dass die Auswirkungen von FDI auf das Wachstum länderspezifisch sind und von den Rahmenbedingungen abhängen. Die Determinanten, die die Attraktivität eines Landes für FDI bestimmen, haben auch einen Einfluss auf deren Wachstumswirkungen.
- FDI fördern das Wachstum in EL langfristig durch Humankapitaltransfer und die Akkumulation von modernen Kapitalgütern mit neuester Technologie. Dabei muss zwischen solchen Staaten unterschieden werden, die gewisse Vorbedingungen im technischen Bereich mitbringen, und solchen, wo diese weiterhin fehlen. Im ersteren Fall haben FDI positivere Wachstumswirkungen als im letzteren.
- Nicht alle FDI führen zu einem Technologietransfer. Die Wirtschaftspolitik der EL ist von entscheidender Bedeutung dafür, ob FDI zu Wachstum führen. Bessere Rahmenbedingungen für ausländische Firmen ermöglichen Spillovers auf die heimische Wirtschaft. Hierbei sei zu erwähnen, dass vertikale Spillovers häufiger anzutreffen sind als horizontale.[290]
- Diskutiert wird die Substitution zwischen Kapitalgütern mit alten (einheimischen) und neuen (FDI-bezogenen) Technologien. In fortgeschrittenen EL ist eine Komplementarität beider Technologien zu beobachten.
- Auch die Frage nach der Kausalität von FDI und Wirtschaftswachstum ist nicht abschließend beantwortet. Länder mit hohem Wirtschaftswachstum ziehen FDI an; auf der anderen Seite können FDI auch zu höherem Wachstum führen. Empirische Studien zeigen, dass es einen Schwellenwert von FDI gibt, ab dem stärkeres Wachstum beobachtet wird.

Wettbewerbsgesichtspunkte können dazu führen, dass FDI ineffiziente Firmen ermutigen, ihre Effizienz durch Investitionen in Real- und Humankapital zu erhöhen. In fortgeschritteneren EL kann es zu einer höheren Substitution von traditionellen einheimischen Investitionen durch FDI kommen, da die Firmen sich um größere Wettbewerbsfähigkeit bemühen. Im Gegensatz dazu wird bei technologisch zurückgebliebenen EL eine stärkere Komplementarität festgestellt.

Borensztein/de Gregorio/Lee (1998) untersuchen die Auswirkungen von FDI auf das Wachstum von 69 EL in den Jahrzehnten 1970-79 und 1980-89 und kommt zu dem Ergebnis, dass FDI und Humankapital gemeinsam das Wachstum in EL bestimmen. Dabei sind FDI umso produktiver, je höher die Kapitalabsorptionsfähigkeit des EL ist. Da das Wirtschaftswachstum weitere ausländische Investitionen anzieht, sind auch indirekte Auswirkungen von FDI auf das Wachstum zu beobachten. Der positive Effekt der FDI hängt weiterhin von der Art des Humankapitals ab. In EL, die ein sehr geringes Niveau an Humankapital aufweisen, können die Auswirkungen von FDI durchaus negativ sein, was vermutlich auf das Verdrän-

---

[290] Vgl. JAVORCIK (2004) und BLALOCK/GERTLER (2004).

gen einheimischer Investitionen zurückzuführen ist. War eine gewisse Mindestausstattung mit Humankapital vorhanden, so führten zunehmende FDI zu höherem Wachstum.

Die Auswirkungen von FDI auf das langfristige Wachstum hängen auch von der Außenhandelsstrategie des EL ab. Schon 1978 hat Bhagwati einen Zusammenhang zwischen Quantität bzw. Effizienz der FDI und der verfolgten Handelsstrategie (Exportförderungs- oder Importsubstitutionspolitik) vermutet[291], der in zwei Thesen formuliert werden kann: Erstens attrahieren Länder mit einer Exportförderungsstrategie größere Mengen an FDI und zweitens erreichen diese FDI dort eine größere Effizienz als in Staaten mit Importsubstitutionspolitiken. Begründet wird diese These mit den von einer Importsubstitutionspolitik hervorgerufenen Ineffizienzen: Zu nennen sind insbesondere verzerrte Faktorpreise, die das Erreichen des Allokationsoptimums verhindern, sowie administrative Probleme und X-Ineffizienz. Balasubramanyam et al. haben diese These mit Hilfe einer Querschnittsanalyse von 46 EL getestet und für den Zeitraum 1970-85 eine Bestätigung gefunden. Zugrunde gelegt wurde der Untersuchung ein Modell der neuen Wachstumstheorie. In diesem Zusammenhang hat Khamfula 2007 die Auswirkungen der Korruption auf FDI und ökonomisches Wachstum untersucht und dabei festgestellt, dass Staaten mit einer Importsubstitutionspolitik stärker von Korruption beeinflusst wurden. Korruption behindert die Wirksamkeit von FDI.

Wie bereits erwähnt kann die Kausalitätsrichtung zwischen Wachstum und FDI aufgrund theoretischer Überlegung und empirischer Überprüfung nicht endgültig festgelegt werden. Auf der einen Seite bestimmen FDI unter bestimmten Voraussetzungen das Wachstum der EL, andererseits attrahieren Länder mit hohen Wachstumsraten FDI.[292] Ein-Gleichungsmodelle weisen systematische Schätzfehler (simultaneity bias) auf. Long Tsai (1994) hat daher versucht, in einem Zwei-Gleichungssystem mit den endogenen Variablen FDI und Wirtschaftswachstum die interdependenten Auswirkungen empirisch zu überprüfen und führte für die 70er und 80er Jahre Simultanschätzungen durch. Für die 70er Jahre lässt sich nicht nachweisen, dass das Wirtschaftswachstum die Höhe der FDI bestimmt, jedoch erwies sich die Handelspolitik als wichtiger Einflussfaktor. Für die 80er Jahre lässt sich feststellen, dass FDI langfristig einen positiven Einfluss auf das Wirtschaftswachstum haben. Die Vorstellungen der Modernisierungstheoretiker werden also bestätigt. In einer kürzlich erschienenen Studie wurde zusätzlich festgestellt, dass EL mit stärkeren Regulierungen durch die Präsenz von TNU geringere ökonomische Vorteile haben als EL, deren Ökonomien weniger stark reguliert werden (Busse/Groizard). So wird gezeigt, dass die Kausalitätsrichtung in Chile von BNE zu FDI ging, in Malaysia und Thailand gab es eine bidirektionale Kausalität zwischen BNE und FDI.

Zusammenfassend lässt sich feststellen, dass FDI einen wichtigen Kanal für den Transfer technischen Fortschritts in EL darstellen können und als Vehikel technischen und unternehmerischen Know-hows auch auf das Humankapital positiv einzuwirken vermögen.[293] Um

---

[291] Zur Unterscheidung dieser beiden Außenhandelsstrategien sei verwiesen auf LACHMANN (1994), S. 11-79; vgl. auch BALASUBRAMANYAM (1996).

[292] Siehe hierzu auch CHOWDHURY/MAVROTAS (2006) sowie HANSEN/RAND (2006).

[293] Vgl. auch den Tagungsband LALL und NARULA, Understanding FDI-Assisted Economic Development, EuJDevR 14:3 (August 2004), hierin insbesondere: LALL/NARULA.

ausländische Devisen zu erhalten oder als Bestandteil eines industriepolitischen Maßnahmenkataloges kann es für Regierungen der EL lohnend sein, gezielte Anreize für ausländische Investoren zu setzen. Der Nutzen von FDI muss jedoch kritisch geprüft werden. Führt die Aktivität von FDI zu verstärkten Wettbewerbsbeschränkungen so könnte der Gesamtnutzen negativ ausfallen. Es lässt sich schlussfolgern, dass TNUs zum BNE beitragen, einige Arbeitsplätze schaffen und mehr oder weniger zu einer modernen Ökonomie beitragen.

7.1.4   Förderung ausländischer Direktinvestitionen

Bei der Beurteilung der Wachstumseffekte von TNU muss zwischen auslandsbezogenen und inlandsbezogenen Direktinvestitionen unterschieden werden. **Inlandsbezogene** Direktinvestitionen erobern den einheimischen Markt. Es kann zur Verdrängung einheimischer Firmen kommen, da die TNU über effizientere Produktionsmöglichkeiten verfügen als heimische Produzenten. Bei **auslandsorientierten** Direktinvestitionen, d.h. Investitionen in ein Güter- oder Dienstleistungsangebot für ausländische Märkte, können neue Arbeitsplätze geschaffen, Devisen erwirtschaftet und Entwicklungseffekte generiert werden.

Nachdem in der Vergangenheit der Nutzen von FDI eher gering eingeschätzt wurde, erhalten sie nunmehr weitaus größeren Zuspruch und viele Regierungen bemühen sich verstärkt um ausländisches Kapital. So wird versucht durch die Bereitstellung von Infrastrukturleistungen ausländischen Firmen die nötigen Rahmenbedingungen für eine Geschäftstätigkeit zu schaffen. Das Land selbst profitiert von dieser staatlichen Unternehmenstätigkeit, wenn der einheimischen Industrie dadurch Aufträge zuteil werden und die Bevölkerung die bereitgestellten öffentlichen Güter ebenfalls nutzen kann.

Die Investitionsfreudigkeit ausländischer Unternehmen hängt jedoch von der Summe der Rahmenbedingungen in EL ab. Dazu gehören die Stabilität des politischen Systems und insbesondere die Zuverlässigkeit des Rechtssystems. Drohende Bürgerkriege, Rechtsstreitigkeiten und Enteignungen stellen einen Risikofaktor für TNU dar, der die Investitionsentscheidung maßgeblich bestimmt. Ebenso bedeutsam ist die generelle Einstellung des EL zum Wirken ausländischer Unternehmen. So versuchen einige EL mit verschiedenen Maßnahmen ihre Souveränität zu behaupten und das Wirkungsfeld der TNU zu beschneiden. So fordern sie bspw. Unternehmensformen wie Joint Ventures, in denen das EL einen Geschäftsanteil von mindestens 51 % hält. Bei „fade out"-Investitionen sichert die Regierung des EL dem ausländischen Investor eine bestimmte Amortisations- und Verzinsungsperiode zu, nach deren Ablauf das Unternehmen jedoch in inländisches Eigentum übergeht (Santiago). Zu beobachten ist auch eine Hinwendung zu Kompensationsgeschäften, d.h. FDI werden genehmigt, wenn der Investor sich verpflichtet, eine bestimmte Menge der erzeugten Produkte abzunehmen oder die Produkte anderer einheimischer Firmen zu vermarkten (buy-back arrangements).[294]

---

[294] Eine Aufstellung der möglichen Kooperationsformen befindet sich in STREETEN (1987). Siehe auch Helleiner (1989) für eine Beschreibung der Beziehung zwischen TNU und EL.

Insbesondere in lateinamerikanischen Staaten herrschte noch bis vor ca. 20 Jahren eine große Skepsis gegenüber FDI vor, und eine massive Regulierung der Tätigkeit von TNU hat hier dazu beigetragen das wirtschaftliche Wachstum zu hemmen (Peters). Demgegenüber wird sich ein ordnungspolitisch orientierter Ansatz, der marktfreundliche Rahmenbedingungen auch für FDI setzt, ohne ihnen Monopolstellungen und besondere Protektion zu gewährleisten, langfristig als die überlegene Strategie zur Förderung des wirtschaftlichen Wachstums in EL herausstellen.[295]

Da TNU vornehmlich gewinnorientiert ausgerichtet sind, müssen sich für sie FDI betriebswirtschaftlich lohnen. Daher ist vom ökonomischen Bereich eine funktionierende Infrastruktur Voraussetzung für FDI. Im Bildungs- und Kommunikationssektor, in der Elektrizitäts- und Wasserversorgung sowie in der Verkehrsinfrastruktur sind wesentliche Schaltstellen, die für die Entscheidung von FDI relevant sind. Ebenso können die Regierungen der EL den TNU Auflagen geben, um positive Auswirkungen von FDI zu „erzwingen". Hierzu gehören „Local Content"-Vorgaben. Dies bedeutet, dass lokale Vorprodukte und eine gewisse Anzahl einheimisch Beschäftigter bzw. inländisches Kapital zwingend vorgeschrieben werden, so dass es zu einem Überspringen auf die einheimische Wirtschaft kommt. Jedoch sei darauf hingewiesen, dass nach dem TRIMs-Abkommen „Local Content"-Vorschriften eliminiert werden müssen und auch die Importe der TNU nicht beschränkt werden dürfen.[296] Eine weitere Möglichkeit FDI zu fördern, besteht in so genannten Freihandelszonen, in denen eine internationale Anbindung der Freihandelszone mit dem Weltmarkt möglich wird (keine Devisenrestriktionen, bessere Telekommunikation). Ebenfalls werden oft für einen längeren Zeitraum Steuernachlässe gewährt oder soziale Mindestvorschriften herabgesetzt.[297] Auch eine konstante Wirtschaftspolitik attrahiert ausländische Investitionen. Notwendig ist eine internationale Vereinbarung über ausländische Direktinvestitionen, die verstärkt eine internationale Partnerschaft fördern. Hierin muss deutlich werden, dass TNU auch positive Entwicklungsprozesse zu erwarten lassen, die durch die Bevölkerung in den EL auch erfahrbar werden. Oft wird TNU vorgeworfen, dass sie nur ihre unternehmenspolitischen Ziele und die wirtschaftspolitischen Interessen des Heimatlandes verfolgen würden. Multilaterale Investitionsabkommen sind bisher nicht erfolgreich abgeschlossen worden.[298] Sie würden verlässliche Rahmenbedingungen für TNU schaffen und zur größeren Transparenz der dann weltweit geltenden Investitionsregelungen beitragen, wozu auch ein wirksamer Streitschlichtungsmechanismus notwendig wäre. Gefährlich ist ein „ruinöser Wettbewerb" der EL um FDI, der dazu führt, dass TNU Exportfreihandelszonen verlassen, wenn der Förderungszeitraum abgelaufen ist. Die Hauptströme der FDI gehen nach Asien, wohin mehr als zwei Drittel aller FDI

---

[295] Verwiesen sei auf die Diskussion bezüglich einer außen- bzw. inlandsorientierten Entwicklungsstrategie. FDI fügen sich besser in eine außenorientierte Entwicklungsstrategie ein und bringen größere Wachstumseffekte. Vgl. die ausführliche Darstellung in LACHMANN (1994), Kap. 1: Wachstumseffekte des Außenhandels, S. 11–79.

[296] Vgl. hierzu HEMMER (2002), S. 716.

[297] Zu den Chancen und Grenzen von Exportfreihandelszonen vgl.: LACHMANN (1994), S. 40–42.

[298] Bisher gibt es nur die multilaterale Investitions-Garantie-Agentur (MIGA), die 1988 gegründet wurde und 173 Mitgliedsländer hat, sowie das Internationale Zentrum für die Beilegung von Investitionsstreitigkeiten (ICSID), das 1966 gegründet wurde und derzeit 143 Mitglieder hat. Vgl. Kap. 5.1.4 und 5.1.5, S.161f.

in EL flossen. Lateinamerika erhielt knapp ein Viertel der EL-FDI und abgeschlagen ist Afrika mit weniger als 10 % der FDI in EL. Insbesondere die am wenigsten entwickelten EL erhielten weniger als 1 % der weltweiten Direktinvestitionen.

7.2   Beitrag der Nicht-Regierungs-Organisationen

Die Bedeutung der nicht-staatlichen Organisationen (NGOs) hat im letzten Jahrzehnt erheblich zugenommen. Auf der UN-Konferenz in Rio de Janeiro (Earth Summit) im Juni 1992 waren neben den staatlichen Organisationen 9.000 NGOs mit 20.000 Teilnehmern präsent, die zu 1.000 Treffen zusammen kamen.[299] Im Jahre 2003 waren ca. 2300 NROs bei den UN mit konsultativem Status gemeldet. Die Organisation „Doctors without Borders" hatte 1999 den Friedensnobelpreis erhalten; ebenso die Grameen Bank im Jahre 2006. Auch in Deutschland bestehen mehrere tausend NGOs. Ihre Organisationsform ist vielfältig. Es können Initiativgruppen, Aktionsbündnisse, Solidaritätskreise oder Stiftungen sein. Auch religiöse Gruppen, Vereinigungen von Berufsgruppen etc. finden sich darunter, die direkt an den „Grassroots" arbeiten. Bekannte internationale NGOs sind CARE, Save the Children, Ärzte ohne Grenzen, Oxfam, World Vision, Christian Aid und Amnesty International. Wie erklärt sich dieser enorme Bedeutungszuwachs der NGOs?

Die Gründe sind sicherlich zahlreich. So ist zunächst die enorme Enttäuschung vieler gesellschaftlicher Gruppen angesichts des sehr geringen Entwicklungsbeitrags der öffentlichen EH zu nennen, welcher zur Gründung privater Aktionsgruppen führte. Unterstützt wurde diese Bewegung durch die auch in EL zu beobachtende Bestrebung, die Rolle des Staates zurückzudrängen. Die stärkere Betonung der Eigeninitiative und des privaten Sektors hat auf die EH übergegriffen, so dass internationale Geber verstärkt auf den Privatsektor setzen. Sicherlich haben ebenso die zunehmenden Budgetprobleme der IL dazu beigetragen, der Forderung nach stärkerer Effizienz der Mittelverwendung in der EZ Gewicht zu verleihen. Unter zugleich wachsender Kritik und dem Druck der Öffentlichkeit rückte daher das Ziel, mit weniger Budgetmitteln bessere Erfolge bei der Armutsbekämpfung bzw. wirtschaftlichen Entwicklung zu erreichen, in den Vordergrund. Dies verlangte jedoch nach neuen Lösungen, die man u.a. in einer stärkeren Einbindung privater Akteure in die EZ sah. Von Bedeutung für die Entwicklung von NGOs war schließlich die Reduzierung der Informationskosten, die eine höhere Produktivität in der EZ generell sowie eine stärkere Vernetzung und verbesserten Informationsaustausch zwischen den NGOs bewirkte (Meyer, 1997).

Während es um die entwicklungspolitische Wirksamkeit der Aktivitäten von TNU eine heftige wissenschaftliche Auseinandersetzung gab, wurden NGOs trotz zunehmender Bedeutung von Seiten der Wissenschaft lange vernachlässigt.[300] Ihre EH wird im Allgemeinen als

---

[299] Siehe auch MEYER (1995, 1997).

[300] Ein früher Ansatz findet sich in einer Sondernummer der Zeitschrift „Third World Quarterly", die sich mit NGOs beschäftigt: FOWLER (2000). Bei den Lehrbüchern finden sich Überlegungen dieses Themas in TODARO/SMITH (2009) unter: Development Roles of NGOs and the Broader Citizen Sector, S. 560–566.

erfolgreich bezeichnet. Sie leisten insbesondere aufgrund ihres **„Graswurzelansatzes"** effiziente EH, da sie in der Lage sind, die Menschen in EL stärker für ihre eigenen Belange zu motivieren. Es ist daher eine dringende Aufgabe der Wissenschaft, die Tätigkeiten der NGOs zu analysieren, um aus ihren Erfahrungen Schlussfolgerungen zu gewinnen, durch deren Umsetzung in die Praxis die generelle Effektivität der EH erhöht werden kann.

7.2.1 Charakteristika der Nicht-Regierungs-Organisationen

Trotz ihrer zunehmenden Bedeutung gibt es über die Definition von NGOs bisher wenig Einvernehmen und eine Klassifizierung ist bislang kaum gelungen. NGOs sind im Allgemeinen unabhängige, private, gemeinnützige Organisationen, deren Ziel es ist, die Bekämpfung der Armut in der Dritten Welt durch eine Verbesserung ihrer Lebensbedingungen zu erreichen. Jede Definition schließt bestimmte NGOs aus der EZ aus. Wesentliches Merkmal ist letztlich die negative Abgrenzung vom Staat.[301]

NGOs können unterschiedliche Zielrichtungen haben. Dazu gehört die Ausrichtung auf die Wohlfahrt der Bevölkerung (z.B. bei Missionsgesellschaften), die wirtschaftliche Entwicklung des Landes sowie die Stärkung der Leistungsfähigkeit („empowerment") der Zielgruppe. Auch die Unterstützung der EH in der Öffentlichkeit ist ein Aufgabengebiet von NGOs. So versuchen sie über Medien auf die Politik diesbezüglich einzuwirken. Ein weiteres Unterscheidungskriterium stellt die Organisationsstruktur dar, die in unterschiedlichen Arten zu beobachten ist. Während bspw. **Mitgliederorganisationen** in EL versuchen, sich selbst zu helfen, unterstützen **Dienstleistungsorganisationen** der IL die Bevölkerung der EL bei der Selbsthilfe.

Nach einer anderen Unterscheidung ergeben sich als bestimmende Charakteristika:

- Mitgliederorganisationen,
- Entwicklungs-NGOs,
- internationale Freiwilligenorganisationen,
- Intermediäre, die sich für die Belange der Dritten Welt einsetzen (*advocacy*) und versuchen, Informationen auszutauschen.

Nicht zuletzt zeigt das Scheitern der Klassifizierungsversuche, dass es sich bei NGOs hinsichtlich Organisationsgrad, Zielrichtung, Organisationsstruktur usw. um heterogene Institutionen handelt, wobei auch der Grad ihrer (zunehmenden) Professionalität unterschiedlich hoch ist.

Trotz ihrer Bedeutung stehen NGOs Finanzmittel in geringerer Höhe zur Verfügung, so dass sie nicht mit der multi- oder bilateralen ODA konkurrieren können. In gewisser Weise lässt

---

[301] VAKIL (1997) führte schon vor mehr als 10 Jahren 18 verschiedene Begriffe für NGOs auf (S. 2060), z.B. BINGOs (Big International Non-Governmental Organizations), CBOs (Community-Based Organizations), DOs (Development Organizations), DONGOs (Donor Non-Governmental Organizations), GONGOs (Government Non-Governmental Organizations), GROs (Grassroots Organizations), INGOs (International Non-Governmental Organizations), POs (People's Organizations), QUANGOs (Quasi-Non-Governmental Organizations), WCOs (Welfare Church Organizations) u.a.

sich von einer Ergänzung der öffentlichen EH durch NGOs sprechen (*additionality*). Im Jahr 2007 betrugen die Zuschüsse von NGOs aus OECD-Ländern an EL 18,5 Mrd. US$, das entsprach ca. 4 % der Nettogesamtleistungen.[302] Von 1962 bis 2004 erhielten NGOs BMZ-Mittel in Höhe von ca. 9,6 Mrd. €, allein im Jahre 2007 waren es rd. 451 Mio. €. Ihr Anteil am Etat der deutschen EH belief sich damit auf ca. 10 %. Die deutschen NGOs selbst stellten 2006 ca. 1 Mrd. € für Entwicklungsprojekte bereit.[303] Manche NGO haben sich als bedeutende Akteure entwickelt. World Vision Internationale hat ein höheres Budget als die ODA Italiens und der Gesamtbeitrag der NGOs lag über der bilateralen ODA jedes OECD-Landes (ausgenommen die USA).

7.2.2   Bewertung der Tätigkeiten der Nicht-Regierungs-Organisationen

Die Geber von EH unterstellen, dass NGOs kosteneffektiver sind als die EH der Regierungen, da sie soziale Basisdienstleistungen günstiger zur Verfügung stellen und in der Lage sind die Ärmsten der Armen auch zu erreichen. Außerdem wird unterstellt, dass sie im Demokratisierungsprozess eine wichtige Rolle spielen. Es überrascht, dass es kaum genügend empirische Untersuchungen gibt, die diese Vermutungen einwandfrei bestätigen.

Wie sind die Tätigkeiten der NGOs zu bewerten? Was erhofft man sich von ihnen und inwieweit konnten sie die in sie gesetzten Erwartungen erfüllen?[304] Vor mehr als 20 Jahren untersuchte eine internationale Konferenz in London die entwicklungspolitischen Möglichkeiten von NGOs. Demnach hat die Tätigkeit der NGOs auf mikroökonomischer Ebene positive Ergebnisse generiert. Jedoch wurden diese oft durch die wirtschaftspolitische Makropolitik konterkariert. Bspw. wird der Aufbau lokaler Produktionsmöglichkeiten gehemmt, wenn die nötige materielle Infrastruktur nicht zur Verfügung steht, Kreditmöglichkeiten fehlen oder aufgrund der Außenhandelspolitik der Import von Materialien oder Export von Produkten behindert wird. Darüber hinaus geraten NGOs oft auch in Konflikt mit Regierungen, was sich negativ auf ihre Arbeit auswirkt (Pearth).

Aufgrund ihrer Eigenart spricht man den NGOs jedoch besondere Vorteile zu.[305] Zunächst können sie in weitaus größerem Maße als staatliche Institutionen Eigeninitiativen und den Selbsthilfewillen der Bevölkerung in EL mobilisieren. Nachdem sie in den Anfängen ihrer Tätigkeit nur Hilfsprogramme durchführten, wurden sie im Laufe der Zeit politisch aktiver durch den Versuch, den Partizipationsgrad der Armen zu erhöhen. NGOs agieren verstärkt als Fürsprecher und Lobbyisten der Bevölkerungsgruppen, die sich im politischen Prozess kaum artikulieren können (*Advocacy*). Durch ihre direkte Hilfe und Präsenz vor Ort können sie die Betroffenen persönlich ermutigen und insgesamt positiv auf die Motivation zur

---

[302]   Quelle: OECD, DAC-Bericht 2009, Paris, 2009, Tab. 1, S. 152f.

[303]   Vgl. BMZ, Medienhandbuch, Entwicklungspolitik 2008/2009, Bonn, Oktober 2008, S. 83, sowie NUNNENKAMP/THIELE (2009), S 266.

[304]   Verwiesen sei auf die Tagungsbände DRABEK (1987) und FOWLER (2000).

[305]   Vgl. hierzu z.B. BMZ, Medienhandbuch, Entwicklungspolitik 2008/2009, Bonn, Oktober 2008, S. 83f.

Selbsthilfe einwirken. Da die Erfahrungen der letzten Jahrzehnte internationaler EZ deutlich machen, dass die soziale und wirtschaftliche Entwicklung der EL entscheidend vom Selbsthilfewillen und den Eigenanstrengungen ihrer Bewohner abhängig ist, können sie hier einen hohen Beitrag leisten.

Aufgrund ihrer Organisationsform und ihres Basis-Ansatzes erreichen NGOs die Bedürftigen – unter Vermeidung offizieller Kanäle – in viel stärkerem Maße als staatliche Institutionen. Denn die öffentliche EH ist in jedem Fall auf die Zusammenarbeit mit den staatlichen Organen in EL angewiesen. Hierbei haben jedoch in der Vergangenheit immer wieder Probleme der Korruption eine effektive Hilfe verhindert. Darüber hinaus sind NGOs in EL beliebt, da ihre Hilfe nicht wie bei vielen staatlichen Institutionen an Auflagen gebunden ist. Sie sind in der Lage, schnell direkte Hilfe zu leisten und haben einen besseren, direkteren Zugang zu den Armen in EL und ihren Organisationen.

Weiterhin unterstützen NGOs gezielter als die öffentliche EH Unterprivilegierte und Gruppen mit niedrigem Einkommen und setzen sich stärker für soziale Gerechtigkeit ein. Ihre Hilfe wird weniger durch politische Vorgaben beschränkt und ist durch humanitäre Ideale motiviert.

Durch ihre direkte Hilfe vor Ort und Rückgriff auf vorhandene, einheimische Ressourcen können NGOs das einheimische Arbeitskräftepotenzial besser stützen. Gerade im Bereich der Ausbildung einheimischer Fachkräfte werden ihnen positive Effekte zugute gehalten. NGOs leisten darüber hinaus einen hohen Beitrag im Bildungs- und Gesundheitswesens. In diesem Zusammenhang ist auch die Pionierarbeit von Missionsgesellschaften zu nennen, die sehr stark im Bereich der Landwirtschaft, des Gesundheitswesens und der Primärausbildung tätig sind.

Aufgrund ihrer Heterogenität haben NGOs den Vorteil größerer Flexibilität. Durch ihre speziellen Kenntnisse über die Gegebenheiten in EL sowie den besonderen Zugang zu den Menschen ist ihre Tätigkeit von hoher Rücksichtnahme und Effizienz gekennzeichnet. Verbunden ist dies mit einer Experimentier- und Risikobereitschaft, die für staatliche Maßnahmen kaum gegeben ist.

Die erwähnten Vorteile sind jedoch vorsichtig und objektiv zu betrachten, denn es muss im Einzelfall geprüft werden, inwieweit sie auch realisiert werden konnten. So wurde vereinzelt kritisiert, dass es sich bei dem partizipatorischen Ansatz der NGOs mehr um Rhetorik als um Realität handelt. Auch NGOs der IL handeln oft paternalistisch und zwingen der Zielgruppe und den NGOs in der Dritten Welt ihre Vorstellungen auf, da sie Herr der Mittel sind.[306] Daneben stehen Kritikpunkte, die sich auf die Charakteristika der NGOs beziehen. In der Literatur werden Probleme der Vielfalt und unterschiedlicher Ideologien einzelner NGOs und der Abgrenzung und Definition diskutiert. Ideologische Differenzen werden bei dieser Heterogenität nicht ausbleiben. Auf der anderen Seite kann es zu einem Wettbewerb um bessere Hilfen für die Dritte Welt kommen.

---

[306] Für eine Kritik des Partnerschaftsgedankens und einen Appell, ihn ernster zu nehmen vgl. FOWLER (1998).

Kritisiert werden oft die vielen Überschneidungen der Aufgaben von NGOs, in deren Mittelpunkt die Katastrophenhilfe und Ausbildungsprogramme stehen; in manchen Flüchtlingslagern seien mehr als 100 NGOs tätig. Hintergrund dieses Problems ist dabei nicht nur mangelnde Absprache, sondern auch ein Wettbewerb um staatliche Unterstützung. Viele kleine NGOs konkurrieren zunächst um internationale Mittel und lokale Ressourcen und sind erst in zweiter Linie an der tatsächlichen Hilfestellung interessiert. Die Geberkonkurrenz führt dazu, dass die Ablehnung eines Projekts durch eine Geberorganisation nur zur Übernahme dieses Projekts durch eine andere Geberorganisation erfolgt. Eine stärkere Koordination wäre wünschenswert.[307] Dies erfordert von den Organisationen eine Erhöhung der Flexibilität (dynamische Anpassungseffizienz).

Problematisch ist weiterhin die Zurechnung der Kosten. Manche NGOs haben hohe Fixkosten, die kaum erfassbar sind, für die Überprüfung der Effektivität jedoch eine Rolle spielen müssten. Ebenso erfolgt bei NGOs kaum eine Qualitätskontrolle der geleisteten Hilfsmaßnahmen, so dass Verschwendung knapper Ressourcen die Folge sein kann. Zudem fordern NGOs, die EH partnerschaftlich und nicht über Verträge abzuwickeln. Dadurch ergibt sich jedoch auch das Problem der Kontrolle der Mittelverwendung durch die Partner.[308]

Ein Problem besteht insbesondere in der Frage, wem gegenüber NGOs verantwortlich sind: Vorstand, Regierung, Geldgeber, Beschäftigte und Projektpartner haben unterschiedliche Ziele, die sich mit der eigenen Ideologie oder den Bedürfnissen vor Ort nicht unbedingt vereinbaren lassen. Bei einer Bewertung der Tätigkeit von NGOs kommt es also in entscheidendem Maße darauf an, welche Vorstellungen ihr zugrunde liegen. Zu beobachten ist dabei häufig ein Schwerpunkt auf den entwicklungspolitischen Vorstellungen der Geber und nicht der Empfänger (Najam). Bei der Verantwortlichkeit (Accountability) muss zwischen einer Verantwortlichkeit nach oben (Geber) und nach unten (Nehmer) unterschieden werden. Zusätzlich haben viele NGOs eigene Werte und Vorstellungen, gegenüber welchen sie ebenfalls verantwortlich handeln wollen.[309]

Auch das Problem der Größe der NGOs hat Auswirkungen auf ihre Effektivität. Najam (1996) zeigt, dass das Wachstum von NGOs sich zunächst durch ihre Kreativität bestimmt, die sehr häufig durch die Gründergeneration entfaltet wird. Bei stärkerem Wachsen und dem Abtreten der Gründergeneration kommt es einer Führungskrise. In verstärktem Maße wird die NGOs nunmehr durch den Vorstand geleitet, wodurch sich eine Krise der Anonymität ergibt. Stärkeres Wachstum ist auch durch Aufgabendelegation möglich, wodurch jedoch Kontrollprobleme auftauchen. Eine stärkere Koordination führt zu weiterem Wachstum, wodurch es zu einer Bürokratisierung der NGOs kommen kann, die dann verstärkt miteinander kollaborieren müssen.

---

[307] Verwiesen sei auf die Frage: Koordination oder Wettbewerb? Siehe Kap. 4.5.2, S. 115ff.

[308] Vgl. auch SMILLIE (1997) sowie EBRAHIM (2003).

[309] Vgl. EBRAHIM (2003), insb. Tabelle 1 "Characteristics of Accountability Mechanisms", S. 825. Dieser Beitrag diskutiert intensive die verschiedenen Probleme, die durch die Verantwortlichkeit gegenüber verschiedenen Gruppen auftauchen.

In einer jüngeren Untersuchung zeigen Nunnenkamp/Thiele (2009), dass NGOs im Vergleich zur staatlichen EH bei der Überwindung der Armut nicht besser abschneiden. NGOs gehen dorthin, wo

- eine große Bevölkerung vorhanden ist,
- gemeinsame religiöse Vorstellungen vorhanden sind,
- die ODA des Heimatlandes der NGOs hoch ist,
- andere NGOs tätig sind (Herdenverhalten).

Je demokratischer das EL desto mehr NGOs sind dort tätig, da NGOs ihr Risiko minimieren. Die Autoren vermissen ebenso die Ausrichtung auf die Bedürftigen in EL. „Aid darlings" werden gegenüber „aid orphans" bevorzugt. Die Daten beruhen auf NGOs in Schweden und der Schweiz, so dass eine Allgemeingültigkeit ihrer Thesen nicht gesichert ist.

Horton (2010) bemängelt die fehlenden objektiven Evaluierungen und unzureichende Informationen. Genauere Informationen deuten auf ein allgemeines Versagen der NGOs hin. Bessere Evaluierungen und zuverlässigere Informationen würden die Spendenbereitschaft erhöhen.

Weltbank und UN räumen NGOs in ihren Projekten und Programmen immer mehr Mitwirkungs- und Gestaltungsspielraum ein. Auch die offiziellen Entwicklungshilfebürokratien sind zu der Einsicht gekommen, dass NGOs in der Lage sind, die Armen mit ihrem Graswurzelansatz direkt und effizient zu erreichen. NGOs erfüllen die Forderung nach einer stärkeren Privatisierung der EH und unterstützen sehr stark auch die neue Linie des Aufbaus einer „civil society". Das Wachstum großer transnationaler NGOs wie World Vision, CARE, OXFAM, Save The Children Fund usw. führt dazu, dass ihre Hilfe immer professioneller durchgeführt wird und auch langfristige Entwicklungserfolge erzielt werden können. Diese Organisationen reagieren im Gegensatz zu multilateralen staatlichen Institutionen äußerst flexibel und sind bei Katastrophen rasch hilfsbereit (Smillie).

EZ findet im Dreieck von Staat, Markt und Zivilgesellschaft statt. Seit einiger Zeit wird gefordert, dass NGOs eine „vierte Position" einnehmen. NGOs sind in der Gefahr, vor den Karren der offiziellen EZ gespannt zu werden. Daher sollen sie als vierte Position darauf achten, dass den Ärmsten ihre Rechte zugestanden werden. Sie sind also darauf festgelegt, dass Versprechungen des EZ auch eingehalten werden (*Compliance*). Daher übernehmen NGOs die Rolle eines Vermittlers, Innovators und Wachhundes einer langfristig wirksamen EH (Fowler, 2000a). In diesem Zusammenhang spricht man von „Aufgaben jenseits der EH" (*Beyond Aid*).

Zusammenfassend lässt sich sagen, dass NGOs komparative Vorteile in folgenden Bereichen haben: Innovation (sie erreichen leichter die Ärmsten der Armen), Programmflexibilität (es ist ihnen leichter möglich, auf Anpassungen flexibel zu reagieren als die öffentliche EZ), spezielles technisches Wissen (Organisation der Grameen Bank), bei der Bereitstellung lokaler öffentlicher Güter (öffentliche Gesundheitsfürsorge, nicht-formale Bildung, Aufbau von Dorftelekommunikationsmöglichkeiten, Schaffung von örtlichen Märkten usw.), Aufbau von gemeinsamen Ressourcen-Programmen und ihre Implementierung (der größte Teil der Armen ist noch von den ihnen zu Verfügung stehenden natürlichen Ressourcen abhängig),

Aufbau von Vertrauen und Kreditwürdigkeit (selbst eine Demokratie kann wegen der Übermacht der Mehrheit den Schutz der Minderheiten nicht garantieren) und die stärkere Vertretung der Benachteiligten einer Gesellschaft (Advocacy). Gerade Minoritäten brauchen einen Schutz gegenüber der Mehrheit in einer Demokratie, da die existierenden Verfassungen ihn nicht ausreichend gewähren.[310]

Betont werden muss, dass auch NGOs für den Erfolg ihrer Hilfe auf entwicklungsfreundliche Rahmenbedingungen angewiesen sind. Eine Veränderung derselben kann einerseits mit Hilfe des Politikdialoges von Regierung zu Regierung erwirkt werden. Andererseits ist dies durch eine Verbesserung der Organisationskraft („empowerment") der Beteiligten und der ärmeren Schichten in der Bevölkerung intern möglich. Dadurch ergibt sich gegebenenfalls ein revolutionäres Potenzial, so dass manche Regierungen der Dritten Welt den Tätigkeiten von NGOs skeptisch gegenüber eingestellt sind.

7.3   Entwicklungsbeitrag privater Bankkredite

Neben FDI und der Tätigkeit der NGO gilt es auch den Entwicklungsbeitrag privater Bankkredite zu untersuchen. Der Entwicklungsbeitrag privater Bankkredite wurde indirekt bereits in einer anderen Publikation abgehandelt, so dass darauf an dieser Stelle nur in Kürze eingegangen wird.[311]

Die Verschuldungskrise der EL in den 70ern hat gezeigt, dass eine unproduktive Verwendung der Kredite sowie die schwachen Kreditauflagen der Banken zu einer Verschwendung privater Kredite führten. Finanzmittel sind notwendig, um Entwicklungsprozesse zu generieren, sie sind aber nicht hinreichend, da es auf die Verwendungsauflagen und die tatsächlich Nutzung der Kredite ankommt.

Daher ist, wie bei den Direktinvestitionen der TNU, eine generelle Befürwortung oder Ablehnung privater Bankkredite nicht geboten. Da ihr Preis ein Marktpreis ist, stecken in Krediten oft enorme Entwicklungschancen. Viele Projekte der ODA scheiterten aber, weil sie subventioniert wurden und daher die Knappheit der Inputs für die Durchführung der Projekte keine Bedeutung hatte. Marktpreise setzten hier deutlich verbesserte Anreize zur effizienteren Verwendung knapper Ressourcen.

Die internationalen Bankkredite waren sehr volatil. Betrugen sie 1995 noch 76,9 Mrd. US$ und im Folgejahr (1996) 86 Mrd. US$, wurden im Jahre 1998 76,3 Mrd. US$ und im Jahre 1999 79,6 Mrd. US$ zurückgezogen.[312] Die internationalen Bankkredite machten im Jahre 1995 29,1 %, im Jahre 1996 24,6 % aus; in den Jahren 1998 -33,3 %, im Jahre 1999 -31,7 %. Die OECD ist dazu übergegangen, Bankkredite und Anleihen zusammenzufassen. 1991/1992

---

[310] Vgl. hierzu auch: TODARO/SMITH (2009), S. 560–566.

[311] Vgl. dazu die Ausführungen zur Verschuldungskrise der EL in LACHMANN (1994), S. 211-245.

[312] Vgl. OECD, Development Co-Operation Report 2001, 2002, Tab. 1, S. 194f.

wurden an bilateralen Portfolioinvestitionen 6,3 Mrd. US$, in 1996/1997 durchschnittlich 59,2 Mrd. US$ als finanzielle Zuschüsse festgestellt. Im Jahre 2003/2004 lagen diese Zuflüsse im negativen Bereich, im Jahre 2005 wurden wieder verstärkt in EL bilaterale Portfolioinvestitionen durchgeführt, es waren 2005 wieder 73,3 Mrd. US$; im Jahre 2006 waren es 60,9 Mrd. US$ und 2007 sogar 133,2 Mrd. US$.[313] Für eine stetige Entwicklungsfinanzierung sind solche Portfolioinvestitionen kaum geeignet, führen jedoch zu Finanzkrisen, die die wirtschaftliche Entwicklung in EL hemmen. Die Volatilität dieser Finanzströme zeigt, wie wichtig es ist, auch in EL eine Wirtschaftspolitik zu betreiben, die Vertrauen einflöst und damit einen stetigen Ressourcenfluss in diesem Bereich ermöglicht.

Ein verhältnismäßig kleiner Anteil an FDI und eine hohe Kreditaufnahme bei ausländischen Geschäftsbanken gehörten zu den Gründen für die Verschuldungskrise der EL in den 70er Jahren. Gerade ein hoher Anteil kurzfristiger Kredite an der Auslandsverschuldung kann bei sich anbahnenden Finanzproblemen eines Landes die Situation verschärfen. So war 1996 einer der Umstände, die das Entstehen der Asienkrise begünstigten, enorme Summen an kurzfristigen Krediten, die eine finanzielle Instabilität erzeugten und einer Vertrauenskrise Vorschub leisteten. Voraus ging der Versuch der Regierungen, ihre Währung gegenüber dem Dollar zu sichern, was zu einer enormen Auslandsverschuldung führte.

Die Erfahrung der Währungskrisen zeigt daher einmal mehr die Notwendigkeit einer soliden Wirtschaftspolitik sowie eines starken, stabilen Finanzsystems mit ausreichender staatlicher Kontrolle sowie transparenter Buchführung.

---

[313] Vgl. OECD, Development Co-Operation Report 2009, 2009, Tab. 2, S. 152, und an anderen Stellen.

8 Makroaspekte der Entwicklungshilfe

Nach Begründung und Darstellung der einzelnen Aufgabenfelder der öffentlichen EH sowie der Systematik und Behandlung verschiedener Träger der EH ist es notwendig, auf die Wirkungen der EH stärker einzugehen. Neben den mikroökonomischen Aspekten sind auch die gesamtwirtschaftlichen Auswirkungen der EH zu beachten. In dem Zusammenhang behandeln wir das Verschuldungsproblem, die makroökonomischen Auswirkungen, das Problem der Geberkonditionen und Strukturanpassungen sowie die notwendige Berücksichtigung des Umweltschutzes.

8.1 Verschuldung und Schuldenerlass

Alle EL hatten im Jahre 2006 Auslandsschulden in Höhe von insgesamt 2.843,8 Mrd. US$, was einem Betrag von 512 US$ pro Kopf ihrer Bevölkerung entsprach. Einige EL zeigen dabei eine Auslandsverschuldung, die höher ist als das BNE. Zum Beispiel hatte Burundi im Jahre 2006 eine Auslandsverschuldung in Höhe von 105 % des BNE, die Demokratische Republik Kongo sogar 119 %; Simbabwe kam auf 110 % und Kasachstan auf 132 %. Es sei darauf hingewiesen, dass einige EL nur auf Grund eines partiellen Schuldenerlasses (HIPC-Initiative) niedrigere Werte erreichten. Die Republik Burundi hatte im Jahre 2005 noch eine Auslandsverschuldung in Höhe von 131 % des BNE und die Demokratische Republik Kongo lag ein Jahr zuvor bei 123 %.[314] Die Verschuldung der Republik Kongo sank von 156 % auf 108 % des BNE.

Im Allgemeinen ist eine hohe Verschuldung noch nicht beunruhigend, da sie auf eine gesteigerte wirtschaftliche Aktivität hindeuten kann. Viele Unternehmen verschulden sich ohne Verschuldungskrise, da diese Unternehmen als Gegenwert produktive Aktivposten besitzen. Alle sich entwickelnden Länder haben sich zu Beginn ihrer Industrialisierung ebenfalls verschuldet. Die europäischen IL waren auf ausländisches Kapital von Belgien, Frankreich und Großbritannien angewiesen.

---

[314] Die Daten stammen aus dem WEB 2009, Tab. 4, S. 420f. sowie WEB 2008, Tab. 5, S. 396.

Anfänglich reichen die Ersparnisse der EL für die Kapitalbildung nicht aus, so dass für die wirtschaftliche Entwicklung Kredite im Ausland aufgenommen werden müssen. In einer zweiten Phase ist ein Land schon in der Lage, durch eigene Ersparnisse die Investitionen zu finanzieren, um in der dritten Phase durch Devisenüberschüsse die Verschuldung abzubauen. Grafisch lässt sich das Verschuldungsmuster im Entwicklungsprozess wie in Grafik 8.1 darstellen.

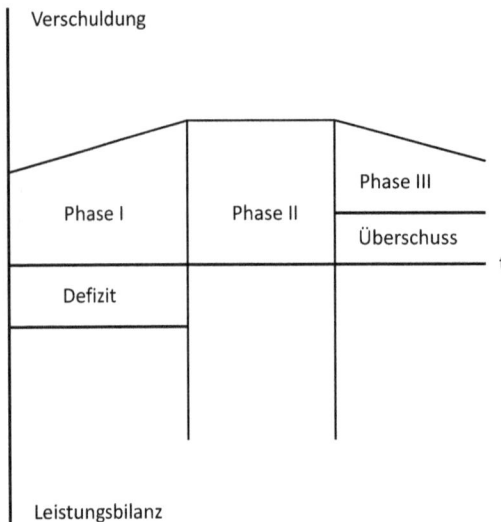

Abb. 8.1   Verschuldungsmuster im Entwicklungsprozess

Allerdings ist nicht jede Aufnahme von Auslandskrediten für Investitionen gedacht. Staaten, die Kredite für Konsumzwecke verwenden, können in eine Verschuldungskrise geraten. Die Mittel für die Zins- und Rückzahlung aufgenommener Kredite aus dem Ausland müssen durch die Investitionen erwirtschaftet werden. Deshalb sind verschiedene Kriterien aufgestellt worden, die eine Auslandsverschuldung vermeiden helfen. Man unterscheidet hierbei folgende Kriterien:

Transformations- oder Effizienzkriterium: Durch zusätzliche Produktion müssen die Kredit-, Zins- und Amortisationskosten gedeckt werden.

Transferkriterium: Durch die zusätzliche Produktion muss das EL in der Lage sein, Devisen zu erwirtschaften, um die in ausländischer Währung aufgenommenen Kredite auch wieder in ausländischer Währung bedienen zu können. Dies geschieht entweder durch Investitionen, die die Exportfähigkeit steigern oder Investitionen in solchen Bereichen, die Importe verdrängen und damit Devisen einsparen.

Liquiditätskriterium: Zu jedem Zeitpunkt muss dieses Transferkriterium erfüllt sein. Daher ist es notwendig, dass Investitionen, die erst langfristig wirtschaftliche Auswirkungen haben, auch langfristig finanziert werden müssen, damit das EL nicht in eine Liquiditätskrise kommt, die dann zu einer Verschuldungskrise führen kann.

Da die EL es versäumten, ein funktionierendes Finanzsystem aufzubauen und damit auf eigene Ersparnisse zurückgreifen zu können, waren sie für Investitionen auf ausländische Kredite angewiesen. Diese Investitionen der EL wiesen oft eine niedrige Rentabilität auf. Weil die weltweit agierenden Banken sehr liquide waren, stellten sie den EL Kredite ohne ausreichende Sicherheit (versehen mit einer staatlichen Bürgschaft) zur Verfügung. Die internationalen Banken waren wegen der ersten Ölpreiskrise und den damit stark zunehmenden Leistungsbilanzüberschüssen der ölexportierenden Staaten äußerst liquide und suchten daher Anlagemöglichkeiten. Nach der zweiten Ölpreiskrise kam es zu einem Umschwung der amerikanischen Wirtschaftspolitik, die zu einem weltweiten Dollar- und Zinsanstieg führten, so dass die EL in kurzer Zeit eine beispiellose Zunahme ihrer realen Amortisations- und Zinsverpflichtungen erfuhren. Im August 1982 hat Mexiko durch ein Moratorium die Verschuldungskrise zum Ausbruch gebracht. Auch die ausländischen Banken waren ursächlich an dem Entstehen der Verschuldungskrise beteiligt, da sie hohe Kredite sorglos vergaben und die Risiken auf die EL abwälzten.[315] Auf Verschuldungsursachen und Lösungsmöglichkeiten soll hier nicht eingegangen werden; nur ein ordnungspolitischer Ansatz zur Überwindung der Verschuldungskrise sei kurz erwähnt. Es ist hierbei zu fragen, für welche Zwecke EL Kredite aufnehmen. Im Großen und Ganzen lassen sich die Kreditnotwendigkeiten auf folgende Bereiche zurückführen:

- Sozialpolitik zur Überwindung der Armut,
- Verbesserung der nationalen Infrastruktur,
- Aufbau von Industriekapazitäten.

Je nach Investitionszweck muss eine andere Finanzierungsart gesucht werden. Die Maßnahmen zur Überwindung der absoluten Armut und zur Erreichung einiger der MDGs können ärmere EL nicht aus eigener Kraft finanzieren. Sie sind auf EH angewiesen, da die IL gemäß einer internationalen Solidarität diese Ausgaben mitschultern müssen. Je nach Entwicklungsstand sollten IL die EL bei ihren sozialpolitischen Maßnahmen unterstützen, wobei die Mitfinanzierung degressiv gestaltet werden sollte und die Verwendung der Mittel auch vom Geberland überwacht werden muss. Hierdurch stehen den EL Ressourcen zur Armutsbekämpfung zur Verfügung, so dass sie selbst im Falle von Hungersnöten Devisen zur Verfügung haben, um notwendige Getreideimporte zu tätigen.

Im Falle des Aufbaus einer funktionsfähigen Infrastruktur kann eine Finanzierung wie bisher gewählt werden. Die Weltbank wird langfristige und zum Teil zinsgünstige Kredite für Investitionsprojekte der EL vergeben und die Projekte begleiten. Wie schon erwähnt wird in den ersten zehn Jahren auf eine Rückzahlung verzichtet; nach einem längeren Zeitraum müssten die Investitionen wirken und die EL in der Lage sein, die Kredite zurückzuzahlen. Ärmere EL werden Sonderkonditionen durch die IDA erhalten.

---

[315] Zu den Ursachen und Konsequenzen der Auslandsverschuldung der EL vgl. LACHMANN (1994), Kap. 6, S. 211–245.

Der Aufbau der Industriestruktur ist nicht Aufgabe der EH. Hierbei sollten TNU eingebunden werden. Das EL muss aber die gesetzlichen Rahmenbedingungen schaffen, so dass TNU in EL investieren. Das EL wird bei FDI kein finanzielles Risiko übernehmen. TNU kennen die internationalen Märkte, die technologischen Prozesse etc., so dass sie das Risiko tragen und im Allgemeinen erfolgreich einen Entwicklungsprozess und eine Industrialisierung anstoßen können. Mit dieser Finanzierungsmethode wird das Auftreten einer Verschuldungskrise reduziert. Bei erfolgreicher Industrialisierung werden EL wieder kreditfähig sein und zusätzliche Kredite auf den Weltfinanzmärkten aufnehmen können.

8.2   Makroökonomische Auswirkungen

Die makroökonomischen Auswirkungen von EH-Maßnahmen sind schon früh umstritten gewesen. Easterly behauptet, dass EH „has done so much ill and so little good", wohingegen Sachs noch den alten Vorstellungen eines „big aid push" anhängt, dass mit einem 200 Mrd. US$-Programm die Armut auf der Erde ausgerottet werden könnte.[316] Begründet wurde die EH anfänglich durch das 2-Lücken-Modell. Demnach waren, unter der Voraussetzung, dass für das erwünschte Wachstum eine bestimmte Höhe von Investitionen nötig sei, Ersparnisse notwendig. Reichen die einheimischen Ersparnisse nicht aus, dann benötigt das EL die Ersparnisse der Ausländer; reichen die Exporteinnahmen nicht aus, benötigt man EH als Devisenhilfe zum Import der notwendigen Kapitalgüter.

Um die Wirksamkeit von EH festzustellen, müssen zwei Ursachen sorgfältig analysiert werden. Zuerst muss geprüft werden, ob durch EH einheimische Ersparnisse verdrängt werden. Dadurch würde die EH nicht voll in inländische Investitionen überführt; die EH würde teilweise vom EL konsumiert, was das Produktionspotenzial nicht erhöhen würde. Zusätzlich ist zu fragen, ob die vorhandenen Ersparnisse auch in Investitionen überführt werden und wie produktiv diese Investitionen waren – denn das Wachstum soll von der Höhe der Investitionen abhängen. Diese beiden Ursachen wurden empirisch überprüft – mit unterschiedlichen Ergebnissen. Die Mehrheit der Studien zeigt an, dass ein Teil der EH in den Konsum geht, so dass einheimische Ersparnisse reduziert werden; das bedeutet ebenfalls, dass die EH nicht voll in Investitionen überführt wird. Ferner ist es nicht nachweisbar, dass eine Verdopplung der EH zu einer Vergrößerung der Wachstumsrate führt, da abnehmende Grenzerträge der EH vermutet werden (Harms/Lutz).

Bei der Überprüfung der Wirksamkeit der EZ sind folgende Phänomene zu beachten:[317] Zu Beginn wurde auf mögliche Umlenkungseffekte hingewiesen (*Budgetsubstitution*). Die durch die EZ unterstützte Maßnahme war nicht mit der tatsächlich zusätzlichen Maßnahme identisch. Das EL konnte diese Mittel, die durch die EZ frei wurden, für andere Ziele benutzen (gelegentlich für den Aufbau des Militärs).

---

[316] Siehe EASTERLY (2006) und SACHS (2005).

[317] Vgl. hierzu HEMMER (2002), Kap. U: Zur Wirksamkeit der Entwicklungshilfe und der Konditionalitätsdebatte, S. 965–1018.

Ein zusätzliches Problem entsteht durch die bereits behandelte unvollkommene Geberkoordination. Verschiedene IL haben unterschiedliche Zielvorstellungen, so dass für das EL ein Konfliktpotenzial besteht, was die Wirksamkeit der EZ beeinträchtigt.

In den letzten Jahren ist auf die Bedeutung des sozioökonomischen Umfeldes hingewiesen worden. Nachdem Burnside/Dollar auf die Bedeutung von Institutionen und guter Wirtschaftspolitik hingewiesen haben, gab es viele Untersuchungen, in welcher Weise EZ durch Rahmenbedingungen der EL beeinflusst wird.[318] Studien weisen darauf hin, dass EZ nur erfolgreich ist, wenn auch „good governance" vorliegt. Good governance setzt voraus, dass das Land Inflationen vermeidet, Haushaltsdisziplin übt und ein offenes Handelsregime vorliegt.

Generell ist zu beachten, dass Entwicklung einen mehrdimensionalen, komplexen Prozess beinhaltet, der sowohl soziale als auch gesellschaftliche und politische Strukturen verändert. Denk- und Verhaltensweisen der Menschen werden beeinflusst und müssen geändert werden. Daher kann EZ korrumpieren und Entwicklung hemmen, aber auch Wachstum generieren. Es hängt von den vorhandenen Strukturen und institutionellen Regelungen ab, ob EZ makroökonomisch positive Auswirkungen hat. Solche Mentalitätsveränderungen benötigen Zeit, so dass nur langfristig überprüft werden kann, inwieweit die EZ makroökonomisch gesehen wirksam war.

Die EH kann Auswirkungen auf die Ersparnisse in einem EL und auch zusätzlich auf die Investitionen und jene wiederum auf das Wachstum in den EL haben (A). Es kann auch untersucht werden, inwieweit EH direkt auf das Wachstum der EL einen Einfluss hat (B). Letztlich lässt sich untersuchen, in welcher Weise EH bei unterschiedlichen Rahmenbedingungen Einflüsse auf Wachstumsraten in EL hat (C). Die drei untersuchten Wirkungsketten lassen sich durch die Abb. 8.2 verdeutlichen:

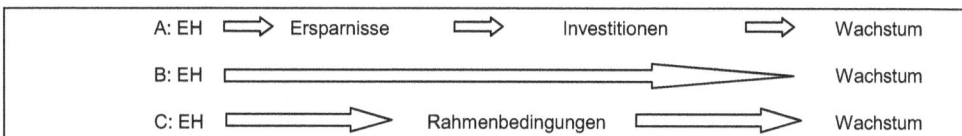

Abb. 8.2 *Drei Wirkungsketten der EH*

Die Probleme der Wirksamkeit der EH sind in letzter Zeit vermehrt untersucht worden.[319] In der gegenwärtigen Literatur lassen sich zwei Ansichten bezüglich der Wirksamkeit von EH unterscheiden:

---

[318] Vgl. BURNSIDE/DOLLAR (2000) und COLLIER/DOLLAR (2002, 2004).

[319] Verwiesen sei auf DOVERN/NUNNENKAMP (2007), ALVI/MUKHERJEE/SHUKRALLA (2008), DOUCOULIAGOS/PALDAM (2006) sowie WOOD (2008).

- **wirtschaftspolitische Sicht**: EH wirkt nur bei Vorhandensein guter Politik. Der Terminus „Handel mal Politik" hat positive und signifikante Auswirkungen auf die Wachstumsrate.
- **abnehmende Grenzerträge**: EH wirkt – jedoch mit abnehmenden Erträgen, die unabhängig von der Wirtschafts- und Gesellschaftspolitik des Landes sind. Der Terminus „EH²" verdrängt in der Analyse die Signifikanz der Politikvariablen.

Es scheint, als ob die EL nicht nur unter den zwei bzw. drei Lücken leiden, sondern dass man von einer „Institutionen-" oder einer „Politiklücke" sprechen sollte statt von Finanzierungslücken. Dieses Problem haben Alvi et al. untersucht und dabei festgestellt, dass gute Politik im Allgemeinen sehr wichtig für das Vorhandensein von Wachstum ist. EH wirkt allerdings nur, wenn die Politikvariable eine bestimmte Höhe erreicht hat. Für sehr schlechte wirtschaftspolitische Rahmenbedingungen (insbesondere bei hoher Inflation) wirkt EH in keiner Weise wachstumsfördernd. Es ist ebenfalls nicht stets richtig, dass eine gute Politik die Effektivität der EH erhöht, unabhängig von der Höhe der EH und dem Grad der Wirtschaftspolitik. Alvi et al. zeigen auch, dass die Sicht abnehmender Grenzerträge möglich ist – dies aber bei einem hohen Anteil der EH. Alvi et al. übernehmen in ihrer Untersuchung den traditionellen Politikindex und die Makrogrößen der EH.

In einer umfangreichen Studie haben Doucouliagos/Paldam die verschiedenen Kausalstrukturen makroökonomischer Wirksamkeit der EH untersucht. Bis 2005 fanden sie 97 englischsprachige Arbeiten, die sie wie folgt unterteilten: 43 Arbeiten untersuchten die Auswirkungen von EH auf Ersparnisse bzw. Investitionen (Wirkungskette A); 78 Arbeiten enthielten 613 Schätzungen in reduzierter Form, die direkte Auswirkungen von EH auf das Wachstum untersuchten (Wirkungskette B); 31 Arbeiten untersuchten die Auswirkung der EH auf das Wachstum, wobei sie unterschiedliche zusätzliche Wirksamkeitsbedingungen unterstellten. Der Ersparnis/Investitions-Nexus zeigt, dass ca. 25 % der EH investiert werden, d.h. 75 % sind für die Wachstumsmöglichkeiten irrelevant, da sie den Konsum und nicht die Investitionen fördern. Viel spräche dafür, dass Reformen der Vergabe der EH notwendig sind, da „a large gulf separates the promises and the accomplishments of development aid" (S. 246). Die Entwicklungspolitiker versprechen durch neue Programme Erfolg, Entwicklungsmüdigkeit ist langfristig die Folge, gepaart mit Zynismus, was insgesamt kontraproduktiv wirkt.

Im Allgemeinen wird unterstellt, dass Transfers erfolgreicher sind als Kredite. Dies führte dazu, dass insbesondere ärmeren EL verstärkt nur noch Transfers zur Verfügung gestellt werden. Natürlich ziehen EL Zuschüsse vor, da sie die angenehmste Form von Unterstützungsmaßnahmen darstellen.[320] Es ist jedoch zu bezweifeln, ob nichtrückzahlbare EH höhere Auswirkungen hat als rückzahlbare Kredite. Kredite stellen einen höheren Anreiz für Regierungen dar, die EH produktiv zu verwenden, da EL Rückzahlungsverpflichtungen haben. Die geringere Wirksamkeit von Zuschüssen gegenüber Krediten ist auch von Dovern/Nunnenkamp gezeigt worden.

---

[320] Mir sagte einmal ein tunesischer Minister, dass sie auch überlegen, ob sie noch ihre Kredite bedienen sollen, da sie bei Nichtbedienung mit einem Schuldenerlass rechnen könnten.

Gefragt werden muss, wie EH optimal gegeben werden kann. Sind die MDGs als Ziele zu berücksichtigen oder die Höhe der Wachstumsrate bzw. die Reduzierung der Weltarmut? In einigen Arbeiten haben sich Collier/Dollar (2001, 2002) dafür ausgesprochen, dass EH gegeben werden sollte, um die Weltarmut zu minimieren. Demnach soll die EH so verteilt werden, dass besonders ärmere EL eine größere Hilfe erhalten; gleichzeitig erhalten jene Länder mehr Hilfe, die durch gute Wirtschaftspolitik eine hohe Effizienz der EH aufweisen. Nach ihrer Ansicht müsste Afrika erheblich weniger EH bekommen als derzeit. Im Rahmen der MDGs haben die Europäer 50 % ihrer EH Afrika zugesagt. Kritisch wäre bei diesem Modell anzumerken, dass hierbei eine kurzsichtige Betrachtungsweise der Wirksamkeit der EH vorliegt. Unter Beachtung der MDGs müsste ein dynamischer Ansatz verfolgt werden, d.h. der Zeitaspekt müsste bei der Überlegung der optimalen Verteilung der EH berücksichtigt werden. Die MDGs haben die Zukunft stärker im Visier als das Collier-Dollar-Modell, denn die MDGs sind multidimensional, während das Collier-Dollar-Modell einen einzigen Zielpunkt, die Reduzierung der Armut beinhaltet (Wood).

8.3   Geberkonditionen und Strukturanpassungen

Die Wirtschaftspolitik der EL ist von entscheidender Bedeutung für die Wirksamkeit der EH. Daher stellt sich die Frage, in welcher Weise die Geber dazu in der Lage sind – über einen Politikdialog oder über Auflagen – die Politik der EL zu beeinflussen. In diesem Zusammenhang spricht man oft von einer Konditionalität der EH. Bei diesen Bedingungen zum Erhalt der EH lassen sich drei verschiedene Ebenen unterscheiden:

- *Mikroökonomische Konditionalität*: In diesem Fall werden die Projekte der EZ mit Auflagen versehen. Mikroökonomische Evaluierungen vergangener Projekte spielen hierbei eine gewisse Rolle, die zu einer Verbesserung der mikroökonomischen Wirksamkeit beitragen können.
- *Makroökonomische Konditionalität*: Hierbei wird die Wirtschaftspolitik des Landes analysiert. Insbesondere die Bretton Woods-Institutionen (IMF und Weltbank) haben auf Grundlage makroökonomischer Wirksamkeitsanalysen bestimmte Strukturanpassungsprogramme entworfen.
- *Gesellschaftspolitische Konditionalität*: Hierbei wird überprüft, inwieweit EL EH erhalten sollten. In diesem Zusammenhang sind die Rahmenbedingungen der deutschen EZ zu nennen, wie Beachtung der Menschenrechte, stärkere politische Beteiligung der Bevölkerung, Rechtsstaatlichkeit, ökologisch ausgerichtete wirschaftliche Rahmenbedingungen und der Aufbau einer effektiven Verwaltung.

Die wirtschaftspolitische Situation vieler EL ist durch wirtschaftspolitische Ungleichgewichte gekennzeichnet. Außenwirtschaftlich gesehen bestehen Leistungsbilanzdefizite und oft hohe Verschuldungsraten; binnenpolitisch betrachtet sind die hohen Inflationsraten in einigen EL zu bemängeln, ebenso die hohen Haushaltsdefizite und Staatsverschuldungen und die hohen Arbeitslosenzahlen. Wie in IL sind auch hier die Auslöser der beobachteten Ungleichgewichte ökonomische Verzerrungen und ordnungspolitische Fehlsteuerungen. Wie in IL greift auch in EL der Staat intensiv in das Wirtschaftsgeschehen ein. Diese Interventionen lösen Ungleichgewichte aus, die ein Hindernis für das wirtschaftliche Wachstum und damit für die wirtschaftliche Entwicklung sowie die Überwindung der Armut darstellen. Aus diesem Grunde werden EL von den Gebern Strukturhilfen angeboten, um dem Teufelskreis mangelhafter wirtschaftlicher Entwicklung zu entfliehen.

In vielen EL ist trotz Hilfen des IWF keine Verbesserung der Zahlungsbilanzsituation eingetreten. Generell ist ein außenwirtschaftliches Defizit als Differenz von Exporten und Importen darstellbar. Durch eine angebotsorientierte Politik (möglicherweise mit Hilfe von ausländischen Unternehmen im Rahmen der FDI) lassen sich die Exporte erhöhen, was oft einen längeren Zeitraum beansprucht. Importe können verhältnismäßig rasch reduziert werden. Die Wirtschaftspolitik kann protektionistische Maßnahmen erlassen oder durch eine Dämpfung der inländischen Konjunktur eine Reduzierung von Importen erreichen. Ziel muss sein, die inländische Absorption zu verringern oder den Anstieg des BNE zu erhöhen. Die Verringerung der inländischen Absorption sollte natürlich in unproduktiven Sektoren erfolgen, d.h. auf Konsumentenseite hin ausgerichtet sein.

EL stehen hier in einer Zwickmühle. Kurzfristig sind Reduzierungen der Staatsausgaben notwendig, was gesellschaftspolitisch in einer Demokratie gefährlich ist; langfristige Entwicklungserfolge hängen aber von den Möglichkeiten kurzfristiger Reduzierung der Absorption ab. Dieses Dilemma (trade-off) ließe sich mit Strukturanpassungshilfen mildern.

Wie wir bereits im Kapitel zum IWF abgehandelt haben, sind die Bretton-Woods-Organisationen bei Strukturanpassungsmaßnahmen führend, wobei die Weltbank eigentlich langfristige und der IWF kurzfristige Überbrückungshilfen zur Verfügung stellen sollte. Nach den anfänglich stärker vom IMF bestimmten kurzfristigen makroökonomischen Stabilisierungsmaßnahmen wurde seit Mitte der 80er-Jahre verstärkt eine Stabilisierung der mittel- und langfristigen Wachstumsaspekte angestrebt (mit Hilfe von Strukturanpassungsmaßnahmen im Rahmen des Washington Consensus).[321]

Die Strukturanpassungsmaßnahmen im Washington Consensus führten, wie schon erwähnt, zu einer heftigen Kritik, da sie als neoliberal gebrandmarkt wurden. Sie haben sich sehr stark auf die Verbesserung der fiskalpolitischen Disziplin, einer Umstrukturierung öffentlicher Ausgaben und stärkerer Liberalisierungsmaßnahmen hin ausgerichtet. Die Kritik führte zu einem „Post-Washington Consensus", in welchem Armutsbekämpfungspläne (poverty reduction strategy papers) im Mittelpunkt stehen. Staaten erhalten einen Schuldenerlass und verstärkt EH, wenn sie solche Armutsbekämpfungspläne vorlegen, wodurch die makroökonomische Wirksamkeit der EH verbessert werden soll.

Ein Zielkonflikt muss bei der Beurteilung der makroökonomischen Auswirkungen der EH berücksichtigt werden. Hatte die EH anfänglich das Ziel, Wachstum zu generieren, was mit Entwicklung gleichgesetzt wurde, ergaben sich in den späten 60er-Jahren Verschiebungen in Richtung Armutsbekämpfung. Die „basic needs-Strategien" waren Ausdruck dieses Umdenkens in der EZ. Zur Armutsbekämpfung benötigt man jedoch auch Wachstum, so dass später

---

[321] Zum Washington Consensus vgl. die Kap. 5.1.6 und 5.1.7

auf die Effektivität und Effizienz der EZ Wert gelegt wurde. Um die Ziele der MDG bis zum Jahre 2015 erreichen zu können, benötigt man demzufolge Wachstum, das sich zu Gunsten der Armen in den EL bemerkbar macht. Armutsorientiertes Wachstum ist gefragt – was jedoch zu geringerem Wachstum führen könnte. So wurde ermittelt, dass ein effizienter Einsatz der EH dazu führen müsste, dass die EL mit guter Wirtschaftspolitik (good governance) mehr EH bekommen sollten als Staaten, die eine schlechte Wirtschaftspolitik durchführen, die sich um ihre Armut im Grunde genommen nicht kümmern. Jene EL betrachten die Armutsbekämpfung als eine Aufgabe der internationalen Gemeinschaft und ihre Eliten bereichern sich oft persönlich durch EH.

Die tatsächliche EH belohnt sogar oft noch versagende Wirtschaftspolitik. Daher ist es richtig, auf Effizienz in der EZ zu achten. Dies bringt jedoch ein Problem mit sich: Werden die Länder nach der Effizienz der EH ausgewählt, dann müssten die EL mit guter Wirtschaftspolitik ca. 72 % der gesamten EH erhalten – die ärmsten EL dürften nur 4 % erhalten. In die afrikanischen Staaten südlich der Sahara müssten dann 3 % der EH fließen – in der Realität fließen 41 % der EH in diese Länder. Für das Jahr 1996 wurde errechnet, dass Ost- und Südostasien 63 % der 34 Mrd. US$ Hilfe bekommen müssten, gegenüber 11 %, die sie tatsächlich erhalten haben.[322] Hierdurch ergibt sich allerdings ein ethisches Problem. Geholfen wird durch diese Zuweisungsregelung der EH den Staaten, die natürliche Voraussetzungen (Rahmenbedingungen, die durch die Politik gesetzt werden) für eine Überwindung der Armut mit sich bringen; die Länder, die diese gegebenen Voraussetzungen nicht mitbringen, werden dadurch geschädigt. Es stellt sich nun die Frage, warum Menschen, die „unverschuldet" schlechte Rahmenbedingungen ernten, in Armut verharren sollen. Müsste hier nicht die EZ bewusst eingreifen, um den Ärmsten der Armen tatsächlich zu helfen und um die Ziele der MDG zu erreichen? Cogneau/Naodet weisen in ihrer Analyse daraufhin, dass bei der Bewertung und Evaluierung der EZ unterschieden werden muss, ob die Staaten für eine schlechte Wirtschaftspolitik verantwortlich sind oder ob sie aus der Vergangenheit schlechte Rahmenbedingungen übernommen haben. Nach diesem „Post-Welfarist-Ansatz" muss bei der EH unterschieden werden zwischen

- einer Kompensation für als ungerecht empfundene Ungleichheiten, die historisch begründet sind, und
- Belohnungen, die es den Staaten erlaubt, die Erfolge ihrer Eigenanstrengungen zu ernten. Erhalten sie bei erfolgreicher Politik weniger EH, ist dies von Nachteil; wird die Ausgangslage nicht berücksichtigt, wird dies ebenfalls als ungerecht empfunden.

Bei der Überprüfung der Wirksamkeit der EH müssten also beide Aspekte berücksichtigt werden.

---

[322] Vgl. hierzu COGNEAU/NAODET (2007), S. 107.

8.4   Entwicklung und Umwelt

Zum Wohlstand gehört unabdingbar eine intakte Umwelt. Alle Entwicklungshilfebemühungen sollten daher auch auf eine nachhaltige Entwicklung (**sustainable development**) ausgerichtet sein. Zum ersten Mal wurde das Thema Umwelt in der „Weltkommission zur Umwelt und Entwicklung" (WCED = World Commission on Environment and Development) im Jahre 1987 von der damaligen Vorsitzenden Brundtland (*Brundtland-Report*) in ihrem Bericht „Our Common Future" vorgetragen.[323] Der WEB 1992 beschäftigte sich erstmals intensiv mit den Umweltproblemen und arbeitete Vorschläge für nationale Umweltpolitiken heraus.[324] Demnach haben die IL den EL bei der Bewältigung der Umweltprobleme zu helfen, indem sie umweltfreundliche Technologien im Rahmen des Technologietransfers den EL zur Verfügung stellen. Außerdem wird darauf hingewiesen, dass bestimmte Umweltleistungen (ökologische Funktion des Regenwaldes) als öffentliche Güter gelten, die die IL kostenlos nutzen. IL hätten demzufolge die EL dafür kompensieren müssen. Es ist auch im Interesse der IL die Biodiversität zu erhalten. Daher müssen sich die IL an den Kosten dieser Schutzmaßnahmen beteiligen. Auch das Problem des Klimawandels (*Treibhauseffekt*) wird angesprochen. Da es sich hierbei um ein globales Problem handelt, müssen IL und EL zur Überwindung dieses Problems zusammenarbeiten. Außerdem weist der Bericht darauf hin, dass es eine wechselseitige Korrelation zwischen Armutsbekämpfung und Umweltschutz gibt. Oft ist Armut Ursache für die verstärkte kurzfristige Nutzung der Umwelt.

Nach dem WEB 1992 müssen also die positiven Beziehungen zwischen Entwicklung und Umwelt verstärkt genutzt und die negativen Verbindungen abgeschwächt werden. Im ersten Fall spricht man von Win-Win-Maßnahmen, die öffentliche Subventionen rechtfertigen, um eine ineffiziente Nutzung der knappen Ressourcen zu vermeiden.

Auch der WEB 2003[325] greift das Problem der Nachhaltigkeit der wirtschaftlichen Entwicklung auf und betont die Wichtigkeit von Institutionen. Die Marktwirtschaft löst keine Umweltprobleme, da es sich bei der Umweltnutzung um öffentliche Güter handelt, bei denen Marktversagen vorliegt. Demzufolge müssen institutionelle Regelungen Signale setzen, die zu einer Veränderung des Verhaltens der Menschen in EL und IL führen und zu einem Interessenausgleich zwischen wirtschaftlicher Entwicklung und Umwelt beitragen. Somit legt der WEB 2003 Wert auf die Erfüllung folgender Kriterien, dass die Signale wahrgenommen, die Interessen ausgeglichen und Veränderungen durchgesetzt werden.

Auch internationale Konferenzen haben sich des Umweltthemas angenommen. Als umweltpolitisch bedeutend ist die Konferenz der UN in Rio de Janeiro aus dem Jahre 1992 zu nennen (United Nations Conference on Environment and Development). In dieser Konferenz wurden die Konsequenzen ungehemmter Eingriffe in das Ökosystem seitens der IL und auch

---

[323] Zum Begriff des „sustainable development" vgl. LACHMANN (2004), S. 271ff.; HEMMER (2002), S. 100ff., RAO (2000), Kap. 3.

[324] Weltbank, WEB 1992 – Entwicklung und Umwelt, Washington D.C., 1992.

[325] Vgl. Weltbank, WEB 2003: Nachhaltige Entwicklung in einer dynamischen Welt – Institutionen, Wachstum und Lebensqualität verbessern, Bonn, 2003.

Fehlentwicklungen in EL aufgezeigt. Die Konferenz wirkte auf eine globale umwelt- und entwicklungspolitische Partnerschaft von EL und IL hin, wobei „sustainable development" zum Leitbild internationaler Politikkoordination wurde.[326] Die Rio-Deklaration verabschiedete ein Aktionsprogramm für entwicklungs- und umweltpolitische Handlungsanweisungen. Ihr folgten weitere Konventionen zum Klima (Klimarahmenkonvention), die Konvention zum Erhalt der biologischen Vielfalt sowie die UN-Konvention zur Wüstenbekämpfung. In Kyoto wurde 1997 eine Klimakonvention verabschiedet (*Kyoto-Protokoll*), das im Februar 2005 in Kraft trat. Gemäß dieser Vereinbarung müssen IL ihre Treibhausgase bis zum Jahre 2012 um 5,2 % unter das Niveau von 1990 senken. Ein Emissionshandel ermöglicht es IL ihre Verpflichtungen durch andere Länder erbringen zu lassen. Erwähnt sei noch der Nachhaltigkeitsgipfel von Johannesburg (2002), in dem die internationale Gemeinschaft einen Aktionsplan verabschiedete, mit dem Ziel, den Anteil erneuerbarer Energien zu erhöhen. Da nicht alle Staaten die Priorität des Umweltschutzes so hoch setzen wollten, hat Deutschland sich mit gleichgesinnten Staaten zu einer „Johannesburg Renewable Energy Coalition" zusammengeschlossen. Auf der „Renewable 2004" in Bonn beschlossen diese Regierungen und NROs ein internationales Aktionsprogramm, das bis zum Jahre 2015 1,2 Mrd. Tonnen CO_2 sparen soll (5 % des globalen CO_2-Ausstoßes).

Auf dem G8-Gipfel in Gleneagles im Jahre 2005 wurde ein Aktionsprogramm initiiert, das die folgenden Punkte beinhaltete:

- weiterer Ausbau erneuerbarer Energien,
- Finanzierungshilfen beim Übergang zu sauberen Energien,
- Stärkung des Marktmechanismus im Klimaschutz,
- Maßnahmen gegen illegalen Holzeinschlag, die sowohl auf der Angebots- als auch auf der Nachfrageseite greifen sollen[327].

Auch auf dem G8-Gipfel in St. Petersburg im Jahre 2006 haben die Regierungschefs erklärt, dass sie gemeinsam innovative Technologien vorantreiben wollen, um die Energiesicherheit durch erneuerbare Energien zu erhöhen.

Nach dem kurzen Überblick über die internationalen Aktivitäten zur Sicherung der Umwelt müssen wir auf mögliche Mittel und Politiken zur Erreichung dieser Ziele eingehen. Zuerst ist aber zu klären, dass es sich beim Umweltschutz um ein komplexes Phänomen handelt. Unterschieden werden muss zwischen

- *Ressourcenschutz*: Hierbei handelt es sich um das Problem erneuerbarer Ressourcen, insbesondere erneuerbarer Energien. Aber auch andere Rohstoffe, die nicht erneuerbar sind, müssen langfristig effizient genutzt werden.
- *Umweltverschmutzung*: Hierbei handelt es sich um Probleme von Emissionen in Luft, Wasser und Boden. Die fehlenden Eigentumsrechte führen zu einer verschwenderischen Nutzung der Umwelt. Die Einführung von Eigentumsrechten (Zertifikate und Lizenzen),

---

[326] Vgl. zu den verschiedenen internationalen Konferenzen STEINKE (2006), Kap. 2.5, insb. S.92ff.

[327] Vgl. hierzu BMZ, Weißbuch zur Entwicklungspolitik: Auf dem Weg in die eine Welt, Bonn, 2008, S. 86ff.

wie beispielsweise bei CO_2-Emissionen, wären Möglichkeiten zu einer effizienten Nutzung der vorhandenen Kapazitäten der Natur zu kommen.[328]

Beim Umweltschutz ist zwischen lokalen und globalen Problemen zu unterscheiden. Bei den lokalen Problemen handelt es sich beispielsweise um die Abfallbeseitigung, das Abwasserproblem und die Bodendegradation. Insbesondere Letzteres wird durch das Vorherrschen von Monopolkulturen hervorgerufen, die in EL oft zum Zwecke des Exports angebaut werden. Die unsachgemäße Anwendung der Produktionsmittel führt zur Bodendegration. Die Böden büßen Ertragskraft ein und zerstören damit langfristig die Existenzgrundlage der lokalen Bevölkerung.

Auch bei dem Problem der Luft muss zwischen lokalen (saubere Luft) und globalen Problemen unterschieden werden. Der Klimawandel wird oft auf überhöhte CO_2-Emissionen zurückgeführt. Viele internationale Konferenzen und die nationalen Umweltstrategien der IL konzentrieren sich stark auf eine Reduzierung des CO_2-Ausstoßes.[329]

Auch die Frage nach den Ursachen der Umweltzerstörung muss gestellt werden. Auch hier ist zwischen den lokalen und den globalen Problemen zu unterscheiden. Bei den lokalen Problemen lässt sich eine Verbindung zwischen Umweltzerstörung und Armut ausmachen. Dies ist dann der Fall, wenn marginale Standorte genutzt werden, um den Energiebedarf (Holzbefeuerung) zu decken, wenn Flächen überweidet und Gewässer überfischt werden. Wenn es um das Überleben geht, kann man nicht gleichzeitig an die Zukunft denken. Allerdings ist die großflächige Abholzung von Tropenwald kaum auf das Problem der Armut zurückzuführen, sondern auf Gewinninteressen bestimmter Unternehmen und fehlendem ethischen Verantwortungsbewusstsein. Oft werden kommerzielle Interessen der Wirtschaftseliten über die der Bevölkerung in EL gestellt. Zu einer nachhaltigen Politik der Armutsbekämpfung gehört der Schutz der Umwelt, da die Umweltzerstörung das Armutsproblem verschärft.

Erwähnt werden sollte, dass der Kampf um knappe Umweltressourcen auch zu politischen Konflikten führen kann. Dies ist insbesondere bei der Wasserversorgung der Fall. Die Wasserversorgung eines großen Teils der Menschheit ist heutzutage gefährdet. Leiten Staaten Flüsse in ihrem Territorium um, was zu Lasten von Nachbarstaaten geht oder bauen sie Staudämme, kann es leicht zu kriegerischen Auseinandersetzungen kommen. Wo grenzüber-

---

[328] Vgl. hierzu auch LACHMANN (1993); LACHMANN (2004), Kap. 12 (Umweltökonomie), S. 525f.

[329] Kritisch sei hier erwähnt, dass es noch nicht wissenschaftlich erwiesen ist, wieso es durch CO_2-Ausstoß zu einer Erwärmung des Erdklimas kommt. Die Energie stammt von der Sonne, der Anteil von CO_2-Emissionen an der Erhitzung der Natur ist gering. Veränderungen der Sonneneinstrahlung durch unterschiedliche Eruptionen der Sonne haben wohl einen größeren Einfluss auf den Klimawandel als die CO_2-Nutzung. Im Laufe der Geschichte hat es des Öfteren Zeiten mit höherem CO_2-Gehalt und auch höheren Durchschnittstemperaturen gegeben. Pflanzen wachsen bei hohem CO_2-Gehalt schneller. Vorsichtig muss gefragt werden, ob es sich hierbei nicht um eine Manipulation im weltweiten Maßstab handelt. Es ist zu fragen, wer die Gewinner der Konzentration auf CO_2-Reduzierungen sind, die natürlich ein großes Interesse haben, die Forschung in diesem Gebiet in ihrem Sinne zu beeinflussen und zu unterstützen. Immerhin beträgt der Anteil der CO_2-Emissionen, die auf anthropogene Einflüsse zurückgeführt werden, nur 1,2 %. Durch ihre Reduzierung lässt sich Klimaschutz wohl kaum erreichen! 98,8 % der CO_2-Emissionen sind durch Lebewesen verursacht, die durch Atmung also den größten Teil der CO_2-Emissionen ausmachen.

schreitende Umweltprobleme auftauchen können ganze Regionen destabilisiert werden, wobei zusätzlich noch die Umweltflüchtlinge in EL zu nennen sind.

Berücksichtigt werden müssen auch die Folgekosten von Umweltzerstörung und Armut. Eine Verschlechterung der Umweltbedingungen führt zu einer Abnahme von Möglichkeiten der Einkommenserzielung auf dem Land. Demzufolge kann es zu einer umweltbedingten Migration in die städtischen Ballungsgebiete kommen, wobei die EL bei der Bewältigung dieser Probleme überfordert sind. Auch während der Industrialisierung in den IL waren die Lebensbedingungen in den Städten teilweise katastrophal (Verkehrsinfrastruktur, Problem der Energieversorgung, Wasserversorgung, Abwasserverarbeitung u.v.m.). Die Infrastruktur zur Trinkwasserversorgung und zur Abwasserentsorgung hat in vielen Städten der EL nicht mit der Bevölkerungsentwicklung Schritt halten können. Oft wird auf Konsequenzen des Klimawandels hingewiesen, die gleichzeitig zur vermehrten Dürre als auch zur höheren Anzahl von Flutkatastrophen führen wird. So wird geschätzt, dass bis zum Jahre 2050 bis zu 2 Mrd. Menschen potenzielle Opfer durch Flutkatastrophen werden können. Viele Erkrankungen sind ebenfalls umweltbedingt (Erkrankung der Atemwege, Darminfektionen durch verseuchtes Trinkwasser). Die Folgekosten für die Gesundheitssysteme sind ebenfalls eine ernst zu nehmende finanzielle Belastung der Staatshaushalte der EL.

Damit kommen wir zu der Frage nach möglichen Lösungsansätzen. Das Millenniums-Entwicklungsziel 7 (MDG7) zielt auf die „Sicherung der ökologischen Nachhaltigkeit" ab. MDG7a verlangt Maßnahmen zum Abbau des Verlustes von Umweltressourcen; MDG7b möchte den Verlust an Biodiversität verringern und bis zum Jahre 2010 die Verlustrate signifikant reduzieren; MDG7c möchte den Anteil der Menschen, die keinen nachhaltigen Zugang zu sauberem Wasser und sanitärer Grundversorgung haben, bis zum Jahre 2015 halbieren; Zielvorgabe 7d möchte für mindestens 100 Millionen Slum-Bewohner die Lebensbedingungen bis zum Jahre 2020 erheblich verbessern. In Afrika südlich der Sahara und Ostasien sowie in Westasien und Ozeanien wird das Ziel, die Lebensbedingungen von Slum-Bewohnern zu verbessern, wohl nicht erreicht. Auch bei dem Ziel der Verbesserung des Zugangs zu Trinkwasser und zu Sanitärversorgung haben die Staaten südlich der Sahara einige Rückschritte zu verzeichnen; ähnliches gilt für Ozeanien. Die Sanitärversorgung in Asien ist ebenfalls sehr niedrig; allerdings hat Südasien Fortschritte bei dem Zugang zu sauberem Trinkwasser erreicht.[330]

Der Umweltbereich ist damit zu einem eigenen Handlungsfeld internationaler Politik geworden. Demzufolge haben entwicklungspolitische Ziele der Staaten dem Leitbild nachhaltiger Entwicklung zu folgen. Die Steigerung der wirtschaftlichen Leistungsfähigkeit ist nur bei Berücksichtigung ökologischer Nachhaltigkeit zu vertreten.[331] Aus der Wirtschaftspolitik ist bekannt, dass fehlende Eigentumsrechte zur Übernutzung führen. Deshalb sollten Nutzungsrechte am Boden eingeführt werden, so dass das Eigeninteresse der Besitzer Langfristigkeit anstreben hilft. Das Konzept der „Langfristigkeit" ist in der Forstwirtschaft schon im

---

[330] Vgl. BMZ, Weißbuch zur Entwicklungspolitik: Auf dem Weg in die eine Welt, 13. Entwicklungspolitischer Bericht der Bundesregierung, Berlin, 2008, S. 12.

[331] Das Problem der sozialen Gerechtigkeit wird zunehmend ebenfalls als Ziel in der EZ eingefordert.

18. Jahrhundert bekannt gewesen. Die Eigentümer des Waldes haben beispielsweise die Forderung aufgestellt, dass nur so viel Wald abgeholzt werden darf, wie auch nachwächst, so dass der Waldbestand gesichert ist. Dieses Prinzip nachhaltiger Entwicklung müsste auch in den EL durchgesetzt werden. Die Umkehr des Waldverlustes ist in geringem Maße in Nordafrika gelungen, in einem höheren Maße in Ostasien. In den anderen EL-Regionen ist es zu einer Verschlechterung dieses MDG7a-Ziels gekommen, da statt einer Verbesserung eine Verschlechterung bei der Nachhaltigkeit und Langfristigkeit der Waldressourcen zu beobachten ist.

Manche lokalen Umweltprobleme lassen sich nur regional lösen. Die Wasserversorgung im Ruhrgebiet wurde im 19. Jahrhundert beispielsweise durch eine Kooperation der einzelnen Gemeinden sichergestellt, so dass eigene Verbände gegründet wurden, die die Wasserversorgung sicherzustellen hatten. Ähnliche partizipative Ansätze müssten auch zur Überwindung lokaler Umweltprobleme in der Dritten Welt verfolgt werden.

Aus mikroökonomischer Sicht muss bei Projekten der EZ eine Umweltverträglichkeitsprüfung durchgeführt werden, insbesondere bei Infrastrukturprojekten. Sobald globale Probleme angeschnitten werden, ist eine verstärkte Zusammenarbeit im Rahmen globaler Strukturpolitik notwendig. Ressourcen- und Umweltschutz darf nicht mehr als isolierter Politikbereich verstanden werden. Soweit es die Konzeptionen der EH betrifft, muss das schon in der Pariser Vereinbarung genannte Ziel der Eigenverantwortung (ownership) berücksichtigt werden. In den „poverty reduction-Strategien" muss auch die Umweltrelevanz berücksichtigt werden.

Die in den einzelnen internationalen Aktionsplänen vereinbarten Ziele sollten von EL und IL intensiver verfolgt werden. Die gilt nicht nur für Konventionen zur Rettung der biologischen Vielfalt oder für die Umsetzung von Klimarahmenabkommen (z.B. Wüstenkonvention etc.). IL sollten EL bei der Anpassung an veränderte Umweltbedingungen Hilfen anbieten, die je nach den Problemen der EL unterschiedlich ausfallen können. Positiv sei zu erwähnen, dass gelegentlich die Zusammenarbeit zwischen EL und IL gelingt. Hier wäre das Montrealer Protokoll zu nennen, das den Einsatz von FCKW verbot und die Entwicklung von ungefährlichen Ersatzstoffen unterstützte.[332]

Alle Versuche, die MDGs zu erreichen, scheitern, wenn nicht die Umweltkonsequenzen bei der wirtschaftlichen Entwicklung einberechnet werden. Die Umwelt ist kein freies Gut mehr! Demzufolge muss ihre Nutzung in die Produktionskosten einberechnet werden. Hier sind internationale Kooperationen notwendig, da wir in dieser einen Welt in einem Boot sitzen und sich kein Staat alleine vor den Folgen der Übernutzung der Umwelt schützen kann.

Das Problem von Umwelt und Entwicklung wird durch die rasche Entwicklung einiger großer EL erschwert. Wenn Brasilien, China, Indien und Mexiko weiterhin wirtschaftlich rasant aufholen und versuchen, den Entwicklungsstand der IL zu erreichen, wird dies eine hohe Belastung der Umwelt hervorrufen. Der Energie- und Nahrungsmittelverbrauch wird gewaltig ansteigen. Die ökologischen Auswirkungen werden noch nicht ausreichend berücksichtigt.

---

[332] Zu weiteren Konventionen und deren Realisierung vgl. STEINKE (2006), S. 95f.

Es scheint noch der ernsthafte politische Wille zu fehlen, das Ökologieproblem anzugehen. Seit Jahrzehnten sind Vorschläge unterbreitet worden, dennoch dehnen sich die Wüsten aus, ist das Problem der weltweiten Wasserknappheit noch nicht gelöst, wird auch die Möglichkeit, Fischerei zu betreiben, abnehmen, da die Weltmeere überfischt werden und ökologisch als Müllhalde missbraucht werden.

IL verlangen von den EL Zurückhaltung – ohne selbst Vorbild zu sein. Leider wird es hier mehr um Macht als um sachliche Notwendigkeiten gehen. Es fehlt die Einsicht, dass die Natur ein wesentlicher Überlebensfaktor ist und nicht weiterhin als freies Gut angesehen werden darf. Es ist zu fürchten, dass die Umweltschäden zunehmen werden. Da kein Zentralstaat zur Verfügung steht, wird nicht deutlich, wie die Veränderungen in der nationalen Produktionsstrukturen veranlasst werden können und wie EL in ihrem Entwicklungsprozess einen Weg einschlagen können, der ihnen ein hohes Wohlstandsniveau ermöglicht, ohne die Nachhaltigkeit der wirtschaftlichen Entwicklung zu gefährden. Den Menschen der Dritten Welt darf Wohlstand nicht vorenthalten werden. Weitere Forschungsarbeit ist notwendig, um dem Ziel der wirtschaftlichen Entwicklung unter Berücksichtigung der Nachhaltigkeit zu fördern. Die internationale Gemeinschaft braucht eine stärkere Umweltgovernance, um die Überlebensfähigkeit des Planeten auch für das nächste Jahrhundert zu sichern.

9 Entwicklungshilfe: Die tödliche Hilfe?

In diesem abschließenden Kapitel wollen wir nach einer Bestandsaufnahme der EH die Wirkungen der öffentlichen Finanzhilfe verdeutlichen. Aus der Neuen Politischen Ökonomie (NPÖ) können dabei neue Einsichten über die Möglichkeiten der EH gewonnen werden. Im Zuge der Diskussion von Lösungsstrategien (Lachmann, 1987) wollen wir insbesondere auf die Möglichkeit der Entwicklung durch Handel eingehen sowie auf die Notwendigkeit des Politikdialogs. Auch die ordnungspolitischen Aspekte der öffentlichen EH dürfen nicht außer Acht gelassen werden. Abschließend widmen wir uns der Forderung nach einer sozialpolitisch ausgerichteten EH.

9.1 Allgemeine Bestandsaufnahme der Entwicklungshilfe und Evaluierungsmaßnahmen

Im Jahre 2006 betrug das durchschnittliche PKE aller EL 2.000 US$; pro Kopf wurde allen EL eine EH von 19 US$ geleistet. Jeder Bürger der ärmeren EL erhielt eine EH in Höhe von 35 US$ – deren PKE betrug 650 US$. Die Staaten Afrikas südlich der Sahara erhielten pro Kopf 52 US$ EH bei einem PKE von 842 US$. In einigen Staaten der Dritten Welt spielt die EH eine große Rolle. In Burundi betrug im Jahre 2006 das PKE 100 US$ – pro Einwohner wurden 51 US$ EH geleistet. Simbabwe erhielt pro Kopf 122 US$ EH bei einem PKE von 630 US$. Uganda erhielt 52 US$ EH pro Kopf bei einem PKE von 300 US$. Die EH bildet für manche EL einen hohen Vermögenstransfer.[333] (Vgl. Tab. 9.1)

---

[333] Die EH pro Kopf liegt bei Krisenstaaten erheblich höher. Für die Westbank und Gaza wurden 384 US$ pro Person geleistet, für Serbien 214 US$, für den Libanon 174 US$ und für Nicaragua 132 US$ pro Einwohner. Bosnien-Herzegowina erhielt 126 US$ pro Einwohner. Die Daten stammen aus dem WEB 2008 bzw. 2009.

Tab. 9.1   *Übersicht EH und PKE (2006)*

Land	EH pro Kopf (2006)	PKE (2006)
Bolivien	62	1100
Burkina Faso	61	460
Burundi	51	100
Ghana	51	520
Haiti	62	480
Honduras	84	1200
Kamerun	93	1080
Mali	69	440
Nigeria	79	640
Republik Kongo	69	950
Ruanda	62	250
Sambia	122	630
Senegal	68	750
Sierra Leone	43	240
Sri Lanka	40	1300
Sudan	55	810
Tansania	46	350
Tunesien	43	2970
Uganda	52	300

Es stellt sich die Frage nach der Wirksamkeit der EZ. Die Ordoliberalen haben schon früh die EH kritisch gesehen.[334] Sie betonen die Bedeutung der Wirtschaftsordnung. Lord P. T. Bauer war ebenfalls ein früher Kritiker der EH (Bauer, 1981, 1984). Carlos Rangel forderte ebenfalls die Übernahme echter Verantwortung der Eliten der EH (Rangel, 1985). Die im Senegal lebende Axelle Kabou kritisierte ebenfalls die unverantwortliche Einstellung der Politiker in der Dritten Welt.[335] Augenscheinlich wirkt die EH beispielsweise in Afrika kaum. Die Sambianerin Dambisa Moyo weist darauf hin, dass die EZ noch nicht einmal die Probleme in Afrika richtig analysiere (Moyo, 2009).

Größere finanzielle Zuwendungen an EL werden kaum Entwicklung hervorrufen (Easterly, 2002 und Gibson, 2005). EH ist oft mit Korruption und Geldverschwendung verbunden worden (Hancock sowie Wolff). Aus Insidersicht hat neben Brigitte Erler („Die tödliche Hilfe") Keweloh (1997) die EH als vergeudet und vertan kritisiert. Die Beispiele kritischer Einstellungen lassen sich noch ergänzen. Auf die einzelnen kritischen Argumente soll hier nicht eingegangen werden. Der Leser möge sich mit Hilfe der genannten Literatur darüber informieren.

Es ist allerdings zu prüfen, ob die Kritiken gerechtfertigt sind.

---

[334] Verwiesen sei auf MEYER (1960/1961).

[335] Siehe KABOU (1993); die französische Originalausgabe erschien 1991 unter dem Titel „Et si l'Afrique refusait le développement?"

In der Mehrzahl der ärmsten Länder der Welt leben die Menschen nach wie vor in größter Armut. Es gibt immer noch knapp eine Mrd. Menschen, die von einem Einkommen unter 1 US$ (KKP 1990) pro Tag leben, dem von der Weltbank als absolute Armutsgrenze bezeichneten Niveau. Trotz aller Bemühungen gerade in Schwarzafrika, dürfte die Zahl der absolut Armen dort gar noch steigen. Weltweit haben 800 Mio. Menschen keinen Zugang zu Gesundheitsdiensten, 1,1 Mrd. haben keinen Zugang zu sauberem Trinkwasser. 2,6 Mrd. Menschen mangelt es an einer grundlegenden Sanitärversorgung. Den meisten der 1,1 Mrd. Menschen ohne Zugang zu frischem Wasser stehen nur 5 Liter Wasser am Tag zur Versorgung zur Verfügung, das entspricht ca. 10 % der Menge, die Menschen in IL zur Toilettenspülung verwenden. Menschen in Europa verbrauchen im Schnitt 200 Liter Wasser am Tag – in den USA sind es sogar 400 Liter.[336]

Alles in allem scheint die Weltgemeinschaft mit ihren Bemühungen um wirtschaftliche Entwicklung und Bekämpfung der Armut nur in unzufriedenstellendem Maße vorangekommen zu sein.[337] Daher ist es verständlich, dass sich, seit einigen Jahren vermehrt, immer wieder Kritiker zu Wort melden. Einige versteigen sich sogar zu der Behauptung, dass die EH für die permanente Unterentwicklung in EL verantwortlich sei und es ihnen ohne EH besser ginge.[338] Eine Bestandsaufnahme der Effektivität und Effizienz der EH erfordert jedoch eine differenzierte Analyse.

Nicht alle armen Länder sind ärmer und alle reichen reicher geworden, wie einige Kritiker der EH behaupten und von der generellen Schädlichkeit der EH sprechen. Zwar erhalten sehr arme EL auch sehr hohe Summen an EH. Es ist jedoch nicht eindeutig zu klären, ob sie aufgrund der EH arm bleiben oder ob sie besonders viel EH erhalten, weil sie eben arm sind. Hohe Entwicklungshilfezahlungen können sich sicherlich negativ auf den Selbsthilfewillen und die Eigenverantwortung der Menschen in EL ausgewirkt haben. Eine Regierung, die davon ausgehen kann bei einer bestimmten Armutsschwelle EH zu erhalten, mag versucht sein, diese Armutsschwelle zu erreichen oder gar Statistiken in dieser Richtung hin zu „korrigieren". Man spricht hier von einem **Samariter-Dilemma**: die gewährte Unterstützung verringert nicht die Hilfsbedürftigkeit, sondern vergrößert sie. Unter den erfolgreichen EL waren jedoch auch Entwicklungshilfeempfänger, so dass die empirische Evidenz der These von der generellen Schädlichkeit der EH nicht gesichert ist.[339]

Der Enthusiasmus der Hilfsorganisationen nimmt ab. Signifikante Beiträge der EH zur Überwindung der Armut sind nicht gesichert. Trotz massiver EH ist in vielen Ländern die Armut angestiegen. EH ist nämlich „fungibel", so dass die Regierungen der EL die Mittel anderweitig nutzen. EZ war zu lange „politikblind", so dass sie oft zu einer Belohnung

---

[336] Vgl. UNDP, Bericht über die menschliche Entwicklung 2006, S. 3.

[337] Siehe schon LACHMANN (1986).

[338] Vgl. hierzu: ERLER (1990), das die Publizität, die es erlangte, nicht verdient. Ernster zu nehmen ist die Kritik von BAUER (1984), MYRDAL (1981), NITSCH (1986) und ALEXANDER (1992).

[339] SCHÖNHERR (1990, S 71f.) nannte Anfang der 90er Jahre u.a. Kamerun, Senegal, Indien und Ghana. Vgl. auch die Fortschritte bei den regional untergliederten Bilanzierungen der menschlichen Entwicklung in der UNDP: HDRs.

schlechter Regierungskunst führte (moral hazard). Versuche der Geber, die Wirtschaftspolitik der EL zu beeinflussen, hatten geringen Erfolg. Zwar haben die Regierungen der EL Reformen versprochen – sie aber selten gehalten. So hat Kenia zum Beispiel sechsmal Hilfen bekommen, um Reformen durchzuführen, die nie durchgeführt wurden. Mit EZ lässt sich keine bessere Wirtschaftspolitik durchsetzen. Ohne ein „Commitment" der Eliten der EL wird auch eine Konditionalität der Geber kaum die Wirtschaftspolitik der EL beeinflussen können. Für Sambia wurde festgestellt, dass bei schlechter Wirtschaftspolitik die EH-Leistungen anstiegen (Collier/Dollar, 2004).

Geber versuchen in letzter Zeit, die EH effektiver zu gestalten und bemühen sich, die Korruption zurückzudrängen. Die EH hatte nämlich zu einem Anstieg der Korruption geführt, zu einer Abnahme der bürokratischen Qualität und des „Rule of Law". So bemüht sich die internationale Gebergemeinschaft um eine stärkere Effizienz der EH. „More of the same will not get us there" (DAC 2009, S. 15). Die Fragmentierung der EH wird zunehmend kritisiert. Zu viele EL haben von zu vielen Gebern zu geringe Beiträge erhalten. Die Vorteile der Arbeitsteilung sind in der EZ nicht genutzt worden. Der DAC hat auch ein neues Maß der EH vorgeschlagen, die „Country Programmable Aid" (CPA). Mit CPA wird der Anteil der öffentlichen EH ausgedrückt, der den EL in ihren Budgets zur Verfügung steht. Schuldenerlass, Katastrophenhilfen etc. werden von den EH-Leistungen dann abgezogen. Zusätzlich sind die Sorgen des Klimawandels von den internationalen EH-Organisationen in letzter Zeit verstärkt aufgegriffen worden.

Die zunehmende Kritik an der Wirksamkeit der EH generell präzisierte sich insbesondere in der Kritik an der Arbeitsweise der großen internationalen Entwicklungshilfeinstitutionen. Unter dem Druck der Öffentlichkeit und des Problems knapper werdender Mittel stehen sie vor der Notwendigkeit, die Effizienz der Mittelverwendung zu erhöhen. Zu diesem Zweck haben einzelne Entwicklungshilfeinstitutionen spezielle Abteilungen beauftragt, im Rahmen einer **Innenrevision** Projekte und Programme hinsichtlich ihrer Effektivität und Effizienz zu prüfen. Schon Mitte der 1980er Jahre wurde laut gefragt: Hilft EH wirklich?[340] Die Kritik endete schließlich in der Pariser Erklärung von 2005, mit deren Hilfe die Effektivität der EH verbessert werden soll.[341] Auch die Hilfsmaßnahmen der Geberstaaten werden kritisch analysiert.[342]

Die jährlichen Evaluierungsergebnisse zeigten, dass die Ziele von Projekten oder Programmen nur teilweise oder gar nicht erreicht wurden, man über sie hinausschoss oder negative Effekte bewirkte, die den Nutzen der Maßnahmen beträchtlich minderten. Wollen und Wirken klafften oft stark auseinander. So führte bspw. der Brunnenbau in vielen Ländern zur Desertifikation, der Ausbau der Infrastruktur zur Urbanisierung und zur Slumbildung oder die Gesundheitsvorsorge zur Bevölkerungsexplosion. Anhand der Ursachenanalyse von

---

[340] Im Auftrag der Task Force on Concessional Flows, einer von Mitgliedsländern der Weltbank und des IMF ins Leben gerufenen Entwicklungskommission, veröffentlichten R. CASSEN et al. 1985 die Untersuchung „Does Aid Work?", die 1994 in 2. Auflage in New York erschien. Eine Analyse der TZ erstellte E.J. BERG, Rethinking Technical Cooperation, Reforms for Capacity Building in Africa, UNDP, New York, 1993.

[341] OECD, Aid Effectiveness: A Progress Report on Implementing the Paris Declaration, Paris, 2009.

[342] OECD, Managing Aid. Practices of DAC Member Countries, Paris, 2009.

Projekterfolgen bzw. -misserfolgen versuchen die Institutionen über inhaltliche und organisatorische Konsequenzen ihre Effizienz zu steigern.[343] In der wissenschaftlichen Literatur werden einige Gründe genannt, die das Scheitern der westlichen EH-Bemühungen erklären:

- Die Bevölkerung akzeptiert die EH nicht als gesellschaftliche Aufgabe, weil die Nutznießer anonym bleiben und demzufolge der EH-Erfolg keinem zugerechnet werden kann.
- Diese Gleichgültigkeit der Bevölkerung gegenüber der EH hat zur Folge, dass die Regierungen nur halbherzig die EZ durchführen; die EZ übernimmt eine politische Alibifunktion.
- Die staatliche EH-Bürokratie und die ihr angeschlossene „Hilfeindustrie" führen mehr und mehr ein Eigenleben. Sie sind mehr daran interessiert, ihre Institutionen am Leben zu halten und fürchten, bei erfolgreicher EH überflüssig zu werden.
- Kritisiert werden auch Selbstgefälligkeit und Ignoranz der so genannten Entwicklungsexperten gegenüber der Realität in vielen EL.
- Auf der Nehmerseite entstehen auch selbstgefällige Strukturen. Die EH wird vornehmlich den eigenen Klientelen zugeführt. Auf der Geberseite wird ebenfalls verstärkt ein Eigeninteresse verfolgt und weniger das Ziel, das Los der Armen zu verbessern.
- Die Mittelabflussmaschinerie entwickelt sich zu geschlossenen Teufelskreisen, auf der Geberseite herrscht ein Desinteresse und auf der Nehmerseite ein Ohnmachtsgefühl. Dies fördert eine Verweigerungshaltung, so dass erfolgreiche EH-Projekte geringe Realisierungschancen haben.[344]

Weitere Ursachen können für die Fehlschläge der EZ angeführt werden. So entstand bspw. innerhalb der Organisationen Ineffizienz aufgrund politischer Abhängigkeiten und einer zunehmenden Bürokratisierung. Zusätzliche Problemfelder der EH wurden bereits angesprochen, etwa das Problem der Lieferbindung, Koordination und Entwicklungsplanung und die mangelnde Berücksichtigung soziokultureller Faktoren. Zu nennen ist weiterhin das wirtschaftspolitische Umfeld, auf das Entwicklungsprojekte treffen: oftmals verhinderten rigide Handelsregime, mangelnde Haushaltsdisziplin und hohe Inflation die Wirksamkeit von Entwicklungshilfemaßnahmen.

Dies sind nur einige wesentliche Ursachen für aufgetretene Ineffizienzen. Es stellt sich nun nicht nur innerhalb der Organisationen die Frage, wie die Wirksamkeit der EH gesteigert werden könnte. Vielmehr wird auf einer allgemeineren Ebene über die Ausgestaltung der EH diskutiert. In der Vergangenheit wurden zahlreiche Vorschläge gemacht, dazu gehören bspw. die Forderung nach einer Abschaffung der EH aufgrund ihrer generellen Schädlichkeit. Demgegenüber steht die Forderung nach mehr EH, die sich auf den Gedanken stützen, mehr EH führt zu mehr Entwicklung.

In dem Kontinuum zwischen diesen Extremforderungen findet sich der Vorschlag nach EH in Form einer globalen Sozialpolitik, auf den wir später zurückkommen werden[345], sowie der

---

[343] Zur Evaluierungstätigkeit einiger Entwicklungshilfeinstitutionen siehe den Exkurs am Ende dieses Unterkapitels.

[344] Vgl. zu dieser Kritik auch E + Z 40:4 (April 1999), S. 96.

[345] Siehe Kap. 9.7.

Vorschlag nach einer radikalen Transformation in Richtung Katastrophenhilfe. So wird hier gefordert, einen größeren Anteil der EH für **kurzzeitige Sofortmaßnahmen** infolge von Naturkatastrophen, Kriegen etc. vorzusehen. Gunnar Myrdal schlägt sogar vor, nur noch eine bedürfnisorientierte Armuts- und Katastrophenhilfe durchzuführen und von Projekten zur Förderung der industriellen Entwicklung Abstand zu nehmen (Myrdal, 1985).

Sen spricht hingegen von dem Erfordernis, **intertemporal ausgewogener** Entwicklungshilfeleistungen. Er fordert, die verfügbaren Mittel möglichst ausgewogen auf kurzfristige konsumptive Hilfe zur Sicherung des Überlebens und auf mittel- und langfristige investive Maßnahmen zur Erhöhung des Lebensstandards zu verteilen.[346]

Ein weiterer Vorschlag geht dahin, die EZ mit Ländern mit höherem PKE nur noch in **Engpassbereichen** durchzuführen, da viele Empfängerländer einen wirtschaftlichen Entwicklungsstand erreicht haben, der ihnen Entwicklung aus eigener Kraft ermöglichen müsste. Genannt werden z.B. die Bereiche Bildung, Umwelt- und Ressourcenschutz sowie Armutsbekämpfung (Sangmeister).

Um die negativen Begleiterscheinungen der öffentlichen Hilfe zu vermeiden (bürokratische Hindernisse, hohe administrative Kosten, politischer Opportunismus etc.) wird vielseits gefordert, einen größeren Anteil der EH über **private Organisationen** abzuwickeln.

Ein teilweise bereits umgesetzter Vorschlag geht dahin, die **Konditionalität** der EH zu verstärken, um chaotische Wirtschaftspolitiken der Empfängerländer nicht zu alimentieren. Dabei geht man davon aus, dass öffentliche EH die negativen Wirkungen schlechter Wirtschaftspolitik verstärkt und sie daher für zahlreiche Länder eingestellt werden müsste (Schönherr, S. 74). Myrdal empfiehlt, eine kritischere und härtere Linie gegenüber den Regimen der Empfängerländer zu fahren. Dies würde zudem der Unterstützung der Minderheit von Intellektuellen dienen, die sich nicht korrumpieren lassen und für radikale Reformen im eigenen Land eintreten. Er spricht sich gar für die Unterstützung von Freiheitsbewegungen aus, die gegen unterdrückende Regime arbeiten, wenn sie eine Chance haben, sich zu etablieren und von der Bevölkerung getragen zu werden (Myrdal, 1985).

Die wissenschaftliche Evaluierung der EH lässt sich wie folgt zusammenfassen:

„Die Makrostudien über den Zusammenhang von Entwicklungshilfe und Entwicklung kommen zu widersprüchlichen Ergebnissen. Viele der positiven Ergebnisse stehen allerdings unter dem Verdacht, Zwischenziele (wie die Erhöhung der Spar- oder der Investitionsquote) statt der makroökonomischen Wachstumsrate zu untersuchen; dabei ist die neuere Forschung zu dem Ergebnis gekommen, dass durchaus kein einliniger Zusammenhang zwischen beidem besteht." (Wolff, 2005, S. 243)

---

[346] Vgl. SEN (1997), S. 11. Eine Bestandsaufnahme zur Nachhaltigkeit von Entwicklungsprojekten bieten STOCKMANN/GAEBE (1993).

9.1.1   Exkurs zur Evaluierungstätigkeit einzelner Institutionen

Der Zweifel an der Wirksamkeit der EZ und der damit verbundene Druck von Seiten der politischen Entscheidungsträger, sichtbare Erfolge in der Armutsbekämpfung aufzuzeigen sowie der allgemeine Umbruch des EZ-Systems in den letzten 15 Jahren durch die neuen entwicklungspolitischen Agenden (MDG-Erklärung und -Ziele, Monterrey-Konsensus, Marrakesch-Deklaration und Paris-Erklärung) fordern eine zunehmend stärkere und veränderte Rolle der Evaluation/Evaluierungstätigkeit, um die EZ effizient anhand von Resultaten (Leistungsnachweise und Wirkungen) zu steuern, daraus zu lernen und Rechenschaft über die Mittelverwendung abzulegen (Borrmann/Stockmann). Dabei stehen Evaluierungstätigkeiten im EZ-Umfeld oft den Herausforderungen von unzureichenden und fragwürdigen Daten gegenüber.

Um Wirkungen auch auf höheren Aggregationsstufen abbilden zu können, werden komplexere Evaluierungsdesigns und –methoden nötig, evaluationsverantwortliche Institutionen müssen sich stärker national und international vernetzen und die Partner müssen stärker bei der Evaluierungsdurchführung integriert werden und dabei vermehrt Verantwortung übernehmen. Hierbei spielt die Standardisierung von Verfahren und Instrumenten zur Messung und Zuordnung von Wirkungen und Ergebnissen eine immer größere Rolle.

Mittlerweile folgen daher die meisten Geberländer dem Vorschlag des Entwicklungshilfeausschusses (DAC) und unterscheiden folgende Evaluierungskriterien („DAC Kriterien"): **Relevanz** des Vorhabens (wird das Richtige getan?); die mit dem Vorhaben erreichten **Wirkungen** (Effektivität) (werden die Projektziele erreicht?); **Effizienz** der Mittelverwendung (werden die Leistungen und Wirkungen wirtschaftlich erbracht?); **entwicklungspolitische Wirkung** (Impact) (tragen die Programme und Projekte zu übergeordneten entwicklungspolitischen Zielen bei?) und **Nachhaltigkeit** (sind die Wirkungen von Dauer?).[347] Diese Evaluierungskriterien basieren auf den DAC Prinzipien (**Unabhängigkeit, Glaubwürdigkeit, Partizipation, Nützlichkeit und Transparenz**) von 1991 und wurden 1998 von der „DAC Arbeitsgruppe Evaluierung der EZ"[348] (DAC Working Party on Aid Evaluation) überarbeitet.

Um eine bessere Vergleichbarkeit der erzielten Ergebnisse und Wirkungen zu erreichen, schließen sich immer mehr Geberländer und EZ-Organisationen zusammen. Neben der DAC Arbeitsgruppe Evaluierung, gibt es noch die NONIE (Network of Networks on Impact Evaluation der EZ). Die DAC Arbeitsgruppe Evaluierung gab 2002 ein Glossar von entwicklungspolitischen Schlüsselbegriffen aus den Bereichen Evaluierung und ergebnisorientiertes

---

[347] Vgl. GTZ, Evaluierung der GTZ- Das Konzept, Eschborn, Juni 2008.

[348] Die „DAC Arbeitsgruppe Evaluierung der EZ" ist ein internationales Forum, in dem bilateral- und multilateraltätige Experten im Bereich der EZ-Evaluierung regelmäßig zusammenkommen, um ihre Erfahrungen auszutauschen und auf diesem Weg die Evaluierungspraktiken zu verbessern und ihre Nutzung als entwicklungspolitisches Instrument zu stärken.

Management heraus und veröffentlichte 2006 Evaluierungsstandards, die momentan eine Testphase durchlaufen um dann endgültig Ende 2009 festgelegt zu werden.[349]

Den DAC-Anforderungen entsprechend, verfügen mittlerweile die meisten der im Folgenden aufgeführten Organisationen über Evaluierungseinheiten, welche organisatorisch vom operativen Bereich getrennt sind.

Die **Weltbank** wurde und wird oft heftig kritisiert, und zwar nicht nur hinsichtlich der von ihr verfolgten Entwicklungsstrategien (Großprojekte, einseitige Förderung des Industriesektors, Vernachlässigung der Armutsbekämpfung etc.), sondern auch hinsichtlich ihrer Instrumente (Entwicklungsplanung) und weil sie mit ihrer Politik die Ausbreitung des „kapitalistischen Systems" in den EL forciere. Zudem wird die Weltbank oft als außenpolitisches Instrument der USA bezeichnet, die auf diesem Wege ihre Interessen durchsetzt, obgleich die Ausschreibungen von weltbankfinanzierten Projekten international erfolgen und nationale Anbieter sogar einen 10 %-igen Preisvorteil erhalten.[350] Auch ist die ursprüngliche Intention eines vorübergehenden kriegsbedingten Krisenmanagements schon lange in Vergessenheit geraten und einer enormen Bürokratie gewichen, die teilweise gar mit einem internationalen Regime verglichen wird (Tetzlaff, 1996). Trotz aller Kritik hat die Weltbank gezeigt, dass sie eine lernfähige Institution ist, die in der Lage ist, sich an neue Herausforderungen anzupassen. Dies zeigt sich an ihrer HIV/Aids-Bekämpfungsstrategie. Zum anderen ist die Weltbank in den letzten Jahren zur führenden Institution der Welt bei der Mittelvergabe geworden z. B. bei der Bekämpfung von Malaria, Aids und Tuberkulose – speziell in Afrika im Kontext der neuen Armutsreduzierungsprojekte (PRSP) (Tetzlaff, 2002).

Die Weltbank überprüft ihre Projekte und Programme seit Mitte der 70er Jahre in Bezug auf ihre volkswirtschaftliche Rentabilität, Umweltverträglichkeit sowie hinsichtlich ihrer Wirkungen auf die langfristige Entwicklung der EL. Als Konsequenz dieser Evaluierungen wurden in der Vergangenheit nicht nur die entwicklungspolitischen Leitlinien, sondern auch die internen Strukturen der Weltbank vielfach angepasst. So führte die Weltbank insbesondere in den 90er Jahren einige einschneidende **Reformmaßnahmen** institutioneller Art durch, um die Effizienz der Bank global zu steigern.[351] Ende des Jahres 1993 führte die Weltbank bspw. das „World Bank Inspection Panel" ein, ein unabhängiges Expertenkommittee, das auf Anfrage von Interessengruppen prüft, inwieweit diese durch ein Weltbankprojekt geschädigt wurden (Shihata). Nach Angaben der Weltbank, die nach wie vor selbst alle Projekte evaluiert, erhöhten sich die Erfolgsquoten ihrer Entwicklungsprojekte bis auf ca. 80 % im Jahr 2002 (Tetzlaff, 2002).

---

[349] Vgl. OECD, Glossary of Key Terms in Evaluation and Results Based Management, Paris, 2002; OECD, The DAC Principles for the Evaluation of Development Assistance, Paris 1991; sowie OECD, Evaluating Development Co-operation Summary of Key Norms and Standards, Paris 2007.

[350] Vgl. TETZLAFF (2002 und 1980). Eine kritische Analyse früherer entwicklungspolitischer Grundentscheidungen der Weltbank findet sich in JUNGFER (1992).

[351] Siehe z.B. die Veröffentlichung des IBRD, Effective Implementation: Key to Development Impact, Report of the World Bank's Portfolio Management Task Force, Washington, D.C., 1992; sowie WELTBANK, The Role and Effectiveness of Development Assistance: Lessons from the World Bank, Washington, D.C., März 2002.

Der **IMF** war in besonderer Weise Gegenstand massiver Kritik. Die stark politisierte Kreditvergabe, seine Auflagenpolitik und seine Rolle in der Verschuldungskrise der EL waren einige der Themen der Vergangenheit. Oftmals wurde seine Notwendigkeit in Frage gestellt und seine Abschaffung gefordert (Bird).

Asienkrise, Russlandkrise sowie Lateinamerikakrisen führten zu schweren Vorwürfen an die Adresse der Weltbank und vor allem des IMF. Der Versuch, mit Standardrezepten oder mit in früheren lateinamerikanischen Krisen erfolgreichen Strategien die spezifischen Probleme Ostasiens zu lösen, schlug fehl. Die Politik des IMF führte gar zu einer weiteren Schwächung der Ökonomien, der Finanzinstitute und des Vertrauens der Unternehmer und Privaten in ihre Wirtschaft. Heftig kritisiert wird die „One Size Fits All"- Politik des IWF (Stiglitz), ihre Rezeptlosigkeit und die fehlende freie Diskussion.

Der **DAC** evaluiert anhand festgelegter Prinzipien und Kriterien seine Aktivitäten ebenfalls regelmäßig und entwickelt auf Grundlage der gewonnenen Erkenntnisse Grundsätze für die praktische Abwicklung der EZ, so z.B. für die Projektvorprüfung, die Programmhilfe, die technische Zusammenarbeit, für Maßnahmen im Bereich der liefergebundenen EZ, bei Vergabeverfahren für Aufträge im Rahmen der öffentlichen EZ und auch für die Evaluierung der EZ selbst. Ein besonderer Schwerpunkt liegt auf der Koordinierung der Hilfe mit den EL, aber auch zwischen den Entwicklungshilfestellen. In einer dreijährigen Testphase wurden die 2006 eingeführten DAC Evaluierungsstandards bis Ende 2009 getestet.[352]

Die **EU** führt seit 1992 aufgrund zunehmender Kritik Evaluationen ihrer Projekte und Programme durch. Ziel dieser neuen Politiklinie ist es, die vorhandenen Methoden der Projektplanung und des Monitoring zu verbessern, die Wirkung von EU-Projekten und -Programmen zu überprüfen und zu analysieren, und die Kohärenz zwischen EU-Projekten und der sektoralen Politik des EL zu sichern. Alle Projekte und Programme werden nunmehr dem Project Cycle Management und einer ökonomischen und finanziellen Analyse unterworfen. Um auch die sozioökonomischen und institutionellen Bedingungen in die Projektplanung miteinzubeziehen sowie um das Monitoring zu verbessern und die Ergebnisse der Evaluationen in die zu planenden Projekte aufzunehmen, werden ständig neue Methoden und Instrumente entwickelt. Die „Evaluation Unit" der EU, welche eher lose organisiert ist, führt jährlich etwa 80 Evaluierungen durch (Zintl).

Seit 2006 sind die DAC Kriterien/Prinzipien bei der Evaluierung in der **deutschen bilateralen EZ** für BMZ, GTZ, KfW, ded und InWEnt verbindlich und es werden überwiegend die Evaluierungsstandards der DeGEval (Gesellschaft für Evaluation e.V.) angewandt. Darüber hinaus wenden diese noch bei spezifischen Evaluierungen (Evaluierung von Länderprogrammen und Gemeinschaftsfinanzierungen) die BMZ-Kriterien der Kohärenz, Komplementarität und Koordination (sind die Maßnahmen mit anderen handlungsfähig abgestimmt?), als weiteres Einzelkriterium oder integriert, an. Ferner stimmen sich die deutschen EZ-Organisationen im Zuge der Harmonisierung mehr und mehr bei den Evaluierungen ab. In diesem Zusammenhang entstand unter Federführung des BMZ die AG „Evaluierung aus

---

[352] Vgl. OECD-DAC, DAC Evaluation Quality Standards (for test phase application), Paris, 2006 sowie OECD-DAC: Evaluating Development Co-operation – Summary of key norms and standards. Paris, 2007.

einem Guss", welcher die EZ-Organisationen BMZ, GTZ, KfW, ded und InWEnt angehören. 2008 war ein gemeinsamer Schwerpunkt der Evaluierung das Thema „Dezentralisierung".[353]

Die **GTZ** überprüft die Qualität ihrer Arbeit fortlaufend durch *Selbstevaluierungen*, wie z.B. im Rahmen von Projektfortschrittskontrollen (PFK) und Querschnittsanalysen. Hierfür verwendet die GTZ auch ein speziell auf Wirkungen ausgerichtetes, computergestütztes Evaluierungsinstrument (e-Val), welches die GTZ mit einer Unternehmensberatung zusammen entwickelt und in der Zeit von 2003 bis 2008 in über 800 Projekten und Programmkomponenten eingesetzt hat. Im Jahre 2006 richtete die GTZ eine unabhängige Stabstelle für Evaluierung ein, welche klar von den operativen Bereichen getrennt und direkt der Geschäftsführung unterstellt ist.[354] Diese Evaluierungseinheit lässt in einer Stichprobe *unabhängige Evaluierungen* – jährlich 30 – durch Forschungsinstitute sowie (seit 2007) durch Consultingfirmen durchführen, die ihrerseits internationale und nationale Gutachter einsetzen. Um die Evaluierungsergebnisse vergleichbar zu machen (z.B. in Querschnittsberichten) werden bei allen unabhängigen Evaluierungen und seit 2007 auch bei PFKs die DAC Kriterien/-Prinzipien zu Grunde gelegt.[355] Des Weiteren sollen die Evaluierungen zu ausgewählten unternehmens- und entwicklungspolitischen Fragestellungen Auskunft geben. Im Besonderen geht es dabei um die Beiträge der Vorhaben zur Armutsminderung und Erreichung der Millenniumsentwicklungsziele, zur Gleichberechtigung der Geschlechter und zur nachhaltigen Entwicklung.[356]

Auch die **KfW** überprüft ihre Arbeit regelmäßig in qualitativer Hinsicht und verfügt seit 2000 über eine unabhängige Evaluierungseinheit. So wurden im Jahre 2006 Ex-post-Evaluierungen von der unabhängigen Evaluierungseinheit zu 120 Vorhaben, welche vom BMZ finanziert wurden, mit einem Gesamtvolumen von 1,14 Mrd. € durchgeführt. Davon wurden 78 % der Vorhaben als entwicklungspolitisch erfolgreich bewertet und nach dem Volumen des Mitteleinsatzes sogar 84 %. Seit 2007 führt die KfW keine flächendeckenden Evaluierungen mehr durch, sondern greift auf aussagekräftige, geschichtete Stichproben zurück. So landeten 2007/08 19 % der Vorhaben unter dem Strich; d.h. die Vorhaben wurden mit der Note 4 bzw. 5 aus 6 benotet. In ihrem Zehnten Auswertungsbericht werden besonders die Ergebnisse im Wassersektor als überdurchschnittlich positiv bewertet (82,5 % in 2007/08). Die Sektoren Landwirtschaft und produzierendes Gewerbe schneiden in aller Regel hingegen unterdurchschnittlich ab. Auch die KfW richtet sich nach den DAC Kriterien. Die Ursachen für Misserfolge sah sie insbesondere im Bereich des Projektumfelds und der sektoralen Rahmenbedingungen. So erfüllten die Regierungen der Partnerländer und die Projektträger ihre Aufgaben nur unzureichend. Hinzu kamen Probleme aufgrund der wirtschaftlichen Situation der Projektträger, z.B. ungenügende Erlös- und Absatzentwicklungen

---

[353] Vgl. BMZ, Evaluierungskriterien für die deutsche bilaterale Entwicklungszusammenarbeit, Berlin, Juli 2006 und GTZ, Evaluierung in der GTZ, Eschborn, Jan. 2007. Siehe auch BORRMANN, A.; STOCKMANN, R. (2009).

[354] Vgl. GTZ, Evaluierung in der GTZ, Eschborn, Jan. 2007 und GTZ, Erfolgreiche Zusammenarbeit – Nachhaltige Wirkung, Eschborn, 2005.

[355] Vgl. GTZ, Evaluierung der GTZ- Das Konzept, Eschborn, Juni 2008.

[356] Vgl. GTZ, Evaluierung in der GTZ, Eschborn, Jan. 2007.

sowie unzureichende Finanzmittel. Schließlich tauchten immer wieder konzeptionelle Mängel auf, allen voran eine Überdimensionierung aufgrund von Fehleinschätzungen der Nachfrage oder der Akzeptanz durch die Zielgruppe und aufgrund von Schwächen im Betriebskonzept und seiner Umsetzung.[357]

Zwar muss die Evaluationstätigkeit der Entwicklungshilfeorganisationen in der letzten Dekade als großer Fortschritt auf dem Weg zu mehr Effizienz in der EZ gewertet werden, jedoch wird auch hier Kritik laut. Evaluationen werden häufig von eigenen Mitarbeitern durchgeführt bzw. bei externen Evaluationen indirekt durch ehemalige Mitarbeiter, die in einem Spannungsverhältnis zwischen der Objektivität der Untersuchung und der eigenen Betriebsblindheit sowie den Erwartungen seitens ihrer Organisation stehen. Die Durchführung von **Effizienzanalysen** – soweit noch nicht geschehen – müsste daher an externe Institutionen oder Personen übertragen werden, die mit der zu untersuchenden Organisation in keinem finanziellen, personellen oder sonstigen Abhängigkeitsverhältnis stehen.

Evaluationen können verschiedene Zwecke erfüllen. Als vier Hauptfunktionen lassen sich ausmachen (Stockmann, 2005):

- *Erkenntnisfunktion:* Durch Evaluationen können die Wirkungen von Projekten und Programmen der EZ analysiert werden, so dass Ursachen von Erfolgen und Misserfolgen herausgebildet werden können mit dem Ziel, die Förderprogramme konzeptionell zu verbessern.
- *Dialog- und Lernfunktion:* Betroffene, Mittelgeber, Zielgruppen und die Öffentlichkeit erhalten Hinweise über den Erfolg der Zusammenarbeit. Probleme können erkannt und Schwachstellen der Kommunikation transparent gemacht werden.
- *Kontrollfunktion:* Auftraggeber können die Wirksamkeit der Durchführungsorganisation der EZ überprüfen.
- *Legitimationsfunktion:* Gegenüber der Öffentlichkeit kann der Nutzen der durchgeführten Maßnahmen belegt werden. Die Politik kann damit die Effizienz der eingesetzten Finanzmittel aufzeigen.

Borrmann und Stockmann kommen in ihrer Systemanalyse „Evaluation in der deutschen Entwicklungszusammenarbeit" auch zu ernüchternden Ergebnissen. Trotz einheitlicher DAC-Kriterien können durch unterschiedliche Standpunkte und Perspektiven Evaluierungen zu unterschiedlichen Ergebnissen führen: Daher muss die Methodik der Evaluierung noch weiter und stets von allen EZ-Organisationen fortentwickelt werden. Hierbei fordern Borrmann und Stockmann das BMZ als Geldgeber auf, verstärkt auf ein einheitliches System zu drängen und dies auch zu steuern. Ferner fordern sie mehr Transparenz – dies gilt allerdings vorwiegend für private Geber. Auch kritisieren sie, dass die Partner in den Nehmerländern kaum von den Ergebnissen der Evaluierungsberichte erfahren und in den Durchführungsprozess von Evaluierungen kaum einbezogen werden. Zudem fordern sie, dass Aufträge öffentlich ausgeschrieben werden sollen um Gefälligkeitsgutachten zu vermeiden.

---

[357] Vgl. KfW, Entwicklung evaluieren – Evaluierung entwickeln, Zehnter Bericht über die Evaluierung der Projekte und Programme in Entwicklungsländern 2006–2008, Frankfurt, 2009. Zur Berücksichtigung der Nachhaltigkeit der FZ bei den Schlussprüfungen von KfW-Vorhaben, vgl. HEMMER (2005).

Evaluationen müssen von unabhängigen Experten durchgeführt werden, die zudem von Auftraggebern unabhängig sein sollten (Problem: Folgeaufträge). In einer politökonomischen Analyse können Moral-Hazard-Probleme aufgezeigt werden (Michaelowa/Borrmann).

Es muss darauf geachtet werden, dass Anreize für eine wahrheitsgetreue Berichterstattung gesetzt werden (wenn durch die Evaluierung eine Kontrolle der untergeordneten Stellen erreicht werden soll. Ob extern oder intern, es gibt einen Konflikt zwischen Image des Auftragsgebers und seinem Kontrollinteresse. Vorgeschlagen werden Nachevaluierungen, um Schwächen der Erstevaluierung aufzudecken (deren Existenz zu besseren Erstevaluierungen führen kann!).

9.2   Wirkungen der öffentlichen Finanzhilfe

In den 60er Jahren war man von der Wichtigkeit der Auslandshilfe für die Generierung eines Entwicklungsprozesses fest überzeugt.[358] Dieses Urteil ist heute nicht mehr unbestritten und die Menge der Kritiker wächst. So schätzte Friedman bereits 1958 die Möglichkeiten der Auslandshilfe als gering ein und forderte ihre Abschaffung und insbesondere Bauer verwies auf ihre schädlichen Wirkungen (Friedman; Bauer, 1981 und 1984). Auch Ordnungsliberale äußerten sich schon früh sehr kritisch (Meyer).

Generell kann die finanzielle Hilfe auf zwei Arten evaluiert werden: mikro- und markroökonomisch. Im Rahmen einer **mikroökonomischen** Evaluation wird die Effizienz von Projekten üblicherweise mit Hilfe von internen Verzinsungsraten (internal rate of return) überprüft. Die Weltbank fordert bspw. eine interne Verzinsung von 10 %. Hierbei tauchen jedoch die typischen, teilweise bereits erwähnten Probleme der KNA auf. So ist die Ermittlung interner Verzinsungsraten schwierig, da bezüglich der quantitativen Bestimmung von Schattenpreisen und externer Auswirkungen kaum Einigkeit erzielt werden kann. Durch geschickte Bestimmung von Schattenpreisen ist es überdies in jedem Fall möglich, einen internen Zinsfuß von 10 % zu erreichen.[359]

Noch problematischer ist eine **makroökonomische** Evaluation, also die Frage, wie Kapitalhilfe auf heimisches Sparen, Investitionen und Wirtschaftswachstum wirkt. Hier kamen empirische Untersuchungen zu unterschiedlichen Ergebnissen.

Untersuchungsergebnisse, nach denen Finanzhilfe zu einer Reduktion der **einheimischen Ersparnisse** führt (Griffin/Enos), wurden lange Zeit mit dem Argument bestritten, dass die Korrelationskoeffizienten zwischen Ersparnis und ausländischer Hilfe nichts über die Kausalitätsrichtung aussagen. Neuere Studien belegen jedoch sowohl die stark negative Korrelation zwischen EH und heimischer Kapitalbildungsrate als auch die Kausalitätsrichtung eindeutig. Demnach verdrängen externe (staatliche) Kapitalzuflüsse heimisches Sparen aufgrund eines

---

[358] So konnten FEI/RANIS (1968) noch schreiben: „The importance of foreign aid and its relationship to economic development will not be denied by either theoretician or practitioner." hier: S. 897.

[359] Siehe dazu Kap. 6.

Substitutionseffektes, dessen Stärke von zwei Faktoren abhängig ist. Erstens ist der Effekt umso stärker, je stärker das Empfängerland eine interventionistische Wirtschaftspolitik betreibt. Zweitens ist er umso stärker, je kleiner das Empfängerland ist. Denn je geringer das BSP eines EL ist, desto mehr EH (relativ zum BSP) erhält es in der Regel und desto leichter fällt es ihm, die EH zur Deckung eines Leistungsbilanzdefizits zu verwenden. Damit unterliegt es nicht dem Zwang, das Defizit durch verstärkte heimische Kapitalbildung zu decken. Es kann heimisches Sparen durch externe Kapitalzuflüsse substituieren.[360]

Levy (1985) zeigte einst mit Hilfe von Zeitreihen- und Querschnittsanalysen, dass für die Länder Afrikas südlich der Sahara EH positiv und signifikant mit **Investitionen** und **ökonomischem Wachstum** korreliert sei, Kapitalbildung zum Wirtschaftswachstum beitrage und für Projekte positive interne Zinsfüße zu erwarten seien. Die enttäuschende ökonomische Performance der afrikanischen Staaten in den 70er Jahren, die diesem Ergebnis widerspricht, wird mit abnehmenden terms of trade erklärt. Görgens (1983) kam bei einer Auswertung der empirischen Befunde zu dem Ergebnis, dass zwar kein direkter Zusammenhang zwischen Auslandskapitalzufluss und Wirtschaftswachstum bestehe, jedoch eine komplementäre Beziehung vorliege und positive Wachstumseffekte der Hilfe auf die wirtschaftliche Entwicklung zwar nicht zwingend, jedoch in bescheidenem Maße möglich seien. Was sind die Gründe für diese empirischen Ergebnisse, warum zeigt die Finanzhilfe so geringe Wirkungen?

Einen Erklärungsbeitrag leisten **Lebenszyklusmodelle**, die versuchen zu zeigen, dass der Erfolg von Finanzhilfe auch davon abhängt, welche Generation Nutznießer der Hilfe ist. Unter der Voraussetzung einer konstanten Diskontrate der Zukunft müsste die gesamte Hilfe konsumiert werden, damit die Gleichheit der Grenzproduktivität des Kapitals mit der Diskontrate aufrechterhalten bleibt. Weder Kapitalbestand noch Investitionen werden sich ändern. Wird die Hilfe älteren Generationen zugesprochen, kann die Erwartungshaltung dazu führen, dass weniger gespart wird. Sollten jüngere Generationen die Nutznießer sein, dann könnte EH die Gesamtinvestitionen steigern.

Van Wijnbergen (1986) verweist auf das Problem der Holländischen Krankheit (**dutch disease**) als Erklärung für negative Effekte der EH auf den Exportsektor. Eine bedeutsame temporäre Finanzhilfe kann zu einem Aufwertungsdruck auf die Währung des EL führen und aufgrund der Verteuerung des Exports der EL auf den Weltmärkten zu einer Reduzierung der Produktion und des Exports handelbarer Güter des EL führen.

Lange Zeit wurde auch die **begrenzte Kapitalabsorptionsfähigkeit** der EL missachtet.[361] Viele EL weisen einen Sachkapitalüberfluss auf, so dass zufließendes Auslandskapital versickert. Daher ist es eher notwendig, den vorhandenen Kapitalstock besser auszulasten als neue Produktionskapazitäten aufzubauen. Insbesondere afrikanische EL haben – gemessen an ihrer Kapitalabsorptionsfähigkeit – zu viel Hilfe erhalten; sie sind „overaided".[362] So

---

[360] Privater Kapitalimport hat unklare Auswirkungen auf Sparen und Wachstum. Vgl. REICHEL (1993), S. 369ff.

[361] Die Absorptionsfähigkeit einer Volkswirtschaft beschreibt ihre Fähigkeit, Investitionen effizient einzusetzen. Im Rahmen einer KNA müsste sich bei der Evaluierung einer Investition ein positiver volkswirtschaftlicher Kapitalwert ergeben.

[362] Schon früh dazu HAMMEL (1985) und AGARWAL/DIPPL/GLISMANN (1984).

bleiben viele Investitionen ohne Wirkung auf das Wirtschaftswachstum, weil die Nachfrage des Inlands und des Auslands nicht ausreicht, um die Investition (z.B. eine Industrieanlage) rentabel zu machen. Eine unzureichende Inlands- und Auslandsnachfrage kann wiederum mehrere Ursachen haben. Dazu gehören die Unteilbarkeit der Produktionsfaktoren, d.h. das Problem der technisch bestimmten Mindestgröße, die Unteilbarkeit des Konsums sowie die geringe Nachfrage nach Gütern und Dienstleistungen aufgrund der Enge der Binnenmärkte bzw. des geringen Einkommens in den EL. Eine mögliche Gegenmaßnahme, nämlich die Ausweitung der Exporte, wird oft durch Protektionsmaßnahmen der IL und anderer EL konterkariert, so dass oft *die Geber der EH ihrer Wirksamkeit indirekt selbst im Wege stehen.*

Auch ein Versorgungsengpass mit qualifizierten Arbeitskräften und fehlendes technisches Know-how können dazu führen, dass Sachkapital nur begrenzt effizient genutzt werden kann. Dabei fehlen nicht nur in der Produktion tätige Fachkräfte, sondern auch Führungs- und Verwaltungsfachkräfte. Der Import hochbezahlter Facharbeiter kann nur eine unbefriedigende, kurzfristige Lösung darstellen und ist durch die Devisenkapazität des EL und durch das Angebot ausländischer Arbeitskräfte ohnehin begrenzt. Eine Ursache der Ineffizienz der EH stellt damit das vorhandene Bildungsniveau bzw. die Bildungspolitik dar. Oft stimmen die Erfordernisse einer wachsenden Volkswirtschaft nicht mit den bildungspolitischen Realitäten der EL überein. Von Seiten der Geber könnte man diesem Problem durch eine Verbindung der Finanzhilfe mit Hilfe zum Aufbau von Humankapital (z.B. in Form von Angeboten zur Aus- und Fortbildung von Arbeitskräften aus EL) begegnen. Es ist jedoch nicht gesichert, dass die ausgebildeten Arbeitskräfte in die EL zurückkehren und sie in den IL das notwendige Wissen für die Produktionsbedingungen in den EL erreichen („brain drain"). Von Seiten der EL selbst ist eine verbesserte Bildungspolitik zu fordern.

In der Vergangenheit konnte oft beobachtet werden, dass trotz guter Projekterfolge auf der Makroebene nur enttäuschende Ergebnisse erzielt wurden. Die Weltbank hat in einer Überprüfung von 246 Projekten festgestellt, dass über 85 % dieser Projekte eine interne Verzinsung von 14,6 % aufwiesen; der gesamtwirtschaftlich Effekt dieser Maßnahmen blieb jedoch wider Erwarten gering. Es gibt verschiedene Erklärungen für das sog. **Mikro-Makro-Paradoxon**.[363] So werden Datenunsicherheiten, die Fungibilität der EH innerhalb des öffentlichen Sektors, backwash-Effekte[364] von Entwicklungshilfeprojekten auf den Privatsektor, inflationäre Effekte der Gegenwertmittel der EH und eine verfehlte Wirtschaftspolitik dafür verantwortlich gemacht.

Als wahrscheinlichste Lösung des Mikro-Makro-Paradoxon gilt die Fungibilität der EH. Durch EH wird Kaufkraft von IL auf EL verlagert. Wird in EL nun ein Projekt durch EH finanziert, das die Regierung des EL wegen seiner Dringlichkeit selbst finanziert hätte, werden diese Mittel für andere Optionen frei.[365] Diese können entwicklungsfördernd sein, sinn-

---

[363] So WHITE (1992), hier: S. 164.

[364] Eine Vergrößerung der Märkte aufgrund der Intensivierung des Welthandels benachteiligt EL gegenüber den IL, die von ihrem Entwicklungsvorsprung, internen Ersparnissen und Kostensenkungen profitieren. Die wirtschaftliche Expansion der EL ruft somit einen negativen Entwicklungseffekt in den EL hervor.

[365] Der erste Chefökonom der Weltbank hat diese Möglichkeit sarkastisch formuliert: „Die Bank stellt sicher, sie habe eine Brücke finanziert, in Wirklichkeit war es ein Bordell." Zitat aus: Wolff (2005), S. 262.

lose Vorhaben betreffen, Luxusausgaben der Staatseliten finanzieren, zu erhöhten Militärausgaben oder zur Kapitalflucht (auf sichere Schweizer Bankkonten) führen. Die Kapitalflucht aus Afrika übersteigt zurzeit die gesamte EH an diesem Kontinent. Von IL finanzierte
EZ-Projekte in den Bereichen Gesundheit, Industrie und Landwirtschaft führen zu keinen
zusätzlichen Ausgaben der EL in diesen Sektoren.

Dies führt uns zu dem Faktor, der sich als entscheidend für den Erfolg der EH erwiesen hat,
der Rolle des Staates. So kann Finanzhilfe in Form von Budgethilfe dazu führen, dass der
Staatskonsum ansteigt und die Anstrengungen zur Steuererhebung sinken. Auch wird darauf
hingewiesen, dass durch Finanzhilfe die Aufgaben des Staates ausgeweitet, Marktsignale
verzerrt und private Investitionen verdrängt werden. Kritiker der EH gehen gar soweit zu
behaupten, dass ein vom Staat unbeeinflusster privater Sektor sämtliche für die Entwicklung
erforderlichen Mittel zur Verfügung stellen könnte, so dass es für die EH keine Rechtfertigung gibt. Die Weltbank widerspricht dieser extremen Argumentation. In ihrem WEB 1991
verweist sie auf die überaus große Bedeutung des Zusammenspiels von Staat und Markt für
den Entwicklungsprozess und auch der WEB 1997 ist ganz der Rolle des Staates gewidmet.
Es kommt also wesentlich auf die Art der Staatsaktivität an, ob EH zum wirtschaftlichen
Wachstum beiträgt oder verpufft. Nach Untersuchungen der Weltbank hängt die Rendite der
Projekte von wirtschaftspolitischen Rahmenbedingungen und der Tragfähigkeit der Institutionen der Empfängerländer ab. Es bedarf eines leistungsfähigen Staates, der ein wachstums-
förderliches Investitionsklima schafft, auf die Integration des Landes in die Weltwirtschaft
hinarbeitet und ein stabiles gesamtwirtschaftliches Fundament aufweist. Auf diese Weise
ergänze der Staat den Marktmechanismus und erlaube dem Privatsektor zu expandieren. So
behandelt der WEB 2002 die wichtige staatliche Aufgabe zur Schaffung von Institutionen für
Märkte.

Eine Untersuchung der Weltbank zeigt, dass EL mit niedrigen Einkommen und guter Wirtschaftspolitik, die umfangreiche Auslandshilfe erhielten, ein stärkeres PKE-Wachstum erreichten (etwa 3,5 %) als Länder mit niedrigem Einkommen und guter Politik, aber geringer
EH (etwa 2,0 %). Beispiele derart erfolgreicher EL sind Bolivien, El Salvador, Honduras und
Mali. Nach dieser Studie führt EH in Höhe von 1 % des BIP eines Landes mit guter Politik
zu einer Erhöhung des Wirtschaftswachstums um 0,4 Prozentpunkte (dies entspricht einer
Rentabilitätsrate von rd. 30 %) und zu einer Senkung der Kindersterblichkeit um 0,9 %,
während in einem ungünstigen politischen Umfeld die EH keinen Beitrag zur Armutsbekämpfung leistet (Burnside/Dollar, 1997, S. 5)

Sen hebt in diesem Zusammenhang die Bedeutung von Demokratie und Pressefreiheit hervor, denn in keinem Land mit einem demokratischen Regierungssystem und einer relativ
freien Presse habe es je eine große Hungersnot gegeben. Er weist darauf hin, dass der
Anreizwirkung ziviler und politischer Rechte für die wirtschaftliche Entwicklung bislang zu
wenig Beachtung geschenkt wurde (Sen, 1997, S. 16ff.).

In einer Untersuchung von 97 Studien, die die Effizienz der EH zum Inhalt haben, wurde
kürzlich die Kausalität der ODA auf das Wachstum über die Kapitalakkumulation überprüft
(AEL = Aid Effectiveness Literature). Diese AEL-Untersuchungen zeigen unterschiedliche
Ergebnisse. EH ist effektiv, uneffektiv oder hat sogar negative Auswirkungen
(Doucouliagos/Paldam).

43 Arbeiten untersuchen die Auswirkungen über die Spar- und Investitionssequenz auf die Kapitalbildung. 68 Studien zeigen 613 direkte Schätzungen mit Hilfe einer reduzierten Form von EH auf das Wachstum. 31 Arbeiten analysieren die Konditionalitäten der EH auf das Wachstum. Drei unterschiedliche Theorieansätze untersuchen die Auswirkungen auf die Kapitalbildung:

- IS-LM-Makroansätze weisen auf die Fungibilität der EH hin. Die große Herausforderung liegt im Crowding-out-Effekt der EH. EH erhöhen öffentlichen Konsum, aber nicht die Kapazität des Landes über eine Kapitalbildung.
- Die Zwei-Lücken-Modelle, die auf dem Harrod-Domar-Ansatz beruhen, litten unter dem Crowding-out für die Ersparnisse. Obgleich die Wachstumstheorie nicht mehr auf Harrod-Domar rekuriert, wurde dieses Modell in der EH wegen der leichten Interpretation beibehalten.
- Der neueste Ansatz folgt der modernen Wachstumsempirie. Allerdings sind diese Modelle leicht manipulierbar und generieren fast alle erwünschten Ergebnisse.

Signifikante Auswirkungen der EH auf Investitionen und Wachstum lassen sich kaum feststellen. Bestenfalls 25 % der EH mögen zu Investitionen führen. Auch ein vollständiges Crowding-out ist möglich. In Lateinamerika scheint der Spareffekt der EH höher zu liegen als bei anderen EL. EH scheint Wachstum kaum zu beeinflussen. Die Forderung nach mehr EH kann nur Zynismus hervorrufen – da EH für die Entwicklung kontraproduktiv zu sein scheint.

Zusammenfassend lässt sich festhalten, eine eindeutige wissenschaftliche Aussage über die Wirksamkeit der öffentlichen Finanzhilfe ist bisher nicht möglich. EH nimmt in vielen Bereichen Einfluss, dazu gehören das private und staatliche Sparen, der Zinssatz, die Einkommensverteilung, die Exportwirtschaft usw. Positive makroökonomische Auswirkungen kann sie nur dann haben, wenn die notwendigen ordnungspolitischen Rahmenbedingungen vorhanden sind. Öffentliche Finanzhilfe ohne Verwendungsauflagen kann wirtschaftlich korrumpierend wirken, so dass die Eigenanstrengungen der Regierung der EL nachlassen. Daher ist es erforderlich, im Rahmen des Politikdialogs die ordnungspolitischen Voraussetzungen einer wirksamen EH seitens der Regierungen der EL einzufordern und nur solche Länder zu unterstützen, die zu diesen Anpassungsmaßnahmen bereit sind.

9.3   Entwicklungshilfe aus Sicht der Neuen Politischen Ökonomie

Angesichts des überraschenden Ergebnisses, dass EL und Dritte-Welt-Gruppen höhere Hilfeleistungen fordern, obgleich sie entwicklungshemmend wirken können, und angesichts der Tatsache, dass IL ihre Protektionismusbemühungen erhöhen, obgleich sie damit den Staaten der Dritten Welt schaden und EH oft nur enttäuschend wenig gefruchtet hat, muss nachgefragt werden, wieso es zu diesem kontraproduktiven Verhalten kommt. Eine Erklärung bietet die NPÖ, die davon ausgeht, dass sich das Verhalten von Individuen auf rationale Nützlichkeitsüberlegungen begründet, und die Frage stellt, welche Akteure aus bestimmten wirt-schaftspolitischen Entscheidungen Vorteile ziehen können.[366]

So ist oft zu beobachten, dass die Regierungen und Eliten der EL aus verschiedenen Gründen an der EH festhalten und gar ihre Erhöhung fordern, während sie sich – offen oder versteckt – gegen die Einführung von Marktwirtschaft und gegen Handelsöffnung und -förderung sperren und die verfolgte Politik Zweifel an der Ernsthaftigkeit ihrer Entwicklungsbemühun-gen aufkommen lassen.

Dieses Verhalten wird verständlich, betrachtet man den Nutzen, den die einzelnen Machtha-benden, Politiker oder Bürokraten aus den höheren Entwicklungshilfeleistungen ziehen kön-nen. Sie können sich damit einerseits bereichern und verfügen andererseits damit über Machtmittel, um ihren Einflussbereich auszudehnen. Insbesondere ungebundene Finanz-transfers können sie nach ihren eigenen Vorstellungen zum Aufbau und zur Absicherung ihrer Macht einsetzen. Dementsprechend unbeliebt sind gebundene Transfers. Die NMH stellt hingegen ein beliebtes Instrument der Eliten der Dritten Welt dar. Sie ermöglicht eine „kostenlose" Ernährungssicherung, welche für den Erhalt der politischen Stabilität notwen-dig ist. Darüber hinaus kann sie durch eine gezielte Zuteilung an unterstützende Gruppen (Bürokratie, Militär, eigene Ethnien etc.) indirekt für eigene Ziele genutzt werden. Auch eröffnet die NMH die Chance, bei Versorgungsproblemen mit Nahrungsmitteln die Geber zu beschuldigen, nicht genug NMH geleistet zu haben. Eigene Fehler werden so verschleiert.

Angesichts der Gefahr, ihren Einfluss zu verlieren, haben die Eliten der EL kein Interesse an einer Wirtschaftspolitik, die die Entstehung eines Mittelstandes fördert. Denn ein florieren-der Mittelstand verfügt über finanzielle Mittel und bemüht sich um einen stärkeren politi-schen Einfluss, der den meist nicht demokratisch legitimierten Systemen gefährlich werden kann. So konnte in Europa die Feudalherrschaft nach der wirtschaftlichen und politischen Erstarkung des Bürgertums überwunden werden. Da der Mittelstand in der Regel durch ein marktwirtschaftliches Wirtschaftssystem und Maßnahmen der Handelsförderung entsteht, wird verständlich, warum einige Regierungen derartige marktwirtschaftliche Maßnahmen noch nicht ergriffen haben. Vielmehr versuchen sie ihre Pfründe zu sichern, bspw. indem sie sich selbst oder Verbündeten wichtige Positionen in Aufsichtsräten und Vorständen großer Konzerne verschaffen. Die Eliten der Dritten Welt haben also ein größeres Interesse am Fortbestand der EH als an einer Handelsöffnung oder -förderung. Zwar fordern sie vereinzelt eine Liberalisierung der Weltmärkte, es liegt jedoch die Vermutung nahe, dass auch dies ein Mittel ist, um höhere Entwicklungshilfeleistungen durchzusetzen.

Generell ist zu beachten, dass die Art des politischen Systems (parlamentarische Demokratie, Einparteiensystem, Militärregime, Familiendiktatur, kommunistisches System etc.) den Ent-scheidungsspielraum von Politikern und Bürokraten beeinflusst. Je autoritärer und korrupter ein System gestaltet ist, desto größer wird der Entscheidungsspielraum der Politiker sein und desto leichter werden sie ihren Nutzen in Form materieller und immaterieller Vorteile erzie-

---

[366] Weiterführende Literatur siehe z.B. MOSLEY (1984 und 1997); auch: LACHMANN (1988) sowie LACH-MANN (2004), Kap. 11.1: Der Entwicklungspolitiker als Homo Politicus, S. 482-497.

len können (Clapham). Leider hat in der Vergangenheit die deutsche EH Militärdiktaturen unterstützt, soweit es außenpolitisch opportun war.

Auch das Verhalten der Politiker in IL wird aus der Sicht der NPÖ verständlich. Diese halten trotz geleisteter EH an protektionistischen Maßnahmen fest. Dabei ist eine zunehmende Verlagerung von tarifären zu nicht-tarifären, d.h. von sichtbaren zu weniger sichtbaren Handelshemmnissen zu beobachten. Dahinter steckt die Tatsache, dass die demokratischen Strukturen der IL, die den Politiker durch Wahlen der Gefahr des Amtsverlusts aussetzten, den Politiker dazu zwingen, sich zuvorderst für die Interessen des eigenen Volkes einzusetzen. Zu einem wichtigen wirtschaftspolitischen Aufgabenbereich ist der Schutz der Arbeitsplätze geworden. Aufgrund eines verpassten Strukturwandels kann dies oftmals nur noch mit Erhaltungssubventionen und handelsprotektionistischen Maßnahmen erreicht werden. Insbesondere die betroffenen Branchen machen sich politisch stark, um Politiker zu Subventionszahlungen zu zwingen. Handelsprotektionistische Maßnahmen belasten nicht das Budget und sind ebenso wie Subventionen ein Mittel der Politiker, sich die Gunst der betroffenen Gesellschaftsgruppen zu sichern. Insbesondere bei einer ökonomisch nicht sehr gut informierten Bevölkerung stellen protektionistische Maßnahmen für kurzfristig agierende Politiker, aller Rhetorik zum Trotz, ein Mittel dar, ihr Image zu verbessern. Andererseits erhöht es auch das Image der Politiker, wenn sie den armen Menschen in EL aus humanitären Gründen EH gewähren. Die Menschen der IL übertragen die Verantwortung für die Hilfeleistung an die Armen der Welt gerne an Politiker, da sie dadurch ihr eigenes soziales Gewissen beruhigen können. Insbesondere bei Hungersnöten und Naturkatastrophen wird EH von der Bevölkerung in IL gerne unterstützt.

Die offensichtliche Erfolglosigkeit der EH wird unterschiedlich begründet: Die einen sagen, dass die Hilfe zu gering sei. Bei geringem Input ist keine Entwicklung zu erwarten. Andere betonen die Output-Seite: Da EH von Regierung an Regierung geleistet wird, seien Korruption in EL und bürokratische Ineffizienz in IL Ursachen der erfolglosen Armutsbekämpfung. Das zentrale Problem liegt nicht in der Höhe der EH sondern in der Durchführung. EH sollte ökonomische Entwicklung fördern und nicht behindern.

In der öffentlichen Diskussion soll EH hauptsächlich ein Instrument zur Bekämpfung der Armut sein. Jedoch ist die Überwindung der Armut nicht das wesentliche Ziel bei der Vergabe der EH. Eliten der IL geben den Eliten der EL EH für politische Konzessionen. Dann wird EH nicht die krasse Not in den EL lindern. „(S)uch aid perpetuates poverty and promotes the political survival of leaders."[367] Auch die politische Bedeutung eines EL spielt für die Vergabe der EH eine wichtige Rolle, humanitäre Gründe dagegen weniger. Bueno de Mesquita/Smith fassen zusammen: „The neediest do not receive the most; rather, those whose policy compliance can be purchased at an affordable price apparently are offered aid and

---

[367] Vgl. BUENO DE MESQUITA/SMITH (2009), hier: S. 310. Sie schreiben „We find that in all nations, aid transfers occur according to the political survival interest of donor and recipient government leaders, ... Recipient and donor leaders seek substantive policies and resource allocation that protect their hold on power. ... If faced with a contradiction between actions that enhance their own political welfare and actions that advance societal well-being, donor and recipient leaders will select those policies that benefit themselves." (S. 311). Mit Hilfe eines NPÖ-Modells (selectorate political competition) werden diese Ergebnisse theoretisch hergeleitet und dann empirisch bestätigt.

agree to take it. – Selectorate theory suggests that aid transfers improve the survival of political leaders in both donor and recipient states. If it did not, then these leaders would not participate in such deals." (S. 336)

Signifikante Auswirkungen der EH auf Kindersterblichkeit, Lebenserwartung oder Einschulungsraten lassen sich nicht feststellen, da die Eliten der EL meist kein Interesse an der Armutsbekämpfung haben (Boone). Allerdings hat Kosack festgestellt, dass Demokratien eher EH dazu verwenden Armutsbekämpfungen durchzuführen. Demokratien haben die Neigung, den gegenwärtigen Konsum gegenüber langfristigen Investitionen zu bevorzugen (Kosack). Deshalb werden sie höhere Budgetmittel für soziale Zwecke aufwenden als autokratische Regierungen. Die Eliten autokratischer Regierungen verwenden EH zum politischen Selbsterhalt. EH verarmt diejenigen, denen sie helfen wollte, weil die Mittel für Zwecke der Eliten verwendet werden. Das Problem liegt darin, dass EH stets Regierungen übertragen wird, die das letzte Wort für die Verwendung der EH (Fungibilität!) haben. Demzufolge erhöht die EH die Macht der herrschenden Eliten im Vergleich zu den anderen Mitgliedern der Gesellschaft.

Auch Entwicklungsbürokraten in bi- und multilateralen Institutionen, bei denen oftmals ein besonders ausgeprägter Idealismus und Altruismus vermutet wird, versuchen mehrheitlich ihren Arbeitsplatz und ihr Einkommen zu sichern. Sie befinden sich damit stets im Spannungsfeld zwischen diesem Ziel, der Loyalität zum Auftraggeber und der objektiven Beurteilung der Effektivität und Effizienz ihres Handelns. Es ist offensichtlich, dass die Wirksamkeit von EH umso mehr leidet, je weniger transparent die Tätigkeit einer Entwicklungshilfeinstitution nach außen ist, je weniger sie demokratisch kontrolliert ist und je komplexer die Relationen zwischen Auftraggeber und -nehmer sind, wie dies insbesondere in multilateralen Organisationen der Fall ist (Gelbhaar). Staatliche Institutionen sind darüber hinaus dem Problem des gesellschaftlichen Lobbyismus und politischer Abhängigkeiten unterworfen. Probleme des nationalen Arbeitsmarktes und bestimmter Branchen sowie finanzkräftige Interessengruppen üben über wiederwahlbedachte Politiker Einfluss auf die Durchführungsinstitutionen aus.

Politiker und Entwicklungshilfebürokratien haben ein größeres Interesse an gebundener als an ungebundener Hilfe, da sie mit einem höheren Entscheidungsspielraum verbunden ist. So ist bspw. Projekthilfe stark arbeitsintensiv und sichert somit den Erhalt und das Wachstum der Entwicklungshilfebürokratien. Sie ist oft gebundene Hilfe und beinhaltet meist Aufträge für bestimmte Branchen in IL. Diese Branchen werden sich für eine Erhöhung der EH einsetzen, um dadurch weitere Aufträge zu erhalten. Bürokraten können durch direkte Zuteilung von Aufträgen an einzelne Unternehmen materielle und immaterielle Vorteile erwerben.

Sowohl in der Wirtschaftspolitik als auch in der EH ist eine immer stärkere Abwendung von marktwirtschaftlichen Instrumenten zu beobachten, da sich dadurch der Entscheidungsspielraum der Bürokratie erhöht. Durch staatliche Planung, Regulierung, Staatsbetriebe etc. eröffnen sich Einflusssphären für Politiker und Bürokraten. Politiker, die sich konsequent für marktwirtschaftliche Regelungen aussprechen, erfahren hingegen kaum politische Unterstützung. Zwar ist eine marktwirtschaftlich ausgerichtete Wirtschaftspolitik für die gesamte Bevölkerung insgesamt vergleichsweise wohlstandsfördernd, für einzelne Interessengruppen, die sich zu Lasten der Bevölkerung bereichern wollen, sind sie hingegen unattraktiv.

Strukturanpassungsprogramme (SAP) sind bei den Eliten der Dritten Welt nicht beliebt, sie erhöhen jedoch den politischen Einfluss der Geberländer, insbesondere der Entwicklungsbürokratie und der dafür zuständigen Politiker. Daher ist mit einer weiteren Zunahme der SAP zu rechnen. Politiker der EL wehren sich gegen SAP, da damit offenbar wird, dass die Misere in der Dritten Welt auf nationales Fehlverhalten zurückzuführen ist. Notwendige Anpassungen werden dann genau dort angesetzt, wo sie zu den größten sozialen Härten führen. Auf diese Weise bauen sie eine Abwehrhaltung der Bevölkerung auf, der sie suggerieren, dass die Geberorganisationen (IMF, Weltbank) diese harschen Einschnitte verlangen.

Das Eigeninteresse der Staatsbürokratien und die typische Eigendynamik des Verhaltens von Politikern und Bürokraten ist bei der Konzeptionierung von entwicklungspolitischen Maßnahmen bisher wenig beachtet worden. Einige Strukturalisten sprechen gar von „aid as imperialism", während andere pauschal einen höheren Ressourcentransfer fordern.[368] Das Zusammenspiel von Entwicklungsbürokratien und Eliten der EL ist kaum untersucht worden, da es hierbei weniger auf dokumentierte Tatsachen ankommt, sondern eher mit verdeckten Codes gearbeitet wird. Augenzwinkerndes Einverständnis, selbstverständliches Ausblenden und stillschweigendes Eingehen auf die gegenseitigen Motive oder Zumutungen sind weniger dokumentierbar als offenes Tun, so dass empirische Untersuchungen auf unsicherem Boden stehen.

Eine Konsequenz dieser Überlegungen ist die Tatsache, dass sich EH generell wohl kaum effektiver gestalten lässt. Die großen Entwicklungshilfeorganisationen, deren Existenzberechtigung sich aus der Notwendigkeit der EH ableitet und die darauf bedacht sind, ihre Arbeitsplätze und ihr Prestige zu sichern, fordern ungeachtet der potenziellen *disincentive effects* den Fortbestand der EH. Studien darüber, inwieweit positive oder negative Anreize überwiegen, geben kein eindeutiges Bild ab. Generell stellt jeder Transfer eine Verbesserung der Wohlfahrt des Empfängerlandes dar. Sollte die nationale Wirtschaftspolitik Transfers entwicklungspolitisch sinnvoll nutzen, kann ein finanzieller Transfer jedoch zur Verbesserung der wirtschaftlichen Lage führen.

9.4   Handel statt Hilfe?

EL und IL sind durch Handel und EH miteinander verbunden. Es stellt sich die Frage, ob aus Sicht der EL Handel oder Hilfe vorzuziehen ist. Mehrere Studien deuten daraufhin, dass ein besserer Marktzutritt höhere Entwicklungschancen eröffnet als mehr EH.[369] EH reduziert außerdem die Exportwettbewerbsfähigkeit der EL, da es zu einer Aufwertung ihrer Wechselkurse kommt (Dutch Disease). Exportförderungspolitiken waren für das erstaunliche Wachs-

---

[368] Z.B. SACHS (2005). Er folgt einer "Hydrauliktheorie": Mehr Hilfe rein – mehr Entwicklung raus. So einfach ist die Armutsbekämpfung leider nicht.

[369] Vgl. hierzu: ADAM/O'CONNELL und Mahbubani. Letzterer zitiert eine UNCTAD- Studie, nach der der EU-Protektionismus den EL jährlich fast 700 Mrd. US$ vorenthalten. Durch Protektionismus verlieren EL nahezu das 40-fache der EH an EL (S. 70).

tum ostasiatischer Länder von großer Bedeutung. Dies müsste auch für afrikanische EL gelten. Allerdings hängt der Erfolg von dynamischen Spillovers ab. Werden sie z.B. über „learning-by-doing" erreicht, kann dies ein Anreiz zur Exportförderung sein. Demnach wären Exportpräferenzen der EH vorzuziehen. EH wird vermehrt in den öffentlichen Sektor geleitet, während die Präferenzen mehr dem Privatsektor zufallen. Regierungen der EL werden EH vorziehen. Gewinner der EH bilden eine Lobby, die die Gewinner von Präferenzen ausstechen. Wenn Exporte Wachstumsmotoren darstellen, müsste der Zugang der EL auf die Märkte der IL verbessert werden.[370]

Gegenwärtig ist weltweit eine **Zunahme des Protektionismus** von Seiten der IL zu beobachten. Insbesondere in sogenannten sensiblen Bereichen behindern die IL zum Schutz der heimischen Arbeitsplätze und Löhne Importe aus EL. Dadurch entsteht eine paradoxe Situation: Einerseits bemühen sich die Gebernationen im Rahmen ihrer Entwicklungshilfebemühungen darum, Exportkapazitäten in EL aufzubauen, um die Exportmöglichkeiten bei Erfolg andererseits einzuschränken. Nationale Importquoten und Zölle gehören immer noch zum protektionistischen Instrumentarium der IL, auch wenn das Ausmaß der tarifären Handelshemmnisse in den letzten Jahrzehnten beträchtlich gesunken ist. Im Gegensatz dazu nahm das Ausmaß der nicht-tarifären Handelshemmnisse zu, z.B. Gesundheits- und Sicherheitsnormen, steuerpolitischer Protektionismus und die Subventionierung der eigenen Exportwirtschaft. Sogenannte „Selbstbeschränkungsabkommen" sind eine „freiwillige" Form der mengen- oder wertmäßigen Exportkontingentierung des EL im Rahmen bilateraler Handelsverträge mit IL. Aufgrund der Freiwilligkeit fallen sie nicht in das vom GATT verbotene protektionistische Instrumentarium und auch der Grundsatz der Reziprozität muss demnach nicht angewendet werden. Dahinter verbergen sich jedoch erzwungene Exportbeschränkungen der EL. Sie sind symptomatisch für die Inkonsistenz und Inkonsequenz von Entwicklungs- und Handelspolitik der IL und stellen einmal mehr die Motive der Entwicklungshilfegeber in Frage. Besonders im Agrarbereich finden wir in allen IL starken Protektionismus vor. Beachtet man, dass das Dumping der Überschüsse durch subventionierte Preise oder NMH die Weltmärkte und damit die Exporteinnahmen der EL destabilisiert, wird deutlich, dass die IL bei der Liberalisierung Vorleistungen zu erbringen haben.

Der Protektionismus der IL ist mit den Prinzipien der (Sozialen) Marktwirtschaft nicht vereinbar und schadet den EL in ihrem Entwicklungsprozess. Man würde sich von der Politik soviel Aufrichtigkeit erwünschen, EL nicht nur eine Hinwendung zu marktwirtschaftlichen Regeln vorzuschlagen, sondern selbst glaubwürdige Akzente zu setzen. Leider verfolgen viele IL weiterhin eine Politik des „more aid for less trade".[371]

IL sind ordnungspolitisch gefordert, Hilfe zur Selbsthilfe durch Handel zu ermöglichen, um die Würde des Partners zu wahren. Die Erfahrung der Zeit nach dem Zweiten Weltkrieg zeigt, dass ein freier Welthandel einen gewaltigen Anstieg der Weltwohlfahrt herbeiführen

---

[370] Die positive Meinung des Handels wird nicht vollständig von UNCTAD und UNDP sowie den Strukturalisten geteilt. Hauptsächlich kritisieren sie den Doppelstandard der IL, die in der Rhetorik sich für Freihandel aussprechen – in der Realität ihn aber selber nicht praktizieren. Wenn die Zahlungsbilanz Wachstum behindert, sei EH besser. Vgl. hierzu: STORM (2005).

[371] Vgl. die kritischen Bemerkungen in LANGERBEIN (2007).

kann. Eine aktive Handelsanpassungspolitik kann zudem die binnenwirtschaftlichen Probleme der IL glätten. Eine Anpassung der Wirtschaftsstruktur gemäß den langfristigen komparativen Kostenvorteilen und die Beseitigung ineffizienter Erhaltungssubventionen würde die Wettbewerbsfähigkeit der Wirtschaft der IL steigern.

Nach der klassischen Außenhandelstheorie erhöht Wettbewerbsfreiheit auf dem Weltmarkt die Wohlfahrt aller am Handel beteiligten Länder und führt weltweit zu einer pareto-optimalen Allokation der Produktionsfaktoren. Auch bei Faktorimmobilität führt Freihandel tendenziell zur internationalen Konvergenz der Faktorentlohnung und kann daher Faktormobilität prinzipiell ersetzten. Dadurch können die Vorteile der Arbeitsteilung, welche Produktivitäts- und Wohlfahrtszuwächse mit sich bringt, international besser ausgeschöpft werden.

Freihandel entspricht einer liberalen ordnungs- und gesellschaftspolitischen Grundeinstellung. Protektionismus ist hingegen mit hohen sozialen Kosten und schädigenden Wirkungen auch auf das sich schützende Land verbunden. Nur allzu oft werden dadurch Strukturanpassungen hinausgezögert oder verpasst; Produktionsfaktoren fließen in suboptimale Verwendungen; Produkte im Inland verteuern sich gegenüber der Freihandelssituation. Die internationale weltwirtschaftliche Verflechtung wird behindert. Die Konsumenten der IL sind die Leidtragenden.

Freihandel ist **langfristig** gesehen mit einem Wohlfahrtseffekt für alle verbunden. Auf **kurze Sicht** wird sich jedoch zunächst nur ein kleiner Teil der Bevölkerung wirtschaftlich verbessern, während die Masse der Bevölkerung einen Nachteil erfährt. Denn die Löhne werden sinken, nicht wettbewerbsfähige Industrien aus dem Markt ausscheiden, neue und junge Unternehmen können eventuell den Markteintritt nicht bewältigen usw. Dadurch ergeben sich unerwünschte Veränderungen der funktionalen Einkommensverteilung und soziale Härten, die es abzufedern gilt. Vorstellbar wäre daher ein mittelfristig angelegter Liberalisierungsfahrplan, der soziale Härten mindert, die Bevölkerung somit schont, Industrieunternehmen jedoch idealerweise die Möglichkeit gibt, Wettbewerbsfähigkeit zu erlangen. Handel statt Hilfe kann also ein Langzeitziel der EH gebenden internationalen Staatengemeinschaft darstellen. Hinter der Forderung „Handel statt Hilfe" steckt der Gedanke, dass EL durch die ungehinderte Teilnahme am Welthandel ein wirtschaftliches Niveau erreichen können, das EH überflüssig macht.

Für eine erfolgreiche Teilnahme am Welthandel müssen jedoch auch von Seiten der Regierungen der EL entsprechende Leistungen erbracht werden. So reagieren die Unternehmer in EL ebenso wie in IL auf Anreize. In- und Ausländische Investoren machen ihre unternehmerischen Entscheidungen abhängig von der Steuerpolitik, der Wettbewerbspolitik, Kapitalmarktregulierungen und Devisenkontrollen, des staatlichen Umgangs mit Eigentumsrechten, der politischen Stabilität und rechtlichen Sicherheit aber auch der makroökonomischen Stabilität, die wiederum in funktionalem Zusammenhang mit der staatlichen Budgetdisziplin steht. Vor allem die Verfügbarkeit und Qualität der Humanressourcen sind ein wichtiges Entscheidungskriterium für Investitionen und unternehmerisches Handeln. Öffentliche Infrastrukturmaßnahmen schaffen nicht nur die Grundlage für lokalen, nationalen und internationalen Handel sondern haben auch wichtige Signalwirkungen für Unternehmer. Sie spiegeln in hohem Maße die Prioritäten der Politik eines Landes wieder und geben Hinweise über das

Ausmaß und die Dauerhaftigkeit der Verpflichtung des Staates zur Förderung des Privatsektors und zum Wirtschaftswachstum im Allgemeinen.

Insbesondere den asiatischen Ländern ist es gelungen, sich zunehmend am internationalen Handel zu beteiligen und ein beachtliches wirtschaftliches Wachstum zu erreichen. Die Länder, die den Anschluss an die IL noch nicht geschafft haben, liegen mehrheitlich in Lateinamerika und vor allem in Afrika südlich der Sahara.

Es stellt sich freilich die Frage, ob junge Unternehmen in den EL eine Chance haben, im Freihandel zu bestehen. So ging List davon aus, dass junge Industrien einen gewissen kurzfristigen Zollschutz benötigen, um hinter diesen Schutzmauern „erwachsen" zu werden, d.h. internationale Wettbewerbsfähigkeit zu erlangen. Die Erfahrungen in USA, Japan und Europa scheinen diese Forderung zu unterstützen, da auch hier die Anfänge der wirtschaftlichen Entwicklung durch protektionistische Maßnahmen geprägt waren. Andererseits zeigen die Erfahrungen mit überzogenen Importsubstitutionsstrategien vor allem in Lateinamerika, dass es auf die Art und Länge staatlichen Schutzes ankommt, ob derartige Maßnahmen der Wirtschaftsentwicklung zu- oder abträglich sind. Jede Form der Wirtschaftsförderung sollte daher kurzfristig, degressiv und quantitativ begrenzt sein. Darüber hinaus bedarf es einer steten Kontrolle, inwieweit Maßnahmen überflüssig geworden sind und das Wachstum von Branchen und Industrien durch Subventionen eher lähmen.

9.5   Notwendigkeit des Politikdialogs

Wie bereits kritisch bemerkt wurde scheitern viele gute Projekte und Programme immer wieder an ungünstigen Rahmenbedingungen. Deshalb wird seit Mitte der 70er Jahre an EL die Forderung erhoben, die wirtschaftlichen, politischen und gesellschaftlichen Rahmenbedingungen entwicklungsfreundlicher zu gestalten, da die EH sonst einem Fass ohne Boden gleicht. Dies setzt erhebliche Eigenanstrengungen, d.h. geeignete Maßnahmen zur stärkeren Mobilisierung und effizienteren Nutzung in- und ausländischer Ressourcen auf Seiten der EL voraus (Bohnet). Als Instrument der Durchsetzung dieser Forderung rückte in den letzten Jahren der Politikdialog in den Vordergrund.

Das BMZ definiert **Politikdialog** als „offenes, kontinuierliches Gespräch mit dem Ziel, Übereinstimmung herbeizuführen über die entscheidenden Entwicklungsengpässe und -hemmnisse sowie geeignete Entwicklungs- und, wo erforderlich, Anpassungspolitiken. Gleichzeitig dient der Politik-Dialog dazu, die Vorstellungen des Partnerlandes in die entwicklungspolitischen Zielsetzungen der Bundesregierung mit einzubeziehen."[372] Derartige Gespräche finden auf möglichst hoher Ebene statt. Dabei informieren sich die Geber zwar auch über die Vorstellungen der Partnerländer, vermitteln ihnen aber vor allem ihre Vorstellungen über eine erfolgreiche nationale Entwicklungspolitik. Ziel des Politikdialoges ist

---

[372] GTZ, Neue Akzente der volkswirtschaftlichen Regierungsberatung. Dokumentation einer gemeinsamen Tagung von BMZ und GTZ im Dez. 1985, Eschborn, 1987, S. 2f.

letztlich eine Beeinflussung der Wirtschaftspolitik der EL auf Grundlage eigener entwicklungspolitischer Vorstellungen. Es handelt sich also um einen potenziellen Eingriff in die
nationale Souveränität der EL.[373]

Ein Hauptanliegen des Politikdialoges ist es, die Schaffung mehr marktwirtschaftlicher und
entwicklungsfreundlicher Institutionen in EL zu fördern. Der Begriff **„Institution"** ist dabei
doppeldeutiger Natur. Einerseits wird darunter eine Organisation im herkömmlichen Sinne
verstanden. So kann „Institution Building" für den Außenwirtschaftsbereich bedeuten, dass
EL besondere Organisationen schaffen, die den Unternehmen bei ihren Exportbemühungen
beistehen (z.B. handelsfördernde Organisationen bzw. Trade Promotion Organizations =
TPOs). In der NPÖ bzw. Neuen Institutionenökonomik (NIÖ) wird der Institutionenbegriff
hingegen weiter gefasst. Jede Regelung des menschlichen Miteinanders kann als Institution
verstanden werden. Institution Building kann dann generell bedeuten, dass das allgemeine
Klima für eine Exportförderung verbessert wird, bspw. durch einen Abbau von Regulierungen, durch Privatisierung und eine realistische Anpassung der Wechselkurse. Auch die
Schaffung marktfreundlicher Verhältnisse kann als Institution Building verstanden werden.

Ein weiterer wesentlicher Teil des Politikdialoges ist die **volkswirtschaftliche Beratung**, die
von Anfang an die Entwicklungspolitik begleitet hat. Die Anfänge der Politikberatung in den
50er und 60er Jahren waren stark vom makroökonomischen Denken und dem Gedanken der
Planbarkeit von Entwicklung beherrscht, insbesondere von:[374]

- wachstumstheoretischen Ansätzen der 40er Jahre (Harrod, Domar);
- Ansätzen der linearen Programmierung, des Operation Researchs und der Aktivitätsana-
  lyse aus dem Zweiten Weltkrieg (Koopmans, Dantzig);
- osteuropäischen Planungserfahrungen seit den dreißiger Jahren und von
- planwirtschaftlichen Ansätzen nicht-kommunistischer Länder (Holland, Frankreich,
  Norwegen), die auf dem Konzept einer quantitativen Wirtschaftspolitik (Tinbergen,
  Frisch) beruhten.

EL sahen in diesem Planungs- und Modelldenken eine wertneutrale Technologie, mit deren
Hilfe sie glaubten, ihren eigenen Weg selbst planen zu können. Sie wollten sich nicht nur der
politischen Dominanz der ehemaligen Kolonialmächte, sondern auch deren überwiegend
marktwirtschaftlicher Prägung entledigen. Aufgrund fehlender Erfahrungen und fehlender
Institutionen (im Sinne von Organisationen) kam es bald zu einem starken Einsatz von re-
nommierten Volkswirten in der Politikberatung. Den Nehmerländern ging es bei der Politikberatung um die personelle und politische Präsenz der Geber, um einen Kommunikations-
und Informationskanal für ihre Ziele, Wünsche und teilweise auch nur um ein Alibi für eigenes Handeln. Die Geber bemühten sich um Präsenz im Nehmerland, den Aufbau leistungsfähiger Trägerstrukturen, die Durchführung von Programmen und Strategien und die Verbesse-

---

[373] Vgl. auch GTZ (Hrsg.), Politikberatung. Dokumentation der 8. Gesamttagung der Regierungsberater und -
beraterinnen in Bad Honnef vom 27.6.–2.7.1993, Eschborn, 1994.

[374] Vgl. zum Folgenden WEISS (1989); siehe dazu auch die Anmerkungen von M. Feldsieper (S. 272–283), M.
Bohnet (S. 41–71) und S. Kinnemann (S. 97–105) im gleichen Band von KÖRNER (1989).

rung der EZ mit den Partnerländern (Geber-Empfänger-Koordination, Geberkoordination, Projektidentifizierung u.v.m.).

Die volkswirtschaftliche Beratung konnte die in sie gesetzten Erwartungen in der Vergangenheit nicht erfüllen.[375] Mitte der 70er Jahre war unübersehbar deutlich geworden, dass es wissenschaftlich nicht möglich ist, zukünftige Entwicklungspfade zu prognostizieren und mit mathematischen Planungsmodellen konsistent zu formulieren und zu optimieren. Die meisten Entwicklungsprogramme waren kurz nach ihrer Einführung schon obsolet und wurden von der Realität überholt. Generell ist von einer begrenzten Steuerungsmöglichkeit ökonomischer Entwicklungsprozesse mit dem z.Zt. genutzten entwicklungspolitischen Instrumentarium auszugehen, da die Eigendynamik gesellschaftlicher und soziokultureller Systemkomponenten vernachlässigt wird. Nachdem zunächst große Namen und konzeptionelle Entwürfe im Vordergrund standen, entwickelte sich die volkswirtschaftliche Beratung hin zu einem eher unspektakulären Professionalismus mit einer unauffälligen, aber wirksamen Implementationsorientierung. Gefragt war eine Strategie der kleinen Schritte in Richtung auf ein Mehr an ökonomischer Vernunft unter Berücksichtigung der sozialpolitischen Beschränkungen der EL. Die Geberorganisationen drängten verstärkt auf eine Beeinflussung der wirtschaftlichen, gesellschaftspolitischen und institutionellen Rahmenbedingungen.

Mit zunehmender Expansion der bürokratischen Apparate auf der Geber- und Nehmerseite der EH übernahmen Organisationen und Bürokraten verstärkt die Zuständigkeit für die Entwicklungsplanung. Beratungsleistungen wurden von der Makro- auf die Regional-, Sektor- und vor allem auf die Projektebene verdrängt. Indem die volkswirtschaftliche Beratung jedoch ihre gesamtwirtschaftliche Ausrichtung verlor, sank ihre Effizienz erheblich. Das Phänomen des Mikro-Makro-Paradoxons wurde bereits erläutert.

Kritiker weisen zudem darauf hin, dass die traditionellen Aufgaben und das Rollenverständnis der volkswirtschaftlichen Berater nicht mit den Anforderungen, die der Politikdialog stellt, vereinbar seien. Weiss (S. 66f) unterscheidet für die Praxis der deutsche EZ folgende **Beratertypen**:

- **Know-how-Vermittler**: Hierbei handelt es sich um den Typus des technokratischen, sich bewusst apolitisch gebenden Beraters. Er dominiert im Selbstverständnis der Berater. Gefahren ergeben sich über Loyalitätskonflikte zwischen den Interessen des EL und den entwicklungspolitischen Aufgabenzuweisungen der deutschen EZ.
- **Modellbauer**: Während ein effizienter Fachberater einfache praktikable Planungsansätze bevorzugt, wobei er geschickt die Projektebene mit sektor- und makropolitischen Strategiekomponenten verknüpft, ist der Modellbauer der Gegentyp. Seine analytischen Bemühungen zeigen ein mangelndes Verständnis für die Notwendigkeit der operationalen Formulierung von Politikansätzen und ihre Umsetzung in konkrete Maßnahmen. Sein Einsatz bleibt ohne Folgen, was aber durchaus im Sinn des Nehmerlandes sein mag.
- **Koordinator**: Er sucht Projekte und führt sie durch, wobei er sich von Fall zu Fall mit anderen Gebern bzw. Konkurrenten abstimmen muss. Seine Tätigkeit ist geprägt von dem Druck des „Mittelabflusses". Er versteht sich als Pragmatiker, dem jedoch oft eine

---

[375] SEERS (1962) stellt das Scheitern volkswirtschaftlicher Beratung sehr anschaulich dar.

Ausrichtung auf übergeordnete entwicklungspolitische Ziele fehlt, u.a. aufgrund der zeitlichen Belastung, die sich durch die Konfrontation mit der Bürokratie des Nehmerlandes ergibt.

- **Entwicklungspolitischer Berater und Vermittler**: Er übernimmt eine Informationsfunktion gegenüber Nehmern und Gebern. Dabei ist eine frühzeitige informelle Abklärung der Vorstellungen beider Seiten bezüglich der Formen und Inhalte der Kooperation besonders wichtig.
- **Politischer Beobachter**: Er wirkt auf schwierigem entwicklungspolitischen Terrain, wenn Projekte und Programme des Nehmerlandes nicht vorankommen oder wirtschaftspolitische Auflagen der Geber zähflüssig implementiert werden. Dabei berät er weniger auf fachlicher Ebene, sondern ist vielmehr Ansprechpartner für Geberinstitutionen. Ihm obliegt die Aufgabe im wirtschaftspolitischen Chaos des EL zu vermitteln.
- **Kommissar**: Hierbei handelt es sich um einen neuen Typus von volkswirtschaftlichem Berater, der im Rahmen von SAP erhebliche politische Druckmittel besitzt. Im Fall von multilateral verordneten Auflagenpolitiken findet er sich in der Figur des „Resident Representative". Sollten in Zukunft auch die bilateralen Geber verstärkt in SAP einbezogen werden, so muss über die Ausgestaltung ihrer personalen Präsenz nachgedacht werden.

Diese Auflistung lässt erkennen, wie schwierig es ist, die verschiedensten Anforderungen und erforderlichen Kompetenzen des Politikdialoges in einer Person zu bündeln. Nicht nur in Deutschland sind die institutionellen Voraussetzungen zur Rekrutierung volkswirtschaftlicher Berater kaum gegeben. Bspw. bestimmt hier bei Projekten der TZ der Projektsprecher wesentlich Vorbereitung, Konzeption und Steuerung des Projekts. Hierbei handelt es sich aber meist um jüngere Mitarbeiter ohne große Projekterfahrung, die dennoch die gesamte Verantwortung tragen. Eine generelle Empfehlung könnte dahin gehen, einen Beratercorps für den Politikdialog aufzubauen.

Die in höchstem Maße politische Natur des Politikdialogs verlangt zudem nicht die heute dominierende fachtechnische Art der Beratung, sondern eine stärkere Betonung der politisch-administrativen und personalen Kompetenz. Zu einem erfolgreichen Politikdialog gehört ein gutes politisches standing des Beraters vor Ort gegenüber den Nehmerorganisationen ebenso wie ein solides Vertrauensverhältnis zur Geberorganisation. Der Berater benötigt einen erheblichen Gestaltungsfreiraum bei gleichzeitiger politischer Deckung und voller Unterstützung durch die auftraggebende Institution.

Effiziente Beratung im Rahmen des Politikdialogs ist darüber hinaus nur möglich, wenn die Berater ein hohes Maß an **Unabhängigkeit** aufweisen. Widersprechen sich die Zielvorstellungen der EL und der Geberorganisation, so steht der Berater in einem Konflikt. Da er auf weitere Aufträge angewiesen ist, wird er sich rational verhaltend auf die Seite der Geberorganisation stellen. Denn er ist abhängig von der Entwicklungshilfebürokratie, die gleichzeitig Nachfrager und Financier seiner Beratungsleistungen ist. Nur auf Basis einer garantierten (finanziellen) Unabhängigkeit kann der Berater so auf Sachinteressen aufbauende Entscheidungen treffen, Ratschläge erteilen und sich im Konfliktfall auf die Seite der Nehmer und nicht der Geber stellen.

Sollte Politikdialog und volkswirtschaftliche Beratung tatsächlich eine Verbesserung der wirtschafts- und gesellschaftspolitischen Rahmenbedingungen zum Ziel haben, so wird sie einen schweren Stand haben. Denn sie müsste es sich zur Aufgabe machen, den politischen Missbrauch der EH aufzudecken – ein fast unmögliches und sehr risikoreiches Unterfangen. Der Versuch, die Eliten der EL – oft gegen ihr eigenes kurzfristiges politisches Interesse – zu Strukturanpassungen zu überreden, ist eine besonders heikle Aufgabe des Politikdialoges. Versuchen die Geber mit Hilfe von Druckmitteln auf die Politik des EL einzuwirken, so geht die Dialog-Politik in eine **Auflagenpolitik** über; generell sind die Grenzen hier fließend, da die Beratungsleistungen des Gebers nie völlig unabhängig von seinem politischen und ökonomischen Potenzial gesehen werden kann.

Die von den IL erhobene Forderung nach einem Politikdialog muss dahingehend kritisiert werden, dass sie selbst oft nicht bereit sind, ihren Beitrag zu leisten. Denn der Protektionismus der IL, Ausdruck ihrer geringen Anpassungsfähigkeit, ist Teil des Problems der unterentwickelten Länder. Auch wenn sich EL bemühen, ernsthaft Dialogpartner zu sein, so sehen sie sich doch unterschiedlichen Gesprächspartnern mit jeweils unterschiedlichen, teils konfligierenden Interessenbündeln gegenüber. Als wesentliche Voraussetzung für einen wirksamen Politikdialog wird daher eine breit angelegte Abstimmung der Geber angesehen. Die Geberkoordination darf dabei nicht zu einem gemeinsamen Diktat gegenüber dem EL ausarten, sondern soll zur Verbesserung der Wirksamkeit der EH beitragen. Probleme ergeben sich, wenn Geberländer unterschiedliche ordnungspolitische Vorstellungen aufweisen. Das EL muss den ordnungspolitischen Vorstellungen jeder einzelnen Gebernation entsprechen, was ein Ding der Unmöglichkeit ist. Deshalb wird zu Recht gefordert, dass sich die Geberländer im Rahmen des Politikdialoges absprechen müssen.

Oft wird vorgeschlagen, multilaterale Institutionen (z.B. IMF, Weltbank oder UNDP) mit dem Politikdialog zu betrauen. Dagegen ist jedoch einzuwenden, dass diese Organisationen keinen entscheidenden Einfluss auf die Politik der IL haben. Ansätze einer Kooperation der EZ können in der „Pariser Erklärung über die Wirksamkeit der Entwicklungszusammenarbeit" vom 2. März 2005 gesehen werden. Minister aus EL und IL sowie Leiter multi- und bilateraler Entwicklungsinstitutionen haben ihre Entschlossenheit bekundet, die EZ-Abwicklung zu reformieren, um die Milleniumsentwicklungsziele (MDG) zu erreichen. Neben einer Erhöhung der ODA ist auch eine Steigerung der Wirksamkeit der EZ vorgesehen. Dabei soll auch eine Verbesserung der Regierungskunst in EL (good governance) angestrebt werden. Wesentliche Inhalte dieser Erklärung betreffen die Eigenverantwortung der EL, die Harmonisierung der Geber nebst Erhöhung der Transparenz der EZ, Partnerausrichtung über Anpassung an die nationalen Entwicklungsstrategien, -institutionen und -verfahren der EL, ergebnisorientiertes Management, wodurch die Entscheidungsprozesse verbessert werden sollen, und gegenseitige Rechenschaftspflicht über die Entwicklungshilfeergebnisse.[376] Der Fortschritt in der EZ soll überprüft werden. Die letzte Überprüfung behauptet Fortschritte, zeigt aber die Notwendigkeit eines stärkeren Engagements aller auf.[377] Die zentrale Frage, ob EH – nach 50 Jahren Misserfolg in Afrika – wirklich den richtigen Weg darstellt,

---

[376] Vgl. OECD, Paris Declaration on Aid Effectiveness, Paris vom 2. März 2005.

[377] Siehe: OECD, Aid Effectiveness. A Progress Report on Implementing the Paris Declaration, Paris 2009.

wird kaum gestellt. Der Leser gewinnt den Eindruck, dass viel Papier erstellt, viele Ziele proklamiert werden, dass man begeistert „Worthülsen" produziert. Ziel ist z.T. nur „mehr Geld". Die wirklichen Probleme von Korruption, Missmanagement, die lange Unglaubwürdigkeit der EZ (wie lange haben IL korrupte Despoten unterstützt!) und der politische Missbrauch der EH kommen nicht zur Sprache.

Zumeist wird selbst der Aufbau von Institutionen[378] in EL, mit denen der Dialog stattfinden sollte, durch das Budget der Geber determiniert, was zu einer großen Unruhe und Unsicherheit im Entwicklungsprozess der EL geführt hat.

Angesichts der stark einseitigen Nützlichkeitsüberlegungen der Geber sowie den Erfahrungen der Vergangenheit, in der der Politikdialog oft zum Monolog oder gar Diktat ausartete, leidet der Politikdialog zudem an den Zweifeln der EL hinsichtlich der Aufrichtigkeit der IL. Man kann von den EL kaum ein Umdenken verlangen, wenn man selbst keine Bereitschaft zum Umlernen signalisiert. Überspitzt wird oft eine „gegenseitige Politikberatung" gefordert. Es bedarf also einer **Dialogsymmetrie**, d.h. der Bereitschaft auf beiden Seiten, erforderliche Anpassungsmaßnahmen durchzuführen. Dabei sind konfligierende Geber-Nehmer-Interessen zum Ausgleich zu bringen. Ein großes Problem auf Seiten der EL stellen **kooperationsunwillige Eliten** und Regierungen dar, deren **Hauptanliegen die Verteidigung ihres Machtanspruches** und nicht das Wohl ihres Landes ist.

Es ist jedoch darauf zu achten, dass der **Wettbewerb** der ordnungspolitischen Konzeptionen nicht unterbunden wird. Nur so können sich in der Politikberatung neue Ansätze hervortun und eine Verkrustung der Beratungsmethoden verhindert werden. Sollte eine Gebernation eine überragende Beratertätigkeit im Politikdialog aufweisen, dann wird ein Wettbewerb die Nachfrage nach dieser volkswirtschaftlichen Beratung erhöhen und sich Effektivität langfristig durchsetzten.

Auch wenn Politikdialog ein durchaus vernünftiger Ansatz zur Effizienzsteigerung der partnerschaftlichen EZ darstellt, so bestehen angesichts der genannten Probleme berechtigte Zweifel hinsichtlich seiner Erfolgsaussichten. Es fehlen sowohl **inhaltliche** Voraussetzungen (in Form geschlossener Konzeptionen bezüglich der Aufgaben und Ziele einer Politikberatung), **personale** Voraussetzungen (personale und fachliche Kompetenz der Berater) als auch **institutionelle** Voraussetzungen (Unabhängigkeit der Berater etc.). Damit wird der Politikdialog zwar nicht überflüssig, seine Möglichkeiten müssen jedoch als begrenzt beurteilt werden.

---

[378] Verwiesen sei noch einmal auf den Unterschied zwischen Institutionen im Sinne der NPÖ und Institutionen im Sinne von Organisationen. Organisationen sind die Einheiten, die wirtschaftliche Entscheidungen fällen. Die Interaktion der Individuen richtet sich nach gesellschaftlichen Verhaltensregeln, die in der NPÖ Institutionen genannt werden. Unter Institutionen werden die Regeln des Spieles verstanden, Organisationen sind die Spieler selbst.

9.6 Ordnungspolitische Probleme der öffentlichen Entwicklungshilfe

Die tatsächlichen Ergebnisse der öffentlichen EH sind enttäuschend. Enorme in der Vergangenheit geleistete Hilfevolumen stehen dem nach wie vor gewaltigen Entwicklungsproblem der EL gegenüber. Allein Afrika hat in den letzten 50 Jahren Transfers in Höhe von über 1.000 Mrd. als EH erhalten. EL mit hohen Pro-Kopf-Entwicklungshilfeleistungen kamen teilweise wirtschaftlich kaum voran, während Staaten, denen man EH z.B. aus politischen Gründen verweigerte (Taiwan u.a.), besser abschnitten. Insbesondere der Erfolg der südostasiatischen Staaten verweist dabei auf die Bedeutung des Eigeninteresses für den wirtschaftlichen Wachstumsprozess. Eine Gesellschaft entwickelt sich wirtschaftlich nur, wenn sie selbst dazu bereit ist. Gegen die Interessen der Machthabenden und der Mehrheit der Bevölkerung lässt sich Entwicklung nicht erzwingen. Die Impulse für eine wirtschaftliche Entwicklung müssen „von innen" kommen. Eigenanstrengungen verlaufen jedoch im Sande, wenn die für die Entwicklung erforderlichen wirtschafts- und gesellschaftspolitischen Rahmenbedingungen nicht gegeben sind. Allen voran die Regierungen und Eliten der EL müssen die erforderliche Korrektur der Rahmenbedingungen wünschen und vorantreiben, um eine Verbesserung der wirtschaftlichen, aber auch gesellschaftspolitischen Situation zu erreichen.

Daher stellt sich die Frage, inwieweit die öffentliche EH Eigenanstrengungen des EL unterstützt oder unterminiert. Wir müssen fragen, in wessen Interesse die öffentliche EH wirkt. Hilft sie den Ärmsten und setzt produktive Kräfte im Lande frei? Oder unterstützt sie de facto die größtenteils korrupten Eliten an der Macht zu bleiben und ihre undemokratischen Regime mit Hilfe der entwicklungspolitisch motivierten Finanztransfers zu stabilisieren? Faktisch existieren auch in den Geberländern einflussreiche, am Fortbestehen ihrer Existenz interessierte Entwicklungshilfebürokratien, die ihre eigenen Interessen vertreten (Easterly, 2006).

EH birgt außerdem die Gefahr zunehmender Abhängigkeit. Eine „automatische", „auflagenfreie" Mittelzuweisung sowie die Konfrontation mit einer überlegenen Technik und einer fremden, unverständlichen Kultur kann eine ganze Gesellschaft in die Passivität drängen. Die Eigenanstrengung erlahmt und auch das Vertrauen in die eigene Leistung schwindet. Vereinzelt behaupten Afrikaner, dass die EH ihre Eliten korrumpiert hätte, so dass sie nicht mehr in der Lage sind, wirtschaftlich auf eigenen Beinen zu stehen. So legt Axelle Kabou dar, dass das „süße Gift" der EH Regierungen und Eliten der afrikanischen Staaten zur Untätigkeit und Abhängigkeit verdammt habe. Ohne EH hätte man sich auf die eigenen Kräfte besinnen müssen. Außerdem habe die EH, die als Kompensation für erlittenes Unrecht von den Afrikanern angesehen wird, die ständige Ausrede der Eliten möglich gemacht, dass nicht sie, sondern die Ausländer an Fehlentwicklungen schuld seien.[379]

---

[379] Verwiesen sei nochmals auf KABOU, WENDORFF und RANGEL. MOYO (2009) sieht in der Hilfemanie der IL einen Grund fehlender Entwicklung in Afrika.

Unter ordnungspolitischen Gesichtspunkten betrachtet erfordert EH daher zunächst eine „Nachfrageorientierung", d.h. sie sollte an den von EL erkannten Schwachstellen ansetzten. So erwarben sich die heutigen IL auf verschiedene Weise – teilweise gar mit Hilfe von Industriespionage – zu Beginn ihrer Entwicklung fehlendes Fachwissen und erfuhren einen beachtlichen wirtschaftlichen Aufschwung. Aufholende Staaten, wie z.B. Japan erreichten durch Imitation eine rasche wirtschaftliche Entwicklung. In den EL bestimmen hingegen heute die Geber trotz *ownership* und *alignment* in einem hohen Maß über die Art der Hilfestellung. Dabei richten sie sich meist nach den entwicklungstheoretischen Modeerscheinungen und nicht nach tatsächlichen Erfordernissen.

Das jeweils herrschende Leitbild der Entwicklungspolitik hat sich in den letzten 50 Jahren mehrmals, etwa alle 5-6 Jahre, gewandelt.[380] Dabei drängt sich der Eindruck auf, dass entwicklungstheoretische Konzepte immer dann abgelöst wurden, wenn Fehlschläge der bisherigen nicht mehr zu vertuschen waren. Die Geber konnten also keine Stetigkeit in der Politik der Entwicklungshilfeinstitutionen erreichen. Ordnungspolitisch ist eine gewisse Stetigkeit der Wirtschaftspolitik und der Institutionen jedoch eine notwendige Voraussetzung für eine erfolgreiche wirtschaftliche Entwicklung.

Eine weitere ordnungspolitische Kritik ist darin zu sehen, dass die Entwicklungshilfebehörden immer noch an die „Machbarkeit" von Entwicklung glauben. Man ist nach wie vor der Meinung, dass eine bestimmte Wirtschaftspolitik gefunden werden kann, mit der wirtschaftliches Wachstum, das sich in der Erhöhung des PKE niederschlägt, erreicht werden kann. Die Erkenntnis, dass die Möglichkeiten staatlich geplanter Entwicklungs- und Wachstumspolitik begrenzt sind, hat sich in der öffentlichen EH kaum durchgesetzt. Damit entsteht auch die Frage, welchen Aufgaben sich die öffentlichen EH widmen sollen. Soll sie nur als Sozial- und Katastrophenhilfe dienen oder kann sie einen Wachstumsbeitrag leisten?

Aus ordnungspolitischer Sicht besteht die Frage nicht darin, ob der Staat Aufgaben im Entwicklungsprozess zu übernehmen hat, sondern wie er diese Aufgaben erfüllen kann. Zu rasch rekurriert man auf den „Weber-Bürokraten", der mit Hingabe und Zuverlässigkeit der Öffentlichkeit dient. „In general economists have focused their tools on the question of what governments should do, with relatively less attention given to the economics and politics of how to accomplish the ,what'." (Pritchett/Woolcock) Meist wird eine Politik des „one size fits all" verfolgt.

Ein Problem wurde erkannt (Nachfrage), öffentliches Angebot war die Lösung, der öffentliche Dienst (Bürokratie) das Instrument, um dieses erkannte Problem zu lösen. In der EH haben wir es jedoch mit verschachtelten „Prinzipal-Agenten-Problemen" zu tun. In einer Demokratie haben aber die vielen Prinzipale einen geringen Einfluss. Der Bürokratie würden (Marktversagen!) zu viele Aktivitäten aufgebürdet. Die Sequenz „Nachfrage, Angebot, Bürokratie (öffentlicher Dienst)" folgt der politischen Logik – auch in der EZ. Bei der „Not" würde nicht darauf geachtet, was die Menschen wirklich wollen. Daher gab es wenig persönliches Engagement der betroffenen Personen. Die Anbieter missbrauchten ihren Spielraum, so dass EZ nicht effektiv und effizient angeboten wurde.

---

[380] Siehe hierzu Kap. 3.1.1 und 4.6.

Das Versagen der EH hat einen stärkeren Einsatz der EH zur Folge. Diese Intensivierung ist die natürliche Reaktion der Verwaltung auf entstandene Probleme („more of the same"). Die nicht mit den Erfahrungen der EL gebildeten Strukturen funktionieren nicht, wenn sich nach den Erfahrungen der IL nachgebildet würden.

In manchen Staaten (Korea, Singapur, Taiwan) hat ein kleiner Kader hoch motivierter und gut ausgebildeter Individuen die richtigen Politiken entwerfen können. Strukturen und Politiken müssen gefunden werden, die die Spannung zwischen den Interessen und Intentionen von Administratoren, Anbietern und Nachfragern löst, wobei die Lösungen je Land unterschiedlich sein werden. „While less of a bad thing is less of a bad thing, less of a bad thing is not the same as the good thing." (Pritchett/Woolcock, S. 202).

Das Scheitern der Entwicklungsplanung führte zu neueren Entwicklungen. Die Forderung der marktwirtschaftlichen Öffnung ist zwar ordnungspolitisch zu begrüßen, auch hier ist jedoch ein Scheitern zu befürchten, denn die Entwicklungshilfeorganisationen sind nicht dazu in der Lage, den dynamischen Unternehmer zu ersetzen. Entwicklungshilfeorganisationen können zwar den Aufbau der nationalen Infrastruktur unterstützen, inwieweit sie jedoch die Etablierung einer Marktwirtschaft fördern kann, ist strittig.

Eine andere neuere Entwicklung, die Einführung des Politikdialogs ist ebenfalls ordnungspolitisch positiv zu werten. Wie wir im letzten Kapitel gezeigt haben, hat der Politikdialog jedoch nur einen sehr bescheidenen Einfluss auf das tatsächliche (wirtschafts-) politische Geschehen und kann die Qualität der EH und Entwicklungspolitik nur sehr begrenzt verbessern. Politikberatung muss, ordnungspolitisch gesehen, langfristig ausgerichtet sein, grundsätzlich eine gesamtwirtschaftliche Ausrichtung aufweisen und auf eine Verbesserung der Angebots- bzw. Produktionsbedingungen hinzielen. Hierzu ist es notwendig, unabhängige Berater in der öffentlichen EH einzusetzen, die das volkswirtschaftliche Handwerkszeug, historische Kenntnis und das nötige Fingerspitzengefühl mitbringen, die Probleme und Möglichkeiten des EL kennen und die gegebenen Rahmenbedingungen beachten.

Eine Verbesserung der Angebotsbedingungen bedeutet, in kleinen oder großen Schritten, immer ordnungspolitisches Handeln. Dabei ist das ordnungspolitische Instrument nicht ein für allemal festgelegt. Wirtschaftliche Entwicklung ist ein historischer Prozess und auch die Wirtschaftspolitik muss sich ständig an neue Gegebenheiten anpassen. Die Entscheidung für rationale ordnungspolitische Grundsätze und der Aufbau der dafür notwendigen Institutionen ist zwar eine notwendige, aber keine hinreichende Bedingung für die gesamtwirtschaftliche Entwicklung. Hinzu kommen andere Faktoren, die durch die Entwicklungspolitik des Landes beeinflusst werden können (wie z.B. Motivation, Bildung, Verwaltung, Unternehmertum). Die Betonung ordnungspolitischer Grundsatzentscheidungen und ihrer institutionellen Absicherung für das Wirtschaftswachstum der EL kann nicht hoch genug eingeschätzt werden.

Zusammenfassend kann festgehalten werden, eine das Wachstum fördernde EH bedarf der Berücksichtigung ordnungspolitischer Überlegungen. Sie darf die Eigenanstrengungen der Bevölkerung und der Eliten des Landes nicht untergraben, sondern muss sie herausfordern. Die öffentliche EH und die Wirtschaftspolitik der EL bedarf einer Stetigkeit. Sie kann durch die Politikberatung unterstützt werden. Diese sollte „nachfrageorientiert" auf die Schwachstellen des betreffenden Landes ausgerichtet sein, durch unabhängige Berater erfolgen und das Ziel haben, die Angebotsbedingungen in den zu helfenden Ländern zu verbessern. Dabei ist eine gewisse Skepsis gegenüber den Möglichkeiten der Machbarkeit von Entwicklung angebracht. Empirisch-historische Erfahrungen verweisen auf die Notwendigkeit eines marktwirtschaftlichen Institutionenrahmens, der eigene Kräfte zur Selbsthilfe stärker mobilisiert.[381] Auch für EL wäre eine Beachtung der Euckerschen Prinzipien der Wirtschaftspolitik hilfreich.[382]

9.7   Entwicklungshilfe als Sozialpolitik

EH sollte – wie schon der Name suggeriert – eine Hilfe zur Entwicklung sein, meist verstanden als wirtschaftliches Wachstum. Zweitausend Milliarden US$ haben in den letzten Jahren in vielen EL kaum Entwicklung bewirkt. EH hat die Korruption gefördert, was mehr EH notwendig werden ließ, mit mehr Korruption – ein Teufelskreis von EH und Armut.[383] Je größer die Projekte, desto höher die Abzweigungen für die korrupten Eliten. Den Armen muss aber dennoch geholfen werden. Welche Lösung bietet sich an?

Ein Vorschlag zur Reinterpretation der EH geht dahin, EH als internationale Sozialpolitik zu verstehen. Ziel ist eine Soziale Marktwirtschaft auf Weltebene, wobei es gilt, dem Markt und dem sozialen Ausgleich gleichermaßen Beachtung zu schenken.

Nach mehr als fünf Jahrzehnten der Entwicklungsplanung und dem Versagen der verschiedenen dirigistischen und planwirtschaftlichen Instrumentarien, rückt eine marktwirtschaftliche Lösung immer mehr in den Mittelpunkt.[384] Das Konzept der Sozialen Marktwirtschaft hat sich in der Bundesrepublik Deutschland – trotz aller Beschränkung in der praktischen Wirtschaftspolitik – als robust erwiesen (Quaas). Unter einer Sozialen Marktwirtschaft ist jedoch keine Laissez-Faire-Ökonomie des (liberalen) Frühkapitalismus zu verstehen, sondern eine Wirtschaftsordnung, die leistungsorientierte Anreize setzt und die Schwachen in Würde am wirtschaftlichen Erfolg partizipieren lässt. Bedenkt man, dass ein großer Teil der Führungskräfte nach dem Krieg meinte, ein kriegszerstörtes Land könne sich nur mit Hilfe einer sozialistischen Planung erholen, muss das Wagnis Ludwig Erhards bewundert werden, auf marktwirtschaftliche Kräfte zu vertrauen. Einen ähnlichen Mut würde man sich auch von den Politikern in den EL und den Geberbürokratien erhoffen.

Der Markt ist weder hinreichend noch notwendig für die Überwindung der Not in der Dritten Welt – aber ohne ihn wird ihre Überwindung kaum möglich sein.[385] Erfolgreich ist das Kon-

---

[381]   Für die intensivere Beschäftigung mit dem Thema eignet sich: SCHLARB (1990).

[382]   Vgl. dazu LACHMANN (2004 b), Kap. 2.1, insbesondere S. 37–48.

[383]   Moyo (2009) hat vehement auf diese Folgen der EH hingewiesen!

[384]   Drastisch drückt das Versagen der EZ die Sambianerin Moyo (S. 47) aus „The problem is that aid is not benign – it's malignant. No longer part of the potential solution, it's part of the problem – in fact aid *is* the problem."

[385]   Peter Timmer sagte einmal: „Getting prices right is not the end of development, but getting them wrong is!" Zu einer funktionierenden Marktwirtschaft gehört allerdings mehr als nur „Marktpreise".

zept der Sozialen Marktwirtschaft nur, wenn es in beiden Komponenten, der marktwirt-schaftlichen und der sozialen, ganz durchgeführt wird. Eine gesunde Wirtschaftspolitik wäre in vielen Ländern ausreichend, um dem Zustand der Armut zu entkommen. Das bedeutet, dass sich der Staat auf seine wesentlichen Aufgaben beschränken muss und nicht verzerrend in den Wirtschaftsprozess eingreifen darf, was sowohl für die EL als auch für die IL gelten muss. IL sollten ihre Hilfe subsidiär leisten, d.h. dass die Verantwortung für wirtschaftliches Wachstum und gesellschaftliche Veränderung zunächst bei den EL und ihren Eliten belassen werden sollte. Die Wirtschafts- und Sozialpolitik benötigt marktkonforme Instrumente. So treibt eine solide Finanz- und Geldpolitik die Monetarisierung der Wirtschaften in der Drit-ten Welt voran, hohe Inflationsraten behindert dies.

In Bundesstaaten ist ein Finanzausgleich üblich, der die Regierungen der einzelnen Länder in die Lage versetzt, regionale Entwicklungsdefizite auszugleichen. Es müsste überlegt werden, wie EH der IL sinnvoll im Rahmen eines internationalen Finanzausgleichs eingesetzt werden könnte, wobei auch sozialpolitische Auflagen möglich wären. So ist zu prüfen, ob die EH nicht bei der Implementierung der sozialen Komponente im Rahmen einer internationalen Sozialen Marktwirtschaft eine helfende Funktion übernehmen kann, statt – wie bisher – teilweise als externe Strukturpolitik zu dienen. Ein Beispiel wäre die Förderung von Sozial-versicherungssystemen in der Anfangsphase durch Mittel der EH, wodurch langfristig auch eine Reduzierung des Bevölkerungswachstums in EL zu erwarten ist.

In diesem Zusammenhang ist zu fragen, ob die deutsche (sowie die internationale) EZ nicht einen neuen Zweig benötigt. Neben TZ, FZ und PZ sollte auch eine **Infrastruktur für die Soziale Zusammenarbeit** (SZ) aufgebaut werden. Die SZ würde auf der einen Seite Bera-tungsaufgaben übernehmen, um den EL die vorhandenen institutionellen Möglichkeiten zur Bekämpfung der Armut zu erläutern, Feldstudien durchzuführen, vorhandene Hilfestrukturen aufzudecken usw. Diese Organisation sollte aber ebenfalls dafür zuständig sein, die hohen Transferleistungen zur Unterstützung der Armen in der Dritten Welt (über nationale Sozial-programme) zu überwachen. Es wäre möglich, dass IL für den Aufbau bestimmter Formen der sozialen Sicherung anfänglich einen Zuschuss leisten. Dieser Zuschuss müsste dann im Laufe der wirtschaftlichen Entwicklung reduziert werden, so dass die Staaten der Dritten Welt einen Anreiz haben, ihre wirtschaftlichen Strukturen zu verbessern und eine nationale Sozialpolitik zu etablieren.[386]

Am Entwicklungsprozess sind viele Akteure inner- und außerhalb der EL beteiligt. Die Ver-antwortung für die wirtschaftliche Entwicklung des Südens liegt beim Süden.[387] Jedoch sind Fortschritte in den EL auch von äußeren Faktoren abhängig, wie dem Funktionieren der Weltwirtschaft. Die IL tragen Mitverantwortung, da sie die internationalen Spielregeln in Wirtschaft, Handel und in den dominierenden Entwicklungshilfeinstitutionen wie Weltbank und IMF bestimmen. EH kann die eigenständige Entwicklung fördern; gegenüber diesen anderen Faktoren ist sie jedoch von untergeordneter Bedeutung. So muss verstärkt auf eine

---

[386] Vgl. LACHMANN (1995) und LACHMANN (1997), Kap. 13, S. 313-328.

[387] Dies stellte die Südkommission und ihr Vorsitzender, der ehemalige tansanische Staatspräsident Julius Nyerere, in einem 1990 veröffentlichten Bericht klar.

effektive internationale Wettbewerbsordnung gedrängt werden. Da solche globalen Lösungs-
vorschläge schwierig zu realisieren sind, wäre es schon ein erster Schritt, eine liberale Außenhandelspolitik anzustreben, um in Richtung eines stärkeren Wettbewerbs zu marschieren.
Dazu müssen auch die nicht-tarifären Importbeschränkungen abgebaut werden. Den EL ist
die Möglichkeit einzuräumen, durch Handel ihre Devisen zu erwirtschaften, statt sie sich
über EH zu erbetteln. Investitionsschutzabkommen – verbunden mit einem Kodex des guten
Verhaltens seitens der transnationalen Konzerne – würden Privatinvestitionen fördern und
den internationalen Technologietransfer erleichtern.

Insgesamt betrachtet, sind insbesondere ein verstärkter Handel und eine stärkere sozialpolitische orientierte EH zu fordern, um die knappen Mittel der EZ effizient zu nutzen. Nur so
kann EH wieder an Glaubwürdigkeit gewinnen und der Entwicklungspessimismus überwunden werden.

Literaturverzeichnis

ABDULAI, A. et al. (2005): Does Food Aid *Really* Have Disincentive Effects? New Evidence From Sub-Saharan Africa. In: WD, Jg. 33, H. 10 (Okt.), S. 1689–1704.

ADAM, C. S.; O'CONNELL, S. A.: Aid versus trade revisited: Donor and recipient policies in the presence of learning-by-doing. In: EJ, Jg. 114, H. 492 (Jan.), S. 150–173.

AGARWAL, J. P.; DIPPL, M.; GLISMANN, H. H. (1984): Wirkungen der Entwicklungshilfe. München et al.

AGARWAL, J. P.; DIPPL, M.; LANGHAMMER, R. J. (1985): EC Trade Policies towards Associated Developing Countries. Tübingen.

AHRENS, H. (Hg.) (2005): Zur Bewertung der Entwicklungszusammenarbeit. Berlin.

AHRENS, H. (2005): Development Co-operation – Evaluation and New Approaches. Berlin.

ALEXANDER, P. (1992): Heimat oder Asyl? Ulm.

ALVI, E.; MUKHERJEE, D.; SHUKRALLA, E. K. (2008): Aid, Policies and Growth in Developing Countries: A New Look at the Empirics. In: SEJ, Jg. 74, H. 3 (Jan.), S. 693–706.

ARVIN, B. M.; CHOUDHRY, S. A. (1997): Untied Aid and Exports: Do Untied Aid Disbursements Create Goodwill for Donor Exports? In: CanJDSt, Jg. 18, H. 1, S. 9–22.

AUERBACH, A.; FELDSTEIN, M. (Hg.) (1987): Handbook of Public Economics. Amsterdam et al.

BAEHR, P. R. (1997): Problems of Aid Conditionality: The Netherlands and Indonesia. In: TWQ, Jg. 18, H. 2, S. 363–376.

BALASSA, B. (1965): Tariff Protection in Industrial Countries – An Evaluation. In: JPE, Jg. 73, H. 6 (Dez.), S 573–594.

BALASSA, B. (1982): Development Strategies in Semi-Industrial Economies. Baltimore, London.

BALASUBRAMANYAM, V. N. et al. (1996): Foreign Direct Investment and Growth in EP and IS Countries. In: EJ, Jg. 106, H. 434 (Jan.), S. 92–105.

BARDHAN, P. (1997): Corruption and Development: A Review of Issues. In: JEL 35:3 (Sept.), S 1320–1346.

BAUER, P. T. (1981): Equality, The Third World and Economic Delusion. London (Methuen).

BAUER, P. T. (1984): Reality and Rhetoric. Studies in the Economics of Development. Cambridge, MA (Harvard UP).

BECKER, J. (1979): Die Partnerschaft von Lomé. Eine neue zwischenstaatliche Kooperationsform des Entwicklungsvölkerrechts. Baden-Baden.

BETHKE, S. (1980a): Nahrungsmittelhilfe – ein Negativfaktor? In: AuPol, Jg. 31, H. 2, S. 180–196.

BETHKE, S. (1980b): Massive Kritik am Welternährungsprogramm. In: AuPol, Jg. 31, H. 3, S. 323–339.

BHAGWATI, J. (1970): The Tying of Aid. In: ECKHAUS, R. S.: Foreign Aid. Harmondsworth, S. 235ff.

BHAGWATI, J. (Hg.) (1977): The New International Economic Order: The North-South-Debate. Cambridge, London.

BHAGWATI, J. et al. (1998): Trading Preferentially: Theory and Policy. In: EJ, Jg. 108, H. 449 (Juli), S. 1128–1148.

BIRD, G. (1993): Does the world still need the IMF? In: MURSHED, M. S.; RAFFER, K. (Hg.): Trade, Transfers and Development. Aldershot, S. 166–180.

BIRD, G.; ROWLANDS, D. (2007): The IMF and the Mobilization of Foreign Aid. In: JDSt, Jg. 43, H. 5 (Juni), S 856–870.

BLALOCK, G.; GERTLER, P. (2004): Warning from Exporting Revisited in a Less Developed Setting. In: JDevE, Jg. 75, H. 2 (Dez.), S. 397–416.

BLISS, F. (1998): Theorie und Praxis partizipativer Projektplanung. Über gute Konzepte und die Schwierigkeiten, sie umzusetzen. In: E+Z, Jg. 39, H. 5/6 (Mai/Juni), S. 141–144.

BLISS, F. et. al. (1997): Die sozio-kulturellen Schlüsselfaktoren in Theorie und Praxis der deutschen staatlichen Entwicklungsarbeit, Köln et al.

BMZ (1988, 1990, 2005): verschiedene Berichte zur Entwicklungspolitik der Bundesregierung. Bonn.

BMZ (1991): Grundlinien der Entwicklungspolitik der Bundesregierung. Bonn.

BMZ: Wissenschaftlicher Beirat beim Bundesminister für wirtschaftliche Zusammenarbeit (1992), Grundsätze und Schwerpunkte der deutschen Entwicklungszusammenarbeit in den 90er Jahren. Köln.

BMZ (1995-1998): Journalisten-Handbuch, Entwicklungspolitik, verschiedene Jahrgänge. Bonn.

BMZ (Jan. 1997): Sektorkonzept für die Förderung von Vorhaben der Ernährungssicherheit und Nahrungsmittelhilfe in Entwicklungsländern. Bonn.

BMZ (2006-2009): Medienhandbuch Entwicklungspolitik, verschiedene Jahrgänge. Bonn.

BMZ (Juli 2007): Grundsätze der sozialen und ökologischen Marktwirtschaft in der deutschen Entwicklungspolitik. Bonn/Berlin.

BMZ (2008): Weißbuch zur Entwicklungspolitik: Auf dem Weg in die eine Welt. Bonn.

BOHNET, M. (1986): Wechselnde Akzente der Entwicklungspraxis. In: SIMONIS, U. E.: Entwicklungstheorie-Entwicklungspraxis. Berlin, S. 41–71.

BOONE, P. (1996): Politics and the effectivess of foreign aid. In: EER, Jg. 40, S. 286–329.

BORA, B.; CERNAT, L.; TURRINI, A.: Duty and Quota-free Access for LDCs: Further Evidence from CGE Modelling. In: UNCTAD: Policy Issues in International Trade and Commodities, Study Series No. 13. New York, Genf.

BORENSZTEIN, E.; GREGORIO, J. de; LEE, J.-W. (1998): How Does Foreign Direct Investment Affect Economic Growth? In: JIntE, Jg. 45, H. 1 (Juni), S. 115–135.

BORRMANN, A.; STOCKMANN, R. (2009): Evaluation in der deutschen Entwicklungszusammenarbeit. Münster.

BOSCHINI, A.; OLOFSGARD, A. (2007): Foreign Aid: An instrument for fighting communism? In: JDevSt, Jg. 43, H. 6 (Mai), S. 622-648.

BRAUN, H.-G. (1978): Marshall-Plan für die Dritte Welt oder „Global New Deal"? In: Ifo-Schnelldienst, Jg. 31, H. 28 (vom 4.10.1978), S. 18-23.

BROWN, D. K. (1988): Trade Preferences for Developing Countries: A Survey of Results. In: JDevSt, Jg. 24, H. 3 (April), S. 335-363.

BROWNE, S. (1990): Foreign Aid in Practice. New York.

BRUTON, H. (1969): The Two-Gap-Approach to Aid and Development: Comment. In: AER, Jg. 59, H. 3 (Juni), S. 439–449.

BUENO DE MESQUITA, B.; SMITH, A. (2009): A political economy of aid. In: I.O., Jg. 63, H. 2 (Frühjahr), S. 309–340.

BURNSIDE, C.; DOLLAR, D. (2000): Aid, Policies and Growth. In: AER, Jg. 90, H. 4 (Sept.), S. 847–868.

BURNSIDE, C.; DOLLAR, D. (1997): Entwicklungshilfe fördert das Wachstum – in einem gesunden politischen Umfeld. In: F&E, Jg. 34, H. 4 (Dez.), S. 4–7.

BUSSE, M.; GROIZARD, J. L. (2008): Foreign Direct Investments, Regulations and Growth. In: WE, Jg. 31, H. 7 (Juni), S. 861–886.

BUTKIEWICZ, J. L.; YANIKKAYA, H. (2005): The Effects of IMF and World Bank Lending on Long-Run Economic Growth: An Empirical Analysis. In: WD, Jg. 33, H. 3 (März), S. 371–391.

BYERLEE, D. (1987): The Political Economy of Third World Food Import: The Case of Wheat. In: EDCC, Jg. 35, H. 2 (Jan.), S. 307–328.

CAGLAR, Ö.; REINHARDT, E. (2005): The Perversity Of Preferences: GSP and developing country trade policies, 1976–2000. In: JDevE, Jg. 78, H. 1 (Okt.), S. 1976–2000.

CAPLIN, A.; LEAHY, J. (2004): The Social Discount Rate. In: JPE, Jg. 112, H. 6 (Dez.), S. 1257–1268.

CASSEN, R. (1990): Entwicklungszusammenarbeit. Bern, Stuttgart.

CASSEN, R. et al. (1982): Rich Country Interests and Third World Development. London, Canberra.

CASSEN, R. et al (1994): Does Aid Work?. 2. Aufl. New York.

CATHIE, J. (1982): The Political Economy of Food Aid. Aldershot.

CHENERY, H. B.; STROUT, A. M. (1966): Foreign Assistance and Economic Development. In: AER, Jg. 56, H. 4 (Sept.), S. 679–733.

CHENERY, H. et al (1974): Redistribution with Growth. New York et al.

CHOWDHURY, A.; MAVROTAS, G. (2006): FDI and Growth: What Causes What? In: WE, Jg. 29, H. 1 (Jan.), S. 9–19.

CLAPHAM, R. (1989): Erklärungsansätze der Neuen Politischen Ökonomie. In: KÖRNER, H.: Zur Analyse von Institutionen im Entwicklungsprozess und in der internationalen Zusammenarbeit. Berlin, S. 17–36.

CLAUS, B. et al. (1989): Coordination of Development Cooperation Policies of Major OECD Donor Countries. Berlin.

CLAY, E.; STOKKE, O. (Hg.) (1995): Food Aid Reconsidered. London.

COATE, S. (1989): Cash versus Direct Food Relief. In: JDevE, Jg. 30, H. 2 (April), S. 199–224.

COGNEAU, D.; NAUDET, J.-D. (2007): Who Deserves Aid? Equality of Opportunity, International Aid and Poverty Reduction. In: WD, Jg. 35, H. 1 (Jan.), S. 104–120.

COLLIER, P.; DOLLAR, D. (2001): Can The World Cut Poverty in Half? How Policy Reform and Effective Aid Can Meet International Development Goals. In: WD, Jg. 29, H. 11 (Nov.), S. 1787–1802.

COLLIER, P.; DOLLAR, D. (2002): Aid, Allocation and Poverty Reduction. In: EER, Jg. 45, S. 1470–1500.

COLLIER, P.; DOLLAR, D. (2004): Development Effectiveness: What Have We Learned? In: EJ, Jg. 114, (No. 496) Juni, S. F244–F271.

CROCKER, D. A. (1991): Toward Development Ethics. In: WD, Jg. 19, H. 5 (Mai), S. 457–483.

DASGUPTA, P.; MARGLIN, S.; SEN, A. (1972): Guidelines for Project Evaluation. New York.

DED (2008): Jahresbericht 2007. Bonn.

DEVAULT, J. (1996): Competitive Need Limits and the U.S. Generalized System of Preferences. In: CEP, Jg. 14, H. 4 (Okt.), S. 58–66.

DEWALD, M.; WEDER, R. (1996): Comparative Advantage and Bilateral Foreign Aid Policy. In: WD, Jg. 24, H. 3 (März), S. 549–556.

DIAMOND, P. A.; MIRRLEES, J. A. (1971): Optimal Taxation and Public Production, Pts. I und II. In: AER, Jg. 61, S. 8–27 und 261–278 (März, Juni).

DONGES, J. B. (1985): Protektionismus und unternehmerische Wirtschaft (seit 1945). In: POHL, H. (Hg.): Protektionismus –Fortschritt oder Rückschritt? Stuttgart, S. 56–68.

DOUCOULIAGOS, H.; PALDAM, M. (2006): Aid Effectiveness and Accumulation: A Meta Study. In: Kyklos, Jg. 59, H. 2, S. 227–254.

DOVERN, J.; NUNNENKAMP, P. (2007): Aid and Growth Accelerations: An Alternative Approach to Assess the Effectiveness of Aid. In: Kyklos, Jg. 60, H. 3, S. 359–383.

DRABEK, A. G. (Hg.) (1987): "Development Alternatives: The Challenge for NGOs". In: WD (Bd. 15, Supplement).

Draeger-Stiftung (Hg.) (1987): Die Europäische Gemeinschaft in der Weltwirtschaft. Baden-Baden.

DREHER, A. (2007): Unzulänglichkeiten in der Politik von IWF und Weltbank. In: Orientierungen, Nr. 113 (Sept.), S. 49–55.

DREHER, A. (2006): IMF and Economic Growth: The Facts of Programs, Loans and Compliance with Conditionality. In: WD, Jg. 34, H. 5 (Mai), S. 769–788.

DRÈZE, J.; SEN, A. (1995): Hunger and Public Action, Oxford.

DRÈZE, J.; STERN, N. (1987): The theory of cost-benefit-analysis. In: AUERBACH, A.; FELD-STEIN, M. (Hg.): Handbook of Public Economics. Amsterdam et al., S. 909–989.

DUDLEY, L.; MONTMARQUETTE, C. (1976): A Model of the Supply of Bilateral Foreign Aid. In: AER, Jg. 66, H. 1 (März), S. 132–142.

DUNNING, T. (2004): Conditioning the Effects of aid: Cold war, politics, donor credibility, and democracy in Africa. In: I.O. Jg. 58, H 2 (Frühjahr), S. 409-423.

DÜRR, E. (1990): Ein „Marshall-Plan" für sozialistische Länder? In: LEISNER, W. (Hg.): Volksw. Korresp. der Adolf-Weber-Stiftung. 29:6

EASTERLY, W. (2002): The Elusive Quest for Growth. Economists' Adventures and Misadventures in the Tropics, Cambridge MA, London.

EASTERLY, W. (2003): Can Foreign Aid Buy Growth? In: JEcPer, Jg. 17, H. 3 (Sommer), S. 23–48.

EASTERLY, W. (2006): The White Man's Burden: Why the West's Effort to Aid the Rest Have Done So Much Ill and So Little Good. New York, dt.: Wir retten die Welt zu Tode. Für ein professionelleres Management im Kampf gegen die Armut

EBRAHIM, A. (2003): Accountability in Practice: Mechanisms for NGOs. In: WD, Jg. 31, H. 5 (Mai), S. 813–829.

ECKHAUS, R. S. (1970): Foreign Aid. Harmondsworth.

EGGERSTEDT, H. (1988): Die Lockerung der Projektbindung als Beitrag zu einer wirksameren Entwicklungshilfepolitik. In: KonP, Jg. 34, H. 3, S. 162–182.

EKELUND, R. B. (1987): Dupuit, A.-J.-E.J.. In: J. EATWELL, M. MILGATE, P. NEWMAN (Hg.): The New Palgrave. A Dictionary of Economics. London et al. Bd. 1, S. 943–944.

Elliott, A. K. (Hg.) (1997): Corruption and the Global Economy. (Institute for International Economics)

EL-SHAGI, E.-S. (1987): Die Europäische Gemeinschaft und die Dritte Welt: EG-Entwicklungskooperation. In: Draeger-Stiftung (Hg.): Die Europäische Gemeinschaft in der Weltwirtschaft. Baden-Baden, S. 245–270.

EL SHAGI, E. -S (Hg.) (1988): Deutsche Entwicklungspolitik. Bochum.

ERLER, B. (1990): Tödliche Hilfe. Köln.

EVERSOLE, R. (2005): Whose Vision, Whose Rules? A Culture and Development Typology. In: CanJDSt, Jg. 26, H. 2, S. 295–308.

EZEKIEL, H. (1988): An Approach to a Food Aid Strategy. In: WD, Jg. 16, H. 11 (Nov.), S. 1377–1387.

FABIO, C. (2009): Evaluation – ein systematisches Handbuch. Wiesbaden.

FEI, J. C. H.; RANIS, G. (1968): Foreign Assistance and Economic Development: Comment. In: AER, Jg. 58, H. 4 (Sept.), S. 897–912.

FEYZIOGLU, T. et al (1998): A Panel Data Analysis of the Fungibility of Foreign Aid. In: WBER, Jg. 12, H. 1 (Jan.), S. 29–58.

FINGER, J. M.; YEATS, A. J. (1976): Effective Protection by Transportation Costs and Tariffs: A Comparison of Magnitudes. In: QJE, Jg. 90, H. 1 (Feb.), S. 169–176.

FLEMMING, G. A. (1985): The Role of Need, Political Alignment and Trade in the Distribution of Foreign Aid. Berlin.

FOWLER, A. (1998): Authentic NGDO Partnerships in the New Policy Agenda for International Aid: Dead and/or Light Head? In: D&C, Jg. 29, H. 1 (Jan.), S. 137–159.

FOWLER, A. (Hg.) (2000): Special Issue: NGO Futures: Beyond Aid. In: TWQ, Jg. 21, H. 4 (Aug.), S. 589–593.

FOWLER, A. (2000a): NGO Futures: NGDO Values and the Fourth Position, TWQ 21:4 (Aug.), S. 589–603.

FRIEDMAN, M. (1958): Foreign Economic Aid: Means and Objectives. In: YR, Jg. 47, H. 4 (Juni), S. 500–516.

Friedrich-Ebert-Stiftung (1983): Unfähig zum Überleben? Reaktionen auf den Brandt-Report. Frankfurt et al.

GANS, O. (Okt. 1996): Kosteneffektivitätsanalyse von Ernährungssicherungsmodellen auf der Grundlage ökonometrischer Nachfragemodelle. Heidelberg.

GELBHAAR, S. (1997): Politische Institutionenökonomik multilateraler Entwicklungshilfe. In: ZfWp, Jg. 46, H. 1, S. 74–101.

GERSOVITZ, M. (1992): Transportation Policy and Panterritorial Pricing in Africa. In: WBER, Jg. 6, H. 2 (Mai), S. 213–231.

GIBSON, C. et al. (2005): The Samaritan's Dilemma. The Political Economy of Development Aid. Oxford.

GIERSCH, H. (1985): Probleme und Perspektiven der weltwirtschaftlichen Entwicklung. Berlin.

GOLDMAN, M. B. (1984): The United States Treasury Review of the Multilateral Development Banks. In: JMonE, Jg. 13, H. 2, (März) S. 275–293.

GÖRGENS, E. (1983): Entwicklungshilfe und Ordnungspolitik. Bern, Stuttgart.

GÖRGENS; E.; TUCHTFELDT, E. (1992): Die Zukunft der wirtschaftlichen Entwicklung. Bern et al.

GOUNDER, R. (1994): Empirical Results of Aid Motivations: Australia's Bilateral Aid Program. In: WD, Jg. 22, H. 1 (Jan.), S. 99–113.

GREENAWAY, D.; MILNER, C. (2006): EU Preferential Trading Arrangements with the Caribbean: A Grim Regional Economic Partnership Agreement? In: JEcInt, Jg. 21, H. 4 (Dez.), S. 657–680.

GRIFFIN, K. B.; ENOS, J. L. (1969): Foreign Assistance: Objectives and Consequences. In: EDCC, Jg. 18, H. 1 (Okt.), S. 313–327.

GRILLI, E.; RIESS, M. (1992): EC-Aid to Associated Countries: Distribution and Determinants. In: WWA, Jg. 128, H. 2, S. 202–220.

GTZ (1993), Sozialpolitische Beratung in der Technischen Entwicklungszusammenarbeit, Eschborn.

GTZ (1994): Politikberatung. Dokumentation der 8. Gesamttagung der Regierungsberater und -beraterinnen in Bad Honnef vom 27.6. 2.7.1993. Eschborn.

GTZ (1987): Neue Akzente der volkswirtschaftlichen Regierungsberatung. Dokumentation einer gemeinsamen Tagung von BMZ und GTZ im Dez. 1985, Eschborn.

GTZ (Aug. 1997): Ziel Orientierte Projekt Planung – ZOPP. Eschborn.

GTZ (April 1998): Monitoring im Projekt. Eschborn.

GTZ (2005): Erfolgreiche Zusammenarbeit- Nachhaltige Wirkung. Eschborn.

GTZ (Jan. 2007): Evaluierung in der GTZ. Eschborn.

GTZ (Juni 2008): Evaluierung der GTZ – Das Konzept. Eschborn.

GÜLDNER, W. (1986): Entwicklungstheorie und Praxis der Projektplanung. In: SIMONIS, U. E.: Entwicklungstheorie – Entwicklungspraxis. Berlin, S. 151–161.

HAMMEL, W. (1985): Internationaler Ressourcentransfer durch öffentliche Entwicklungshilfe. In: GIERSCH, H.: Probleme und Perspektiven der weltwirtschaftlichen Entwicklung. Berlin, S. 249–261.

HANCOCK, G. (1989): Lords of Poverty. London, dt: Händler der Armut. Wohin verschwinden unsere Entwicklungsmilliarden? München.

HANLON, J. (2004): Do Donors Promote Corruption?: The Case of Mosambique. In: TWQ, Jg. 25, H. 4, S. 747–763.

HANSEN, H.; RAND, J. (2006): On the Casual Links between FDI and Growth in Developing Countries. In: WE, Jg. 29, H. 1 (Jan.), S. 21–41.

HARMS, P.; LUTZ, M. (2005): The Macroeconomic Effects of Foreign Aid. In: AHRENS, H. (Hg.): Development Co-operation – Evaluation and New Approaches. Berlin, S. 11–38.

HAUSER, H.; SCHANZ, K. -U (1995): Das neue GATT. Die Welthandelsordnung nach Abschluss der Uruguay-Runde. München, Wien.

HELLEINER, G.K. (1989): Transnational Corporations and Direct Foreign Investment. In: CHENEREY, H.; SRINIVASAN, T.N. (Hg.): HDevE Vol. 2, Amsterdam, S. 1441–1480.

HEMMER, H.-R. (2002): Wirtschaftsprobleme der Entwicklungsländer. 3. Aufl. München.

HEMMER, H.-R. (2005): Zur Berücksichtigung der Nachhaltigkeit durch die KfW in Schlussprüfungen von FZ-Vorhaben. Grundsätzliche Überlegungen. In: AHRENS, H.: Zur Bewertung der Entwicklungszusammenarbeit. Berlin, S. 11–30.

HERLMSCHROTT, H.; TESCHNER, S. (1983): Nationale und internationale Abgaben zur Finanzierung der Entwicklungszusammenarbeit. München et al.

HESSE, H. (1988): Internationale Wirtschaftsbeziehungen als Gegenstand der Wirtschaftsethik. In: HESSE, H.(Hg.): Wirtschaftswissenschaft und Ethik. Berlin, S. 195–214.

HESSE, H. (1988): Nutzen-Kosten-Analyse I: Theorie. In: HdWW. Stuttgart u.a., Bd. 5, S. 361–382.

HINKLE, L. E.; SCHIFF, M. (2004): Economic Partnership Agreements between Sub-Saharan Africa and the EU: A Development Perspective. In: WE, Jg. 27, H. 9 (Sept.), S. 1321–1333.

HOCHMAN, H. M.; RODGERS, J. D. (1969): Pareto Optimal Redistribution. In: AER, Jg. 59, H. 4 (Sept.), S. 542–557.

HOLTHUS, N.; KEBSCHULL, D. (Hg.) (1985): Die Entwicklungspolitik wichtiger OECD-Länder. 2 Bände. Hamburg.

HOMANN, K. (1994): Wirtschaftsethische Perspektiven I. Berlin.

HORTON, K. (2010): An Appeal to Aid Specialist, DPR 28:1 (Jan.) S. 17–42

IBRD (1992): Governance and Development, Washington, D.C.

IBRD (1992): Effective Implementation: Key to Development Impact, Report of the World Bank's Portfolio Management Task Force. Washington, D.C.

IHNE, H.; WILHELM, J. (Hg.) (2006): Einführung in die Entwicklungspolitik. Münster.

JAIN, A. K. (2001): Corruption: A Review. In: JES, Jg. 15, H. 1 (Feb.), S. 71–121.

JAVORCIK, S. (2004): Does It Matter Where You Come From? Vertical Spillovers From Foreign Direct Investment and the Nationality of Investors, Weltbank, Policy Research Working Paper.

JEPMA, C. J. (1988): The Impact of Untying Aid of the European Community Countries. In: WD, Jg. 16, H. 7 (Juli), S. 797–805.

JEPMA, C. J. (1991): The Tying of Aid. Paris.

JUNGFER, J. (1992): Vom Dirigismus zu mehr Marktwirtschaft. In: GÖRGENS, E; TUCHTGELDT, E. (Hg.): Die Zukunft der wirtschaftlichen Entwicklung. Bern et al., S. 245–276.

KABOU, A. (1993): Weder arm noch ohnmächtig. Eine Streitschrift gegen schwarze Eliten und weiße Helfer, Basel (Lenos).

KAHN, M. S.; REINHART, M. C. (1990): Private Investment and Economic Growth in Developing Countries. In: WD, Jg. 18, H. 1 (Jan.), S. 19–27.

KAISER, M.; WAGNER, N. (1991): Entwicklungspolitik. 3. Aufl. Bonn.

KALTEFLEITER, V. (1995): Die Entwicklungshilfe der Europäischen Union. Rechtfertigung, Effizienz und politische Ökonomie staatlicher Entwicklungshilfe. Heidelberg.

KEMP, M. C.; KOJIMA, S. (1985): Tied Aid and the Paradoxes of Donor-Enrichment and Recipient-Impoverishment. In: IER, Jg. 26, H. 3 (Okt.), S. 721–729.

KESSELRING, T. (2006): Entwicklungshilfe und Entwicklungspolitik aus ethischer Perspektive. In: IHNE, H./J. WILHELM (HG.): Einführung in die Entwicklungspolitik. Münster, S. 323–345.

KEWELOH, W. G. (1997): Dauertopf Entwicklungshilfe. Vertan? Vergeudet? Vergebens? Erfahrungen eines Insiders, München (Universitas)

KfW (2009): Entwicklung evaluieren – Evaluierung entwickeln, Zehnter Bericht über die Evaluierung der Projekte und Programme in Entwicklungsländern 2006–2008. Frankfurt.

KfW-DEG (Mai 2008): Jahresbericht über die Zusammenarbeit mit Entwicklungsländern 2007. Frankfurt a. M.

KHAMFULA, Y. (2007): Foreign Direct Investment and Economic Growth in EP and IS-Countries: The Role of Corruption. In: WE, Jg. 30, H. 12 (Dez.), S. 1843–1854.

KITTERER, B. H.-J. et al (1983): Privatwirtschaftliche Kooperation mit Entwicklungsländern, Empfehlung zur Gestaltung des Förderinstrumentariums. München et al.

KLINGENBIEL, S. (1993): Multilaterale Entwicklungspolitik. In: PuZ, Jg. 43, H. 12/13, S. 22–28.

KOHNERT, D. (1998): Lehren aus 15 Jahren ZOPP. Plädoyer für zielorientierte statt sektororientierte Steuerung der EZ. In: E+Z, Jg. 39, H. 5–6 (Mai/Juni), S. 137–140.

KÖNIG, W.; PETERS, J.; ULLRICH, W. (Hg.) (1987): Betriebliche Kooperation mit Entwicklungsländern. Tübingen.

KÖRNER, H. (Hg.) (1989): Zur Analyse von Institutionen im Entwicklungsprozess und in der internationalen Zusammenarbeit. Berlin.

KOSACK, St. (2003): Effective aid: How democracy allows development aid to improve the quality of life. In: WD, Jg. 31, H. 1 (Jan.), S. 1–22.

KOSACK, St.; TOBIN, J. (2006): Funding Self-Sustaining Development: The Role of Aid, FDI and Government in Economic Success. In: IO, Jg. 50, H. 1 (Winter), S. 205–243.

KOZIEMKO, I.; WERKER, E. (2006): How much is a seat in the Security Council worth? Foreign aid and bribary at the United Nations. In: JPE, Jg. 114, H. 5 (Okt.), S. 905–930.

KÜNG, H. (1990): Projekt Weltethos, München et al.

LACHMANN, W. (1981): Das „Food Stamp Programme" von Sri Lanka. In: IntAF, Jg. 12, H. 4, S. 341–352.

LACHMANN, W. (1985): Effizienz versus Sozialpolitik – Wirtschaftstheoretische Grundlagen einer armutsorientierten Agrarpreispolitik und empirische Ergebnisse am Beispiel des „Food Stamp Scheme" von Sri Lanka. In: ZUREK, E.; KRÜSKEN, E. (Hg.): Erzeugerorientierte Markt- und Preispolitik in den ärmsten Entwicklungsländern, Feldafing, S. 153–172.

LACHMANN, W. (1986a): Leben wir auf Kosten der Dritten Welt? Wuppertal.

LACHMANN, W. (1986b): Möglichkeiten des Aufbaus einer eigenständigen Ernährungsbasis in den Ländern der Dritten Welt. In: Universität Mainz (Hg.): Antrittsvorlesungen Bd. I. Mainz, S. 47–89.

LACHMANN, W. (1986c): Realitätsnähe der Entwicklungshilfe im Rahmen der von der Bundesregierung verfolgten Entwicklungsstrategie. In: RÜTHER, G.: Die notwendige Hilfe. Grundlagen, Leitlinien und Instrumente der Entwicklungszusammenarbeit (Fb 48 der KAS), Melle 1986, S. 17–44.

LACHMANN, W. (1987): Überwindung der Not in der Dritten Welt durch marktwirtschaftliche Ordnung? In: PuZ, B 8 (21.2.1987), S. 13–25.

LACHMANN, W. (1988): Die deutsche Entwicklungspolitik – Eine Beurteilung aus marktwirtschaftlicher Sicht. In EL-SHAGI, E.-S (Hg.). Deutsche Entwicklungspolitik. Bochum, S. 107–136.

LACHMANN, W. (1989): Handelsförderung für Entwicklungsländer. In: PuZ, Jg. 35, (25.8.1989), S. 12–23.

LACHMANN, W. (Hg.) (1990): Andenpakt und EG. Frankfurt et al.

LACHMANN, W. (1993): Ökologische Probleme als globale Herausforderung. In: W. LACHMANN (Hg.): Umwelt – Wirtschaft – Ethik. Ökologische Herausforderungen aus wirtschaftlicher und ethischer Sicht. Moers, S. 128–146.

LACHMANN, W. (1994): Entwicklungspolitik Band 3: Außenwirtschaftliche Aspekte. München

LACHMANN, W. (1995): Entwicklungshilfe als Sozialpolitik. In: SCHÄFER, H-B.: Bevölkerungsdynamik und Grundbedürfnisse in Entwicklungsländern. Berlin, S. 231–249.

LACHMANN, W. (1997): Entwicklungspolitik Band 2: Binnenwirtschaftliche Aspekte. München.

LACHMANN, W. (1999): Entwicklungspolitik Band 4: Entwicklungshilfe. München/Wien.

LACHMANN, W. (2004a): Entwicklungspolitik Band 1: Grundlagen. 2. Aufl. München/Wien.

LACHMANN, W. (2004b): Volkswirtschaftslehre Band 2 Anwendungen. Berlin et al. 2. Aufl.

LACHMANN, W. (2007): Korruption I: Definitiv, Ausmaß, Ursachen. In: Wirtschaft & Ethik, Jg. 18, H. 2 (Dez.), S. 1–5.

LACHMANN, W. (2008): Wege aus der Nahrungskrise. In: Wirtschaft & Ethik, Jg. 19, H. 1 (Juni), S. 1–4.

LAGAE, W. (1990): A Public Choice Approach to the Supply of Official Bilateral Aid. Leuven.

LAHIRI, S.; RAIMONDOS-MOLLER, P. (1997): Competition for Aid and Trade Policy. In: JIntE, Jg. 43, H. 3/4 (Nov.), S. 369–385.

LAL; D. (1983): The Poverty of Development Economics. London.

LALL, S.; NARULA, R. (2004): Foreign Direct Investment and its Role in Economic Development: Do We Need a New Agenda? In: EuJDevR, Jg. 14, H. 3 (Aug.), S. 447–464.

LAMPERT, H. (1988): Die Wirtschaft der Bundesrepublik Deutschland. In: HdWW Bd. 8. Stuttgart u.a., S. 705–735.

LANDELL-MILLS, P. (1983): Management – ein limitierender Faktor für die Entwicklung, F&E, Jg. 83, Hg. 3, S. 11–15.

LANGERBEIN, H. (2007): Die Entwicklungshilfe ruiniert Afrika, Orientierungen, Nr. 113 (Sept.), S. 56–60.

LANGHAMMER, R. J. (1983): Die allgemeinen Zollpräferenzen der EG für Entwicklungsländer – Fehlschlag oder Erfolg? Kiel.

LANGHAMMER, R. (2004): Halving Poverty by Doubling Aid: Is There Reason for Optimism? In: WE, Jg. 27, H. 1 (Jan.), S. 81–98.

LANGHAMMER, R. J.; SAPIR, A. (1987): Economic Impact of Generalized Tariff Preferences. Aldershot et al.

LEISNER, W. (1990): Volksw. Korresp. der Adolf-Weber-Stiftung.

LEVY, V. (1988): Aid and Growth in Sub-Saharan Africa: The Recent Experience. In: EER, Jg. 32, H. 9, S. 1777–1795.

LIMÃO, N.; OLARREAGA, M. (2006): Trade preferences to small developing countries and the welfare costs of lost multilateral liberalization. In: WBER, Jg. 20, H. 2, S. 217–240.

LINDLAR, L. (1998): Das missverstandene Wirtschaftswunder. Berlin.

LITTLE, I. M. B.; MIRRLEES, J. A. (1974): Project Appraisal and Planning for Developing Countries, London.

LITTLE, P. (2005): Food Aid Dependency In North-Eastern Ethiopia: Myth or Reality? In: WD, Jg. 36, H. 5 (Mai), S. 860–874.

LOEWE, M. (2005): Die Millennium Development Goals: Hintergrund, Bedeutung und Bewertung aus Sicht der deutschen Entwicklungszusammenarbeit, Bonn, November 2005. In: DIE Discussion Paper Nr. 12.

LONG TSAI, P. (1994): Determinants of Foreign Direct Investment and its Impact on Economic Growth. In: JecD, Jg. 19, H. 1 (Juni), S. 137–163.

MAHBUBANI, K. (2008): Der Mythos westlicher Entwicklungshilfe. In: E+Z, Jg. 49, H. 2 (Feb.), S. 69–71.

MANCHIN, M. (2006): Preference Utilisation and Tariff Reduction in EU Imports from ACP Countries. In: WE, Jg. 29, H. 9 (Sept.), S. 1243–1266.

MARTENS, B. (2005): Why do aid agencies exist? In: DPR, Jg. 23, H. 6 (Nov.), S. 643–663.

MATZKE, O. (1984): Pro und Contra der Nahrungsmittelhilfe. In: AuPol, Jg. 35, H. 1, S. 87–99.

MAXWELL, S. J.; SINGER, H. W. (1979): Food Aid to Developing Countries: A Survey. In: WD, Jg. 7 (Juli), S. 225–246.

McCULLOCH, R.; PINERA, J. (1977): Trade as Aid: The political economy of tariff preferences for developing countries. In: AER, Jg. 67, H. 5 (Dez.), S. 959–967.

McKINLAY, R.; LITTLE, R. (1979): The US Aid Relationship: A Test of the Recipient Need and the Donor Interest Models. In: PolSt, Jg. 27, H. 2.

McKINNON, R.I. (1964): Foreign Exchange Constraints in Economic Development and Efficient Aid Allocation. In: EJ, Jg. 74, S. 388–409, wiederabgedruckt in: J.Bhagwati (Hg.): International Trade, Harmondsworth 1969, S. 370–398.

McQUEEN, M. (2002): The EU's Free-trade Agreements With Developing Countries: A Case Of Wishful Thinking? In: WE, Jg. 25, H. 9 (Sept.), S. 1369–1385.

MEIER, G. M. (1995): Leading Issues in Economic Development. 6. Aufl. New York und Oxford.

MELLO, L. R. de (1997): Foreign Direct Investment in Developing Countries and Growth: A Selective Survey. In: JDevSt, Jg. 34, H. 1 (Okt.), S. 1–34.

MEYER, C. A. (1995): Northern Donors for Southern NGOs Consequences in Local Participation and Production. In: JEcD, Jg. 20, H. 2 (Dez.), S. 7–22.

MEYER, C. A. (1997): The Political Economy of NGOs and Information Sharing. In: WD, Jg. 25, H. 7 (Juli), S. 1127–1140.

MEYER, F. W. (1960/61): Entwicklungshilfe und Wirtschaftsordnung. In: ORDO, Jg. 12, S. 279–303.

MICHAELOWA, K. (1997): Bestimmungsfaktoren liefergebundener Entwicklungshilfe – Eine politik-ökonomische Analyse. In: ZWS, Jg. 117, H. 4, S. 603–621.

MICHAELOWA, K.; BORRMANN, A. (2005): Wer evaluiert was, wie und warum? Eine politökono-mische Analyse am Beispiel der deutschen Entwicklungszusammenarbeit. In: AHRENS, H.: Zur Be-wertung der Entwicklungszusammenarbeit. Berlin, S. 7–86.

MIKESELL, R.F. (2000): Bretton Woods – Original Intentions and Current Problems. In: CEP, Jg. 18, H. 4 (Okt.), S. 404–414.

MODY, A.; SARAVIA, D. (Juli 2006): Catalyzing Private Capital Flows: Do IMF Programs Work as Commitment Devices? In: EJ, Jg. 116, H. 513 (Juli), S. 843–867.

MOFFITT, R. (März 1989): Estimating the Value of an In-Kind Transfer: The Case of Food Stamps. In: Econometrica, Jg. 57, H. 2, S. 385–409.

MOSLEY, P. (1985): The Political Economy of Foreign Aid: A Model of the Market for a Public Good. In: EDCC, Jg. 33, H. 2 (Jan.), S. 373–393.

MOSLEY, P. (1997): Overseas Aid as a Public Good, Reading.

MOYO, D. (2009): Dead aid. Why aid is not working and how there is another way for Africa, London.

MURSHED, M. S.; RAFFER, K. (Hg.) (1993): Trade, Transfers and Development. Aldershot.

MYRDAL, G. (1981): Relief Instead of Development Aid. In: Intereconomics (März/April), S. 86–89.

MYRDAL, G. (1985): Relief instead of Development Aid. In: JE, Jg. 1, S. 4–12.

NAJAM, A. (1996): NGOs accountability: A conceptual framework. In: DPR, Jg. 14, H. 4 (Dez.), S. 339–353.

NATSIOS, A. S. (2006): Five Debates On International Development: The US Perspective. In: DPR, Jg. 24, H. 2 (März), S. 131–139.

NELL-BREUNING, O. v. (1962): Die ethische Begründung der Entwicklungshilfe. Münster.

NEUMAYER, E. (2005): Is The Allocation Of Food Aid Free From Donor Interest Bias? In: Dev., Jg. 41, H. 3 (April), S. 394–411.

NITSCH, M. (1986): „Tödliche Hilfe?" Zur Modifikation der Außenwirtschaftstheorie durch Einbezie-hung des Verhaltens von Entwicklungsbürokratien. In: Ökonomien und Gesellschaft, Jahrbuch 4, S. 69–111.

NOELKE, A. (1995): Geberkoordination für die Länder Afrikas südlich der Sahara. Baden-Baden.

NOHLEN, D. (2002): Lexikon Dritte Welt. Reinbek.

NOORUDDIN, I.; SIMMONS, J. W. (2006): The Politics of Hard Choices, IMF Programs and Gov-ernment Spending. In: IO, Jg. 60, H. 4 (März), S. 1001–1033.

NORD-SÜD-KOMMISSION (1980): Bericht der Nord-Süd-Kommission (Brandt-Bericht): Das Über-leben sichern. Gemeinsame Interessen der Industrie- und Entwicklungsländer. Köln.

NUNNENKAMP, P. (2004): To What Extent Can Foreign Direct Investments Help Achieve Internati-onal Development Goals. In: WE, Jg. 27, H. 5 (Mai), S. 657–677.

NUNNENKAMP, P.; THIELE, R. (2009): Sind Nichtregierungsorganisationen die besseren Helfer? PWP 10:3 (Aug.), S. 266–289.

OCHEL, W. (1982): Die Entwicklungsländer in der Weltwirtschaft. Köln.

ODEDOKON, M. (2004): Multilateral and Bilateral Loans vs. Grants: Issues and Evidence. In: WD, Jg. 27, H. 2 (Feb.), S. 239–263.

OECD (1991): DAC Principles for Evaluation for Development Assistance. Paris.

OECD (1994): Entwicklungshilfe-Handbuch, DAC-Grundsätze für wirksame Entwicklungshilfe. Paris.

OECD (1995–2009) Paris: verschiedene DAC-Reports und DAC-Berichte.

OECD (2002): Glossary of Key Terms in Evaluation and Results Based Management. Paris.

OECD (März 2005): Paris Declaration on Aid Effectiveness, Paris vom 2. März 2005.

OECD-DAC (2006): DAC Evaluation Quality Standards (for test phase application). Paris.

OECD (2007): Evaluating Development Co-operation – Summary of key norms and standards. Paris.

OECD (2009a): Aid effectiveness. A progress report on implementing the Paris Declaration. Paris.

OECD (2009b): Better Aid. Managing Aid. Practices of DAC member countries. Paris.

OHE, W.v.d. et al. (1982): Die Bedeutung soziokultureller Faktoren in der Entwicklungstheorie und -praxis. Köln.

OLARREAGA, M.; ÖZDEN, C. (2005): AGOA and Apparel: Who Captures the Tariff Rent In The Presence Of Preferential Market Access? In: WE, Jg. 28, H. 1, S. 63–77.

OPPENLÄNDER, K.H.; SCHÖNHERR, S. (Hg.) (1990): Strukturprobleme und Reformen in Afrika. München.

OPESKIN, B. R. (1996): The Moral Foundations of Foreign Aid. In: WD, Jg. 24, H. 1 (Jan.), S. 21–44.

PAGE, S.; HEWITT, A. (2002): The New European Trade Preferences: Does "Everything But Arms" (EBA) Help The Poor? In: DPR, Jg. 20, H. 1 (März), S. 91–102.

PANAGARIYA, A. (2000): Preferential Trade Liberalization: The traditional theory and new developments,. In: JEL, Jg. 38, H. 2 (Juni), S. 287–331.

PANAGARIYA, A. (2002): EU Preferential Trade Arrangements And Developing Countries. In: WE, Jg. 25, H. 10 (Nov.), S. 1415–1432.

PANAGARIYA, A. (2003): South Asia: Does Preferential Trade Liberalization Make Sense? In: WE, Jg. 26, H. 9 (Sept.), S. 1279–1291.

PAQUÉ, K. -H (1986): Philanthropie und Steuerpolitik. Tübingen.

PEARTH, G. (1995): Local Programmes and National Policies: NGOs-State Conflicts in Guinean Rural Development. In: EuJDevR, Jg. 7, H. 1 (Juni), S. 148–175.

PETERS, J. (1990): Die Reformierung der Entscheidung 24 – Rückschritt für die Andenintegration? In: LACHMANN, W. (Hg.): Andenpakt und EG. Frankfurt et al., S. 85–98.

PFEIFER, K. -E (1992): Nichtregierungsorganisationen – Protagonisten einer neuen Entwicklungspolitik? Münster und Hamburg.

POHL, H. (Hg.) (1985): Protektionismus – Fortschritt oder Rückschritt? Stuttgart.

POMFRET, R. (1986): The Effects of Trade Preferences for Developing Countries. In: SEJ, Jg. 53, H. 1 (Juli), S. 18–26.

PRIEWE, J. (2005): Verhängnisvolle Einigkeit. In: E+Z, Jg. 46, H. 1 (Jan.), S. 22–25.

PRITCHETT, L.; WOOLCOCK, M. (2004): Solutions When *the* solution is the problem: Arraying the disarray in development. In: WD, Jg. 32, H. 2 (Feb.), S. 191–212.

QUAAS, F. (2000): Soziale Marktwirtschaft. Wirklichkeit und Verfremdung eines Konzeptes, Bern et al. (Haupt.)

RADKE, D. (1985): Auflagenpolitik und Politik-Dialog in der entwicklungspolitischen Zusammenarbeit. Berlin.

RAFFER, K.; SINGER, H. W. (1996): The Foreign Aid Business. Cheltenham, Brookfield.

RAMM, R. (2003): Roles of bilateral and multilateral aid in economic growth of developing countries. In: Kyklos, Jg. 56, H. 1, S. 95–110.

RANGEL, C. (1985): Der Westen und die Dritte Welt. Von falschen Schuldkomplexen zu echter Verantwortung. München.

RAO, P. K. (2000): Sustainable Development. Economics and Policy. Malden MA.

RAWLS, J. (1975): Eine Theorie der Gerechtigkeit. Frankfurt a.M.

REICHEL, R. (1993): Die Sparquote in Entwicklungs- und Schwellenländern. Bern et al.

RICKES, R. (1994): Privatisierung der GTZ? Frankfurt a.M.

RODRIK, D. (1995): Why is there multilateral lending? In: AWBCDE, S. 167–193.

ROGERSON, A. (2005): Aid Harmonisation and Alignment: Bridging the Gaps between Reality and the Paris Reform Agenda. In: DPR, Jg. 23, H. 5 (Sept.), S. 531–552.

ROSE-ACKERMAN, S. (1997): The political economy of corruption. In: Elliott, A. K. (Hg.): Corruption and the Global Economy. Washington, D.C., S. 31–60.

RUTTAN, W. (1989): Why Foreign Economic Assistance? In: EDCC, Jg. 37, H. 2 (Jan.), S. 411–424.

SACHS, J. (2005): The End of Poverty: Economic Possibilities for our Time. New York (Penguin).

SACHS, J. D. et al (2004): Ending Africa's Poverty Trap. In: BPEA, H. 1, S. 117–216.

SANGMEISTER, H. (1997): Ist Entwicklungshilfe noch zeitgemäß? In: PuZ, Jg. 9, H. 97, S. 3–11.

SANTIAGO, C. E. (1987): The Impact of Foreign Direct Investment on Export Structure and Employment Generation. In: WD, Jg. 15, H. 3 (März), S. 317–328.

SAUTTER, H. (1994): Probleme einer intergesellschaftlichen Sozialordnung. In: HOMANN, K.: Wirtschaftsethische Perspektiven I. Berlin, S. 211–239.

SCHÄFER, H. -B (Hg.) (1980): Gefährdete Weltfinanzen. Bonn.

SCHEUBE, J. (1992): Entwicklungshilfe als ökonomische Gestaltungsaufgabe. Berlin.

SCHLARB, A. (Hg.) (1990): Die Bedeutung der Ordnungspolitik für den wirtschaftlichen Anpassungsprozeß in Entwicklungsländern. Beiträge einer DSE-Tagung, Baden-Baden.

SCHÖNHERR, S. (1990): Entwicklungshilfe – Mitschuld an der Krise Afrikas?, Thesen von Lord Peter T. Bauer und Argumente dagegen. In: OPPENLÄNDER, K.H.; SCHÖNHERR; S. (Hg.). Strukturprobleme und Reformen in Afrika. München, S. 61–76.

SCHOOF, P. (1985): Die bilaterale Entwicklungshilfe und ihre Verteilungskriterien. Frankfurt a.M. et al.

SCHULLER, S. (Hg.) (1982): Korruption im Altertum. München/Wien.

SEERS, D. (1962): Why Visiting Economists Fail. In: JPE: Jg. 70, H. 4 (Aug.), S. 325–338.

SEN, A. (1981): Poverty and Famines, Oxford.

SEN, A. (1993): Development: Which way now? In: EJ, Jg. 93, H. 372 (Dez.), S. 745–762.

SEN, A. (1997): Development Thinking at the Beginning of the 21st Century, Development Economic Research Programme 2. März.

SEN, A. (1998): Food and Freedom. In: WD, Jg. 17, H. 6 (Juni), S. 769–781.

SEN, A. (2002): Ökonomie für den Menschen. Wege zu Gerechtigkeit und Solidarität in der Marktwirtschaft. München.

SENTI, R. (2001): WTO. Die neue Welthandelsordnung nach der Uruguay-Runde. Zürich, 3. Aufl.

SENTI, R. (2007): Reformbedarf der WTO im Bereich der Integrations- und Präferenzabkommen. In: Außenwirtschaft, Jg. 62, H. 3 (Sept.), S. 319–342.

SHIHATA, I. (1994): The World Bank Inspection Panel, Washington, D.C.

SIMONIS, U. E. (Hg.) (1986): Entwicklungstheorie – Entwicklungspraxis. Berlin.

SINGH, R. D. (1985): State Intervention, Foreign Economic Aid, Savings and Growth in LDCs: Some Recent Evidence. In: Kyklos, Jg. 38, H. 2, S. 216–232.

SMILLIE, I. (1997): NGOs and Development Assistance: A change in mind-set? In: TWQ, Jg. 18, H. 3, S. 563–577.

SQUIRE, L. (1989): Project Evaluation in Theory and Practice. In: CHENERY, H.; SRINIVASAN, T. N. (Hg.): Handbook of Development Economics. Bd. 2, Amsterdam et al. S. 1093–1137.

SRINIVASAN, T. N. (1989): Handbook of Development Economics. Amsterdam.

STEINKE, M. (2006): Umwelt und Entwicklung. In: IHNE, H.; WILHELM, J. (Hg.): Einführung in die Entwicklungspolitik. Münster, S. 87–100.

STIGLITZ, J. (2002): Der Schatten der Globalisierung. Bonn.

STOCKHAUSEN, J. v. (1986): Theorie und Politik der Entwicklungshilfe. München et al.

STOCKMANN, R. (2005): Zur Umgestaltung des Evaluationssystems der Entwicklungszusammenarbeit. In AHRENS, H.: Zur Bewertung der Entwicklungszusammenarbeit. Berlin, S. 87–96.

STOCKMANN, R./GAEBE, W. (Hg.) (1993): Hilft die Entwicklungshilfe lanfristig? Opladen.

STORM, S. (2005): Development, trade or aid? UN views on trade, growth and poverty. In: D&C, Jg. 36, H. 6 (Nov.), S. 1239–1261.

STREETEN, P. et al. (1981): First Things First. Meeting Basic Human Needs in Developing Countries. Washingtion (Oxford UP).

STREETEN, P. (1983): Why Development Aid? In: BNL, H. 147 (Dez.), S. 379–385.

STREETEN, P. P. (1987): "New" Directions for Private Resource Transfers. In: BNL, H. 160 (März), S. 61–76.

STRUMINGER, A. (1982): Die Korruption in der Weltgeschichte. München/Wien.

TETZLAFF, R. (1980): Die Weltbank: Machtinstrument der USA oder Hilfe für die Entwicklungsländer? München und London.

TETZLAFF, R. (1996): Der schleichende Institutionenwandel im Krisenmanagement für die Dritte Welt. In: GÖHLER, G.: Institutionenwandel, Leviathan 16, S. 204–223.

TETZLAFF, R. (2002): Weltbank/ World Bank. In: Nohlen (Hg.), D.: Lexikon Dritte Welt. Reinbek, S. 868–875.

THÉRIEL, J.-Ph. (2002): Debating Foreign Aid: Right vs. Left. In: TWQ, Jg. 23, H. 3 (Juni), S. 449–466.

THIEL, R. E. (1996): Entwicklungspolitiken – 33 Geberprofile. Hamburg.

TODARO, M. P.; SMITH, S. C. (2009): Economic Development. London et al. (10. Aufl.)

TORSVIK, G. (2005): Foreign Economic Aid; Should Donors Cooperate? In: JDE, Jg. 77, H. 2 (Aug.), S. 503–515.

UNCTAD (1979): Policy Issues in International Trade and Commodities, Study Series No. 13. New York., Genf.

UNCTAD (2007): Trade and Development Report 2007. New York, Genf.

UNCTAD (2008): World Investment Report 2008. Transnational Corporations and the Infrastructure Challenge. New York, Genf.

UNDP (1995–2009): Bericht über die menschliche Entwicklung, verschiedene Jahrgänge. Bonn.

UVIN, P. (1994): The International Organization of Hunger. London, New York.

VAKIL, A. C. (1997): Confronting the Classification Problem: Toward a Taxonomy of NGOs. In: WD, Jg. 25, H. 12 (Dez.), S. 2057–2070.

VATTERODT, M. (2007): Die Umsetzung der Paris-Erklärung zur Wirksamkeit der Entwicklungszusammenarbeit durch die Vereinten Nationen: Stand und weiterer Reformbedarf, DIE Studies 31.

VATTERODT, M. (2008): The Implementation of the Paris Declaration on Aid Effectiveness by the United Nations: Progress to Date and Need for further Reforms, DIE Studies No. 35. DIE.

WAGNER, H. (1997): Wachstum und Entwicklung. 2. Aufl. München und Wien.

WAGNER, N.; KAISER, M. (1995): Ökonomie der Entwicklungsländer. 3. Aufl. Stuttgart, Jena.

WAGNER, N.; KAISER, M.; BEIMDIEK, F. (1989): Ökonomie der Entwicklungsländer. 2. Aufl. Stuttgart.

WECK-HANNEMANN, H.; SCHNEIDER, F. (1989): Vergabe von Bilateraler und Multilateraler Entwicklungshilfe. Konstanz.

WEISS, D. (1989): Volkswirtschaftliche Beratung und Politik-Dialog. In: KÖRNER, H. (Hg.): Analyse von Institutionen im Entwicklungsprozess und in der internationalen Zusammenarbeit. Berlin, S. 53–76.

Weltbank (März 2002): The Role and Effectiveness of Development Assistance: Lessons from the World Bank. Washington, D.C.

Weltbank (1983–2009): Weltentwicklungsbericht, verschiedene Jahrgänge. Washington, D.C.

WENDORFF, R. (1984): Dritte Welt und westliche Zivilisation, Opladen.

WENGST, U. (2007): Der Marshall-Plan und der Wiederaufbau Westeuropas. In: Orientierungen, Nr. 112 (Juni), S. 33–37.

WHITE, H. (1992): The Macroeconomic Impact of Development Aid: A Critical Survey. In: JDevSt, Jg. 28, H. 2 (Jan.), S. 163–240.

WIEMANN, J. (1996): Rahmenbedingungen und Anforderungen an Handelsförderung in Entwicklungsländern. Die Perspektiven nach dem Abschluss der Uruguay-Runde. DIE. Berlin.

WIESEBACH, H. (1980): Aspekte eines künftigen Systems internationaler Entwicklungsfinanzierung. In: Schäfer, H.-B.: Gefährdete Weltfinanzen. Bonn, S. 161–178.

WIJNBERGEN, S. v. (1986): Macroeconomic Aspects of the Effectiveness of Foreign Aid: On the Two-Gap Model, Home Goods Disequilibrium and Real Exchange Rate Misalignment. In: JIntE, Jg. 21, Hg. 1/2 (Aug.), S. 123–136.

WINKEL, H.: Wirtschaftsgeschichte Deutschlands 1945–1965. In: HdWW Bd. 9, Stuttgart et al., 1988, S. 100–119.

WOLFF, J. H.: Entwicklungshilfe: Ein hilfreiches Gewerbe? Versuch einer Bilanz, Münster 2005.

WOOD, A. (2008): Looking Ahead Optimally in Allocating Aid. In: WD, Jg. 36, H. 7 (Juli), S. 1135–1151.

WOOTON, I. (1986): Preferential Trading Agreements: An Investigation. In: JIntE, Jg. 21, H. 1/2 (Aug.), S. 81–97.

WTO (2007): Trade Policy Review 2007 der Europäischen Union.

WTO (2008): Trade Policy Review 2008, United States.

YU, W.; JENSEN, T. V. (2005): Tariff Preferences, WTO Negotiations and the LDCs: The Case of the "Everything But Arms" Initiative. In: WE, Jg. 28, H. 3 (März), S. 375–505.

YUNKER, J. A. (2006): Swords into Plowshares: Financing a World Economic Equalization. In: JPoM, Jg. 28, H. 5 (Juli), S. 563–593.

ZINTL, M. (2009): Evaluation in der deutschen Entwicklungszusammenarbeit. In: Fabio, C. (Hg.): Evaluation. Ein systematisches Handbuch. Wiesbaden, S. 245–254.

ZUREK, E; KRÜSKEN, E. (Hg.) (1985): Erzeugerorientierte Markt- und Preispolitik in den ärmsten Entwicklungsländern. Feldafing.

Stichwortverzeichnis

www.ingramcontent.com/pod-product-compliance
Lightning Source LLC
Chambersburg PA
CBHW081052220326
41598CB00038B/7071